# 외로움의 인문학과 사회복지

- 21세기 신사회문제의 발생, 현황, 분석과 대응 -

현외성 저

dm 동문사

21세기를 '외로움의 시대'라고 한다. 디지털 시대에서 지구촌을 연결하는 '초연결의 시대'에 외로움이라니 반전이다. 어차피 외로움은 인간의 존재 자체가 홀로왔다 홀로 가는 존재이기에 외로움은 그림자처럼 사람에게 따라 다니는 것으로 생각하였다. 그래서 외로움은 당연히 인생의 여정에서 수반되는 특성으로 간주되었다. 이쯤되면 외로움은 낭만이고 고독과 연결되는 개념이다.

하지만 단순히 인생여정에서 감기처럼 잠시 나타났다 사라지는 경미한 현상으로서 '일시적' 외로움이 아니라, 외로움이 개인에게 장기적이고 만성적이고 심각한 부정적인 파급 효과를 가져오는 외로움이 문제이다. 외로움이 개인적으로는 신체적 · 심리적 · 정신적 · 경제적 · 사회적 · 부정적인 결과를 가져올 뿐만 아니라 가족, 지역사회, 조직, 그리고 사회 전체에도 경제적, 정치적, 사회적, 그리고 관계의 측면에서 부정적이고 심대한 파급 효과를 유발하기 때문에 문제이다. 그러므로 외로움은 개인문제를 넘어서 사회문제로 인식되고 수용되기에 이르렀다. 각 분야의 학자와 전문가들이 외로움에 관한 연구를 시작하였으며, 세계 각국에서 외로움문제에 대응하는 국가 사회의 정책적 대응방안을 마련하고 실행하고 있는 추세이다.

외로움문제를 사회문제로 인식하고 수용하기 이전에 관련된 문제들, 즉 고립, 은둔, 고독, 소외, NEET 등을 둘러싸고 있는 다양한 연구와 대응방안이 논의되고 실행되어 왔다. 근년에 와서는 청년고립과 은둔, NEET 문제가 큰 사회적 쟁점을 불러일으키고 있다. 다른 한편 고독사(고립사) 역시 큰 반향과 관심을 가져온 문제이기도 하다. 우리나라에서는 부분적으로 이들 문제와 관련하여 중앙정부와 지방정부 및 민간부문에서 여러 가지 연구와 대응책을 마련하여 이미 실행하고 있기도 하다.

2018년에는 영국을 필두로 하여 외로움문제에 본격적으로 대응하기 위하여 외로움부서를 마련하고 담당 장관을 임명하였다. 이어 미국, 독일, 일본 등 여러 나라에서 영국의 사례를 반영하여 구체적인 정책적 대응을 추진하고 있다. 물론 EU, UN 등에서도 외로움문제에 대하여 전문적인 연구와 대응방안을 마련하고 각국에 관련된 권고안을 제시하고 있다.

결국 외로움문제는 고립, 은둔, 고독, 소외, NEET 등과 종합적 · 유기적으로 취급되어야 하며, 기존에 부분적으로 영역별로 연구되고 대응하였던 정책대안과 사업을 통합적으로 연계하여 종합적 정책대안을 마련하고 추진해야 할 것으로 생각한다.

본 서는 이러한 맥락에서 외로움의 개념과 의미를 고립, 은둔, 고독, 소외, NEET의 개념과 의미와 연관하여 살펴보고, 그 발생 원인과 특히 부정적 파급 효과, 그리고 이들 문제에 직면하고 있는 사람들의 규모와 특성 등을 알아보고, 그 예방과 대응책을 제시하고자 집필되었다. 무엇보다 외로움문제는 현대사회의 특별한 신사회문제이기 때문에, 그리고 현대사회가 갖는 특별한 속성에서 출현하는 사회문제이므로, 한층 심층적이고 종합적 분석과 연구가 필요하다. 저자는 이러한 배경에서 '외로움의 인문학과 사회복지'라는 저서를 집필하게 되었다.

외로움문제를 예방하고 해결하기 위해서는, 외로움문제를 둘러싼 개인, 가족, 조직, 지역사회, 국가 및 국제사회(지구촌)는 물론 외로움문제의 '역사 사회적' 개념과 의미를 파악하는 작업이 중요하고 필수적이다. 저자는 이것을 위하여 인문학적 접근이 중요하고 동시에 사회복지와의 융합 역시 필수적이라 생각하여, 본 서의 제목을 '외로움의 인문학과 사회복지'라고 하였다. 저자는 이미 현직 교수로 퇴직 이후 인문학 연구를 천착하여 왔고 최근에 『인문학 산책』(2022)을 출간하였으며, 이어 인문학과 사회복지의 융합이 중요한 것으로 파악하여, 『인문학과 사회복지』(2024)를 출판하였다. 이번에 출판하는 『외로움의 인문학과 사회복지』는 외로움문제의 분석과 예방, 대응을 위한 '인문학과 사회복지의 융합'의 사례연구라 할 수 있는, 일종의 저술작업이다. 저자는 이 책이 대학뿐만 아니라 연구기관에서, 그리고 외로움문제를 예방하고 해결하기 위해 고군분투하는 관련 실행기관들, 그리고 문제를 가진 당사자나 가족들, 이들을 돕는 전문인력 여러분들에 새로운 통찰력과 해결을 위한 단서를 제공하기를 소망한다. 더 나아가 외로움문제에 관심을 가지고 있는 공무원과 사회복지사, 실무자는 말할 것도 없고 일반 교양서로서 널리 활용되기를 바란다. 특별히 외로움문제 예방과 해결을 위한 인문치료와 사회복지실천의 융합으로서 중요한 사례연구가 되기를 희망한다. 본 서를 통해서 사회복지계와 인문학계는 물론 관련 분야에 신선한 자극이 되기를 바란다. 또한 외로움문제 해결을 위한 중앙정부와 지방자치단체의 정책대안 마련과 사업 구상에 있어서 본 서가 중요한 단서와 아이디어를 제공하는 기회가 되었으면 한다.

마지막으로 아직 대학에서 본 서와 관련하여 학과도 없고 교과과정에도 없는 상황에서, 본 서가 가까운 미래에 새로운 영역, 새로운 길을 개척할 것이라는 희망을 가지고, 또 외로움문제가 얼마나 심각하고 중대한 신사회문제임을 인식하여 본 서의 출판을 흔쾌히 수락하신 동문사 유재영 상무님께 심심한 감사를 드린다. 어려운 출판계의 사정에도 불구하고 미래를 위해 결단하신 상무님께 고마움을 전한다. 그리고 아름다운 책으로 편집하고 꾸며 주신 편집자와 출판에 도움을 주신 모든 분께도 감사드린다.

2025년 10월<br>
가고파의 고향 마산<br>
하나님의 '생명싸개', 연구실 낙헌재에서<br>
저자 현외성

# 차 례

■ 머리말 / 3
■ 표 목차 / 11
■ 그림 목차 / 12

제1장

21세기 시대 상황과 외로움의 의미

제1절 21세기 시대 상황 ........ 15
1. 초연결과 해체의 시대에서 외로움 ........ 15
2. 4차 산업혁명시대의 기술혁신과 외로움 ........ 17
3. 1인가족의 증가와 고립 · 외로움의 시대 ........ 18
제2절 외로움의 의미 ........ 19
1. 하나됨, 홀로 있음 ........ 19
2. 사회적 고립 ........ 20
3. 고독 ........ 21
4. 외로움 ........ 23
5. 소외 ........ 26
6. 은둔형 외톨이 ........ 27
7. 외로움 관련 개념과의 연관성 ........ 28

제2장

외로움 개념의 이론적 관점과 유형화

제1절 외로움 개념의 이론적 관점 ........ 37
1. Christina Victor 외의 논의 ........ 37
2. Tzouvara 외의 논의 ........ 42
3. 서영석 외의 논의 ........ 46
4. 정안숙 외의 논의 ........ 48
제2절 외로움 개념의 유형화 ........ 52
1. 정서적 외로움과 사회적 외로움 ........ 53
2. 본질적 외로움과 일시적 혹은 반응적 외로움 ........ 53
3. 심리학적, 발달론적, 동기-좌절 관점의 외로움 ........ 54
4. 상황적, 발달상, 내적 외로움 ........ 55
5. 집단에 대한 외로움, 타인지향적 외로움, 융합에서의 외로움 ........ 55

## 제 3 장 외로움 개념의 의미와 그 변천

제1절 외로움 개념의 사용과 의미 변천, 개요 ........ 59
1. 역사 사회적 산물로서 '외로움'의 개념과 의미 ........ 59
2. '외로움' 개념의 출현과 변천, 개관 ........ 60
제2절 외로움 개념의 시대별 의미 변천 ........ 61
1. 고대 ........ 62
2. 중세 ........ 70
3. 근대 ........ 75
4. 현대 ........ 89

## 제 4 장 외로움의 측정과 확산

제1절 외로움의 측정 ........ 107
1. 해외의 외로움 측정을 위한 조사연구 ........ 107
2. 국내의 외로움 측정을 위한 조사연구 ........ 112
제2절 외로움의 확산 ........ 116
1. 해외 외로움의 실태 ........ 116
2. 국내 외로움의 실태 ........ 124

## 제 5 장 외로움의 영향 요인과 파급 효과

제1절 외로움의 영향 요인 ........ 131
1. 심리적인 관점에서 본 영향 요인 ........ 131
2. 분석 수준의 관점에서 본 영향 요인 ........ 133
3. 사회학적 관점에서 본 영향 요인 ........ 134
4. 외로움 발생 영향 요인 모형 ........ 142
5. 이 책의 관점 ........ 144

제2절 외로움의 파급 효과 ........ 146
1. 개인적 손상 ........ 147
2. 경제적인 손실 ........ 154
3. 정치적 · 사회적 파급 효과 ........ 158

## 제 6 장

## 외로움문제: 개인문제와 사회문제

제1절 외로움문제의 출현과 의미 ........ 167
1. 외로움문제의 의미 ........ 167
2. 개인문제로서 외로움문제 ........ 167
제2절 사회문제로서 외로움문제 ........ 169
1. 사회문제의 의미 ........ 169
2. 사회문제의 특성 ........ 170
3. 사회문제로서 외로움문제 ........ 173

## 제 7 장

## 각국의 외로움문제 대응

제1절 영국의 외로움문제 대응 ........ 183
1. '조 콕스 외로움 대책위원회' 외로움문제 보고서 ........ 183
2. 외로움문제 대응을 위한 영국 정부의 정책 ........ 184
제2절 미국, 독일, 일본 및 한국의 외로움문제 대응 ........ 197
1. 미국 ........ 197
2. 독일, 일본 및 한국 ........ 202

## 제 8 장

## 외로움문제의 개인적 예방과 대응방안

제1절 외로움문제의 개인적 예방과 대응 관련 제안들 ........ 213
1. 미국 연방정부의 권고 ........ 213
2. 관련 전문가들의 제안 ........ 215

제2절 외로움문제의 개인적 예방과 대응방안 ........ 226
1. 외로움문제의 개인적 예방과 대응의 관점 ........ 226
2. 개인의 외로움문제의 예방과 대응 ........ 228

## 제 9 장
## 외로움문제의 국가의 예방과 대응방안

제1절 국가의 외로움 정책 수립과 입법화 ........ 243
1. 국가의 '외로움 정책 종합보고서' 작성 ........ 243
2. 국가의 외로움 정책의 입법화 ........ 251
제2절 국가 외로움 정책의 실행 ........ 256
1. 국가 외로움 정책 실행체계 ........ 256
2. 국가 외로움 정책의 전담 추진기관 ........ 259
3. 인력양성 ........ 270

## 제 10 장
## 외로움문제에 대응하는 인문학과 사회복지

제1절 외로움문제의 인문학적 대응방향 ........ 281
1. 외로움문제의 예방과 치료를 위한 인문치료 방안 ........ 281
2. 외로움문제의 예방과 치료를 위한 인문학 고전 독서치료 ........ 283
제2절 외로움문제에 대응하는 인문학과 사회복지의 융합 프로그램 ........ 289
1. 인문학과 사회복시 융합 프로그램 ........ 289
2. 인문학과 사회복지 융합 프로그램 사례 ........ 294
3. 인문학과 사회복지 융합 프로그램 제안 ........ 311

## 제 11 장
## 은둔문제의 예방과 대응방안

제1절 은둔문제의 의미, 현황 및 원인 ........ 329
1. 은둔문제의 의미 ........ 329
2. 현황 ........ 333
3. 원인 ........ 336

제2절 은둔문제의 예방과 대응방안 ........ 339
1. 일본 ........ 339
2. 한국 ........ 341
3. 대상 및 분야별 지원방안 ........ 350
4. 단계별 지원방안 ........ 351

제 12 장
고독사문제의 예방과 대응방안

제1절 고독사문제의 의미, 현황 및 원인 ........ 357
1. 고독사문제의 의미 ........ 357
2. 현황 ........ 359
3. 원인 ........ 361
제2절 고독사문제의 예방과 대응방안 ........ 368
1. 일본의 고독사 예방 및 대응방안 ........ 368
2. 우리나라 고독사 예방 및 대응방안 ........ 371

■ 참고문헌 / 377
■ 찾아보기 / 392
■ 저자 약력 / 401

## 표 목차


〈표 1-1〉 고독한 사람과 외로운 사람의 비교 ... 25
〈표 2-1〉 외로움 개념의 이론적 접근 ... 46
〈표 3-1〉 플라톤의 '국가'에서 계급, 기능 및 덕의 관계 ... 63
〈표 5-1〉 청년 고립의 사회적 비용 추계 결과 ... 158
〈표 6-1〉 문제 인식에서 사회적 선택 ... 168
〈표 7-1〉 '조 콕스 외로움대책위원회' 권고사항 ... 184
〈표 7-2〉 사회적 처방의 효과 ... 195
〈표 7-3〉 사회적 처방 관계자들이 말하는 '사회적 처방'의 효과 ... 196
〈표 7-4〉 지방자치단체의 외로움 조례 제정 · 시행 현황 ... 204
〈표 7-5〉 서울시 고립예방센터의 팀별 주요 핵심 기능 및 주요 사업 ... 207
〈표 8-1〉 갈등관리의 2가지 방식 ... 223
〈표 9-1〉 미국의 「사회적 연결 정책실 설치, 사회적 연결에 관한 국가 전략 수립 및 그 밖의 목적을 위한 법률안」(약칭 '사회적 연결을 위한 국가전략법') 내용 ... 252
〈표 9-2〉 일본의 「고독 · 고립대책추진법」의 내용 ... 253
〈표 9-3〉 우리나라 「외로움대책법률」(안)의 주요 내용과 구성 제안 ... 255
〈표 10-1〉 인문치료의 종류와 내용 ... 283
〈표 10-2〉 외로움문제에 직면한 집단을 위한 자존감 향상 인문학 학습의 기본 방향 ... 293
〈표 10-3〉 문화예술 효과: 외로움, 사회적 고립, 웰빙에 대한 프로그램 결과 지표 ... 294
〈표 10-4〉 문화예술적 활동을 통한 건강증진 영역(예방, 증진/ 관리, 치료) ... 297
〈표 10-5〉 외로움 · 고립문제 예방을 위한 자아 존중감 향상 인문학 학습의 기본 방향 ... 315
〈표 10-6〉 외로움 · 고립문제에 직면한 중 · 고등학생을 위한 인간의 존엄성과 향상 인문학 학습의 기본 방향 ... 317
〈표 10-7〉 외로움 · 고립문제에 직면한 청년들을 위한 '삶의 목적과 의미', '결혼과 가족' 등과 관련한 인문학 학습의 기본 방향 ... 321
〈표 10-8〉 외로움 · 고립문제에 직면한 노인들을 위한 '은퇴와 가족 및 사회관계' 관련 인문학 학습의 기본 방향 ... 324
〈표 11-1〉 은둔형 외톨이 조사연구와 규모 ... 334
〈표 11-2〉 2022년도 예산 요구에서 '히키코모리 지원' 관련 시책 예산안 ... 339
〈표 11-3〉 은둔형 외톨이의 진행과 지원과정 ... 353
〈표 12-1〉 고독사 개념의 범위 ... 359
〈표 12-2〉 우리나라의 고독사 현황 ... 360
〈표 12-3〉 성별 · 연령별 고독사 현황 ... 360

## 그림 목차

[그림 1-1] 의식과 자발성에 따른 '홀로 있음'의 구분 24
[그림 1-2] 선택과 인식 차원에 따른 외로움과 유사 개념의 구분 29
[그림 1-3] 고립 단계별 개념 정의 31
[그림 1-4] 외로움과 관련 개념들의 연관성 32
[그림 4-1] 연간 매일 외로움을 느끼는 사람들의 비율 119
[그림 4-2] 미국 성인 중 어제 하루 동안 많은 시간 외로움을 느낀 비율 122
[그림 4-3] 유럽연합 외로움 조사 123
[그림 5-1] 발생과정 모형(emerging model): 심리적인 외로움의 사회적 요인들 132
[그림 5-2] 외로움의 발생 원인 133
[그림 5-3] '외로움의 발생 원인' 모형 142
[그림 5-4] 사회적 고립과 외로움의 결과 148
[그림 5-5] 외로움의 하향 나선형 150
[그림 5-6] 사용자가 손실을 입는 개인 중심 외로움의 파급 효과의 분석틀 153
[그림 5-7] 외로움과 정치적 활동을 연계하는 개념적 틀 161
[그림 7-1] '조 콕스 외로움 대책위원회 보고서'에 나타난 영국의 외로움 발생 현황 183
[그림 7-2] 외로움 대응전략에 나타난 정부, 지역사회 및 개인의 역할 187
[그림 7-3] 외로움 대응 국가전략의 9가지 핵심 요소들 188
[그림 7-4] 사회적 연결의 부족은 하루에 담배 15개를 피우는 것만큼 위험하다 198
[그림 7-5] 어떻게 사회적 연결이 건강에 영향을 미치는가? 199
[그림 7-6] 사회적 연결을 증진시키기 위한 6개의 기둥 200
[그림 7-7] 서울시 고립 · 은둔가구 발굴-지원체계도 208
[그림 9-1] 추진체계 249
[그림 9-2] 광역외로움문제대응센터와 관련기관의 치료 · 개입 체계도 262
[그림 9-3] 광역외로움문제대응센터의 치료 · 개입 단계별 과정과 지원 서비스 예시 263
[그림 9-4] 외로움문제 대상자 지원 상담-고용-복지-교육 통합사업 체계도(플랫폼) 268
[그림 10-1] 독서치료가 당신에게 도움을 주는 것은 무엇인가? 287
[그림 10-2] Dalkeith와 Peniculk 집단의 평균 288
[그림 10-3] 얼 쇼리스 교수의 저서와 '클레멘트 코스'가 받은 '국가인문학메달' 291
[그림 10-4] 예술과 건강을 연계하는 논리적 모형 296
[그림 11-1] 히키코모리 지역 지원체제도 340
[그림 11-2] 청년의 고립 · 은둔 구분 지표 및 개념도 343
[그림 11-3] 인터내셔널의 자립지원 5단계 352

제 1 장

# 21세기 시대 상황과 외로움의 의미

# 제1절 21세기 시대 상황

## 1. 초연결과 해체의 시대에서 외로움

21세기를 초연결시대라고 하는데, 20세기와 19세기는 어떤 시대였는가? 19세기는 전통사회, 말하자면 퇴니스가 명명한 게마인샤프트(공동사회)라면, 20세기는 게젤샤프트(이익사회)가 주류를 이루는 시대라고 할 수 있다. 이는 자본주의를 중심 축으로 하는 사회변동을 말하는데, 그 핵심은 전통사회 경우에는 가족, 친족, 마을, 민족 등과 같은 혈연이나 지연 등을 매개로 하여 사람들 사이의 연결이 이루어진 사회를 의미한다. 여기는 대체로 물리적 거리가 멀지 않고 사람들 사이의 관계가 대면적이며 친밀하고 정의적인 관계를 바탕으로 신뢰와 관습 중심으로 이루어진 사회를 말한다.

반면에 20세기에 들어오면서 자본주의와 과학 기술의 발달로 인하여, 도시화와 산업화가 진행되면서 사람들은 도시, 회사, 조합, 정당, 국가 등과 같은 이익 중심의 사회를 이루게 되었다. 이러한 사회의 인간관계는 이익을 중심으로 법률과 계약을 기반으로 하여 구성된다. 이익사회 역시 물리적 · 지리적 한계 안에서 대면관계를 바탕으로 이해관계 중심의 사회를 이루었다.

21세기는 새로운 기술혁신으로 인터넷이 1990년대부터 상용화되면서 사람들의 연결은 물리적 한계를 벗어나 초연결시대, 디지털사회를 가져왔다. 인터넷을 통해 사람들은 시간과 공간을 넘어서 다양한 정보와 사람, 그리고 사물에 연결할 수 있게 되었다. 특히 스마트폰의 발명으로 인하여 사람들은 움직이면서 어디서든지 지구상의 다양한 정보와 사물, 그리고 사람과 연결하는 '초연결의 시대'를 구현하게 되었다. 이제는 사람이 사람과 연결하는 시대를 넘어서 사물과 사물이 연결하는, 로봇과 로봇이 연결하는 초연결사회, 초연결시대로 급속하게 바뀌고 있다.

초연결시대는 사람들 사이의 소통을 원활하게 하고 다양한 사람과 만날 수 있는 편리함과 유용성을 가져다 주었다. 필요한 정보와 지식을 원활하게 이용하는 기회도 가져다 주었다. 빅데이터와 인공지능은 사람들과 사회에 놀라운 결과를 가져다 주었다. 로봇과 인공지능, 사물인터넷의 융합은 전혀 새로운 세상과 사회를 만들어가고 있다. 초연결시대의 인공지능은 소통과 판단의 주체를 인간에서 비인간으로 확대한다. 사람처럼 의식은 없지만 사람의 인지능력, 판단능력을 능가하는 인공지능이 많은 영역에서 사람을 대신한다. 『사피엔스』에서 유발 하라리는 의식 없는 지능, 즉 인공지능의 출현이 인류가 역사상 만난 최대 위기라고 본다(구본권, 2020).

다른 한편 초연결은 기존의 물리적 연결과 공간을 해체하는 힘을 가진다. 멀리 있고 잘 알지 못하는 익명의 수많은 사람들과 인터넷을 통해 초연결을 하는 가운데 정작 이웃이나 지역사회의 물적 · 지리적 공간에서 함께 살아가는 사람들과는 거리가 점점 멀어지는 아이로니컬한 상황이 발생한다. 특히 소비경제의 경우 인터넷 매체를 통한 초연결 구매는 기존의 전통시장과 물리적 마켓을 약화시키거나 해체시킨다. 초연결을 통한 쉽고 편리하고 빠른 구입과 '규모의 경제'를 통한 값싼 비용 선택은 기존의 전통시장과 물리적 시장을 약화 혹은 해체시킨다.

앞으로 소위 플랫폼 산업은 더 발전 확산될 것이고 이에 따라 플랫폼 노동자와 프리랜서 등은 그 비중이 늘어갈 것으로 전망된다. 이들은 초연결시대의 새로운 직업으로 떠오르고 있고, 다른 한편 인터넷 등의 기술 발전은 재택근무, 원격근무 등으로 20세기의 같은 공간에서 직장생활을 하고 그래서 함께 연대하고 정의적 관계를 가졌던 직장인들 사이의 연결도 해체되고 있다.

사람들 사이의 연결 역시 초연결을 통해 자신의 필요에 따라 연결하고 만남으로 인해 면대면 관계와 연결이 느슨해지고 해체되어 간다. 최근에는 다양한 앱이 개발되어 남녀 간의 만남도 매칭앱으로 연결되고 다양한 취미나 관심도 각종 관련 앱을 통해 활동을 이어가고 있는 경향이다.

초연결과 해체는 결국 개인을 고립하게 하고 외로운 존재로 남게 하는 데 영향을 미친다. 물론 인터넷과 같은 디지털 기기의 사용과 디지털 사회가 사람들의 연결을 촉진하는가 그 반대로 해체를 가속화시키는가는 아직은 논쟁 중인 주제이지만, 연구들 중 많은 결과가 초연결의 결과로 인하여 반대급부인 현실사회에서는 연결을 느슨하게 하고 물리적 · 정의적 관계를 해체하는 힘으로 작동하고 있다는 주장을 제기하고 있다. 그 결과로 21세기는 '외로움의 시대'로 되어가고 있다. 그 대표적인 책이 노리나 허츠가 지은 『고립의 시대』(2021)인데, 원제목을 보면 'The Lonely Century'로 되어 있어 제목을 단어 그대로 번역하면, '외로움의 세기'이다. 이 책은 21세기 외로움의 문제를 심층적으로 분석하고 그 대안을 제시한 책이다.

## 2. 4차 산업혁명시대의 기술혁신과 외로움

4차 산업혁명이란 정보통신기술(ICT)의 융합으로 이루어 낸 혁명의 시대를 의미한다. 특히 인공지능과 빅데이터를 중심으로 주목받고 있는 혁신적인 변화가 일어나는 사회이다. 4차 산업혁명의 핵심은 인공지능(AI), 로봇공학, 사물인터넷(IoT), 무인 운송 수단(자율주행차량, 무인항공기), 3차원 인쇄(3D 프린팅), 나노 기술 등 6대 분야에서 나타나고 있는 새로운 기술혁신이다. 그리하여 4차 산업혁명은 물리적, 생물학적, 디지털 세계를 빅데이터에 입각해 통합하고 경제 및 산업 등 모든 분야에 영향을 미치는 다양한 신기술로 설명될 수 있다. 이러한 4차 산업혁명이 이끄는 지능정보사회는 고도화된 정보통신기술 인프라를 통해 생성, 수집, 축적된 데이터(Big data, 빅데이터)와 인공지능(AI)이 결합한 지능정보기술이 삶의 다양한 분야에 보편적으로 활용됨으로써 새로운 가치가 창출되고 발전하는 사회를 의미한다(최현수 · 오미애, 2017).

4차 산업혁명시대는 가족과 지역사회를 해체시키는 파급 효과를 가져오는 힘으로 작용될 수 있다. 무엇보다 인터넷을 바탕으로 한 기술혁신으로 인하여 원격근무가 늘어가고 직장을 위해 가족을 떠나 새로운 도시로 인구가 이동한다. 앞에서 말한 바와 같이, 플랫폼 산업이 성장하면서 여기에 종사하는 플랫폼 노동자가 증가하고, 프리랜서, 시간제 근무 등이 늘어난다.

복잡하고 이동성 높은 직장생활과 도시생활과 함께 인터넷을 바탕으로 한 기술혁신으로 개인의 삶이 용이해지면서 핵가족에서 가족이 해체되면서 1인가족이 증가하도록 촉진적 역할을 한다. 특히 21세기 기술혁신은 여성들의 직장생활을 확장하는 계기가 되어, 직장 여성들이 결혼을 미루거나 결혼을 일종의 선택으로 생각하는 뉴노멀이 형성되기 시작하였다. 현대의 많은 직업 분야는 20세기의 남성의 근력을 기반으로 이루어지던 직업적 특성을 기계와 자동화로 대체하고 21세기에는 공감과 감수성, 예술성을 중시하는 직업 분야가 많아지고 있다. 따라서 여성친화적 시대에 여성들이 진출하는 직업 영역이 확장되고 있다. 남성과 대등하게 때로는 남성보다 더 나은 직장을 가진 여성들이 독립적이고 자율적인 생활을 하게 되면서, 전통적인 결혼과 여성의 역할에서 벗어나서 자유롭게 혼자서 생활하는 독신 여성들이 늘어나고 만혼 혹은 비혼을 선택하는 여성 1인가족이 늘어나고 있다.

## 3. 1인가족의 증가와 고립 · 외로움의 시대

21세기가 사람들에게 고립과 외로움을 강화하는 구조적 · 문화적 환경 특성을 가지고 있음이 드러났다. 이 말은 그 어떤 시대보다도 현대인들은 삶과 존재 자체가 고립과 외로움을 더 많이 느끼게 되는 사회환경적 특성을 가지고 있다는 말이다.

고립과 외로움이 현대사회의 사회구성원들에게 보편적이고 실존적인 조건이 될 수 있지만, 특히 청년, 여성, 노인, 그리고 지구촌의 이동이 빈번한 시대에 이민자, 그리고 사회복지 대상들인 사회취약계층이 직면하는 고립과 외로움에 상대적으로 더욱 초점을 맞추고자 하는 것이 이 책의 집필 목적이다. 21세기 들어와서 고립과 외로움문제는 새롭게 등장하는 신사회문제이며, 그 구체적이고 핵심적인 대상이 고립 · 은둔형 외톨이와 고독사(사실 '고립사'가 더욱 적절한 말이긴 하지만)이다. 고립 · 은둔형 외톨이는 모든 연령계층에서 나타나지만 1차적으로 관심을 가져야 하는 대상은 고립 은둔형 외톨이 청년(이를 간략하게 '고립 · 은둔청년'이라고 함, 외톨이라는 낙인, stigma를 없앤 가치중립적 용어를 사용하기 위함)과 고독사 위험에 처한 노인들이다. 하지만 최근 조사연구에서 보면 고립은둔 역시 중장년층에 만연되고 있고 고독사 역시 노인뿐만 아니라 장년과 고령층에도 점차적으로 증가하는 경향을 발견하고 있어, 전 연령계층에 관심을 가져야 할 것이다.

그런데 문제는 1인가구주가 최근에 늘어가고 있고, 1인가족 중 상당수가 고립은둔과 고독사 위험군이라는 사실이 조사연구 결과 밝혀지고 있다. 따라서 1인가족의 증가에 따라 이들에 대해 외로움의 문제와 함께 고립은둔, 고독사문제를 들여다보아야 하고, 더불어 여성, 이민자 및 사회복지 대상인 사회계약계층의 고립은둔, 고독사 및 외로움의 문제를 들여다보아야 한다는 것이다.

1인가족은 독립성, 자유와 자율성을 가지고 있지만, 상대적으로 사회적 · 정서적 · 경제적 지원과 돌봄이 단절되어 있어, 문제에 봉착할 경우 가족과 친족의 연결 부족이 큰 결함이 되기도 한다. 사실 문제 있는 1인가족은 대부분 가족 상호 간의 불화와 단절이 그 밑바닥에 깔려 있기 때문에 문제가 더욱 악화되는 악순환이 이어지기도 한다.

# 제2절 외로움의 의미

## 1. 하나됨, 홀로 있음

통상적으로 사용하는 '외로움'(loneliness)이란 의미를 좀 더 상세하고 엄밀하게 정의할 필요가 있다. 본 서는 '사회문제로서 외로움문제'를 '인문학과 사회복지'의 관점에서 논의하는 전문서적이므로 학술적으로나 그 결과를 정책적 · 제도적 혹은 임상적으로 활용하는 만큼, 외로움의 용어가 가지는 의미를 좀 더 분석적으로 알아볼 필요가 있다.

외로움이란 표준국어대사전(표준국어대사전, 2025)에 "홀로 되어 쓸쓸한 마음이나 느낌"이라고 풀이되어 있다. 즉, 외로움은 홀로 있을 때 혹은 여러 사람과 있지만 홀로 동떨어져 있음을 느껴서, 이로부터 발생하는 부정적 감정이라면, '홀로 있음' 혹은 '하나됨'이라는 용어인 'aloneness'에서부터 논의를 시작하자. 일단 홀로 있음의 aloneness는 주위에 다른 사람이 있더라도, '혼자 있음'을 주관적 · 감정적으로 느끼는 상태를 말한다. 홀로 있음은 부정적이거나 긍정적인 개념과는 달리, 중립적 개념이다. 따라서 홀로 있음은 혼자 있는 상태 그 자체를 나타내며 그 결과는 경우에 따라서 긍정적이거나 부정적으로 나타날 수 있다.

현대사회는 여러 가지 상황에서 혼자 있는 경우가 과거보다는 훨씬 많아, 전 세계적으로 1인가구주가 늘어가고 재택근무로 인하여, 혹은 직장으로 인하여 가족과 따로 떨어져 거주하는 경우가 많다. 그래서 혼밥, 혼술, 나홀로 살기, 1인 여행 등이 사회적 유행이고 추세인 것 같다.

문제는 이러한 1인의 홀로 있음이 자신의 선택이고 자기 스스로 혼자임을 견디고, 특정 목적을 가지고 스스로 선택한 상태라면, 홀로 있음이 긍정적이고 생산적인 결과를 가져올 수 있다. 하지만 그 반대로 홀로 있음이 선택이 아니라 어찌할 수 없어서 혹은 자신의 의도와는 달리 혼자 있는 상태가 된다면, 그 결과는 부정적이고 해로운 결과를 유발할 수 있다.

본 서에서는 전자의 경우는 고독(solitude)에 가깝고 후자는 고립(사회적 고립, social isolation)에 가깝다고 구분할 수 있다. 고독과 고립은 나중에 조금 더 논의하기로 한다.

결국 현대사회에서 혼자 있는 상태가 과거보다 증가한 상황에서 홀로 있음을 긍정적 · 생산적인 상황으로 활용할 수 있는 개인적 역량 혹은 회복탄력성(resilience) 등이 있어야 하며, 홀로 있음이 부정적 결과를 가져올 수 있는 경우에는 가족, 지역사회 및 국가가 구체적이고 지속적인 대응책을 마련하여, 홀로 있는 개인이 문제에 봉착하지 않도록 지원하여야 할 것이다. 이런 점에서 본 서에서는 홀로 있으면서 고립감을 느끼고 외로움에 처한 개인이 시간이 흐르면서 점점 심각하게 사회적 연결(social connection)이 어렵게 되고, 고립된 개인은 스스로 사회적 연결과 대인관계(personal relationship)에서 멀어지고 심리적 위축과 어려움에 봉착하면서 신체적 · 정신적 · 경제적 문제에 직면하게 되는 악순환의 과정에 빠지는 것을 예방하고 해결하기 위하여, 사회적 대응책을 마련하는 데 도움이 되는 제반 이론적 · 실천적 방안을 제안하고자 한다.

현대사회의 특성으로 인하여 원하든 원하지 않든 간에 1인가구주가 늘고 홀로 있는 경우가 많아지므로, 1인가구주의 홀로 있음에 대한 관심을 모두가 가져야 한다. 이러한 배경에서 홀로 있음의 상태와 홀로 있음을 발생하게 하는 사회적 배경과 과정, 그리고 그 파급 효과 혹은 결과 등에 대한 인문학적 · 사회복지적 관심이 필요하고 중요하다는 생각에서 이 책을 집필하게 되었다. 물론 홀로 있음은 21세기 현대사회의 새로운 사회현상이라는 전제가 깔려 있기도 하다.

## 2. 사회적 고립

고립(isolation)이란 "다른 사람과 어울리어 사귀지 아니하거나 다른 사람의 도움을 받지 못하여 외따로 떨어짐"(표준국어대사전, 2025)으로 풀이된다. 그리고 고립으로 인한 감정은 고립감인데, 고립감이란 "다른 사람과 어울리어 사귀지 아니하거나 도움을 받지 못하여 외톨이가 됨으로써 느끼는 쓸쓸하고 막막한 마음"(우리말 샘, 2025)으로 풀이하고 있다. 결국 고립감이란 본 서에서 말하는 "외로움"과 유사용어로 사용될 수 있다.

고립은 사회적 교류와 접촉이 결여된 상태로 정의될 수 있다(Vincenzi & Grabosky, 1987; 서영석 외, 2020 재인용). 특히 가치 중립적인 의미를 지닌 '홀로 있음'과 달리 고립은

'외톨이', '인기 없는' 등의 부정적인 단어로 정의된다. 즉, 고립은 당사자가 원치 않지만 '혼자 있는' 상태에 놓인 것을 의미한다(서영석 외, 2020).

고립은, 나중에 외로움의 이론적 관점에서 원인과 발생과정에 대하여 상술하겠지만, 결국 개인이 혼자 주위의 다른 사람들과 관계 혹은 연결을 하지 못하거나, 경우에 따라서는 여러 가지 이유로 배제되거나 차별당함으로써 발생하는 현상, 상태로 파악된다. 따라서 고립의 개념에는 통상 '사회적'(social) 고립이라는 의미가 부여되는 경우가 대부분이다.

물론 고립이 개인의 신체적 · 심리적 · 정서적 · 정신적 문제로 인하여 다른 사람들과 연결되지 못하고 대인관계를 수행하지 못해서 발생하는 측면도 있고, 때로는 고립이 사회적 · 문화적 · 정치적 배경으로 인하여 발생하는 측면도 있다. 어떤 경우라 하더라도 결과적으로 고립은 홀로 있음과 유사한 상태를 가져오며 고립감은 결국 외로움의 문제로 귀착되는 경향이 있다.

## 3. 고독

고독(solitude)은 "세상에 홀로 떨어져 있는 듯이 매우 외롭고 쓸쓸함"이라고 풀이하고 있다. 우리말 사전에서는 외로움과 고독이 유사하게 사용되는 말이지만, 학문적으로는 구분해야 하는 개념으로 사용되는 경향이다.

고독은 홀로 있거나 집단 속에 있거나 간에 개인이 자발적 · 능동적으로 홀로 있음을 선택한 것이며, 여기에는 부정적인 감정이 강조되지 않는 경향이다. 오히려 긍정적이고 생산적인 감정, 경우에 따라서는 창의적이고 발전적인 의미가 강조되기도 한다. 고독은 스스로 홀로 있기를 선택하여, 특정한 목적을 가지고 홀로 있는 경우가 많다. 예컨대, 자기성찰과 반성, 미래의 계획 수립하기, 구체적인 문제해결을 위한 대안 모색, 창의적인 예술활동이나 문학작품 집필하기, 혹은 철학적 성찰과 인문 · 사회과학적 논문이나 저작활동, 종교적인 성찰과 묵상, 그리고 여가활동 등 다양한 활동이나 목적을 위한 고독이 그것이다. 이런 경우에는 고독이 개인과 사회에 매우 중요한 활동이 될 것이다.

임상심리학자인 Detrixhe 외(2014)는 '애착이론'을 토대로 외로움과 고독을 구분해서 개념화했다. 이들에 따르면, 외로움이 애착 대상을 상실함으로써 겪는 고통이라면, 고독은 안정애착이라는 토양 위에서 가능한 분리에 가깝다고 하였다. 안정된 애착을 형성한 사람은 홀로 있을 때 내면의 소리에 귀를 기울이고 고독한 시간을 긍정적으로 활용할 수 있지만, 그렇지 못할 경우에는 외로움의 고통을 경험하게 된다는 것이다(서영석 외, 2020).

"이미엘과 더불어 칸트, 비트겐슈타인, 뉴턴, 카프카, 베토벤에서 슈베르트까지 이 위대한 천재들의 고독은 남다르다. 이들은 모두 독신으로 고독하게 일생을 보냈다. 은둔자처럼 지내면서 아내도 가족도 없이 살았으니, 타인과의 관계 맺기에 실패한 사람처럼 보일 수도 있다. 그들의 삶은 우리가 추구하는 행복한 일상과는 상당한 거리가 있어 보인다. 하지만 부인할 수 없는 분명한 사실이 있다. 이들은 모두 독창적이고 위대한 업적을 남겼다는 점이다. 철학, 과학, 문학, 음악 분야에서 제각기 일가를 이루기 위해 그들에겐 고독이 필요했던 것이다. 그들의 무서운 집중력과 창의성은 현실적으로는 무척이나 고통스러운 결핍에서 나왔다. 이를 어떻게 설명해야 할까."(원재훈, 2015)

"고독의 경험은 우리에게 내면 세계와 외부 현실 간의 거리를 드러내 보여 준다. 이런 의미에서 생산적인 경험이라고 할 수 있다. 우리는 고독을 통해 자신을 재발견하는 동시에 자신의 한계를 받아들임으로써 성숙하고 책임감 있게 행동할 수 있게 된다. 따라서 고독의 순간을 충만하게 경험하는 것이야말로 있는 그대로의 나의 모습으로 자유롭게 살 수 있는 길이다."(제라드 마크롱 지음, 정기헌 옮김, 2013)

우리는 누구나 살아가면서 고독을 경험하게 된다. 고독이 가져오는 외롭고 두려운 생각을 넘어서 홀로 남겨진 때에 우리의 본질과 장점, 한계, 진실되고 정확한 상황 파악과 대안 모색 등을 통해 새로운 선택과 결정, 행동을 수행할 수 있다. 고독은 우리를 성장하고 성숙하게 하며, 새로운 단계로 나아가는 선택과 결정을 할 수 있게 하며, 창의적이고 탁월한 결과를 가져오는 생산적인 활동이기도 하다. 고독을 긍정적이고 생산적인 활동으로 활용할 것이냐 혹은 부정적이고 파괴적인 활동으로 전락시킬 것인가는 개인의 내면의 근육과 견디는 힘, 그리고 주위의 진실한 도움 여부가 결정적일 수 있다.

## 4. 외로움

'외로움'이란 국어사전에서는 "홀로 되어 쓸쓸한 마음이나 느낌"으로 설명하고 있다. 외로움에 대한 이해와 해결전략 등을 서술한 전문서적을 저작한 Kraus 등은 외로움이란 개념 속에 들어 있는 세 가지 공통적인 특성을 지적하고 있다(Kraus et al., 1993). 첫째, 외로움은 주관적 · 정서적 상태로서, 개인의 외부 환경이 가진 객관적 특성과는 대비되는 개념이다. 둘째, 외로움은 그 개인의 사회생활상의 인지된 결핍으로부터 발생한다. 셋째, 외로움은 불쾌하고 괴로운(고통스러운) 경험이다. 피하고 싶은 경험이다(Ami Sha'ked & Ami Rokach, 2015).

Weiss(1987)는 외로움을 '정서적 외로움'과 '사회적 외로움'으로 나누어 설명하였다. 정서적 외로움은 다른 사람에 대한 가깝고 친밀한 애착이 부족해 발생하며, 사회적 외로움은 그 사람이 공통된 관심과 활동을 공유하는 친구집단을 비롯한 사회적 관계망의 부족에서 발생한다고 보았다(김혜정 · 박혜림, 2020).

Peplau & Perlman(1982)은 외로움을 개인이 원하는 사회적 관계와 그가 성취한 사회적 관계의 수준이 불일치할 때 발생되는 불유쾌한 경험으로 정의하면서 외로움에 대한 공통 요소를 제시하였다. 첫 번째, 외로움은 사회적 관계의 결핍으로 발생하지만 사회적 관계 변화 없이 개인의 사회적 욕구 변화로 인해 발생할 수 있다고 보았다. 두 번째, 외로움은 주관적 경험으로 객관적인 사회적 고립과는 구분되는 개념이며 부정적인 생각과 정서를 동반하는 불쾌하고 고통스러운 경험이라고 하였다(김혜정 · 박혜림, 2020).

홀로 있거나 집단 혹은 사회 속에 있다고 하더라도 외로움을 느낄 수 있다. 특히 현대사회는 여러 가지 영향으로 인하여 과거의 어느 시대보다도 1인가구주가 늘어가고 있고, 치열한 경쟁과 도시화, 현대화 등으로 인하여, 특히 직업의 특성상 분업화, 재택근무, 원격근무, 잦은 출장으로 인한 이동, 고도의 기술화로 인한 집중화와 업무 세분화, 플랫폼 노동자와 긱서비스, 프리랜서의 확대 등으로 인하여 전반적으로 홀로 있음과 외로움이 증대될 수 있는 사회환경이 가속화되고 있다. 특히 여기에 더하여 기술 발전과 유포 속도가 빠르고 복합적이며 따라서 사회변동의 속도 역시 빠르고 혁신적이어서 개인의 외로움이 증대할 가능성이 많아진다.

외로움은 특히 코로나19 이후 사회적 격리를 겪으면서 더욱 심화되었다. 미국의 경우 렌트어프렌드(rent-a-Friend)라는 친구를 유료로 빌려주는 회사까지 생겼다. 일본의 경우는 고령 여성 노인이 외로움을 이기지 못하여 매장에서 소소한 절도행위와 같은 경범죄를 저질러서 수감된 재소자가 증가하고 있다고 한다. 감옥에서는 "집에서 찾지 못하는 공동체"를 경험할 수 있는 장소로 묘사한다. 감옥에는 항상 주변에 사람이 있어 외롭지 않는 곳, 이야기 나눌 사람이 많은 곳으로, 친구뿐 아니라 도움과 돌봄까지 제공되는 안식처라는 것이다(노리나 허츠 지음, 홍정인 옮김, 2021).

홀로 있음과 고독 및 외로움의 관계를 여러 가지 측면에서 비교할 수 있는데, 신인철과 최지원(2019)은 의식과 자발성에 따라서 각각 세 가지 개념을 아래와 같이 연관시켰다. 고독과 외로움은 공통적으로 홀로 있음과 연관 있으나, 고독은 의식적 · 자발적인데 비하여 외로움은 무의식적 · 비자발적 상태를 특성으로 하고 있다. 이를 기반으로 각각의 특성과 연관성을 아래와 같이 도식적으로 연관시켰다.

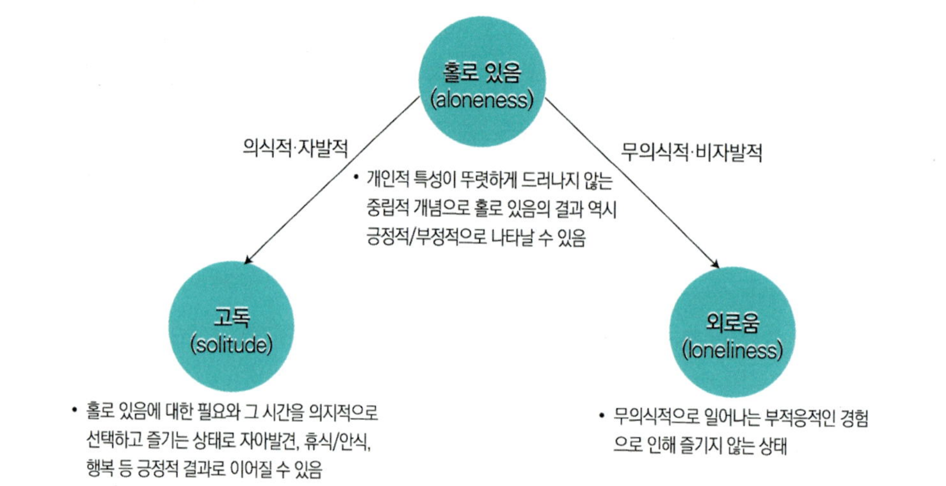

자료: 신인철 · 최지원, 2019.

**[그림 1-1]** 의식과 자발성에 따른 '홀로 있음'의 구분

다른 한편 최현영 외(2016)의 연구에서는, 고독한 사람과 외로운 사람 간의 차이를 아래와 같이 구분하고 있다. 이를 정리하면 다음과 같다. 고독한 사람은 긍정적인 측면이 강조되고 외로운 사람은 부정적인 측면이 강조되는 것이 드러난다. 특히 후술하는 외로움의 이론적 관점에서 살펴보겠지만, 애착이론에 따르면, 대인관계와 관련하여 고독한 사람은 안정적인 애착 경험이 있는 반면 외로운 사람은 불안정한 애착

경험을 가지고 있어, 이 경험이 개인의 성장과정과 삶의 전반에 중요한 영향을 미치는 것으로 보인다.

외로움과 고립은 학자들에 따라 유사 개념으로 혼용하는 경우도 있고 서로 다른 개념으로 구분하는 경우도 있다. 본 서에서는 고립은 '사회적' 고립이라는 용어가 의미상 통용되는 경향이 있어, 외로움에 비하여 다소 객관적인 의미를 포함하고 있으며, 따라서 사회적 관계망의 접촉 정도, 혹은 관계망의 결함에서 발생하는 결과로 개념화하고자 한다. 외로움은 사회적 관계망의 부재로 인하여 발생하는 심리적 · 정서적 · 부정적 감정이라고 한다면, 고립은 사회적 과계망이 결함이 있는, 사회적 교류와 접촉이 결여된 상태라고 정의한다.

외로움과 사회적 고립이 상호 연관성이 높은 것은 사실이지만, 외롭다고 해서 사회적으로 고립된 것은 아니며, 반대로 사회적으로 고립되었다고 해서 모두 다 외로운 것은 아니라는 것이다. 최근 연구에서는 외로움과 고립은 심리적 문제로서 유사한 점은 있으나, 외로움 없이 사회적으로 고립될 수 있으며, 적절한 사회적 관계망 내에서도 외로움을 느낄 수 있기 때문에 사회적 고립과 외로움은 다른 개념으로 구분할 필요가 있다(Bernard, 2013; 김혜정 · 박혜림, 2020 재인용).

〈표 1-1〉 고독한 사람과 외로운 사람의 비교

| | 고독한 사람 | 외로운 사람 |
|---|---|---|
| 창의성 | 구조화된 일상에서 벗어난 새로운 개념적 연결과 사고의 유연성이 높아져 창의성 계발 가능 | 구조화된 일상 환경의 틀에 갇힌 사고의 경직성에 따른 낮은 수준의 창의성 |
| 사고 유형 | 자기 반성(self-reflection)을 통해 정확한 자아상 발견과 건강한 심리적 상태 형성 가능 | 자신의 단점에 초점을 두는 자기 반추(self-rumination) 때문에 건강하지 못한 자아상을 갖고 우울, 걱정 등의 부정적인 심리적 경험 |
| 대인관계 | 안정적인 애착 대상을 내면으로 표상하여 다른 사람과의 친밀감, 연결감, 소속감을 더 많이 경험 | 불안정 애착을 경험할 가능성이 높음 |

자료: 최현영 외, 2016.

외로움과 사회적 고립이 상호 연관성이 높은 것은 사실이지만, 외롭다고 해서 사회적으로 고립된 것은 아니며, 반대로 사회적으로 고립되었다고 해서 모두 다 외로운 것은 아니라는 것이다. 최근 연구에서는 외로움과 고립은 심리적 문제로서 유사한 점은 있으나, 외로움 없이 사회적으로 고립될 수 있으며, 적절한 사회적 관계망 내에서도 외로움을 느낄 수 있기 때문에 사회적 고립과 외로움은 다른 개념으로 구분할 필요가 있다(Bernard, 2013; 김혜정 · 박혜림, 2020 재인용).

외로움은 개인의 심리적 · 주관적 감정을 강조한다면 고립 혹은 사회적 고립은 개인을 둘러싼 사회적 관계, 연결, 관계망의 결함이나 부재를 강조한다고 보면 된다. 물론 나중에 외로움의 이론적 관점에서 상술하겠지만, 외로움 역시 심리적 · 정서적 · 주관적 감정이지만, 그 감정을 결과적으로 창출하는 배경이 되는 것은 개인적 요인도 있고 인간관계적 요인도 있고 또 사회경제적 · 정치적 · 문화적 환경 요인도 있다. 그러므로 본 서에서는 외로움을 개인문제이기도 하지만 특별히 사회문제로 파악하여, 인문학적 사회복지적인 논의를 진행하고자 한다. 외로움을 사회문제로 포착하면, 그 예방과 해결책은 사회복지적인 개입이 필요하게 되고, 그 원인과 배경을 심층적으로 밝히려면 인문학적 설명과 분석이 필요하기 때문이다.

## 5. 소외

소외(alination)란 "어떤 무리에서 기피하여 따돌리거나 멀리함"으로 국어사전에 나와 있다. 소외는 어떤 집단이나 사회의 주류, 중심에서 벗어나 있는 상태를 말하는데, 경우에 따라서는 사회적으로 배제되거나 차별의 결과로 인해 주변부로 밀려나는 상태를 의미하기도 한다. 사회적 배제는 사회구조적 원인에 의해서 개인이 자본, 권력, 제도 등으로부터 배제되거나 기회가 박탈되는 경험으로 볼 수도 있다. 따라서 소외를 경험하는 개인은 외로움과는 다르게 사회구조에 대한 반감을 가질 수 있다(강민정 외, 2022).

소외는 사회학적 · 심리학적 개념이기도 하지만 철학적 개념으로도 잘 알려져 있기도 하다. 사물의 본질에서 벗어나 거리감을 가질 때 소외 현상이 일어난다. 마르크스가 말하는 노동의 소외는 자본주의 사회에서 발생하는데, 노동자가 생산한 생산물이 자신의 고유한 것으로서 관계하기보다는 자기에게서 멀어져 낯선 대상으로 관계하는 방식에서 소외 개념이 성립한다(기민수 · 노희정, 2020). 특히 자본주의 초기 수공업

시대에서 노동자의 생산품은 자신의 고유한 것으로서 관계하였으나, 자본주의의 발달과 함께 분업의 발달과 자동화로 인하여 노동자의 생산품은 자기에게서 멀어져 낯선 대상으로 관계하게 되면서 노동의 소외 현상이 발생하게 된다.

## 6. 은둔형 외톨이

'은둔형 외톨이'(hikikomori)는 일체의 사회활동을 거부한 채 특정한 공간, 집안에만 틀어박혀 지내는 사람을 이르는 말이다. '은둔'은 세상을 피하여 숨어 있다는 의미이고 '외톨이'는 홀로 있다는 뜻으로, 연관되는 사람, 의지할 수 있는 사람이 없다는 의미이다. 결국 은둔형 외톨이는 세상을 피하여 홀로 지내는 사람이라고 설명할 수 있다.

은둔형 외톨이(히키코모리)라는 용어는 일본에서 사용되었고, 영국의 옥스퍼드 사전에도 일본말 그대로 '히키코모리'란 말로 단어가 소개되어 있다. 일본에서 히키코모리란 말을 최초로 소개한 사람은 정신건강의학과 의사 사이토 다마키이다. 사이토 다마키(2002)는 은둔형 외톨이, 즉 히키코모리를 "(자택에 틀어박혀) 사회참여를 하지 않은 상태가 6개월 이상 지속되고 정신장애를 그 원인으로 생각하기 어려운 경우"로 정의하고 있다(김혜원 외, 2021: 23 재인용). 2010년 영국의 옥스퍼드 영어사전 제3판에 'Hikikomori'라는 단어가 새로운 단어로 등재되었으며, 그 의미는 '주로 젊은 남성이 사회로부터 완전히 탈피해 소외되고 있으며, 흔히 자신들 집에서만 칩거하는 일본의 현상'으로 정의하였다(현외성 외, 2023).

오상빈(2019)은 은둔형 외톨이의 특징을 다음과 같이 정의하였다. 3개월 이상 집이나 자신의 방에서만 지내면서 사회적 관계를 유지하지 않는 사람. 학업이나 직업활동이 필요하다고 하면서도 학업, 사회참여에 동기나 의지를 보이지 않는 사람. 친구가 한 명이거나 한 명도 없음. 친구를 사귀고 싶고 교류하고 싶지만 개인적인 성향과 대인관계 기술이 낮아 자신을 알아주거나 교류하는 사람이 없음. 집안에서 생산적인 활동을 하지 못하거나 안 하고 있음. 자신의 은둔 상태에 대한 불안감이나 초조감이 있음. 무력감, 불안, 초조감을 나타내면서 주변의 가족에게까지 영향을 미침. 지적장애나 정신장애 진단을 받은 사람이 장애라는 원인으로 은둔생활을 하는 사람은 제외함(현외성 외, 2023).

은둔형 외톨이는 고립 상태의 사람 중에서 고립의 정도가 심각하고 거의 여러 가지 문제를 지니고 있으나, 정신질환에 도달한 상태는 아닌 것으로 개념화할 수 있다. 은둔형 외톨이 용어가 가진 부정적 낙인(stigma)을 없애기 위하여 '은둔인' 혹은 '고립인'으로 부르지만, 그 핵심적인 의미는 자신이 어찌할 수 없어서 사회적 연결을 끊고 자신만의 안전한 공간에 있는 사람을 말한다. 다만 사회적 연결을 회피한 시간을 3개월로 하느냐 6개월로 기준하느냐 하는 문제와 은둔하는 공간을 어디까지 한정할 것이냐 하는 것은 논란의 여지가 있다.

결국 은둔형 외톨이는 고립이 심화된 형태이고 이는 단순히 고립 상태를 넘어서 심각한 문제에 이른 상태로 파악하는 것이 적절하다. 그리고 은둔형 외톨이는 사회적 연결을 희망하지만 여러 가지 배경에서 어찌할 수 없어 자신만의 공간으로 은둔하고 회피한 고립인으로 풀이할 수 있다. 따라서 은둔형 외톨이는 고립인이 가진 것과 마찬가지의 신체적 · 심리적 · 사회적 문제를 가지고 있다. 또한 은둔형 외톨이는 개인적 원인이 있지만 결국은 사회적 관계 혹은 사회적 환경 여건의 원인이 작동하여, 결과적으로 은둔형 외톨이라는 상태에 도달한 만큼 개인적 · 사회적 노력을 통해서 문제를 해결하고 예방해야 할 것이다.

이 지점에서 고립과 은둔형 외톨이 문제와 더 포괄적으로는 외로움의 문제가 개인적 · 사회적 문제를 포괄하고 있음을 이해하고, 따라서 개인적 노력과 사회적 대응이 필요하여 본 서에서는 이러한 내용을 논의하려고 한다. 이미 일본을 위시하여 세계 여러 나라에서 은둔형 외톨이 문제에 대한 사회적 대책이 실행되고 있으며, 우리나라의 경우도 중앙정부와 지방자치단체에서 아직은 초기 단계이지만 관심을 가지고 대응책을 수립하여 실행하고 있다.

## 7. 외로움 관련 개념과의 연관성

### 1) 서영석 외의 관련 개념 설명

서영석 외(2020)는 외로움과 관련한 몇 가지 관련 개념들 사이의 관계를 도식적으로 그려서 아래와 같이 설명하고 있다. 수평축은 능동적 · 수동적 측면을, 수직축은 주관적 · 객관적 측면을 표현하여 각각의 개념들을 대비시키고 있다. 외로움을 중심으로 고립, 고독, 소외 등의 개념의 연관성을 어느 정도 파악할 수 있다.

여기서 '관계 불만족'이란 개념은 본 서에서 설명하지 않았다. 서영석 외(2020)에 따르면, '주요 타인과의 관계에서 자신이 원하는 만큼 욕구가 충족되지 못한 상태'라는 의미를 가진다고 규정하고 있다. 이렇게 개념을 정의한다면, 관계 불만족은 개념상 '외로움'과 매우 유사하다. 특히 Weiss(1973)가 말하는 '정서적 외로움'은 친밀한 관계의 부족에서 기인하는 정서적 연결의 부족으로 규정할 경우, 관계 불만족 개념과 상호 유사한 의미를 지닌 것으로 볼 수 있다. 하지만 관계 불만족은 수동적 의미와 연관되어 있는 외로움 개념과는 달리, 수동적 측면과 능동적 측면 모두를 가진 개념으로 볼 수 있다는 점에서, 외로움과는 차이가 있고, 또한 관계 불만족은 외로움에 영향을 미치는 선행 요인으로 파악할 수 있다. 이런 측면에서 아래 그림에서는 일방향으로 화살표로 두 개념 간 관계를 표시하고 있다(서영석 외, 2020).

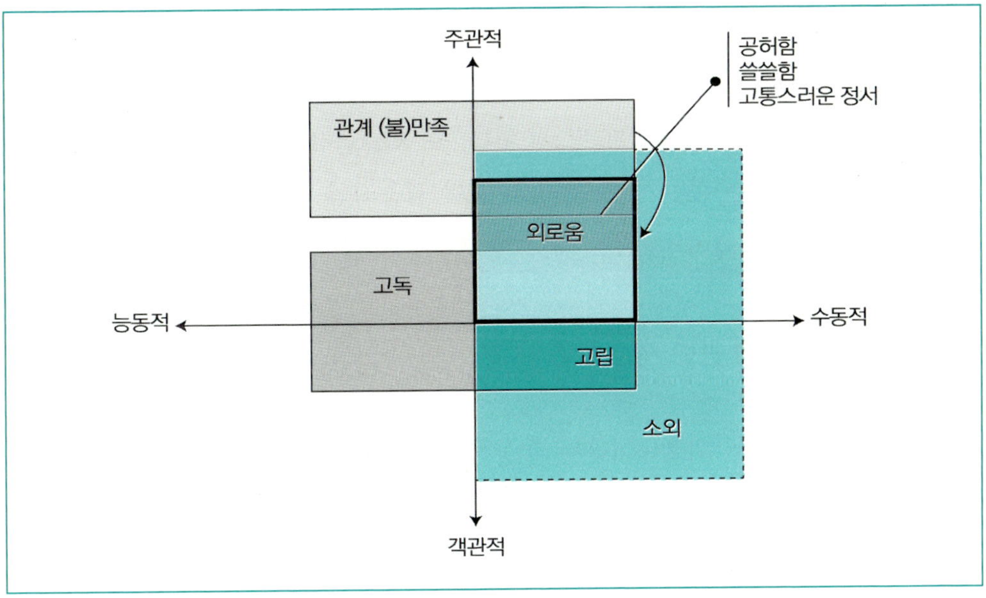


[그림 1-2] 선택과 인식 차원에 따른 외로움과 유사 개념의 구분

출처: 서영석 외, 2020.

외로움은 수동적이고 주관적인 특성에서 1사분면에 위치하고 있다. 고독은 능동적이면서 주관적이고 객관적인 특성을 가진 개념이므로 2, 3사분면에 위치하고 있다. 고립은 수동적인 측면과 객관적인 측면, 경우에 따라서는 주관적인 측면이 포함되어 1, 4사분면에 위치하면서 외로움과 중첩되는 면이 있다. 소외는 수동적이면서 객관적이고 때로는 주관적인 측면이 있어 1, 4사분면에 있다. 외로움은 소외, 고립, 관계 불만족 등과 부분적으로 중첩되는 측면이 있다.

저자가 생각하기에, 아래 그림에서 나타난 개념들 역시 서영석 등이 나름대로 설정한 기준을 가지고 각각의 개념적 특성을 적절하게 표현한 것으로 이해할 수 있다. 하지만 이들 개념 역시 학자들이 주장한 '상대적 개념'을 이야기한 것이니만큼, 독자들은 참고하면서 이들 개념의 관계를 이해하면 좋다고 생각한다. 아직은 합의된 개념이 없고 이러한 개념들 사이의 관계를 지속적으로 논의하면서 가장 이상적이고 바람직한 개념화 작업을 수행하여야 할 것이다. 예컨대, 논란이 될 수 있는 부분은 외로움과 고독의 관련성이다. 고독은 외로움을 과연 전혀 포함하지 않는 개념인가? 고독한 사람은 외로움을 과연 느끼지 않는가? 이 물음에 응답하기는 쉽지 않다. 또 소외와 고립의 관계에서 소외의 결과 고립을 느끼는가, 고립의 결과 소외를 느끼는가 하는 문제는 매우 미묘한 논의가 될 수 있다. 또 외로움을 느끼기 때문에 관계 불만족이 발생할 수 있지는 않는가? 등은 향후 보다 심층적인 연구를 통해서 해결해야 할 논점이기도 하다.

### 2) 서울복지재단의 관련 개념 설명

서울복지재단에서는 외로움이라는 추상적이고 넓은 개념을 포착하기 쉽지 않아, 외로움 개념보다는 다소 상대적으로 객관적이며 계량적일 수 있는, '고립'이라는 개념을 사용하여 외로움과 관련 개념들을 아래와 같이 그림으로 표시하면서 각각 개념 정의하고 있다. 즉, 그림의 제목에서 보듯이 '고립' 단계별 개념 정의를 사용하여 외로움 관련 개념들을 설명하고 있다.

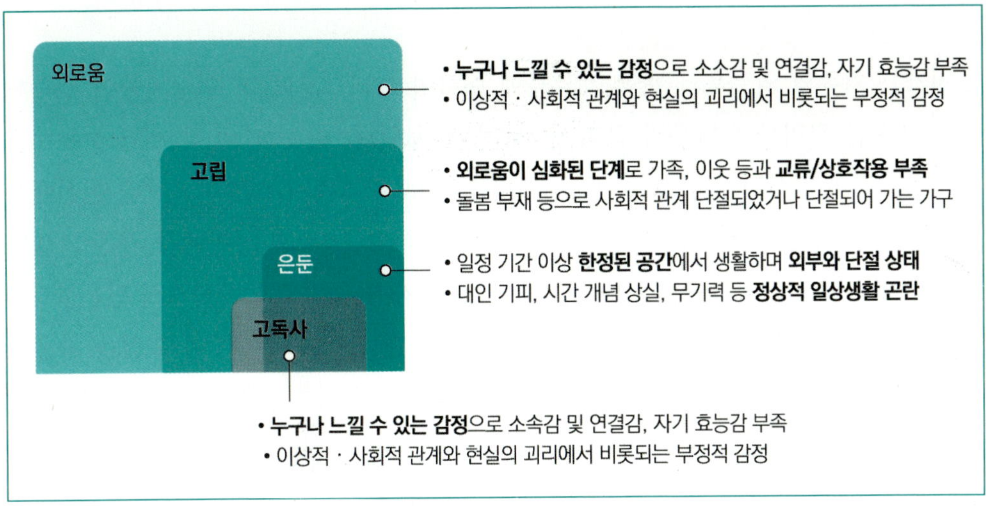


[그림 1-3] 고립 단계별 개념 정의

출처: 서울복지재단(https://sihsc.welfare.seoul.kr).

서울복지재단에서 상징적으로 그래픽한 외로움과 관련 개념은 고립을 중심 개념화하여 만들어진 느낌이 있다. 외로움에서 고립으로, 고립에서 다시 은둔으로, 고립과 은둔의 상태 속에 고독사—사실은 고립사가 더욱 적절한 개념이기도 하다—를 상대적으로 개념화한 것으로 판단한다.

이 그림 역시 좋다. 다만 외로움이 심화되는 결과로서 고립이 된다는 설명에는 반은 맞고 반은 그렇지 않은 면도 있음을 알아야 한다. 반대로 고립의 결과로서 외로움이 발생할 수도 있음을 알아야 하기 때문이다. 그리고 더 중요한 사실은 때로는 외로움은 고립과 전연 관계없을 수도 있다는 사실이다. 외로움을 느끼지만 고립되어 있지 않을 경우도 많다. 또는 고립되어 있으나, 외로움을 느끼지 않을 경우도 있다. 그만큼 외로움과 고립의 개념은 상이한 개념이며, 고립의 거리나 정도를 가지고 외로움을 이야기할 수 없을 때도 있다.

그럼에도 불구하고 사회문제로서 외로움, 고립, 은둔, 고독사(고립사) 등을 논의하고, 그 대책을 수립하고자 할 경우에는 이러한 개념들 사이의 상대적인 연관성 그림이 매우 유용함을 인정하지 않을 수 없다.

### 3) 본 서의 외로움과 관련 개념들의 연관성

저자는 기존의 외로움과 관련 개념들에 대하여 여러 학자들과 연구자들이 정의하였던 내용을 정리하여 다음과 같이 형상화시켜 보았다. 이 그림은 각 개념의 특성을 상대적으로 대비시킨 것으로서, 모든 개념을 서로 완벽하게 설명한다거나 현실에서 나타나는 각 개념들을 완전하게 표현한다고 생각하기는 어렵다. 한계를 가진 그림임에도 불구하고 긍정과 부정, 능동과 수동이라는 2가지 특성을 교차시켜서 만든 4가지 영역상에서, 외로움과 관련 개념들을 상대적으로 대비시킴으로써, 이 그림을 활용하여 여러 개념을 구분할 수 있는 관점을 획득할 수 있다는 유용성을 갖게 된다.

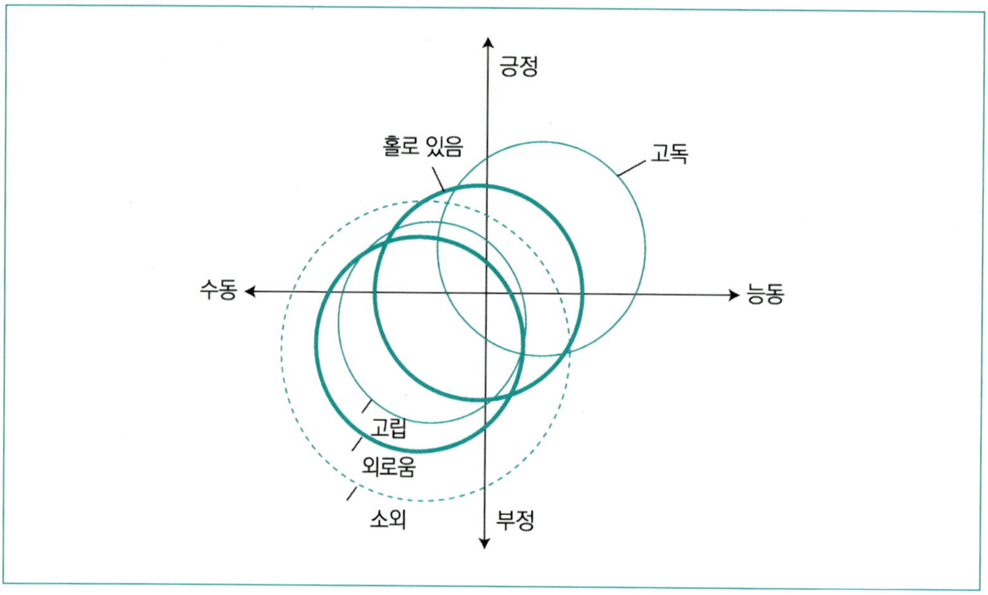


[그림 1-4] 외로움과 관련 개념들의 연관성

핵심적인 내용은 홀로 있음과 대비시켜 다소 수동과 부정적인 측면의 특성을 상대적으로 많이 갖는 고립과 그 상대적인 개념인 고독은 긍정과 능동적인 특성을 많이 갖는다는 점이다. 그리고 고립과 외로움의 관계를 살펴보면, 이 두 가지 개념은 공통적으로 고독과는 다른 부정적이고 수동적인 특성을 갖는다는 점이다. 하지만 외로움은 고립과는 약간의 차이를 갖는데, 그것은 두 개념이 완전히 같지는 않으며, (이 점은 다소 논쟁적이긴 하겠으나) 포괄 범위나 부정성과 수동성의 강도 역시 동일하지 않다는 의미를 지니고 있는 내용을 표현한 그림이다. 마지막으로 소외의 개념은 고립이나 외로움보다 훨씬 추상적이고 포괄적인 개념이라는 뜻을 가지고 있는 표현이다. 소외는 당하고 있으나 외로움의 감정을 느끼지 못하는 경우도 있을 것이라는 내용을 표현하고 있는 한편 소외는 외로움이나 고립보다는 훨씬 포괄적인 개념이라는 상대성을 표현한 그림이다.

제 2 장

# 외로움 개념의 이론적 관점과 유형화

## 제1절 외로움 개념의 이론적 관점

외로움의 개념을 좀 더 심층적으로 이해하려면 여러 선행 연구문헌에서 발견되는 개념 정의를 살펴보는 방법이다. 그런데 외로움의 개념 정의는 연구문헌에서 각각의 학자들이 어떤 이론적 관점을 가지고 외로움이라는 현상을 어떻게 파악하느냐 하는 사실과 연관된다.

### 1. Christina Victor 외의 논의

Christina Victor 외(2009)는 외로움에 대한 여러 연구문헌 중에서 논의되었던 외로움의 개념적 정의를 세 가지 측면에서 정리하고 있다. 그것은 ① 정신역동적, 성격 및 행위론적 관점, ② 심리학적 관점, 그리고 ③ 사회학적 관점이다(이하 내용은 Victor et al., 2009을 요약함). 이를 조금 상세하게 살펴보자.

#### 1) 정신역동적, 성격 및 행위론적 관점

먼저, 정신역동적, 성격 및 행위론적 관점(psychodynamic, personality and behavioural perspectives)이다. 외로움에 관한 초기 이론들은 넓은 범위에서 보면 프로이드학파의 정신역동 전통으로부터 나왔다. 정신역동이론의 발달은, '정상적인' 개인들과 차별화되는, 다양한 정신병리를 가진 개인들을 임상적으로 관찰하는 데서부터 출현하였다. 본질적으로 프로이드학파의 관점으로부터 나온 외로움의 개념 정의는 비정상이라는 특성을 가지게 되었다. 이러한 개념은 정상이라는 것으로부터 확실하게 구별되는 일탈적인 상태로 규정된다. 외로움을 정신역동적인 측면에서 병리학적이라고 특성을 규정하는 것은 이러한 유사 범주의 인간의 경험의 차원을 낙인찍고 환자로 취급하는 것으로 만들었다. 정신역동적 이론은 외로움에 대한 설명을, 어떤 연령에 있든지 간에 아동기에 중점을 두었는데, 그것은 풍성하지 못한 부모-아동 사이의 상호작용, 유아기의 너무 이른 이유(離乳)와 같은 다른 경험 등을 포함한 아동기의 경험에 무게중심을 두었다.

프로이드학파 전통의 초점은, 성격적인 특성과 정신 내부(intra-psychic)의 갈등과 같은 개인 내부의 심리정신의 요인들이 어떻게 외로움을 초래하는지에 대해서 상세하게 지도를 그리듯 설명하려는 데 있다. 외로움을 정신병리적이고 치료해야 할 환자로 치부했던 것과 같은 개념 정의와 관련된 이러한 초기 전통의 중요성이, 외로움과 드러난 우울증 사이의 관계에 지속적인 관심을 가졌던 것을 과소평가해서는 안 된다. 또한 외로움은 '단순히' 드러나지 않은 잠재적인 임상적 우울증이며 특별한 실재적인 것으로 입증된 것이 아니라는 주장도 과소평가해서는 안 된다.

사회적 구성주의적 관점(social constructionist perspective)에서 본다면, 이러한 외로움에 관한 개념 규정은, 외로움에 대한 매우 부적절한 설명이다. 즉, 개인이 살고 있는 사회적인 맥락, 그리고 그들이 외로움에 대하여 그들 자신이 내리는 해석이 가진 사회적인 맥락에 대해서는 별반 설명하지 않은, 외로움에 대한 개념 정의는 매우 부적절한 설명인 것이다. 더구나 초기 유아의 경험에 뿌리를 둔 채, 외로움에 대하여 설명하는 이론적 틀은 '결정론적'(deterministic)이며 다른 삶의 경험과 삶의 과정 속의 여러 다른 단계들이 가진 중요성을 과소평가하는 것이다.

성격이론(personality theories)은 외로움의 잠재적 원인을 생각하기 위하여, 임상적 경험과 관찰이라는 정신역동적 전통과 유사한 방식으로 진화하여 왔다. 이러한 접근책의 초기적인 사례는 Carl Rogers(1970)의 현상학적 관점이다. 이 접근법은 Husserl의 현상학적 철학과 혼돈되지 않아야 한다. Rogers의 분석은 '사회가 개인을 강제하여 제한되고 사회적으로 인정된 방식으로 행동하게 한다'라는 전제를 깔고 있다. 성격과 관련한 그의 '자아이론'(self theory)은 다음과 같은 점을 제안하고 있다. 즉, 특정 행동을 순응하게 하는 사회적 압력의 요구는, 개인의 진실한 내적인 자아와 매일 매일의 생활에서 드러나는 자아 사이에 상충—한 사람의 자아개념에 있어서 현상학적 상충—이 일어나게 한다. 외로움은 이들 개인에 의해서 경험되어지는데, 즉 그들의 외적인 페르소나(persona)를 떨어뜨려 그들의 내적인 자아와 마주칠 때, Rogers에 따르면, 그들의 실재적 자아가 '사람들로 하여금 그들의 외로움 속에 갇혀 있게' 하는 것을 사랑하지 않는다는 신념을 가지고 있다(Rogers, 1970: 121). 정신역동적 전통과 대조하여, 이 접근법은 아동기의 영향력보다는 개인의 현재 경험과 사회적 맥락의 영향력에 더 강조점을 둔다.

실존주의적 접근법(existentialist approach) 역시 임상적 실천을 통한 것으로부터 출현하였으나, 오히려 외로움 연구에서, 물론 현재는 실존론적 접근방법에 의한 이론적 입장에서 추진된 조사들이 있으나, 다른 이론적 관점들보다는 실존론적 접근법이 보통 덜 인용된다. 이 접근법은 다음과 같은 내용을 출발점으로 하는데, 그것은 우리 각자는 궁극적으로 홀로 존재한다. 우리 중 그 누구도 우리의 실재적 생각과 느낌을 경험한 사람은 없기 때문이다. 개인들로서 우리들은, 우리들이 선택하는 타인들 하고만 오직 내적인 생각을 공유할 뿐이다. 이것은 경우에 따라서는 완전한 공유이거나 혹은 부분적인 공유를 표현할 뿐이다. 앞의 두 가지 접근법과는 달리, 실존주의자들에게는 외로움이란 개인들에게 유연하게 행동할 수 있고 그들 자신을 만날 수 있고, 잠재적으로는 그들 자신을 이해하도록 하는 기회를 제공함으로써 긍정적인 측면을 가지고 있다. 또한 외로움이란 소수 혹은 일탈된 상태로 간주하지 않고 오히려 '정상적인' 인간의 경험의 한 부분으로 간주한다. 이와 같이 외로움의 원인을 찾기보다는, 이 접근법은 사람들로 하여금 외로움이 가지는 두려움을 극복하고 외로움을 긍정적으로 활용하는 것을 추구한다(Moustakas, 1972; Moustakas & Mous, 2004).

구성주의적 접근법으로부터 우리들은 외로움을 이해하는 데 있어서 유연성의 역할에 동조한다. 그러나 이 접근법은 외로움(loneliness)의 주관성(subjectivity)과 홀로 있음(being alone)의 주관성 사이를 설명하지 못한다(Weiss, 1973).

실증주의와 후기실증주의 패러다임 안에서, 외로운 사람들과 외롭지 않은 사람들의 성격과 행동 특성에 대하여 조사연구를 수행한 많은 경험연구가 진행되었다. 예를 들면, Matangoni와 Ickes(1989)는 수줍음, 자아의식, 우울증, 부정적인 자아개념, 사교성이 부족함, 내성적임 등과 (외로움 사이의) 긍정적인 연관성을 강조하였다. 연구보고된 (외로움과) 부정적인 연관성에는 자아존중감, 사회적 위험을 감수함, 외향성, 자기 자신의 사회적 기술의 인지 등이 포함된다(Mahon et al., 2006). 그러나 여전히 이들 연구에는 외로움과 고립을 설명하는 데 있어서 '사회적인 맥락'의 역할을 설명하지 못하는 점이 있다.

### 2) 심리학적 관점

심리학에서 현상학적 전통은 개인들이 외로움이나 고립과 같은 사회 현상을 어떻게 경험하는지를 이해하는 데 있어서 인지과정(cognitive processes)의 중요성을 강조한다. 인지 작용은 사회성 혹은 중요한 관계의 결합과 외로움 혹은 고립의 경험 사이의 중재적인 요인들보다 앞서 진행된다(Pepau et al., 1982). 두 가지 유사한 이론적 접근책이 이와 같은 방식으로 외로움을 설명하기 위해 이용되었는데, 그것은 특성이론(attribution theory)(Lunt, 1991; Pepau et al., 1982)과 자아불일치 이론(self-discrepancy theory)(Pepau et al., 1982)이다. 이와 같은 관점에서 본다면, 사회적 관계의 기대와 인지된 경험 사이의 갭(차이)이 외로움의 특성이다. '객관적인' 기준으로 보아서는 외로움을 느끼지 않아야 할 사람이 외로움을 경험할 수 있는데, 그것은 그 사람의 사회적 접촉의 빈도와 질이 자신이 바라는 수준 이하로 떨어졌기 때문이다(de Jong-Gierveld & Raadschelders, 1982; Peplau & Perlman, 1982). 개인의 특성 스타일이 사회적 기술 부족을 또한 반영할 수 있는데, 그 특성이 외로움이 지속적으로 유지되고 그래서 심각한 만성 상태에 영향을 미치기 때문이다. 여러 가지 문헌을 검토해 보면, 다음과 같은 내용을 지지한다. 즉, 외로운 개인들은 그들의 외로움과 대인관계적 결함을 자신이 통제할 수 없는 외부적인 요인들의 탓으로 돌리고 거부당하는 것에 대한 두려움, 대인관계의 불안, 사회적 상호작용에 있어서 어색함 내지 난처함, 그리고 높은 수준의 사회적 불안 등과 같은 역기능적인 태도를 나타낸다는 사실이다. 일반적으로 개인의 사회적 관계의 질적·양적 측면은 대인관계 내에서 가지는 특별한 형태의 행동은 물론 인지적인 과정에 의해서 중재될 수 있다는 사실이 드러난다.

심리학 내에서 외로움에 대한 두 가지 접근책이 있어 왔는데, 그것은 충족되지 않은 욕구에 일차적인 강조점을 두는 접근책이다. 즉, 사회발달 접근책(social developmental approaches)과 사회적 지지접근책(social support approaches)이다. 사회발달 접근책은 그 역사적 기원을, 인간적인 친밀함을 위한 욕구를 충족하는 데 있어서 사회관계의 중요성을 강조하는, 신프로이드학파의 정신분석에 두고 있다. 초기 이론가들은 외로움을 사회관계의 결함이라는 측면에서 찾았는데, 그것은 아마도 Bowlby의 애착이론(Bowlby, 1971)에 근거를 두고 있다. 애착이론은 유아기 동안의 초기 애착과정과 성인의 외로움 사이에 제시되었던 관계성을 통하여 사회발달 접근책에 강한 영향을 미쳤다. 그 제안은 성인의 삶에 있어서 유사한 애착을 기반한 유대가 아동기에 존재하였던 바와 같이, 친밀한 성인관계에서도 일어난다는 것이다. 아동과 부모 관계 양식이 안정적(secure), 회피적(avoidant), 그리고 불안하고-양가감정적(anxious-ambivalent) 등으로 특성지울 수 있는 것과 마찬가지로, 친밀한 관계에 있어서 성인의 애착양식 역시 그렇게 특성지울 수 있다. 이러한 이론적인 아이디어로부터 성인관계에 있어서, 삶의 질과 사회적 관여에 대한 연구에 큰 영향력을 끼쳤던, 친밀한 애착의 중요성 혹은 유의미한 자신감의 중요성이 출현하였다(Weiss, 1973).

노인 시기의 우여곡절에 대한 방어로서 친밀한 관계의 중요성을 평가하는 많은 문헌이 있으며, 그 시기에 그와 같은 유대의 유무를 조사연구하고 사회적 지지에 관심을 가진 문헌들이 있다. 사회적 지지 접근법의 발달에 있어서, 외로움은 유의미한 애착의 부재, 즉 자아존중감을 제한하고 그리하여 '삶의 질'에 부정적인 영향력을 끼치는 그러한 부재로 생각되어진다. 여기서 지적하고 싶은 핵심적인 포인트는 청소년기와 성인 초기는 애착 대상이 필요한데, 그러한 대상은 정서적으로나 신체적으로 밀접한 어떤 사람일 수도 있고 아닐 수도 있다. 애착 대상은 개인에게 안전을 제공하는데, 그것은 그 사람과의 지속적이고 정서적인 연결감 때문이다.

### 3) 사회학적 관점

지금까지 외로움에 대하여 논의되었던 이론적인 관점은 모두 심리학으로부터 나왔으며 따라서 개인 수준에서 이해하고 설명하는 것에 초점을 맞추고 있다. 사회학적인 관점에서 본다면, 이러한 이론적 접근책은 핵심적인 통찰력을 결여하고 있는데, 말하자면 개인들이 사회적 관계를 발달시키는 사회적 맥락, 외로움, 고립 혹은 사회적 참여를 경험하는 사회적 맥락의 이해를 결여하고 있다는 말이다. 개인적 수준의 설명을 하는 연구들 역시 가치가 있지만, 사회적 맥락을 평가하고 인정하지 않은 채, 사회적 참여를 이해하고 설명하려는 노력은 하나의 '부분적인' 설명과 분석일 뿐이라고 말할 수 있다. 개인의 사회적 관계를 이해하기 위해서는, 개인적 행동과 그 행동이 일어나는 사회문화적 맥락 양쪽 모두를 이해하는 것이 필요하다고 주장하고 싶다.

외로움에 대해 초기 사회학적 접근책으로 연구가 많이 되었는데, 이 시기는 주로 구조기능주와 시스템 이론에 의하여 주도되었다. 이들은 인간의 행위가 연령과 관계없이 사회적 환경에 의존하며 사회가 사람들에게 행동함에 영향을 미친다고 하는 사람들이었다. 따라서 이 이론가들은 외로움에 대한 설명을 개인 자체에서 찾기보다는 그들이 살고 있는 구조적인 측면에서 찾았다. 그러나 그와 같은 접근책은 외로움을 설명함에 있어 대인관계와 인지과정의 본질에 대하여 주시하지 않았다. 이와 같이 여러 기능주의 사회학자들은, 19세기 말 자살에 대하여 저술하였고, 사회통합과 사회관계에 대하여 발전시켰던 Emile Durkheim의 아이디어를 추종하였다. 이러한 이론적 제안의 출발점은 병리학적인 측면과 일탈적 행위, 즉 자살이라는 다른 한쪽의 극단적 측면에 초점이 맞추어졌다는 사실을 알아야 한다. 사회학적 이론과 심리학적 이론 사이의 설명 수준은 크게 달랐는데, 그들은 일탈적이거나 혹은 '비정상적' 사람들을 연구하는 원천과 연결되어 있다.

자살 연구에 초점을 둔 것으로부터, Durkheim은 사회적 상호작용이 높은 수준에 도달한 것을 사회통합의 핵심적인 구성 요소로 강조하였는데, 그와 같은 사회에는 사회적으로 응집력이 높은 집단과 강한 정서적 유대감이 존재한다는 것이다. 유럽의 자살에 대한 그의 경험적 연구가 매우 중요한데, 그것은 그 연구가 사회 전염병학적 연구의 초기 사례 중의 하나를 제공하였고 다른 연구자들이 추종하게 되는 방법론적인 견본을 수립하였기 때문이었다. 사회적 지지, 외로움, 그리고 사회적 고립에 관한 사회학적인 탐구는 이와 같은 전통에 따라 수행되었다. 그리하여 외로움이란 사회적 고립의 결과인데, 그것 자체도 사회적 네트워크에로의 통합의 결여가 가져온 결과라는 암묵적인 이론적 전제를 가지고 외로움이 그러한 전통에 따라 연구되었다.

최근 연구에서는 사회학적 환경 요인을 다양하게 포착하면서 외로움을 연구하고 있다. 가족 혹은 가족구조의 변화, 도시화와 현대화, 기술문명과 연결성, 직업과 연관된 생활, 경제적 불평등, 노령화와 건강의 쇠퇴 등 사회 전반의 변화에 대하여 외로움을 촉발시키는 사회학적 요인에 대하여 연구가 진행되고 있다(Angel Marques, 2024). 여기에 대한 보다 자세한 내용은 후술한다.

## 2. Tzouvara 외의 논의

Tzouvara 외(2015)는 외로움의 개념에 대한 이론적 접근법이 여러 학자에 의하여 진행되었으나, 자신들이 생각하는 주요한 이론적 접근법을 네 가지로 대별하여 정리하였다. 그것은 ① 상호작용적 접근법(interactionist approach), ② 정신역동적 접근법(psychodynamic approach), ③ 실존적 접근법(existential approach) 및 ④ 인지적 접근법

(cognitive approach) 등이다.

### 1) 상호작용적 접근법

Robert Weiss가 상호작용적 접근법의 대표적인 리더라고 볼 수 있다. 이 접근법은 애착이론으로부터 출발한다. 애착이론은 외로움이란 적절한 사회적 네트워크의 부족과 친밀한 사람들의 결핍이라는 두 가지 요인의 결합에 의하여 기인한다는 전제에 기반하고 있다(Singh & Kiran, 2013). 1973년 『외로움: 정서적, 사회적 고립의 경험(Loneliness: Experience of Emotional and Social Isolation)』이라는 그의 책을 통하여, 그는 어떻게 외로움의 감정이 조사되고, 인식되고, 개념화되는가 등에 대하여 새로운 길을 열었다. 그는 외로움이란 친밀한 관계를 위한 인간의 기본적인 욕구의 결핍이라고 주장하였는데, 그것은 사회적 욕구가 부적절하게 충족되었을 때 발생하는 것이라고 하였다. Weiss(1973)는 외로움에는 두 가지 형태가 있다고 말했는데, 그것은 정서적 외로움과 사회적 외로움이다. Weiss(1973)는 정서적 외로움은 친밀한 관계의 부족에서 기인하는 정서적 연결의 부족으로 간주하였다. 사랑하는 사람의 상실, 이혼, 친구의 부재 등은 정서적 외로움의 잠재적인 촉발 요인이라고 했다. 그러나 사회적 외로움은 사회적 관계의 인지적인 부족으로부터 발생한다고 했다. 새로운 사회적 환경에로의 이동(사), 실업, 지역사회로부터 배제됨 등은 사회적 외로움을 가져오는 잠재적인 촉발 요인이다. 이처럼 Weiss의 이론(1973)은 정서적 외로움과 사회적 외로움이 만들어 내는 다양한 증상과 징후와 연관된 정서적 · 사회적 관계가 갖는 질적 · 양적인 측면을 중요시하게 되었다.

정서적 외로움은 불안, 우울(증), 고통, 그리고 적개심을 유발할 수 있다. 반면에 사회적 외로움은 지루함, 불안과 동요, 초조함과 안절부절못함 등을 초래할 수 있다(Vogiatzoglou, 2008). Weiss의 개념과 이론적 접근법에 기반한 외로움 측정 연구들이 상당하게 존재한다. 예컨대, Dahlberg와 Mckee(2014)의 영국에서 행해진 조사연구인, 1,255명의 노인 관련 정서적 · 사회적 외로움 모형 연구를 목적으로 수행하였던 연구가 그것이다. 미망인이 되는 것, 자신이 원하는 활동에 참여함이 가로막히는 것, 그리고 개인적인 돌봄의 결핍 등 이들 모두가 정서적 외로움을 예측할 수 있는 중요 요인임이 밝혀졌다. 친구들과의 빈도가 낮은 접촉, 활동 빈도가 적은 활동 등과 같은 요인은 사회적 외로움을 예측할 수 있는 중요 요인임이 조사되었다. 그러나 Weiss(1973)의 상호작용적 접근책은 외로움의 원인을 부정적인 요인에만 초점을 두고 있다는 비판을 받았다. 다음과 같은 외로움 관련 조사연구들은 외로움을 발생케 하는 데 있어서, 부정적인 요인이 아닌 다른 요인들도 중요함을 발견하였다. 예컨대, 연령 요인(Holmen et al., 1992; Victor et al., 2002; Hawkley & Cacioppo, 2007), 문화 요인(Chalise et al., 2010; Lou & Ng, 2012; Fokkema et al., 2013), 그리고 성별 요인(Golden et al., 2009; Thomopoulou et al., 2010; Wang er al., 2011) 등도 외로움을 유발하는 요인들임이 밝혀졌다.

### 2) 정신역동적 접근법

외로움을 설명하는 또 다른 핵심적인 접근법은 정신역동적 이론들에서 나왔다. 이러한 이론들은 영유아기의 애착 결핍이 그 후의 생애에 있어서 외로움을 유발하게 하는 요인이 된다는 것을 강조한다. 초기 아동기에 부모와의 친밀한 관계를 발달시키는 사회적 기술이 부족한 사람들은 그 후의 생애에 있어서 외로움을 경험하기 쉽다. 이러한 관점은 외로움을 신경증의 증상(Singh & Kiran, 2013)과 같은 마음의 상태로 간주한다. Sullivan(1953)과 Fromm-Reichmann(1959)은 이러한 접근법의 대표적인 학자들이다. 이러한 이론들은 외로움을 사회적 관계의 형성에 있어서 어려움으로 야기되는 병리학적인 현상으로 본다(Donaldson & Watson, 1996). 그러나 정신역동적 접근법은 정신적 질환을 가진 사람들에 대한 임상적 관찰에만 의존하는 접근법이다(Perlman & Peplau, 1982). 이 접근법은 외로움에 관한 다른 요인—예컨대 문화, 연령, 사별의 경험과 같은—중요한 영향력을 무시한다고 비판받았다(Donaldson & Watson, 1996).

### 3) 실존적 접근법

또 다른 중요한 이론적 접근법은 실존적 접근법이다. Tillich(1963)와 Moustakas(1972)가 이 접근법의 대표자인데, 이들은 모든 사람은 '궁극적으로 홀로'이며 외로움은 '인간 존재의 실존론적 조건'인 분리됨으로부터 발생한다고 주장하였다(Perlman & Peplau, 1982: 126). 이러한 견해에 따르면, 사람들은 외로움을 회피하기 위하여 현실도피와 다른 방어체계(대응체계)(response mechanism)를 통하여 그들의 외로움에 직면하여 대처해야 한다. 실존주의자들은 외로움을 '진정한 외로움'(true loneliness)과 '불안 외로움'(anxiety loneliness)의 두 가지로 구분한다. 진정한 외로움은, 인간이란 출생에서부터 죽음에 이르기까지 삶에서 혼자라는 인식과 깨달음과 관련되어 있다. 불안 외로움이란, 인간은 그들의 홀로된 존재에 관한 인식과 깨달음에 직면하는 것을 회피하기 위하여 개발한, 방어체계와 같은 특성을 가진다고 한다(Perlman & Peplau, 1982). 실존론적 이론은 '홀로 있음'이라는 감정이 가지는 주관적 개념과 객관적 개념 사이에 구분을 두지 않는데(Donaldson & Watson, 1996), 이 점이 핵심적인 이론의 한계이다. 실존론적인 관점으로부터, 외로움은 개인의 경험에 내재하는 '존재론적 조건'이라는 것이 명백해진다. 그러므로 실존론적인 이론가들은, 중요한 것들에 대하여 행하여지는 개인들의 선택을 인정하지 않는 채, 사람들이 홀로라는 것만을 인식하는 것 같다. 홀로 있기를 선호하는 사람들은 항상 외롭다고 생각하지 않으며, 외롭다고 생각하는 사람은 항상 홀로 있지는 않다.

### 4) 인지적 접근법

인지적 접근법은 외로움이란 경험을 조작하고 완화하는 인지적 과정의 중요성에 강조점을 둔다. 인지적 접근법의 핵심적인 옹호자인 Perlman과 Peplau(1982)는, 원하는 사회적 관계와 비교하여 자신이 가진 관계가 적다고 인식하는 것으로부터 외로움이 발생한다고 주장한다. 이 접근법의 두드러진 측면 중의 하나는 이 접근법이 가진 중재 효과(매개 효과)라고 그들은 주장한다. 즉 인지적인 과정은 인지된 외로움(사회적 결핍)과 그 경험의 강도(강력함의 정도) 사이의 중재적인 요인으로서 활동한다. 예를 들면, 외로움을 경험한다는 것은, 개인의 사회적 기술과 자존감 수준과 같은 인지적인 과정을 통하여, 조작될 수 있고 완화될 수 있으며 방어될 수도 있다. 속성(특성) 이론(attribution theory)에 따르면, 인지적 접근법은 행동 특성이나 퍼스낼리티 특성은 물론 상황적 특성과 환경적 특성 모두를 강조한다. 인지적 접근법은 외로움에 대하여 문화가 가진 잠재적인 영향을 무시하는 것 같다.

위와 같이 설명한 외로움에 대한 네 가지 중요한 이론적 접근법을 간략하게 비교하여 정리하면 다음 표와 같다.

〈표 2-1〉 외로움 개념의 이론적 접근

| 대표적인 학자들 | 이론적 접근 | 전제(가정) |
|---|---|---|
| Weiss(1973) | 상호작용적 접근 | 정서적 외로움과 사회적 외로움.<br>사람들의 사회적 욕구의 결핍이 외로움을 가져온다. |
| Sullivan(1953),<br>Fromm-Reichmann(1959) | 정신역동적 접근 | 사람들의 애착관계의 결핍이 외로움을 가져온다. |
| Tillich(1963),<br>Moustakas(1972) | 실존적 접근 | 불안 외로움과 진정한 외로움. 분리가 외로움의 주된 원인이다. |
| Peplau & Perlman(1982) | 인지적 접근 | 사회적 관계의 기준에 대한 인간관계의 평가가 외로움을 가져온다. |

출처: Tzouvara et al., 2015.

## 3. 서영석 외의 논의

서영석 외(2020)는 한국인의 외로움에 관한 개념적 정의를 연구한 논문에서, 외로움에 관한 개념적 정의를 사회 욕구이론, 인지적 접근, 실존적-현상학적 접근, 그리고 상호영향론적 접근으로 정리하였다(아래 내용은 서영석 외(2020)를 요약함).

### 1) 사회 욕구이론

사회 욕구이론에 따른 외로움의 개념 정의는 Weiss(1973)의 외로움 개념이다. 이 이론에 따르면 인간은 접촉과 다정함을 추구하는 사회적 동물로서, 외로움은 '관계 결핍으로 인한 좌절 반응'이라고 정의할 수 있다. 이 관점에 따른 학자들은 Bowlby(1973)의 애착이론에 근거해서 외로움의 발달적 기원을 설명한다. 즉, 아동이 발달 초기 부모와 정서적 유대감을 형성하지 못할 경우 외로움을 경험하는데, 이러한 외로움은 반복적으로 경험되어 강화될 가능성이 높다. 이후 또래나 연인 및 배우자로 애착 대상이 바뀔 수 있지만, 나이와 대상을 불문하고 애착 대상의 상실과 부재는 고통스러울 수밖에 없고 바로 이 고통이 외로움의 정수가 된다.

### 2) 인지적 접근

인지적 접근에 따른 외로움의 개념 정의는 사회심리학자인 Peplau와 Perlman(1982)으로부터 시작되는데, 그들은 인간은 현재의 대인관계 상황이 만족스럽지 않다고 지각할 때 외로움이라는 불쾌한 경험을 하게 된다는 것이다. 즉, 개인이 관계에서 원하고 바라는 것과 실제 관계에서 충족된 정도 사이의 인지적 불일치로 인해 외로움을 경험하게 된다(Marangoni & Ickes, 1989)는 것이다.

사회 욕구이론이 관계에서 경험하는 결핍 자체에 초점을 둔다면, 인지적 관점에서는 개인이 관계에서 무엇을 소망하는지, 그 결과에 대해 어떤 주관적 평가를 내리는지 그 간극에 초점을 둔다. 따라서 인지적 접근에서는 관계 상황에 대한 개인의 인지와 평가가 외로움의 본질적 속성이 된다. 인지적 접근을 통해 외로움에 대한 연구는 획기적인 전환기를 맞게 된다. 외로움은 객관적인 고립 상태뿐만 아니라 주관적 경험에 의해 발생한다는 점과, '결핍'과 같은 병리적인 측면보다는 일반적인 삶의 영역에 초점을 둠으로써 외로움을 설명하는 가장 핵심적인 모델로 평가받는다.

### 3) 실존적-현상학적 접근

실존적-현상학적 접근에 따른 외로움의 개념 정의는 Moustakas(1961)에서 찾아볼 수 있는데, 그는 외로움을 삶의 본질적이고도 유기적인 실재(reality)라고 가정한다. 즉, 모든 인간은 삶을 시작해서 마치는 순간까지 궁극적으로 혼자이기 때문에, 인간은 불가피하게 외로움이라는 정서 상태를 직면하게 된다는 것이다. 이 관점에 따르면, 관계 욕구 결핍(사회적 욕구 관점)이나 주관적 평가(인지적 관점)보다는 외로움이란 어떤 상태인지, 사람들은 저마다 외로움을 어떻게 경험하는지에 더 많은 관심을 기울인다. 결국 개인의 주관적 경험에 초점을 맞춘 현상학적 접근을 토대로 외로움의 정서 상태를 묘사하려고 하는데, 이는 개인마다 외로움이 어떻게 다르게 경험하게 되는지에 대한 이해의 틀을 제공한다.

이러한 관점을 따르는 연구자들은 외로움이 일반적으로 고통, 공허함, 비어 있음, 슬프고 쓸쓸함, 분리되는 느낌, 지루함 등으로 묘사된다고 보고한다. 즉 실존적-현상학적 관점에서는 '공허하고 쓸쓸하고 고통스러운 정서적 반응'이 외로움을 구성하는 본질적인 요소가 된다.

### 4) 상호영향론적 접근

상호영향론적 접근에 따른 외로움의 개념 정의는, 맥락, 문화, 시간 등의 영향을 받는 현상으로 외로움을 간주하고 이를 측정할 수 있는 척도를 개발해야 한다고 주장한다. 즉 사회구성주의에 바탕을 둔 이 접근법에 따르면, 사람들은 개인적인 요인과 문화·상황적인 요인들이 서로 작용하는 가운데 외로움을 경험한다. 원인과 맥락에 관계없이 누구나 동일하게 경험하는 외로움의 공통 속성을 강조한 일차원적인 접근과 달리, 상호영향론적인 접근에서는 맥락이나 발생 원인에 따라 사람들이 다양하고 복잡한 방식으로 외로움을 경험한다고 가정한다. 예를 들어, 어떤 사람이 배우자와 사별했다면, 애착 대상의 상실로 인해 불안이나 염려 등 정서적 외로움을 경험하는 동시에, 배우자와 함께 형성했던 사회적 연결망에서의 역할과 의미가 축소됨으로써 지루함이나 배제된 느낌 등 사회적 외로움을 경험할 수 있다는 것이다.

## 4. 정안숙 외의 논의

정안숙 외(2023)는 여러 가지 문헌연구를 통해, 심리학 분야 위주로, 외로움 이론을 사회심리학적 관점, 현상학적 관점, 그리고 실존주의 심리학적 관점으로 정리하고 있다. 외로움에 관한 사회심리학적 관점은 외로움이 개인의 사회적 관계에 존재하는 결손 즉, 개인 간 고립(interpersonal isolation)에서 유래한다고 보는 관점이다. 이 관점에 의하면, 외로움은 개인이 다른 사람과 가지는 관계가 자신이 원하는 관계에 비하여 양 혹은 질에서 부족하거나 열악하다고 지각할 때 생기는 불쾌한 경험이다.

외로움에 관한 현상학적 관점은 마크 트웨인(Mark Twain)이 "최악의 외로움은 당신 자신이 당신에게 불편해지는 것이다"라고 하였듯이, 외로움을 개인 내 고립(intrapersonal isolaton)에서 유래되는 것으로 본다. 즉, 외로움은 분열된 자아 혹은 상호 모순되는 자기 개념의 갈등에서 생기는 자기 불신, 자기 억압, 혹은 자기 소외의 경험이다.

외로움에 관한 실존주의 심리학의 관점은 외로움이 자기와 세상, 그리고 자기와 타인이 필연적으로 분리되어 있고, 모든 개인이 본원적으로 혼자라는 자각 즉, 인간의 실존적 고립(existential isolation)에 대한 자각에 의해 경험되는 것으로 보는 이론적 관점이다(이하 내용은 정안숙 외, 2023을 요약함).

### 1) 사회심리학적 관점: 개인 간 고립

외로움에 관한 사회심리학적 관점은 배우자/연인, 가족, 친구 등의 사회적 관계에 존재하는 결손 혹은 결핍 즉, 개인 간 관계의 부재, 단절, 결별, 혹은 소원(疏遠)함에 의해 외로움이 초래된다고 본다. 사회적 관계에서 결손이 생기면, 그 관계가 제공하는 심리적 기능의 결핍을 초래하고, 결핍된 기능에 대한 지각(실제 관계)과 결핍된 기능의 복구(원하는 관계)에 대한 욕구를 증가시켜서 외로움이 촉발된다. 예를 들어, 배우자와 이혼하거나 연인과 결별한 사람이 애착의 결핍을 경험하고, 결핍된 애착을 다시 복구할 수 있는 "특별한 한 사람"을 원하는 것이 외로움이다(Weiss, 1974).

Weiss(1973, 1974)는 사회적 관계의 기능 중 애착과 사회 융합에 집중하여 두 가지 외로움 유형을 구별하였다. ① 배우자와의 이혼 혹은 사별, 또는 애인과의 결별 등과 같이, 친밀한 애착의 결핍에서 정서적 외로움(emotional loneliness)이 생긴다. 정서적 외로움은 불안감과 고립감을 수반한다. 정서적으로 외로운 사람은 결핍된 애착의 복구를 원하여 항상 타인을 애착 상대로서의 가능성 면에서 평가한다. ② 이주, 이직, 전학 등과 같은 환경 변화로 인하여, 관심을 공유하고 함께 활동하는 친구들의 관계망에 생기는 결손에 의해 사회적 외로움(social loneliness)이 생긴다. 사회적 외로움은 권태로운/ 심심한 느낌, 방황하는/ 헤매는 느낌, 주변인 느낌으로 구성된다. 사회적으로 외로운 사람은 자신이 참여할 수 있는 활동을 찾고, 자기를 받아주는 관계망이나 집단을 모색한다. 즉, 사회 융합을 이룰 수 있는 활동, 관계망, 집단을 찾는다.

Perlman과 Peplau(1984)는 Weiss(1973, 1974)의 사회적 관계 기능 이론에 기초하여 외로움을 "개인의 사회적 관계망이 질적 혹은 양적으로 상당한 결손을 가질 때 생기는 불쾌한 경험"으로 정의하였다. 많은 학자들(예컨대, Ernst & Cacioppo, 1999; Mikulincer & Shaver, 2014)이 공유하는 외로움의 이 정의의 핵심적 특징은 외로움이 개인의 사회적 관계에 존재하는 결손에서 유래한다는 것이다. 즉, 외로움은 가지고 싶은 혹은 원하는 관계와 현재 실제로 가지고 있는 관계 사이의 차이 혹은 부조화로부터 생긴다. 원하는 관계가 바뀌거나, 실제 관계에서 변화가 생겨도 외로움이 수반될 수 있다.

Irvin Yalom은 다른 사람으로부터의 고립(부재, 격리, 단절) 혹은 소원함으로 인하여 생기는 보편적인 외로움을 개인 간 고립(interpersonal isolation)으로 지칭하였다(Yalom, 1980). Yalom(1980)은 개인 간 고립에 대하여 일반적인 정의와 가능한 원인에 대한 언급 이외에 자세한 분석 혹은 설명을 하지 않았지만, 그가 정의하는 개인 간 고립감은 사회심리학적 관점이 조망하는 외로움(Weiss, 1973, 1974; Perlman & Peplau, 1984)과 일치한다. 즉, 개인 간 고립은 사회적 관계를 갈망하게 하고 그러한 관계를 가지려는 욕구를 초래하는데, 그 관계 갈망 혹은 욕구가 외로움(loneliness)이다.

최근에 Tomova 외(2020)는 자기공명영상(MRI)을 이용한 실험연구에서 사회적 욕구가 배고픔과 유사한 중추신경계 반응을 유발한다는 것을 보여 주었다. 즉, 사회적 소원함이 초래하는 외로움은 금식이 초래하는 배고픔과 매우 유사한 갈망 상태라는 것을 의미한다.

## 2) 현상학적 관점: 개인 내 고립

외로움에 대한 현상학적 관점은 개인 내에 존재하는 이율배반적인 혹은 상호 모순적인 욕구와 의식들의 분열과 갈등 그리고 소외에 의해 외로움이 생긴다고 본다. 즉, 외로움의 원인이 개인 내에 존재한다고 보는 관점이다.

Carl Roger는 개인이 사회적으로 용인된 방식으로 행위하도록 사회가 개인의 행동을 제약한다는 전제에서 외로움을 이론적으로 이해하였다(Rogers, 1961, 1973). 따라서 개인은 사회가 용인하고 요구하는 자기 혹은 의식적으로 구성된 자기(conscious self)와 실제로 경험하는 실체로서의 자기(experiencing organism) 사이에서 느껴지는 괴리 즉, 자기 개념에서의 현상학적 괴리를 경험하게 되는데, 단순하게 사회가 요구하는 역할을 수행하기만 하면 자신이 '텅 빈 존재'(empty existence)가 된 것으로 느끼게 되고, 반면에 사회가 요구하는 행위규범을 포기하고 실체적 자아에 따라 행위하면 외로움을 느끼게 된다. 왜냐하면, 실체적 자기는 사회가 용인하거나 수용하지 않는 것이기 때문에 다른 사람들로부터 거부되기 때문이다. Whitehorn(1961) 또한 자기 개념에서의 분열에 의해 외로움이 생긴다고 생각하였는데, 자신이 지각하는 자기와 타인이 판단하는 자기 사이의 괴리가 존재할 때 외로움이 생긴다는 것이다.

외로운 사람들이 가지는 사회적 회피와 사회적 억제는 개인 간 고립감이 가지는 사회적 욕구 및 갈망과 모순된다. 즉, 외로운 사람은 애착, 융합, 유대, 양육 등의 기본적인 사회적 욕구를 충족할 수 있는 사회적 관계를 갈망하고, 그러한 관계를 형성하려는 욕구와 동기가 높지만 동시에 사회적 거부에 대한 민감성과 사회불안이 높기 때문에 사회적 상황과 사회적 상호작용을 회피하고, 자신이 사회적으로 거부되는 경험을 할 수 있는 기회를 멀리하려는 경향성을 가지게 된다. 이와 같이, 외로운 사람은 기본적인 사회적 욕구를 충족할 수 있는 사회적 관계를 갈망하면서도, 사회적 상황을 회피하고, 사회적 철수, 사회적·소극성, 사회적 억제 등의 모순적인 행동양식을 가질 수 있는데, 그러한 소극적, 회피적 행동양식이 개인 내 외로움의 발현을 촉진하거나 증가시킨다(Watson & Nesdale, 2012).

### 3) 실존주의 심리학의 관점: 실존적 고립

Yalom은 죽음, 자유, 고립, 무의미를 네 가지의 피할 수 없는 인간의 '실존적 고민'(existential concern)으로 칭하였는데, 그중 고립은 개인 간 고립(interpersonal isolation) 및 개인 내 고립(intrapersonal isolation)과 구별되는 '실존적 고립'(existential isolation)을 의미한다(Yalom, 1980). 실존적 고립은 자기와 타인 혹은 자기와 세상의 불가피한 분리를 의미한다. Yalom(1980)에 의하면, 모든 인간은 홀로 세상(존재)에 왔다가 홀로 세상(존재)에서 떠나야 하는 존재이므로, 실존적 고립은 우리 각자가 서로에게 아무리 가까워져도 메울 수 없는 마지막 간극이고 '세상으로부터의 분리'다. Yalom은 세상의 어떤 것도, 어떤 존재도 궁극적으로 우리를 도와주지 못하고, 존재의 핵심이 '절대무'(the nothing)라는 것을 직면하는 순간에 실존적 고립감을 경험한다고 하였다.

Ettema 외(2010)는 자신이 근본적으로 혼자라는 것을 가장 잘 알게 되는 때가 죽음에 직면했을 때이므로 실존적 고립감은 주로 생명이 위협받는 상황에서 경험된다고 하면서, 그 외로움을 "자신이 근본적으로 분리되었다는 것을 아는 것에서 생기는 참을 수 없는 공허감, 슬픔, 그리고 갈망"으로 정의하였다. Breithart(2017)도 또한 죽음의 경험은 누구와도 공유할 수 없고, 온전히 홀로 겪어야 하기 때문에, 죽음에 직면한 사람이 실존적 고립감을 가장 강하게 경험한다고 하였다.

실존적 고립은 인간이 메울 수 없는 마지막 간극이고, 인간이면 누구나 직면할 수밖에 없는 실존적 고민이지만, 그 고립을 누구나 주관적으로 똑같이 경험하고 느끼는 것은 아니다. 실존적 고립감은 개인차를 가지는 심리적 외로움이다(Pinel et al.,

2017). Josselson(2007)에 의하면, 사람들은 이 세상에서 아무도 자기를 생각하는 사람이 없는 순간들이 있다는 공포스러운 느낌을 가질 때, 실존적 고립감을 경험한다. Pinel 외(2017)에 의하면, "다른 사람은 나의 경험을 이해하지 못한다"거나, "내 주변 사람들은 환경에 존재하는 물건들에 대해서 나와는 다르게 반응한다"와 같이, 자극에 대한 자신의 주관적인 경험이 다른 사람의 경험과 다르다는 것을 인지할 때 즉, 자신과 타인이 절대적으로 분리되어 있다는 것을 느낄 때, 실존적 고립감을 경험한다.

요약하면, 실존적 고립은 사람이 맺을 수 있는 관계의 유형(배우자, 부모, 자녀, 친구, 동료 등), 관계의 질, 관계의 내용과 상관없이, 누구나 근본적으로 혼자 존재한다는 부정할 수 없는 사실이다. 그 절대적 고립의 감각적 경험인 실존적 고립감은 자신이 모든 사람으로부터 분리되어 있는 느낌, 사람들 속에 소속되지 못하고 혼자 남겨진 것 같은 느낌, 불특정의 주변 사람들에게 느끼는 좁힐 수 없는 거리감, 사람들에게 거부되고 소외된다는 느낌, 자신이 고립무원의 상태에 있는 듯한 느낌으로 구성되며, 무기력감, 두려움, 불안 등이 주된 내용을 구성하는 정서다(Fromm, 1956; Yalom, 1980).

## 제2절 외로움 개념의 유형화

외로움 개념이 지니는 의미를 보다 심층적으로 이해할 필요가 있다. 그것은 외로움의 개념을 심층적 · 전문적으로 이해함으로써 외로움이 지닌 의미를 파악하고, 이를 통해서 현대사회에서 특히 코로나19 이후 외로움의 문제를 사회문제와 사회적 질병으로 보는 배경을 좀 더 심도 있게 이해하기 위해서이다.

뿐만 아니라 외로움의 개념적 특성을 다양한 범주, 유형화, 종류의 입장에서 고찰함으로써 사회문제로서 외로움문제를 예방하고 해결할 수 있는 사회적 대응책, 사회제도로서 외로움문제 해결을 위한 프로그램과 실천기법을 창안할 수 있는 통찰력을 가질 수 있기 때문이다. 동시에 외로움문제를 개인적 · 가족적 · 사회적 부문에서도 그 해결방안과 예방책을 강구하는 데 도움이 되는 통찰력을 가질 수 있기 때문이다.

## 1. 정서적 외로움과 사회적 외로움

먼저 외로움과 관련된 유형화를 개념적으로 구분하여 서술한 내용을 살펴보자. 외로움의 선구적 연구는 Weiss(1974)로부터 찾을 수 있다. 그는 정서적 외로움(emotional loneliness)과 사회적 외로움(social loneliness)을 구분하였다. 정서적 외로움은 타인들과의 친밀성과 신뢰의 부족을 경험하는 것이다. 개인이 여러 사람에 둘러싸여 있으나 그들을 한 사람도 신뢰할 수 없으며, 개인적인 확신과 경험을 나눌 수 없을 때 정서적 외로움이 발생한다. 사회적 외로움은 사람들 사이의 연결 부족, 혹은 질적 · 양적으로 모두 사회적 네트워크의 부족을 느낄 때 발생한다.

## 2. 본질적 외로움과 일시적 혹은 반응적 외로움

Rokach와 Sha'ked(2013)는 인간관계의 심리적 측면에서 외로움을 두 가지로 구분하였다. 본질적 외로움(essential loneliness)과 일시적 혹은 반응적 외로움(transient or reactive loneliness)이 그것이다. 이것은 본래적 · 내재적인 우울과 반응적인 우울을 구분할 때와 같은 의미이다. 전자의 경우에는 인간의 기질과 성향에서부터 나오는 본질적인 차원을 말한다면, 후자는 삶의 여정에서 지나가는 일시적인 것들에 대한 반응으로서 나오는 외로움을 말한다. Rokach와 Sha'ked(2015)는 이 두 가지 외로움에 대하여 다음과 같이 설명하고 있다.

본질적인 외로움은 개인의 성향과 기질이 가진 원초적인 상태, 기본적인 특성에서 오는 외로움을 말한다. 본질적인 외로움은 성격과 발달상의 요인들—예컨대, 낮은 자존감, 지속적이고 깊은 개인적 감정 및 사회적 부적절성, 친밀한 관계를 형성하고 유지하는 데 있어서 되살아나는 실패감—로 인하여 일어나는 것으로 이해한다. 본질적인 외로움은 연결되어 있지 못하다는 경험을 의미하고, 또한 소속되지 못하는 경험과 삶의 초기의 애착 붕괴의 결과로서 외로움을 경험하는 것을 의미한다(Hojat, 1987).

일시적 혹은 반응적 외로움은 두 사람, 보통 부부 사이의 상호작용의 역동적인 장면에서 촉발되는 것과 같은 외로움인데, 이 외로움은 상황이 변화함에 따라 극복되고 개선되기도 하고, 동일한 상호작용에 대하여 처음과는 다르게 향상되기도 하는 외로움을 말한다(Rokach & Sha'ked, 2013).

이 두 가지 외로움은 지속 여부에 따라 분류되기도 한다. 일시적인 외로움은 기간이 짧으며, 급성적이며(격심하며), 상황적이며, 구체적이며, 일시적인 조건하에서 생활 중의 사건과 생활과정 중의 결과로 발생하는 외로움이다. 반면에 본질적인 외로움은 기질과 성향, 만성적이고 지속적인 상태의 외로움을 말한다(Perlman & Peplau, 1981, 1998). Perlman과 Peplau(1998)에 따르면, "기질과 성향적으로 외로운 개인은, 상황에 따라 외로운 사람과 비교해서 본다면, 사회적 기술이 다소 부족하고, 그들이 외로운 것을 성격상의 바람직하지 않고 변화하기 어려운 특성 탓으로 돌리는 경향이 있어, 그들의 사회적 약점을 극복하기 어려운 경향이 있다."

## 3. 심리학적, 발달론적, 동기-좌절 관점의 외로움

Zysberg(2024)는 외로움의 개념을 이론적 관점에 의하여 유형화를 통해 다양하고 심층적인 개념화 작업을 시도하였다.

먼저, Peplau와 Perlman(1982)은 외로움에 대한 '심리학적인 개념 정의'를 제시하였다. 외롭다는 말은 무슨 의미인가? 어떤 저자들은 본래부터 타고난 진화론적인 기능을 가진 경험을 말한다. 즉 진화론적인 관점에서 외롭다는 것은 유익하지 못한 것을 말하며, 목이 마르고 생존의 위협에 직면해 있는 것과 같으며, 마치 우리들이 외부 환경으로부터 적절한 사회적 연결과 지원이 부족하다고 인지하는 때는 언제든지 느끼는 감정으로서, 그러므로 선천적으로 경각심을 느끼며, 고통을 느끼는 것과 같다(물론 오직 정서적이기는 하지만)(Bowlby, 1973; Weiss, 1974).

다음으로 어떤 저자들은 외로움이란 '발달론적인 가치'를 가지는 것이라고 한다. 즉, 타인들과의 상호작용은 인간 발달에서 핵심적인 요소로 인정된다는 것이다. 거부, 방임, 이민, 그리고 개인으로 하여금 어린 시절에 사회적으로 억압의 위험에 놓이게 하는 것과 같은 결과를 조사연구한 학자들에 대하여 주목할 필요가 있다(Asher & Wheeler, 1985; Parker & Asher, 1993). 외로움의 경험은, 발달상의 위험 요소로 인용되기는 하지만, 이는 또한 만일 성공적으로 완화된다면, 동기부여의 측면에서 미래의 발달과 학습에 도움이 되는 하나의 도전이 될 수 있기도 하다(Jung, Song & Vorderer, 2012;

Moore & Schultz, 1983; Rokach & Brock, 1998).

외로움을 보는 또 다른 관점은 '동기, 기대 및 좌절의 관점'에서 나온다. 우리들의 삶은 어떤 목표를 성취하기 위한 동기를 가지고 있고, 기대를 가지고 있고 그것을 달성하기 위하여 노력한다—이러한 과정은 사회적 대인관계적 영역에서 일어난다. 대인적인 기대가 충족되지 못할 때(예 많은 좋은 친구를 가지는 것과 결혼 등), 개인은 좌절하고 스트레스를 받는데, 이는 외로움의 기분 나쁜 측면을 설명하는 내용이다.

## 4. 상황적, 발달상, 내적 외로움

Susan Reynolds(2024)는 외로움의 범주를 세 가지로 구분하고 있다. 먼저, '상황적 외로움'(situational loneliness)으로서, 친구나 가족으로부터 동떨어진 이사, 새롭게 학교로 가거나 직장에 가는 경우 등 생활의 변화가 있을 때, 고립되어 있다고 느끼는 경우를 말한다. 둘째는 '발달상의 외로움'(developmental loneliness)으로서, 동료들과 비교해서 개인의 생활이 뒤떨어진다고 느낄 때 발생하며, 이때 그는 고립되어 있다고 느끼거나 낮은 자존감을 느낄 수 있다. 마지막으로 '내적인 외로움'(internal loneliness)으로서, 많은 사람에게 둘러싸여 있을 때조차도, 개인은 때때로 혹은 여러 상황에서 외로움을 느끼는 경우이다.

## 5. 집단에 대한 외로움, 타인지향적 외로움, 융합에서의 외로움

서영석 외(2020)는 외로움을 한국적 사회문화적 배경 속에서 탐구함으로써 한국인이 느끼는 독특한 외로움을 다음 세 가지로 구분해 제시했다. 첫째, 집단에서 '우리'로 포용되지 못하고 '남'으로 버려진 것 같은 고통인 '집단에 대한 외로움', 둘째, 타인 또는 사회적 기준과 비교해 자신이 그보다 우위에 있지 못할 때 느끼는 고통인 '타인지향적 외로움', 셋째, 융합되기를 소망하는 사람의 가치나 소망을 따라갈 때 발생하는 텅 빈 마음인 '융합에서의 외로움'이다(박주홍, 2021 재인용).

집단에 대한 외로움은 개인이 의미를 부여하는 사회적 정체성 또는 자신이 활동하고 있는 집단(예 집단, 학교, 군대, 국가 등)에서 '우리'로 포용되지 못하고 '남'으로 버려진 것 같은 고통을 일컫는다. 즉, 집단에 대한 외로움은 특정 집단 내에 안착하지 못하거나 타 집단으로 분리될 때 느끼는 고통스러운 정서를 의미한다. 학연, 지연, 혈연 등 인연과 인맥을 강조하는 사회문화적 맥락을 고려했을 때, 우리나라 사람들이 집단에 대한 외로움에 노출될 가능성은 매우 크다.

타인지향적 외로움은 자신이 어느 집단에 속했는지/속하지 못했는지에 따라 경험하는 '집단에 대한 외로움'과는 달리, 타인의 삶이나 사회적 기준과 비교해서 자신의 상황이 그보다 우위에 있는지 아니면 그보다 못한지 여부에 따라 경험하는 외로움을 말한다. 서구 문화에 비하여 사회비교 민감성이 높은 한국 문화에서는 자신의 주관적 경험보다 외적·사회적 준거에 따라 자신을 평가하는 경향이 강한 모습에서 타인지향적 외로움이 경험될 수 있다. 또 서영석 외(2020)는 자신들이 연구한 타인지향적 외로움을 보다 세분화하여, ① 자신이 맺고 있는 관계가 관계에 대한 사회적 준거에 미치지 못한다고 인식할 때 경험하는 외로움과 ② 자신의 삶(예 관계 만족도, 행복도 등)이 타인의 삶에 미치지 못한다고 인식했을 때 경험하는 외로움으로 구분하였다.

융합에서의 외로움은 Yalom의 연구에서 발견되는데, Yalom(2007)은 현대인들이 불안을 해소하기 위하여 자신과 상대방의 분리됨을 부정하고 자신을 타인의 일부로 간주하는 융합(fusion) 또는 함입 현상에 빠진다고 한다. 융합되기를 소망하는 사람의 가치나 소망을 따라갈 때 발생하는 '텅 빈 마음'을 '융합에서의 외로움'이라고 서영석 외(2020)가 정의하였다. 융합에서의 외로움은 친밀감의 욕구가 충족되는 상황에서도 경험할 수 있고, 인지적 평가과정에서 불일치감을 인식하지 않은 채 경험할 수 있기 때문에, 외로움에 대한 기존의 정의와 구분된다. 또한 융합에서의 외로움은 관계가 확장된 집단에 대한 외로움과 차이가 있고, 타인과 사회적 기준을 바탕으로 한 자신의 관계를 판단하는 타인지향적 외로움과도 구분된다. '나는 그 사람과 하나다', '나는 그 사람들/집단의 일부다'와 같은 융합적 사고는 한국의 부모-자녀 관계에서 두드러지게 나타난다(서영석 외, 2020).

제 3 장

# 외로움 개념의 의미와 그 변천

## 제1절 외로움 개념의 사용과 의미 변천, 개요

### 1. 역사 사회적 산물로서 '외로움'의 개념과 의미

언어는 사람들이 만들어 낸 창조물이다. 언어는 사람들 사이에 의사소통을 위한 도구로서, 일종의 기호체계이며, 추상성을 가지고 있고, 역사성과 사회성을 지니고 있다. 의미를 전달하기 위해서는 추상적 상징체계인 기호체계를 사용해야 한다. 언어는 사람들이 모여 사는 사회 안에서 구성원들끼리 약속된 기호체계를 사용하여 의사소통을 한다. 그리고 언어는 사용되는 그 사회의 변동에 따라 의미와 형태도 생성, 변화, 소멸하는 특성을 가진다. 새로운 언어가 생겨나기도 하고, 기존 언어의 의미가 변화되거나 확대되거나 사라지기도 한다.

이러한 맥락에서 오늘날 사용되는 '외로움'의 개념 역시 '역사 사회적 산물'로서, 만들어지고 변천되어 온 결과물, 산출물이다. 본 서의 제1장에서 논의하였던 외로움 및 관련 용어들은 현대사회에서 사용되는 개념들인데, 이들 제반 개념은 요즘 갑자기 출현한 것이라기보다는 그 개념들이 사용되는 사회에서 어느 시점으로부터 만들어지고 변화되면서 오늘에 이른 것으로 해석할 수 있다.

본 서에서 인용하여 제시하였던, 우리말 사전에서 풀이하고 있는 '외로움' 개념은 오늘날 갑자기 생긴 것이 아니다. 또한 여기서 지금 우리나라 언어로 '외로움'의 최초의 발생시점과 의미 변화 등을 찾고자 하는 것은 아니다. 이 작업은 언어학자 혹은 국어학자들의 관심일 것으로 판단한다. 본 서에서는 이러한 작업보다는 외로움 관련 문헌에서, 우리들이 현재 사용하고 있는 '외로움' 개념의 출현과 의미, 그리고 그 변화 등에 대하여 논의한 내용을 찾아서 간략하게 정리해 보고자 한다.

이러한 작업은 '외로움'의 본질적인 의미를 한층 심층적으로 이해하는 데 도움이 될 뿐만 아니라, 외로움의 원인 혹은 영향 요인, 유형, 대상, 그리고 그 예방과 해결책 혹은 대응 방안을 이해하고 논의하는 데 유익하기 때문이다.

여기서는 기존의 외로움 관련 문헌들에서, 이러한 외로움 개념의 의미와 그 변천들에 대하여 논의한 내용을 간략하게 정리해 보고자 한다. 외로움 개념의 역사 사회적 변천을 이해하는 데 도움이 되는 문헌으로서는 단행본으로서 Mijuskovic(2012),

Alberti(서진희 역, 2022) 등이 있고, 논문으로는 Snell(2017), Burnett(2023), 이정은(2024) 등이 있다. 이들 문헌은 서구 사회에서 외로움 개념이 언제부터 출현하여, 어떤 영향요인으로 인하여 그 개념의 의미가 어떻게 왜 변천하였는지를, 다양한 문헌들로부터 추출하여, 역사 사회적으로 체계적으로 밝히고 있다. 혹은 외로움의 개념이 어떤 의미로 어떻게 사용되었는지 역사 사회적 맥락을 이해하는 데 도움이 되는 문헌들이다.

## 2. '외로움' 개념의 출현과 변천, 개관

오늘날 사용하는 '외로움'이란 개념이 언제부터 '오늘날의 개념'으로 사용되었는가? Alberti의 저서에 보면, '만들어진 외로움'이란 소제목하에서 아래와 같은 내용이 나온다. 18세기 이전까지는 영어로 된 출판물에 '외로움'(loneliness)이라는 말은 거의 쓰이지 않았다. 1800년경부터 이 용어가 점차 자주 사용되더니 20세기 말에는 절정에 이르렀다.

외로움의 의미도 바뀌었다. 16~17세기에는 외로움이란 단어는 오늘날과 같은 관념적이고 심리적인 뜻이 없었다. 외로움은 '홀로 있음'이라는 의미로 심리적이거나 정서적인 경험보다는 물리적인 경험을 가리키는 것이었다. '외로운'(lonely)이라는 단어에서 파생된 '홀로 있음'(loneliness)은 '혼자 있는 상태'를 뜻했다. 당시 이 홀로 있음은 하나님과의 교감을 가능하게 하는 종교 체험의 맥락에서 흔히 볼 수 있었다.

1661년판 영국의 『용어사전』(Glossograhia)에서 편찬자인 Blount는 외로움에 대해 '혼자, 홀로 있는 상태 또는 외로움, 독신이나 그러한 상태'라고 설명했다. 또다른 사전 편찬자인 Coles는 『영어사전』을 출간하면서 '외로움'을 '고독' 또는 '홀로 돌아다니기'라고 정의하였는데, 여기에는 어떤 현대적인 의미나 부정적인 감정도 들어 있지 않다.

외로움이라는 단어가 1800년대 이전의 인쇄된 글에 거의 나오지 않지만, '외로운'(lonely)이라는 용어 자체는 존재하였다. 다시 한번 말하자면 이 표현은 감정 상태가 아니라 신체적으로 홀로 있는 상태를 가리킨 것이다(Alberti 지음, 서진희 옮김, 2022).

오늘날의 외로움과 같은 의미와 유사하게 사용되는 외로움의 개념은 후기 근대에 들어오면서부터이다. 여기에는 후기 근대사회로 진입하는 가운데 인구사회학적 구조적인 변화로 말미암은 요인이 결정적이라는 설명이다. 전통적인 농업사회에서 면대면으로 안정적인 생활을 하던 지역사회에서 노동력이 도시로 이동하면서 핵가족화 혹은 1인 주거 형태가 외로움을 발생하고 악화시키는 요인으로 파악되고 있다. 농촌사회에서 도시사회에로의 인구이동은, 도시의 공간적인 측면 못지않게 1인주거로 인하여 외로움이 증가하는 요인이 되었다는 설명이다.

다른 한편 도시화와 함께 개인주의와 세속주의 등은 사람들에게 소외감을 가져다주는 요인이 되었고 이는 결국 외로움을 고조시키는 요인이기도 하였다. 근대 이후의 인간 중심, 개인 중심의 철학적·과학적 사고와 문화 역시 외로움을 현대의 개념과 유사한 개념으로 변화하는 데 기여하였다. 사회공동체보다는 개인 중심의 사조가 외로움 개념의 변천에 기여하였던 것이다.

산업화 역시 외로움문제를 유발시키는 요인이 되었다. 19세기 영국 사회에서 활발하게 이루어졌던 산업화는 노동자 계급을 열악한 노동환경에서 장시간 저임금 노동을 하는 존재로 내몰았다. 노동자들은 기계의 톱니바퀴처럼 노동이 점점 분화된 작업환경에서 일하면서 소외되고 외로운 사람들로서 생활하였다. 찰스 디킨스의 작품은 무정하고 기계적인 산업사회를 배경으로 외로움을 겪는 여러 유형, 특히 어린아이들을 그리곤 하였다. 디킨스의 작품 『올리버 트위스트』의 주인공 올리버는 황량하고 적대적인 세상에서 아무도 없이 버림받고 친구도 없는 존재로 그려지고 있다. 이는 산업사회의 전형적인 노동자 계급의 아동이나 노동자의 소외되고 외로운 모습이다.

## 제2절 외로움 개념의 시대별 의미 변천

앞 절에서 외로움 개념의 의미와 그 변천을 개괄적으로 역사 사회적 측면에서 정리하였다. 이제 여기서는 위의 개괄적인 내용을 기반으로 하면서 외로움 개념들과 관련한 개념들이, 고대에서부터 현대에 이르기까지, 철학, 문학 등 제반 인문학 문헌에서 어떻게 사용되고 있는지를 살펴보려고 한다.

이러한 작업을 통해서, 인문학 저작들에서 발견되는 외로움 관련 개념들이 어떤 의미로 사용되었지를 추적하게 되어, 외로움 개념과 관련된 개념들의 의미와 용례를 이해하게 될 것이다. 그러므로 외로움과 관련 개념의 다양한 용례와 의미를 이해하게 되고, 그 결과 오늘날 사용되고 있는 외로움과 관련 개념들에 대한 보다 심층적이고 풍성한 의미를 이해하게 될 것이다.

본래 언어란 시대와 사회적 맥락에 따라서 변화되는 도구이지만, 다른 한편으로는 개인에 따라서 더욱이 동일한 한 개인이라고 하더라도 때와 장소와 외적 환경과 심리적 상태에 따라서 그 언어의 의미와 용례가 시시각각으로 달라지는 복잡하고 미묘한 특성을 가지는 것이다. 외로움과 관련된 고립, 홀로 있음, 고독, 소외 등의 개념들이 시대와 사회에 따라서 역사 사회적으로 어떻게 변천하느냐 하는 문제는 대단히 복잡하고 미묘한 특성을 갖는다는 사실을 알고서 이러한 논의에 들어가야 한다. 다른 한편 우리들이 외로움문제를 이해하고 그 예방과 해결책을 강구하려는 노력과 활동은 매우 어려운 것임을 인식해야 한다는 말이기도 하다. 그래서 외로움문제에 대하여 인문학과 사회복지의 융합이 요청되기도 하는 것이다.

## 1. 고대

### 1) 플라톤의 『국가』에서 본 외로움과 고립

고대의 철학과 사상은 자연철학에서부터 시작하여 인간에게 중심축이 이동한 것은 소피스트들과 소크라테스 및 플라톤부터라고 보는 것이 일반적인 견해이다. 그리스의 철학사상 중에서 '아레테'(aretē)는 덕(德, 미덕), 좋음(good), 탁월성 등을 의미하는 말이다. 아레테는 기능적인 의미를 가지고 있으면서, '좋다' 그래서 덕이 있다라는 말과 연결되는 의미를 지니는 말로써 사용된다. 어떤 물건이 가진 용도나 기능을 말할 때, 칼이 날카로워 잘 자른다라고 할 때도 아레테라는 말을 사용할 수 있고, 어떤 사람이 자신의 위치에 맞는 적절한 역할을 수행할 때도 아레테라고 묘사할 수 있다.

플라톤은 『국가』에서 정의롭고 이상적인 국가를 이루기 위해서는 국가를 구성하는 사람들이 가진 특성인 덕(아레테)으로 생각할 수 있는 세 가지 절제, 용기 및 지혜에 맞추어 각각 생산자, 수호자(관리자), 통치자(철학자)의 계급 혹은 직업을 가지는 것이 정의롭다고 생각하였다. 그래서 생산자는 생산적 기능을, 수호자 혹은 관리자는 행정 기능을, 그리고 통치자 혹은 철학자는 통치 기능을 맡는 것이 이상적이고 정의롭다고 하였다(플라톤 지음, 천병희 옮김, 2019; 군나르 시르베크 · 닐스 길리에 지음, 윤형식 옮김, 2019).

〈표 3-1〉 플라톤의 '국가'에서 계급, 기능 및 덕의 관계

| 계급 / 직업 | 기능 | 덕 |
|---|---|---|
| 지배자(철학자) | 통치 | 지혜 |
| 관리자(수호자) | 행정 | 용기 |
| 생산자(노동자) | 생산 | 절제 |

출처: 군나르 시르베크 · 닐스 길리에 지음, 윤형식 옮김, 2019.

플라톤은 개인이 가진 서로 다른 각각의 덕(아레테)이 최선의 기능과 역할을 수행하는, 조화로운 국가가 바로 이상국가이며, 정의가 이루어진 상태라고 생각하였다. 다시 말하자면, 개인은 독립된 개체로서 살아가기보다는 도시국가 안에서 사람들과 함께 살면서 자신이 가진 덕, 아레테를 적절하게 발휘하는 삶이 자신은 물론 국가 전체에도 조화롭고 좋은 삶이라고 생각하였다.

한편 플라톤은 '이상국가'에서 생산자, 관리자 및 지배자는 서로 맞물려, 혹은 조화롭게 살아갈 때 서로에게 이롭다고 생각하였다. 이런 맥락에서 본다면 인간 존재의 삶은 도시국가를 떠나서는 살아갈 수 없는 존재로 보았고, 인간은 도시국가 속에 있으며, 자신의 아레테를 적절하게 발휘할 수 있는 기능과 위치를 가질 때 행복할 수 있다고 생각하였던 것 같다.

모든 개인은 도시국가 안에서 상호 의존적이고 서로가 필요하고 중요하다고 생각하였다. 그들은 직업상 각각의 개인이 생산한 상품들을 도시국가 안에서 교환하는 분업적 사회를 구상하였다. 바로 분업과 계급분화를 조화롭게 이루는 국가를 이상국가로 보았던 것이다. 그러므로 이러한 이상국가에서는 '외로움'과 '고립'이란 존재할 수 없었다. 이는 하나의 공동체적인 특성을 지니는 이상국가인 것이다.

## 2) 아리스토텔레스의 『정치학』에서 본 외로움과 고립

아리스토텔레스는 『정치학』에서, 인간은 본성적으로 국가 공동체를 이루는 동물(zoion politikon)이라고 주장한다(이를 흔히 '인간은 사회적 동물', 혹은 '인간은 정치적 동물'로 번역한다). 따라서 어떤 사고가 아니라 본성으로 인하여 국가가 없는 자는 인간 이하이거나 인간 이상이다(아리스토텔레스 지음, 천병희 옮김, 2017).

국가는 행복하고 선한 삶을 위해 있다. 개인의 덕(아레테)은 국가 안에서 비로소 완전히 계발된다. 이런 점에서 국가와 개인은 상호 연관되어 있다. 아리스토텔레스는 정치학이란 시민들을 최선의 삶으로 이끌어 줄 생활의 규칙과 방법을 알려주는 것이라 하였다. 국가가 행복하고 잘 통치되려면 정치적인 안정성을 강조하였고, 국가는 법에 의해 통치되어야 한다고 하였다. 아리스토텔레스에게 법치는 사람들이 자신의 능력을 최선의 방식으로 실현할 수 있는 조건이다. 그래서 아리스토텔레스는 여론은 경청되어야 하며 국가는 법에 의하여 통치되어야 한다는 견해를 가졌다(군나르 시르베크 · 닐스 길리에 지음, 윤형식 옮김, 2019).

다른 한편 훌륭한 국가가 되려면 국정에 참여하는 시민들이 훌륭해야 한다. 훌륭한 시민은 교육을 통해서 가능하다. 교육은 법에 의해 규제되고 국가에 의해 주도되어야 한다. 당시 아리스토텔레스가 구상했던 중요한 시민교육의 교과목은 읽기와 쓰기, 그리기, 체육, 음악 네 가지였다. 아리스토텔레스가 말하는 정치학은 이제 다음 단계로 윤리학과 교육에로 연결된다.

그런데, 정치의 궁극적인 목적은 정의다. 모든 학문과 기술의 궁극적인 목적은 좋음이다. 이 점은 모든 학문과 기술의 으뜸인 정치에 특히 가장 많이 적용되는데, 정치에서 좋음은 정의이며, 그것은 곧 공동체의 이익이다(아리스토텔레스 지음, 천병희 옮김, 2017).

아리스토텔레스의 '정치학'에서도 플라톤과 마찬가지로 외로움과 고립의 개념은 설 자리가 없다. 아예 외로움과 고립이란 용어 자체가 존재하지 않았고, 사회정치적 구성체와 삶의 존재양식이 공동체적인 것을 특성으로 하고 있었기 때문이다. 플라톤보다 아리스토텔레스는 인간은 '정치적 동물'(사회적, 국가 공동체를 이루는)이라는 강한 전제를 가지고 있었기 때문에 외로움과 고립은 생각조차 할 수 없는 개념이었다.

### 3) 호메로스의 『오디세이아』에 나타난 외로움과 고립

호메로스의 작품은 『일리아스』와 『오디세이아』이다. 이 두 작품은 기원전 8세기 그리스의 서사시로 서양 문학의 원조, 고전 중의 고전으로 인류에게 귀중한 유산으로 남겨졌으며, 세상 사람들이 다 알고 있는 작품일 것이다. 그러나 제대로 읽어보지는 않은 고전 문학이다. 그리스 연합군과 트로이 연합군이 10년에 걸친 전쟁이 오디세우스의 '트로이 목마 작전'으로 막을 내리고(이 부분은 『일리아스』의 내용으로 잘 묘사되어 있다), 그리스 연합군은 승리한 후 저마다의 고향으로 돌아갔다.

그러나 그리스 연합군으로 참전하였던 오디세우스는 바다의 신 포세이돈의 방해로 10년간 고향 '이타케'로 귀환하지 못하고, 바다와 섬에서 방황하다 마침내 귀향한다는 이야기이다. 그 사이 고향 이타케에는 오디세우스의 아내 '페넬로페'가 수많은 구혼자들에게 둘러싸여 괴롭힘을 당하고 있고, 아버지를 보지 못하고 자란 '텔레마코스'가 아버지를 찾아 다니면서 성장하는 이야기 등 세 가지 일화가 『오디세이아』의 전체 내용 중 핵심이다.

『일리아스』는 주인공들이 필멸하는 인간이 불멸의 명성을 위하여 전장(여기서는 그리스 연합군과 트로이 연합군과의 싸움)에서 목숨을 걸고 싸우는 이야기라면, 『오디세이아』는 인내와 지혜로써 온갖 어려움과 모험을 이기고 나아간다는 이야기이다. 『일리아스』는 주인공들이 인간에게 주어진 운명이라면 죽음조차도 기꺼이 받아들인다. 아킬레우스는 "내 운명은 신들이 이루기를 원하시는 때에 언제든지 받아들이겠다"라고 말한다. 그는 자신이 얻게 될 불멸의 명성의 대가가 죽음임을 분명히 알고 기꺼이 죽음을 받아들일 마음의 준비가 되어 있는 것이다(호메로스 지음, 천병희 옮김, 2020).

호메로스가 형상화하는 그리스적 인간, 영웅적 인간상은 주어진 시간과 공간의 제약 속에서 무한히 뻗으려는 하나의 힘이기 때문에 어쩔 수 없이 외부적인 힘과 충돌하게 된다. 호메로스적인 인간에게 중요한 행동은 나쁜 인간, 즉 비겁한 인간과 좋은 인간, 즉 용감한 인간이 특별히 문제된다. 그가 온갖 고난과 죽음을 무릅쓰고 최선을 다해 추구하는 것은 오직 명성이다. 서사시는 영웅들의 명성을 영원한 것, 불멸의 것으로 만들어 주는 데 초점이 주어져 있다. 그리스적인 영웅 아킬레스는 호메로스의 서사시가 만들어 낸 훌륭한 젊은이의 원형이다. 당시 그리스적인 상황에서 아킬레스의 죽음도 불사하고 자기 운명에 대항하는 용감한 전사, 젊은이의 원형이 호메로스의 서사시의 아름다운 이야기이고, 이는 21세기를 사는 우리들에게 감동과 전율을 전해주고 있는 고전 작품의 이야기이다.

오디세우스와 사이렌
Public Domain, File:Draper Herbert James Ulysses and the Sirens.jpg
Created: 1909
(https://commons.wikimedia.org/wiki/File:Draper_Herbert_James_Ulysses_and_the_Sirens.jpg#/media/File:Draper_Herbert_James_Ulysses_and_the_Sirens.jpg/2)

『오디세이아』는 온갖 어려움 속에서도 지혜와 끈기로 운명을 개척해 나감으로써 자신의 가치를 입증한다. 여기서는 고난과 유혹이라는 현실에 굴하지 않고 인내로써 견디며 유연하게 대처해 나가면서, 자신의 고향 이타케로 귀향하려는 목적을 끝내 달성하는 영웅의 이야기를 그리고 있다. 여기에는 아버지로서, 남편으로서, 그리고 지도자로서 책임성과 자신의 정체성을 유지하면서 고난, 고립, 외로움, 두려움을 마침내 극복하여 귀향하는 영웅 오디세우스의 이야기를 그리고 있다.

사실 『오디세이아』 작품에는 고립과 외로움이라는 단어는 나오지 않는다. 상황이 아무리 어렵고 힘들다 하더라도, 또 고향을 그리워하고 아내와 아들을 만나보고 싶다고 하더라도 외로움과 고립의 단어는 사용되지 않는다. 그것은 인생 여정 자체가 고난과 모험이고 투쟁이기 때문이다. 외로움과 고립이라는 단어와 감정이 들어설 여지가 없다. 만일 오디세우스의 10년간 모험에서 찾을 수 있는 외로움과 고립이 있다면, 현대사회에서 우리들이 사용하는 인간관계의 단절에서 오는 외로움과 고립이라기보다는 자신의 정체성과 존재의미를 회복하려는 투쟁에서 '존재론적 외로움', 아니 주어진 현실을 스스로 받아들이지 않고 귀향하려는 의지라는 측면에서 본다면 외로움보다는 '고독', '자기 정체성'을 회복하려는 데서 오는 고독이라는 말로써 개념화할 수 있지 않을까 한다.

만일 오디세우스의 외로움, 고독과 고립이 있다면, 그것은 자신의 집과 고향을 떠난 상황에서, 다시 귀향하고 귀가하려는 의지와 희망에서 오는 것이라 볼 수 있다. 이런 맥락은 21세기 현대사회에서 국가 간 이동을 하면서 직장과 직업생활을 해야 하는 '노마드'의 시대에서 흔히 볼 수 있는 외로움, 고립, 고독과 유사하다고 생각한다. 외국인 노동자와 다문화 가족에게서 발견되는 특성과 닮아 있다. 그러므로 다문화 가족과 외국인 근로자, 그리고 직업상 여건으로 인하여 가족과 고향을 떠나거나 혹은 이동하면서 생활하는 사람들이 경험하는 '연결하지 못함', '떨어져 있음'에서 오는 외로움, 고립, 고독과 닮아 있다. 우리는 이러한 사람들에게 인문학적 상상력을 가지고, 그들의 외로움, 고립, 고독에 공감하고 감수성을 가지고 그들의 복지와 웰빙에 대응하여야 할 것이다.

### 4) 그리스 비극 『오이디푸스왕』과 『안티고네』에 나타난 외로움과 고립

#### (1) 비극 '오이디푸스왕'

일반적으로 '비극'이란 '슬프고 비참한 사건, 사고'를 의미하는데, 특히 현대 연극이나 오페라 등에서 말하는 비극이란 '인생의 슬픔, 고통, 어리석음 등을 소재로 하여 주인공의 억울함, 죽음, 파멸, 패배 등의 결과를 가져오는 형식을 뜻한다.' 사람들이 비극 작품을 보거나 읽으면서 주인공이 직면하는 비극적인 결과를 통해서 같이 공감하고 감정이입을 갖는다. 그래서 비극은 일상에서 잠시 벗어나 인간의 존재 문제를 깊이 생각하게 하는 카타르시스(정화)적인 기능을 한다고 알려져 있다.

오늘날의 각종 비극 작품은 '그리스 비극'에서 생겨났다. 그리스 비극은 서양 인문학의 뿌리이면서 연극, 혹은 뮤지컬이나 오페라의 원형으로 간주되고 있고 많은 문학과 예술, 철학 등에서 다루어지고 있다. 그리스 비극은 '그리스 신화'와 연루되어 발전하여 왔는데, 인간의 고통과 고난, 운명이 자신들이 항거할 수 없는, 인간의 능력 범위 밖에 있는, 알 수 없는 신과의 관계에서 일어난다는 전제를 바탕에 깔고 있다. 그리스 비극은 관객이 비극 작품을 관람함으로써 관객들이 도달할 수 있는 최고의 '인식과 성찰', 즉 인생에 대한 '지혜'를 갖게 한다. 그리하여 비극은 사람들로 하여금 '정화되고 새롭게 깨우친 생각'을 가지고 일상생활을 한층 생기 있고 활발하게 살아갈 생명력을 갖게 한다. 비극은 비극 관람을 통해 역설적으로 우리들에게 새롭게 태어나게 하고 새롭게 살아갈 힘을 주는 것이다(현외성, 2022).

그리스 3대 비극작가 중의 한 사람인 소포클레스의 작품인 '오이디푸스왕'과 '안티고네'는 상호 연결된 작품이다. 소포클레스의 비극에서 주인공은 자신의 운명과 자발적 적극적으로 대결하는 인간이다. 비극 '오이디푸스왕'과 '안티고네'에서 주인공들은 역시 운명에 순응하지 않고 자신의 길을 가면서 고통과 고난의 운명에 마주 대한다. 비극 '오이디푸스왕'의 주인공 오이디푸스는 테바이왕으로서 테바이에 만연한 역병의 원인이 무엇인가를 알고 그것을 해결하여 테바이 백성을 구하고자 하는 사명감으로 진실을 추적하게 된다. 그 과정에서 오이디푸스는 자신의 탄생과 그에 얽힌 전설과 신이 내린 가혹한 운명을 알게 된다. 오이디푸스는 자신의 아버지를 죽이고 자신을 낳은 어머니와 결혼하게 된다는 신이 내린 운명을 알게 되었다. 그래서 숲속에 버려졌던 자신이 구사일생으로 다른 사람에 의해 구해지고, 그곳에서 비슷한 전설을 알고 다시 도피하였으나, 오히려 자신의 아버지를 죽이고 테바이의 왕이 되어 어머니와 결혼하게 되었다는 사실을 알게 된다. 그것이 테바이 역병의 원인임을 사건의 추적으로 인하여 드러났다. 이 사실을 알게 된 어머니는 스스로 자살하게 되고, 오이디푸스왕은 이에 절망하여 자신의 두 눈을 찌르고 테바이 왕궁에서 떠나 광야를 헤매게 된다.

비극 오이디푸스왕의 마지막 장면에서 '코러스'는 다음과 같이 노래하고 있다.

> "내 조국 테바이 주민들이여, 보시오. 저분이 유명한 수수께끼를 풀고는 더없이 권세가 컸던 오이디푸스요. 그의 행운을 선망의 눈길로 바라보지 않은 시민이 있었던가! 보시오, 그런 그가 얼마나 무서운 불운의 풍파에 휩쓸렸는지를! 그러니 항상 생의 마지막 날이 오기를 지켜보며 기다리되, 필멸의 인간은 어느 누구도 행복하다고 기리지 마시오. 그가 드디어 고통에서 헤방되어 삶의 종말에 이르기 전에는."

오이디푸스왕은 자신의 행한 선한 일이 오히려 죄악이 되는 운명적 사실을 알게 되었으나, 그 신들이 만들어 놓은 자신의 운명에 굴하지 않고, 스스로 자신의 행위에 대해 두 눈을 찌르고 왕궁을 빠져나와 광야로 간다. 이 비극적 사실에 대하여 고통과 슬픔이 극적으로 절정에 이르렀으나 오이디푸스왕은 고통과 슬픔을 감내하며 죽음을 맞이하지 않고 자신의 선택에 의해 새로운 삶의 길을 떠난다. 신이 만든 운명에 인간의 의지로 저항하며, 그 고통과 슬픔을 온전히 감당하는 삶을 선택하는 것이다.

여기에 소포클레스의 비극이 가지는 위대함이 있고, 그 비극을 함께 보는 관객들은 눈물을 흘리며 공감하고 감동하며, 카타르시스를 느끼는 것이리라.

오이디푸스에게 고통과 슬픔의 비극적 사실이 있고 고독과 고립이 있었지만 외로움은 없었다. 그리스 사람들은 도시국가라는 공동체를 이루고 살았기에 고독과 고립, 외로움이란 감정은 생기지도 않았고 그와 같은 단어는 존재하지 않았던 것으로 보인다. 그러나 오이디푸스왕이 스스로 자신의 눈을 찌르고 장님이 된 이후 광야로 가서 사람들과 '떨어져' 방황하는 장면은 자신이 선택한 고립이고 고독이며 외로운 생활이다. 이것은 실존적 외로움이고 고립, 고독인 것이다.

어쩌면 오늘날 청년들의 고립과 은둔, 그리고 외로움은 존재론적이고 실존론적인 고립, 은둔, 외로움이 아닐까 한다. 그들은 자신들의 미래에 대한 희망을 잃고 목적에 대한 의미를 상실한 채 방황하고 '무망감'으로 하루하루를 살아가고 있지는 않은지 생각해 보아야 할 것이다. 격렬한 경쟁, 좌절, 미래의 불분명함과 불확실함, 그로 인한 불안과 자신들이 할 수 있는 범위를 넘어가는 현실의 벽과 장애물들로 인하여, 오늘날의 청년들이 스스로를 고립하고 은둔하며 외로움을 온몸으로 감당하고 있지는 않은지 우리들이 생각해 보아야 할 것이다. 이러한 인문학적 · 심리적 · 사회복지적 공감능력과 상상력과 통찰력을 가지고 청년들의 고립, 은둔과 그 가족들의 아픔과 고민을 살펴볼 수 있어야 하지 않을까 한다. 이러한 시각으로 볼 수 있어야 비로소 적합한 사회복지 대응책과 해결책을 구상하고 실행하는 데 유용하리라 생각한다.

### (2) 비극 '안티고네'

이와 같은 사실은 비극 '안티고네'에서도 유사하게 전개된다. 비극 안티고네는 주인공 안티고네가 국가의 법을 따를 것인가 신의 법, 양심의 법을 따를 것인가에 대한 양자택일을 해야 하는, 안티고네의 선택이 가지는 비극적 내용을 다룬 비극공연이다. 비극 안티고네는 오이디푸스왕의 두 아들과 두 딸, 그리고 그들과 연관된 사람들의 비극적인 운명을 다룬 비극작품이다.

안티고네는 슬픔과 고통을 직면하며 고립적 상황에 마주하지만 그는 자기 양심과 관습에의 길을 선택한다. 국왕의 금지에도 불구하고 목숨을 걸고 오빠를 매장한다. 안티고네의 행동은 현대사회에서 자신의 신념과 양심, 혹은 이념의 차이에 따라 갈등하고 고난의 길을 선택하는 사람들과 같이 고립적이고 소외의 모습에 대한 시사점을 제공한다고 판단한다. 그럼에도 불구하고 당시 그리스의 시대적 상황에서 고립과 외로움의 문제는 상상할 수 없는 개념이고 감정이라고 보인다. 이러한 용어 자체가 존재하지도 않았기 때문이다.

아버지 오이디푸스가 지배하였던 테바이의 왕권을 놓고 두 아들이 벌인 전쟁에서 두 아들 '에테오클레스'와 '폴뤼네이케스'가 일대일 결투에서 함께 전사함으로써, 저주받은 가문의 아들들의 혈통이 끊어진다. 그리하여 새로운 통치자가 된 '크레온'(오이디푸스왕의 처의 동생)은 두 아들의 장례에 대한 상반된 명령을 내린다. 에테오클레스는 조국의 수호자로 전사하였으니 장사를 후하게 지내되, 폴뤼네이케스는 조국을 공격하다가 죽었으니 매장은 불가하다는 것이다. 이를 두고 폴뤼네이케스를 매장하겠다는 안티고네와 금령에 순응해야 한다는 동생 '이스메네'의 대립이 발생한다.

안티고네는 죽음을 무릅쓰고 오빠인 폴뤼네이케스를 매장한다. 매장 후 안티고네는 죽고, 그의 약혼자인 클레온의 아들 '하이몬' 역시 충격으로 약혼녀 안티고네 옆에서 자살한다. 그리고 이 사실을 알게 된 어머니이자 클레온왕의 왕비인 '에우뤼디케'는 왕궁으로 들어가 자살하게 된다. 이렇게 신의 영원한 불문율은 그것을 지키려다 목숨을 바친 안티고네의 자기 희생에 의해, 그것에 대항하려고 한 크레온의 파멸에 의해 다시금 확인된다(소포클레스 지음, 천병희 옮김, 2019).

현대사회에서 종교적 교리와 정치적 신념으로 인하여 소외되고 불평등한 처우를 경험하는 사람들이 있다. 그들은 주류사회의 종교와 정치로부터 소외되고, 고립되어 차별당하고 어려움에 직면하는 경우가 있다. 젠더 문제, 인종 문제, 성적 소수자 문제 등도 유사한 상황이라 할 수 있다. 우리는 이러한 문제에 직면하여, 상대적 소수자로서 경험하는 소외, 고립, 외로움을 당사와 그 가족이 아닌 타자로서 어떻게 그들이 경험하는 어려움을 이해하고 공감할 수 있을 것인가? 깊은 인문학적 · 심리학적 · 사회복지학적 공감능력과 상상력과 지적 통찰력을 가져야 비로소 그들의 소외, 고립, 외로움을 제대로 바라볼 수 있고 예방하고 대응책을 강구할 수 있을 것이라 생각한다.

## 2. 중세

중세는 철학보다는 신학이 우세한 시대라고 볼 수 있다. 인간의 이성에 의한 진리에의 도달과 그에 따른 웰빙과 행복이 있다는 고대 그리스의 철학에서 떠나, 오직 하느님의 섭리와 은혜로 말미암아 진리에 이를 수 있고 모든 인식의 기초가 된다는, 신학이 중세의 중심이 된다.

사람들과 세상에 '홀로 떨어져 있음'이, 고립과 고독이 오늘날과 같은 부정적 감정에서 보는 것이 아니라 오히려 영적 성숙, 하느님과의 만남을 위해 필요한 조건으로 이해되었다. 적극적으로 자아의 성찰과 하느님과의 친밀한 관계를 위하여 스스로 선택한 '홀로 있음'으로 수용되었다.

### 1) 아우구스티누스의 『고백록』에서 본 외로움과 고립

아우구스티누스는 서기 354년에 태어나 430년에 죽었다. 중세의 가장 중요한 영향력을 끼친 인물 중 한 사람인 아우구스티누스의 저작은 몇 가지 있으나, 가장 영향력 있는 책을 선택한다면, 『고백록』과 『신국론』일 것이다.

아우구스티누스는 하느님과의 단절, 즉 죄로 인하여 생긴 단절과 '소외'가 인간의 타락과 그로 인한 고통이 나온다는 견해를 가지고 있었다. 따라서 인간은 하느님과의 분리와 단절은 죄가 되고, 죄로 인하여 고통과 사망이 결과적으로 따른다고 생각하였다.

아우구스티누스는 『고백록』에서 다음과 같이 서술하고 있다(아우구스티누스 저, 김희보 · 강경애 옮김, 2016).

> "(하느님) 당신은 당신을 위하여 우리를 창조하셨으므로, 우리 마음은 당신 안에서 안식을 얻기까지는 평안을 누릴 수 없습니다. 주님, 나로 하여금 알고 깨닫게 하옵소서."

인간의 방황과 고통과 슬픔은 하느님을 떠난 결과로 말미암은 것이다. 따라서 하느님과 분리된, 혹은 소외된 인간은 고독하고 고립된 모습, 고아와 같은 모습과 생활을 하게 된다. 이와 같은 신학적 · 성경적 해석으로 본 '인간의 실존'은 하느님, '진리의 본체'로부터 이탈된 존재, 이는 '소외된 존재'로 파악된다. 그러므로 하느님을 떠난 인간은 근본을 상실하고 뿌리가 뽑힌 채 방황하고 죄악과 잘못을 저지르게 되어, 고통과 고난의 문제에 봉착하게 된다. 인간 존재의 불안과 소외가 여기서부터 시작된다.

하느님과의 관계 회복이 소외와 분리, 허무, 내면적 고립을 해결하는 진정한 치유와 해결책이 된다. 하느님과의 만남으로 소외에서 해방되고 고립의 치유가 되어 평안을 누리게 된다. 하느님과의 만남, 친밀한 교제를 위해, 역설적으로 때로는 세상과 사람들과 떨어져, 홀로 있음이 필요한 시대였다. 여기에는 고독이 중요한 하느님과의 만남, 영적 수행의 환경이었다고 보여진다.

### 2) 단테의 『신곡』에서 본 외로움과 고립

단테는 1265년 이탈리아의 피렌체에서 태어나 1321년 라벤나에서 56년의 생애를 마쳤다. 그는 13세기 중엽에서 14세기 전반을 살았다는 사실이 중요하다(이마미치 도모노부 지음, 이영미 옮김, 2009). 그것은 『신곡』에서 단테 자신의 실생활과 연관된 사건이 중요하게 다루어지는 부분이 많으므로 그러하다. 단테는 피렌체에서 브루네토 라티니 아래서 고전과 인문주의 학문을 익히고 귀도 카발칸티와 어울리며 새로운 문학을 세워나가던 곳이었고, '베아트리체'의 영원한 사랑을 만난 곳이자 냉혹한 현실 정치에 뛰어들어 이상을 실천하던 곳이었다. 그러나 피렌체는 또한 거역의 장소였다. 단테는 피렌체의 정의와 번영을 위해 목소리를 내다가 추방당했고 일생동안 명예로운 귀환을 요청받지 못하였다. 그래서 『신곡』에는 피렌체에 대한 단테의 사랑과 분노, 그리고 거기로 돌아가고 싶은 간절한 소망을 담고 있다(박상진, 신곡 작품 해설, 2019).

단테는 1300년 부활절 주간에 죽음 이후의 세계로 순례를 떠난다. 그의 순례는 금요일에 시작하여 지옥에서 사흘, 연옥에서 사흘, 천국에서 하루를 머문다. 그리스도의 수난과 부활의 사이클에 맞춰 단테 자신이 구원의 여정을 걷고 있는 것이다. 단테는 '지옥편'과 '연옥편', '천국편'의 첫머리에서 시간을 제시한다. 정확히 단테는 1300년 3월 25일 부활절 목요일 밤에 여행을 시작하여 4월 1일 목요일 아침에 마친다.

목요일 밤 단테는 잠에서 깨어나 어두운 숲에서 길을 잃고 서 있는 자신을 발견한다. 세상의 온갖 악을 대면한 작가 단테 앞에 그가 아버지처럼 존경하던 '베르길리우스'가 길잡이로 나타나고, 그들은 함께 지옥과 연옥을 돌아본다. 그들의 눈에 비친 지옥은 죄와 벌의 인과성이 비정할 정도로 엄격하게 적용되는 곳이었다. 단테의 지옥 묘사는 더할 수 없이 사실적이고 구체적이다. '지옥편'의 글자들에서는 피가 흘러내리고 악취가 풍기며 비명 소리가 들리는 듯하다. 지옥은 죄와 벌의 영원한 지속을 담은 세계이기에 희망 없는 삶의 의미가 무엇인지 우리에게 잘 가르쳐 준다. 그러나 그 가르침을 주는 것이 죽음이라는 것을 생각하면, 단테의 순례는 죽음 이후를 삶과 연결시키는 것임을 알 수 있다.

지옥이 형벌의 영원성을 상징하듯 깔때기 모양으로 땅속에 내리꽂힌 모양임에 비해, 연옥은 바다 위로 솟아오른 하나의 산이다. 끊임없이 오르고 또 오르면 마침내 구원을 얻을 수 있는 기회와 도전의 장소다. 연옥에 배치된 망령들은 저들이 받는 벌이 유한한 것임을 알기에 그 끝에 올 달콤한 구원의 순간을 고대하며 기다리고 또 기다린다.

단테는 연옥의 정상에서 베아트리체를 새로운 길잡이로 삼고 베르길리우스를 떠나보낸다. 베아트리체는 레테 강과 에우노에 강에서 몸을 씻은 단테를 데리고 천국으로 날아오른다. 천국의 순수한 기쁨을 똑바로 바라보고 이해하기에 너무나 부족한 단테는 오직 은총과 의지를 통해 천국의 여러 하늘을 거쳐 최고의 하늘에 이른다. 천국에서 단테는 신학과 철학의 지식을 동원하여 그 자신과 그 밖에 역사와 세계에 대한 성찰과 반성을 수행한다. 궁극에서 단테는 하느님의 빛으로 해체되는데, 그 자체가 바로 절대적 구원의 경지다.

'신곡'은 이러한 순례를 마치고 집으로 돌아온 작가 단테가 기억을 되살려 기록한 글이다. 단테는 스스로 순례자가 되어 죽음 이후의 세계를 순례하고 돌아와 그 기록을 남긴 것으로 설정하고 있다(박상진, 신곡 작품 해설, 2019).

단테가 순례 이후 기억의 형식을 빌어서 그리는 지옥은 이 세상과 완전히 단절된 다른 세상으로서 고통과 절망, 즉 희망이 없는 공간이다. 이곳은 이 세상의 외로움과 고립의 차원을 넘어서 저 세상 죽음 이후의 영혼이 가는, 영원히 고통을 당하는 닫힌 공간이다. 허구이며 상상의 세계이지만 단테는 지옥을 넘어, 연옥에 이르고 마침내 천국에 이르러 구원을 이루는 힘들고 긴 순례를 통해, 지옥에서 천국에 이를 수 있는 구원의 희망을 우리들에게 보여 주고 있다. 단테는 슬픔과 고통에서 시작하여 사랑과 행복의 결말을 보여 준다. 그 구원은 하느님의 은총과 사랑으로 가능한 것이다.

단테는 천국의 마지막 하늘, '엠피레오'를 묘사한 33곡에서, 천국의 마지막 장면을 다음과 같이 노래하며 끝내고 있다(단테 알리기에리 지음, 박상진 옮김, 2019).

“아, 인간의 지성이 다다르지 못할
지고의 빛이시여! 당신의 조그만 부분이라도
내 마음에 다시 더하셔서

미래의 사람들에게 남길 수 있도록
당신의 영광의 단 한 순간 불티라도
포착할 정도의 힘을 나의 혀에 주소서.

.....

감히 영원한 빛을 응시하도록 허락하신
풍요의 은총이시여! 저의 눈은 그 빛 속에서
저 가능성의 끝까지 도달했습니다.

나는 그 깊숙한 곳에서 보았다.
우주의 조각조각 흩어진 것이
한 권의 책 속에 사랑으로 묶인 것을.

.....

아, 말이란 얼마나 약하며, 내 생각에 얼마나
미치지 못하는가! 내가 본 것이 그러하니 그저
‘아무것도 아니다’ 라고 말해야 하리라.

오로지 스스로 안에만 홀로 정좌하신
영원한 빛이시여! 당신 자신에게만 알려지고 당신만을
아시는 당신은 알고 알려지면서 사랑하고 빛을 내십니다.

.....

여기서 나의 환상은 힘을 잃었다. 하지만
내 소망과 의지는 이미, 일정하게
돌아가는 바퀴처럼, 태양과 다른 별들을

움직이시는 사랑이 이끌고 있었다.

Dante Alighieri's The Divine Comedy. Vol.3, Paradise Pl.17(1871)
Gustave Doré (French, 1832~1883)
Illustration

## 3. 근대

근대사회의 특징은 여러 가지로 논의할 수 있으나, 하느님 중심에서 인간 중심으로, 자본주의와 산업의 발달, 그리고 이로 인한 인구 이동과 도시화, 국민국가의 등장, 봉건제의 해체와 개인의 자유와 권리, 능력을 중시하는 시민사회의 등장, 그리고 과학의 발달과 합리주의 중시 등이다. 역사적으로는 르네상스, 종교개혁, 계몽주의와 합리주의 사조 등이 일어난 시기이다. 바로 이러한 근대사회의 특징에서 오늘날의 외로움, 고립의 개념이 시작되는 시기이기도 하다.

### 1) 홉즈의 『리바이어던』에서 본 외로움과 고립

토마스 홉즈(1588~1679)는 자신의 정치사상을 담은 대표작의 이름을 '리바이어던'이라고 지었다. 『리바이어던』(1651)은 인간과 국가, 종교 등을 근대 초기의 새로운 시각에서 분석한, 홉즈 사상의 결정판으로, 과학적 추론을 통해 절대주권을 가진 국가의 필요성을 논증하고 있다. 리바이어던이 가리키는 바가 바로 절대주권국가이다(박완규, 2017).

홉즈는 『리바이어던』에서 다음과 같은 내용을 논의하고 있다.

“자연(신이 그것으로 세상을 만들었고, 그것으로 이 세상을 다스리는 그 기술)은, 다른 일들에서도 그렇듯 인간의 기술에 의해서 인공적 동물을 만드는 데에도 그대로 모방된다. 생명은 바로 팔다리의 운동이고 그 움직임이 내부의 어느 중요한 부분에서 시작된다는 점을 헤아려 보면, 모든 자동기계(시계처럼 태엽 또는 톱니바퀴로 스스로 움직이는 기관)가 하나의 인공적 생명을 지니고 있다고 말할 수 있지 않을까? 심장은 바로 태엽과 같은 것이고, 신경은 수많은 가닥의 줄에 해당하며, 관절은 톱니바퀴에 해당한다고 볼 수 있는데, 이것이 우리의 온몸을 제작자가 의도한 대로 움직이게 하는 것이 아니겠는가?

한 걸음 더 나아가 기술은 자연의 이성적이고 가장 뛰어난 작품인 인간을 모방한다. 이 기술에 의해 코먼웰스(Commonwealth, 공화정체) 또는 국가(State), 라틴어로는 키비타스(Civitas, 독립국가)라고 불리는 저 위대한 리바이어던(Leviathan)이 창조되는데, 이것이 바로 인공인간(artificial man)이다. 다만 그것은 자연인보다 크고 힘이 세며 자연인을 보호하고 방어하도록 설계되어 있다. 그리고 그 안에서 주권은 온몸에 생명과 운동을 부여하므로 이는 곧 인공의 혼(魂)이며, 위정자와 그 밖의 사법 행정 관리는 인공 관절에 해당한다. 상벌은 모든 관절과 팔다리를 주권자와 연결시켜 그 의무 수행을 위해 움직이도록 하므로 자연인의 몸에서 신경이 하는 일을 맡는다. 구성원 저마다의 부와 재산은 인공인간의 체력이다. 국민의 복지(salus populi: 국민의 안전)는 그의 업무이며 그가 알고 있어야 할 내용들을 제시하는 고문관들은 기억인 셈이다. 공정(Equity)과 법률은 인공의 이성이자 의지이며, 화합은 건강, 소요는 질병, 그리고 내란은 죽음이다.

끝으로 이 정치공동체의 각 부분을 맨 처음 만들고 모아 엮은 협정(協定, pacts)과 신약(信約, covenants)은 하나님이 세상을 만드실 때 ‘이제 사람을 만들자’고 선고하신 명령(fiat)이라 할 수 있다. 이 인공인간의 본성을 서술하기 위해 다음과 같이 살펴보고자 한다.

첫째, 그 소재와 제작자는 모두 인간이다.

둘째, 그것은 어떻게 해서, 어떤 신약에 의해 만들어지는가, 주권자의 권리 및 정당한 권력 또는 권위란 무엇인가? 무엇이 그것을 유지하고 해체하는가?

셋째, 그리스도교적 코먼웰스란 무엇인가?

마지막으로 암흑의 왕국이란 무엇인가?”(토머스 홉즈 지음, 최공웅 · 최진원 옮김, 2020)

홉즈는 국가는 자연의 산물이 아니고 인간의 기술(기예, art)로 만들어지는 인공물이라고 생각하였다. 홉즈는 내전이나 국가들 간의 전쟁으로 생겨난 무정부 상태가 자연적인 반면에, 조직된 국가는 인위적이라고 생각하였다. 인간의 본성 속에 있는 분쟁을 일으키는 세 가지의 주된 원인이 있다고 했는데, 그것은 경쟁, 불신, 공명심이라 했다. 바로 이러한 인간의 본성으로 인하여 국가들 외부에는 자연 상태와 마찬가지로 언제나 '만인의 만인에 대한 투쟁'이 존재한다는 것이다. 즉, 인간은 자연 상태에서 발생하는 이러한 혼란, 불편함, 불안을 해소하기 위하여 개인이 가진 권리의 일정 부분을 서로에게 양도하여 협정과 신약(계약)을 맺어 평화를 유지하고 공동의 이익을 추구하는 국가를 만드는 것이라고 하였다. 이 국가는 '리바이어던'과 같이 거대한 인공물이자 인공인간과 같은 것이다.

근대사회의 형성은 중세의 하느님을 예배하는 가톨릭교회 중심의 공동체가 무너지고 세속적 사회와 국가가 형성되고, 자본주의 경제의 발생과 산업화와 도시의 형성, 그리고 노동자 계층의 탄생, 인간 중심과 개인주의 사조의 등장, 그리고 과학의 발달 등으로 역사는 격변하였다. 이러한 역사적 흐름 속에서 외로움과 고립의 문제가 발생할 수 있는 환경을 갖게 되었다고 보여진다. 그러나 아직은 지역사회와 대가족이나 친족, 가톨릭교회나 개신교회 등이 여전히 공동체적인 안전망으로서 기능을 어느 정도 유지하고 있었다.

영국의 경우 1601년 '엘리자베스 구빈법'의 제정은 민간 공동체의 '안전망'의 한계를 인정한 법으로 해석할 수 있다. 즉, 이 구빈법은 당시 가톨릭 교구 내 자선에 의한 빈민 구제에는 한계가 있다고 판단하여 빈민 구제 책임을 교회가 아닌 국가(지방 정부)가 지도록 했던 최초의 사회복지법이라고 할 수 있다. 이 시기에 비로소 국가의 역할이 점진적으로 구성원으로서 국민의 안전과 생명과 생존(생활은 20세기에 와서야 가능함)을 책임지는 데 중추적인 역할을 수행하게 되었음을 반증하고 있다. 그러나 외로움과 고립의 문제가 사회문제로 인식되고 부각되어 사회복지정책 혹은 국가정책으로 대응하기에는 아직 시기상조이다.

홉즈의 『리바이어던』 표지
File:Leviathan frontispiece cropped British Library.jpg
Konstanz 2007, S. 62. ISBN 978-3-8252-2908-5
English Frontispiece of Leviathan engraved by Abraham Bosse,
with input from Thomas Hobbes
(1,930 × 3,078 (2.73 MB))

## 2) 아담 스미스의 『국부론』에서 본 외로움과 고립

18세기 영국은 정치 민주화, 경제 발전, 기술 혁신, 지식의 진보와 보급이라는 문명의 빛이 비치는 한편으로 격차와 빈곤, 전쟁과 재정난이라는 어두운 그림자가 드리워져 있었다(도메 다쿠오 지음, 우경봉 옮김, 2011). 특히 1757년 인도에서, 1759년 북아메리카 퀘벡에서 영국은 전쟁에서 승리하지만, 막대한 전쟁비용을 위해 국가 채권을 발행하였다. 이로 인하여 국민들에게 세금 부과가 심해지고 국민과 국가가 가난해지고 있었다. 동시에 산업혁명 후 사회 질서가 혼돈되고 빈민들의 삶이 어렵게 되었는데, 구빈법과 구빈정책의 재원이 점점 증가되어 국가의 부담이 늘어갔다.

아담 스미스는 국가의 부를 증대시키고 국민들이 행복하고 빈민들을 구제하기 위한 고뇌에서, 1776년에 『국부론』을 출판하게 되었다. '국부론'의 원제목은 '국가의 부(재산)에 관한 본질과 원인에 대한 고찰'(An Inquiry into the Nature and Causes of the Wealth of Nations)인데, 이 원래의 제목에서 그 집필 배경을 이해할 수 있고, 편의상 이 긴 제목 중 마지막 부분을 따로 떼어서 간략하게 '국부론'이라고 한다.

본래 아담 스미스는 도덕철학 교수였고, 도덕철학을 강의하였던 교과목의 내용은 4부분으로 구성되어 있었다. 현대적인 표현은 신학, 윤리학, 법학 및 경제학이다. 신학과 윤리학은 『도덕감정론』에, 법학은 『법학 강의록』에, 그의 경제학은 『국부론』에 나와 있다(당시 경제학은 19세기까지 정치경제학으로 불리웠다). 따라서 그의 국부론 내용의 기본 바탕에는 그의 신학, 윤리학 및 법학의 정신이 깔려 있고, 그의 사상적 특징을 이해하면서 국부론을 공부하고 수용하는 것이 국부론을 제대로 이해할 수 있다.

아담 스미스는 당시의 신학적 흐름이었던 '이신론' 혹은 '자연신학'의 입장에서 자연과 인간사회, 윤리학, 법학 및 경제학을 바라보았고 이 사상적 바탕 위에서 '도덕감정론'과 '국부론'을 집필하였다. 중세 이래 소위 '하나님'이 우주와 인간 세상의 모든 것을 관장한다고 보는 신앙인 '인격신론'이 17세기 후반 뉴턴의 천체물리학 발견으로 인하여 인격신론에 큰 타격을 가함으로써 이신론 혹은 자연신론으로 변화되었고 당시 로크, 흄, 칸트, 볼테르, 페인 등 17~18세기 영국, 프랑스, 미국, 독일의 계몽주의 지식인들 사이에 널리 퍼졌다. 자연신론이란 하나님이 자연이나 인간 생활의 개별 현상에 직접 관여하지 않고, 자연과 인간사회가 따라야 할 법칙(섭리)만 만들었으며, 자연과 인간 세상은 이 법칙에 따라 저절로 운행된다는 생각을 말한다. 아담 스미스 역시 이신론을 믿었음이 『도덕감정론』에서 나타나며, 국부론에서 말하는 '보이지 않는 손'은 하나님의 섭리를 가리키는 말이다.

아담 스미스는 하나님이 인간의 본성 중에 다른 사람의 마음을 이해하고 공감할 수 있는 도덕적 감정을 넣었다고 하였다. 인간은 자신을 객관화하여 자신을 공정하게 판단하는 자신 속의 타인을 스미스는 '공평한 구경꾼'(impartial spectator)이라고 불렀다. 아담 스미스는 '양심'(conscience)이 자신 속의 공평한 구경꾼이라고 했다. 그는 인간이 자기 중심적임을 인정했으나 누구나 갖고 있는 양심 덕분에 지나친 자기 사랑으로 인하여 범하게 되는 잘못을 방지할 수 있다고 보았다. 하지만 양심은 이해관계 앞에서 무력하므로 사회의 공정한 질서를 유지하기 위하여 모두가 지켜야 할 최소한의 강제 규칙인 법이 필요하다고 하였다.

아담 스미스는 국가와 법의 기원이 사유재산의 등장으로 이루어졌다고 하였다. 다수의 무산계급인 피지배계급으로부터 소수의 유산계급인 지배계급을 보호하기 위하여 국가와 법이 만들어졌다는 것이다. 이는 마르크스보다 100년 앞선 주장이다. 마르크스는 무신론자로서 자본주의 체제는 악의 체제, 무너뜨려야 한다고 생각하였다. 스미스는 유신론자로서 자본주의가 경제를 발전시켜 인민을 빈곤에서 해방시킬 것이라고 긍정적으로 보았다.

아담 스미스에 의하면, 법의 목적은 범죄의 예방이다. 범죄를 예방하는 최선의 길은 무엇일까? 이에 대한 해답을 스미스는 『법학 강의록』의 마지막 부분에서 밝혔다. 상업과 제조업을 발전시켜서 모든 사람이 생업을 갖도록 하는 것이 범죄 예방을 위한 최선의 길이라는 것이다. 상공업을 발전시켜서 모든 사람이 생업을 갖도록 하는 것이 범죄를 예방하는 최선의 길이라고 생각하였다(이근식, 2019).

아담 스미스는 노동의 분업과 협업과 교환을 통해서 개인과 국가의 부가 축적된다고 하였다. 『국부론』에서 그는 다음과 같이 말한다. 그리고 자신의 이기심의 발로에서 생산한 노동생산물이 자기 이익의 추구를 넘어서 '보이지 않는 손'에 의하여 공공의 이익, 사회의 이익에 기여한다는 논변을 펼치고 있다.

> "우리가 저녁상을 차릴 수 있는 것은 정육점 주인, 양조업자, 제빵업자의 자비심 때문이 아니라 그들이 자기 이익을 추구하려는 마음 때문이다. 우리는 그들의 자비심이 아니라 그들의 자기애에 호소하는 것이며, 우리의 필요가 아닌 그들의 이익에 호소하는 것이다.
>
> 그 이유는 앞서 살펴본 사례들처럼, 자신이 제작한 노동 생산물 중 소비하고 남은 부분을 다른 사람의 노동 생산물 중에서 자기에게 필요한 부분과 교환할 수 있다는 점이 확실해졌기 때문이다. 그리고 그 직업이 무엇이든, 그에 따른 기술을 연마하여 완벽해지고자 노력하게 된다."(애덤 스미스 저, 안재욱 역, 2021)

> "개인들은 자신이 관리할 수 있는 자본이 얼마이건 이를 가장 유리하게 사용할 수 있는 방법을 찾고자 부단히 노력한다. 사실 개인이 추구하는 것은 자기 자신의 이익이지 사회의 이익이 아니다. 그러나 자기 자신의 이익을 추구하다 보면 자연히, 아니 오히려 필연적으로 사회에도 이득이 되는 방향으로 자본이 사용되게 된다."(애덤 스미스 저, 안재욱 역, 2021)

> "개인은 될 수 있는 한 국내의 생산활동에 자본을 지원하고 그 생산물이 최대가치를 가지도록 생산활동을 관리·운영하려고 노력하기 때문에 이러한 개인의 행위는 필연적으로 사회의 연간 수입 또한 최대로 증가시킨다. 사실 일반적으로 그는 공공 이익을 증진하려는 의도도 없고 자신이 그것을 얼마나 증진하였는지도 알지 못한다. 그는 오로지

자신이 안전하고자 외국의 생산활동보다는 국내의 생산활동에 지원하기를 더 선호한 것이다. 그리고 생산물 가치를 최대로 높이도록 생산활동에 전념하는 것 역시 오로지 자기 이익을 위해서다. 이 경우 그는 흔히 그렇듯이 '보이지 않는 손'(invisible hand)에 이끌려 그가 전혀 의도하지 않았던 목적을 이루게 된다. 그가 공공 이익을 의도하지 않았다고 해서 이러한 행위가 사회에 해가 되는 것은 아니다. 오히려 개인의 이익을 추구하려는 행위가 사회 이익을 증진하려고 의도할 때보다 더 효과적으로 사회 이익을 증진할 때가 많다. 나는 공공의 선을 위해 일한다고 떠벌리는 사람들이 선을 이룬 것을 본 적이 없다. 그것은 가식이다."(애덤 스미스 저, 안재욱 역, 2021)

Adam Smith, 1732~1790. Political economist (circa 1800)
Anonymous
Figurative

아담 스미스의 국부론은 개인과 '국가의 부'에 대한 이론적 통찰을 제공하고 있다. 하지만 분업이 개인과 국가에 유익하지만, 그 부작용도 생각할 수 있다. 만일 분업이 극도로 발전하여 경제적 이익을 가져다 주지만, 상대적으로는 분업으로 인한 인간의 노동 소외와 인간 존재의 역할과 의미를 상실하게 함으로써 존재론적인 고립과 외로움으로 귀착될 수 있는 위험성을 내포하고 있다. 이러한 일은 역사적으로 자본주의의 발달과정에서 이미 자동화, 기계화, 분업화로 실증되었고, 21세기 로봇과 디지털화로 인한 노동과정, 특히 플랫폼 노동시장에서의 인간의 역할 상실과 소외, 고립이 더 심각할 수 있는 위험성을 열어 놓고 있다. 그럼에도 불구하고 아담 스미스가 '도덕감정론'에서 논의한 바와 같이, 인간은 다른 사람의 생각을 이해하고 공감할 수 있는 감정을 가지고 있으므로 로봇과 디지털 사회에서 오는 소외와 고립, 인간의 역할 상실을 사람들이 함께 해소할 수 있는 가능성 또한 열어 놓고 있다.

### 3) 마르크스의 『자본론』에서 본 외로움과 고립

마르크스가 저술한 『자본론』은 1867년 1권이 간행되었으며, 마르크스의 사후 프리드리히 엥겔스에 의해서 유고가 정리되어 2권을 1885년에, 1894년에 3권을 출간하였다.

자본주의 사회에서 생산은 아담 스미스 이래 분업의 형태로 이루어지고 있으며, 생산된 생산물은 상품의 형태로 가격을 산정하여 판매되고 있다. 가격은 상품의 가치를 측정하는 표준적인 매개체인 화폐를 통해 유통된다. 이때 가치란 '모든 상품을 동일하게 하는 동질적인 그 무엇'을 말하며, 마르크스는 '인간의 노동'이 '모든 상품을 동일하게 하는 동질적인 그 무엇'이라고 규정한다. 그러므로 상품을 생산하는 데 드는 인간 노동 일반이 상품 가치의 실체이고 상품의 가치량을 재는 척도가 된다.

마르크스는 '노동력'이란 노동자가 가지고 있는 정신적 · 육체적 힘을 말하고, '노동'이란 노동자가 작업을 하기 위해 노동력을 지출하는 것을 말한다고 했다. 결국 상품을 생산하는 데 드는 '인간노동 일반의 양'이 그 상품의 가치인 것이다. 즉, 상품의 가치는 그 상품의 생산에 '사회적으로 필요한' 인간노동 일반의 양에 의해 결정되며, 마르크스는 『자본론』에서 상품의 가치를 논할 때, 모든 상품은 그 사회의 평균적인 노동자가 만든다고 가정하였다.

한편 화폐는 모든 상품을 살 수 있는 '사회적 힘'을 가지는 것인데, 상품가치를 화폐 표준으로 표현한 것을 '상품의 가격'이라 할 수 있다. 화폐가 잉여가치를 얻어 더 큰 화폐가 될 때, 처음의 화폐를 '자본'이라 한다(그러면 잉여가치는 어떻게 생기는가?). 상품들은 자기의 가치대로 매매된다고 가정하여, 상품의 구매와 판매의 '등가교환'을 전제하고 있다. 잉여가치를 만들어 주는 '특수한 상품'은 무엇인가? 이것은 노동자가 자본가에게 파는 노동력이라는 상품에서부터 발생한다. 노동력의 하루 가치는 '노동자와 그 가족의 하루 생활비'라고 할 수 있다. 등가교환의 원칙에 따르면 임금 수준은 노동자와 그 가족이 정상적으로 생활할 수 있는 금액이어야 할 것이다. 여기서 잉여가치를 증가시키는 방법은 두 가지인데, 노동시간을 연장하는 것과 노동자의 생활비를 값싸게 하는 것이다. 노동자의 측면에서 보면, 필요노동은 지불받은 노동이며, 잉여노동은 지불받지 못한 노동이다(김수행, 2022).

잉여노동은 자본가가 '대가를 지불하지 않고' 자기 몫으로 만드는 것이다. 마르크스는 이를 '착취'라고 말했다. 잉여노동이 생산하는 생산물의 가치가 '잉여가치'이다. 자본가가 노동력을 사는 목표는 사실은 여기에 있다. 잉여가치가 없으면 자본가는 살아갈 수조차 없다. 따라서 잉여가치의 생산은 불가결의 것이다. 자본주의는 사실은 '자본가에 의한 노동자의 착취'(대가를 지불하지 않는 노동의 착취)라는 '인간관계'를 말하는 것이다. 자본가는 이 관계를 확대하기 위해 잉여가치를 전부 소비하지 않고 일부분을 축적하여 생산의 확대에 돌린다. 자본의 축적이 진척되면 기계 등이 사용되어 생산력이 증대한다. 그 결과 자본 중에서 생산수단(원료 · 도구 · 기계 등)을 위해 투하되는 부분과 임금에 투하되는 부분의 비율이 달라진다. 곧 전자의 후자에 대한 비율이 증가한다.

사회 전체의 자본에 대해 볼 때, 사회 전체의 자본이 증대함에 따라 임금에 할당되는 비율은 누진적으로 감소된다. 그래서 노동자가 남아돌게 된다. 게다가 대기업 때문에 중소기업자가 몰락하여 노동자가 되고 실업자는 증가한다. 그러므로 한쪽의 극(자본가계급)에서의 부의 축적은 다른 쪽의 극(노동자계급)에서의 빈곤, 노동고(勞動苦) · 예속 · 불안 · 무지 · 도덕적 타락의 축적인 것이다. 물품을 생산하는 노동자의 노동 자체가 노동자 자신을 점점 더 불행하게 만들고 더욱더 비인간화하며, 거꾸로 착취하는 자본가를 더욱더 강력하게 만든다. 자본이 지배하는 한 이 모순은 계속되고 확대된다는 것이 마르크스의 주장이다. 그러나 학대받는 상황 속에서 노동자들은 일어나고, 그들에 대한 억압 · 착취, 그들의 빈곤 · 예속 · 퇴폐가 증대하면 할수록 그들의 반역도 증대한다. 부르주아 계급은 자신의 무덤을 팔 사람(프롤레타리아계급)을 만들어 낸다는 것이다(https://ko.wikipedia.org/wiki, 접속일, 2025. 6. 4).

미르그스의 『자본론』은 자본주의 생산양식으로 인하여 노동자의 소외(alienation)와 비인간화, 그리고 자본가와의 갈등으로 인하여 인간관계의 왜곡 현상이 발생할 수 있는 길을 열어 놓았다. 자본주의 체제가 발달할수록 이러한 현상은 심화될 수 있음을 시사하고 있다. 현대사회의 고립, 고독, 소외 및 외로움의 문제가 단순히 노동자와 자본가라는 두 개의 계급 사이의 갈등관계에서 발생하기보다는, 현대사회는 마르크스가 살았던 시대에 비하여 한층 복잡한 직업집단이 분화 · 발달한 사실로 말미암아 이러한 문제는 새로운 형태와 내용으로 달라지게 되어 있음을 짐작할 수 있다. 그러므로 마르크스의 자본론은 한층 발달된 자본주의 체제를 기반으로 하고 있는, 현대사회의 고립, 고독, 소외 및 외로움의 문제를 깊이 있게 분석하고 통찰할 수 있는 철학적 · 사회이론적 기초를 제공할 수 있다.

노동자는 노동 현장에서 노동과정과 노동생산물으로부터 소외되고 자신과 타인으로부터 소외되고 분리된다. 노동은 인간의 본질적인 활동임에도 불구하고 현대 자본주의 체제에서 분업과 자동화, 특히 플랫폼 경제로 말미암아 자아실현의 수단에서 멀어지고 노동의 의미를 상실하게 된다. 노동자의 정체성 상실은 물론 자존감 저하, 개인의 무력감과 사회적 연결의 약화 등으로 귀결될 수 있다.

또한 현대 자본주의는 생산성과 효율성의 측면에서 노동을 시간 단위로 전환시키는 경향이 있다. 그리하여 노동자의 감정, 관계, 휴식조차 상품화되고 효율화되고 있어, 감정노동(emotional labor), 자기계발 압박, '기분 좋은 소비' 강조는 결국 자기 감정의 통제와 상실, 즉 감정의 소외(alienation of affect)를 초래할 수 있다.

### 4) J. S. 밀의 『자유론』에서 본 외로움과 고립

『자유론』은 1859년 밀이 53세 때 출판하였다. 자유론은 개인의 자유의 영역과 사회가 개인의 자유를 제한해야 하는 한계를 논한 민주주의에 대한 고전이다. 밀은 국가 사회가 발달하면서 개인의 자유를 제한하고 통제하려는 위험을 미리 감지하여, 개인의 자유를 최대한 보장하려는 목적에서 이 책을 저술하였다.

밀은 사람은 각자 최대한 자유를 누릴 수 있어야 한다. 다만 다른 사람에게 해를 끼치는 때에만 예외적으로 제한해야 한다. 개인의 자유 중 특히 사상의 자유를 존중해야 하는 이유를 다음과 같이 설명한다.

> "전체 인류 가운데 단 한 사람이 다른 생각을 가지고 있다고 해서, 그 사람에게 침묵을 강요하는 일은 옳지 못하다. 이것은 어떤 한 사람이 자기와 생각이 다르다고 나머지 사람 전부에게 침묵을 강요하는 일만큼이나 용납될 수 없는 일이다."(존 스튜어트 밀 지음, 서병훈 옮김, 2017)

사회 내에서 한 사람 한 사람의 다양한 의견을 존중하고 자유를 허용해야 하는 일은, 인간은 오류를 범하지 않는 절대적인 존재가 아니기 때문이다. 자유롭고 다양한 생각을 표현하는 것이 그 개인에게 뿐만 아니라 전체 사회를 위해서도 유익하다. 다른 사람에게 피해를 주지 않는 한, 각자의 개성을 다양하게 꽃피울 수 있어야 하기 때문이다. 개인의 '개별성'(individuality)이 발휘되도록 자유롭고 다양한 의견이 표현되게 해야 한다.

인간은 막연하고 덧없는 욕망이 아니라 영원하고 변함 없는 이성에 따라 살아야 한다. 그 이성은 우리에게 각자의 능력을 완전하게 하고 전체적으로 일관되게 최대한, 그리고 가장 조화 있게 발전시킬 것을 명령한다. 그러므로 각자의 개별성에 맞게 능력을 발전시키기 위해 모든 사람이 끊임없이 노력을 기울여야 하고 그 목적을 향해 언제나 눈을 부릅뜨고 바라보아야 한다. 훔볼트는 이를 위해서 '자유 및 상황의 다양성'이라는 두 가지 조건이 필수적으로 충족되어야 한다고 주장했다. 이 두 가지가 결합하여 '개별적 활력과 고도의 다양성'이 생기는데, 이들이 곧 '독창성'의 바탕이 된다는 것이다.

인간은 본성상 모형대로 찍어내고 그것이 시키는 대로 따라하는 기계가 아니다. 그보다는 생명을 불어넣어 주는 내면의 힘에 따라 온 사방으로 자라고 발전하려는 나무와 같은 존재이다. 따라서 개인의 자유는 개인뿐만 아니라 사회 전체에게도 중요하고 유익하다. 그러므로 개인의 자유는 다른 사람에게 해를 끼치지 않는 한 최대한 존중되고 보장받아야 한다.

다른 한편 사회 전체의 유익을 위해서는 사회가 개인의 자유와 개별성에 대하여 권한을 가져야 한다. 이는 법률과 관습이라는 규범을 정해서 사회구성원들이 이를 준수하고 이행하도록 하는 것이 불가피하다. 이는 사회구성원인 개인이 져야 할 의무이다. 어떤 행동이 다른 개인이나 공공에게 명백하게 해를 끼치거나 아니면 해를 가할 위험성이 분명할 때, 그 행동은 자유의 영역을 벗어나 도덕이나 법률의 적용 대상이 된다.

하지만 당시 영국의 민주주의가 발전하는 가운데, 개인의 자유를 직접·간접으로 사회와 여론이라는 보이지 않는 힘으로 침해하는 경우가 있으며, 앞으로 더 심각해질 위협이 현실로 등장할 가능성이 높다고, 스튜어트 밀이 『자유론』에서 예측하고 있다. 그러므로 밀은 『자유론』에서 개인의 자유와 사회의 권한이 충돌하는 지점에서, 최대한 개인의 자유와 사회의 권한을 유지하는, 바람직한 균형점은 어디인가를 모색하려는 시도였다고 볼 수 있다.

밀의 『자유론』은 정치적 민주주의와 경제적 자본주의가 한창 발전하던 시기의 영국 상황을 배경으로 집필되었다. 자유의 중요성을 강조하고 자유를 기반으로 한 국가의 발전을 목적으로 한 만큼, 개인의 자유와 권리를 중시한 책이다. 이 책에서는 결국 개인의 자유만큼 개인의 삶에 대한 책임을 중시한 만큼, 장차 도래할 개인의 사생활의 책임과 존중, 개인들 사이의 치열한 생존 경쟁의 자본주의를 예정한다면, 점진적으로 외로움과 고립의 문제가 가시적으로 출현할 수 있는 정치적 · 사회적 · 문화적 기반을 형성하고 있음을 보여진다. 개인의 존중과 자유는, 여러 가지 이유로 인하여 그것을 성취할 수 없고 향유할 수 없는 개인의 경우, 외로움과 고립의 토양이 되기 때문이다. 그래서 자유권만큼이나 생존권이 인간의 기본권으로 인정받는 역사적 · 사회적 흐름이 순차적으로 이어지는 것을 보게 된다.

### 5) 빅토르 위고의 『레 미제라블』에서 본 외로움과 고립

『레 미제라블』(Les Misérables)은 1862년에 프랑스의 작가 빅토르 위고가 17년 동안 쓴 소설로서, 제목이 의미하듯 19세기 당시 대중들의 '비참한 삶'을 바탕으로 그린 대하소설이다. 이 소설은 한편으로는 1832년 6월 봉기를 소재로 하여 시대적 과제인 사회개혁 문제를 다루기도 하지만, 굶주림, 가난, 불평등 등으로 뒤얽힌 삶을 살아가는 당시의 비참하고 불쌍한 대중들 사이에서 일어나는 인간의 죄, 이기심, 양심, 용서, 구원, 정의, 희생, 사랑, 희망을 그린 소설이다.

대하소설이라 방대한 내용을 담았지만 간략하게 핵심적인 줄거리만을 정리하면 다음과 같다.

> 굶주리는 일곱 조카들을 위해 빵 한 조각을 훔친 죄로 19년의 감옥살이를 한 '장 발장'. 전과자라는 이유만으로 모두의 박해를 받던 장 발장은 자신의 집에서 하룻밤을 재워주고 자신이 훔친 은식기에 은촛대까지 선물로 준 '미리엘' 주교에게 감명받아 새로운 삶을 살기로 결심한다.
>
> 미리엘 주교의 사랑에 감동받은 장 발장은 정체를 숨기고 '마들렌'이라는 새 이름으로 시장이 되어 가난한 이들을 도와주며 살던 중 '팡틴'과 마주친다. 죽음을 눈앞에 둔 팡틴은 자신의 딸 '코제트'를 장 발장에게 부탁한다. 자신과 비슷한 용모를 지닌 '상마튜'라는 사람이 장 발장으로 재판정에 선다는 것을 알게 된 장 발장은 크게 고민하다가 재판정을 찾아가 자신이 진짜 장 발장임을 밝힌다.
>
> 이후 장 발장은 다시 도형장에 끌려가지만 물에 빠진 선원을 구하고 난 뒤 수영하여

**빅토르 위고 『레 미제라블』에서 에밀바야르가 그린 '코제트'**
Public Domain
File:Cosette-sweeping-les-miserables-albert-bellenger-1886.jpg
Created: 1886
(https://commons.wikimedia.org/w/index.php?search=Cosette-sweeping-les-miserables&title)

탈출한다. 그 이후 '테나르디에' 부부에게 혹사당하던 코제트를 구하고 입양하여 자신이 키우기 시작했다. 자베르의 눈을 피해 수도원에서 '포숼르방' 노인에게 도움을 받아 살아가며 코제트를 키우다가 코제트에게 수도원 밖 삶을 보여 주기 위해 파리로 이사한다.

이후 '마리우스'라는 청년과 코제트가 사랑에 빠지게 되고 결국 결혼까지 한다. 장 발장은 처음엔 코제트를 뺏긴 것 같은 분노에 사로잡혔다. 그 후 마리우스는 장 발장이 나쁜 일을 많이 저지르고 자신을 죽이려고 했다고 오해를 해서 코제트가 장 발장을 만나지 못하게 하고 장 발장을 피해 다닌다. 하지만 테나르디에가 장 발장이 마리우스를 죽인 살인자라는 모함을 하려 했지만, 그것은 오히려 마리우스에게 장 발장이 마리우스의 생명의 은인인 것을 알아채게 만들었다. 프랑스 6월 봉기에서 마리우스가 죽을 번한 것을 장 발장이 하수구를 통해 마리우스를 집으로 데려다 주었으나, 마리우스는 그 은인이 누군지도 모르고 있었다.

마리우스가 코제트에게 자초지종을 얘기하고 장 발장을 찾았을 때 장 발장은 이미 코제트를 보지 못하는 슬픔에 죽어가고 있었고, 삶의 마지막 순간에 코제트와의 재회를 크게 기뻐하며 만족스럽게 삶을 마감한다(https://ko.wikipedia.org/wiki, 접속일, 2025. 6. 5.).

소설 ‘레 미제라블’이 현대사회의 고립, 고독, 소외, 외로움에 대하여 시사하는 바는 무엇인가? 굶주리는 조카들을 위해 빵 한 조각을 훔치다 감옥살이를 해야 하는 장 발장과 그 친족들의 처지를 생각하면, 당시의 가난하고 비참한 대중들의 삶이 정상적인 사회로부터 고립되고 소외되고 배제되어 있었음을 짐작할 수 있다. 더구나 전과자라는 낙인은 일반 사회로부터 배제되고 소외되어 다른 사람들과 연결되는 것이 사실상 어려웠을 것이라 생각된다. 이러한 점은 오늘날에도 유사하지 않을까? 교도소를 다녀온 전과자라든지 정신병원이나 사회복지기관, 혹은 재활원에서 나온 사람들을 바라보는 사회적 편견과 차별적 시각은 그들을 고립하게 하고 배제시키고 외로운 사람으로 만드는 사회적 환경이 되고 있지는 않은지 생각해 보아야 할 것이다.

이 소설에 등장하는 사회적 취약계층인 팡틴은 미혼모라는 이유로 사회로부터 배제되고 고립되고, 코제트는 어린 시절부터 학대와 방임 속에 자라고, 마리우스는 정치적 신념으로 인해 가족과 갈등을 겪는다. ‘레 미제라블’에 나오는 인물들은 하나 같이 사회적 배제를 경험하고 사회적 연결망의 부재로 인해 고립, 외로움과 고독을 경험한다. 이러한 경험은 현대사회에서 많은 이들이 겪는 현실과 유사하다. 다양한 사회복지 대상자와 그 가족은 말할 것도 없고, 현대사회와 같이 갑작스런 가정경제의 파산과 몰락은 고립, 외로움, 소외를 경험하게 된다.

또한 소설 속 인물들은 저마다 자신들의 존재의미와 정체성에 대하여 고뇌하고 갈등하는 모습을 보인다. 장 발장은 자신의 정체성과 도덕적 양심으로 갈등하며 올바른 길을 찾아가려고 몸부림친다. 자비에르는 경찰로서 법과 정의를 지키기 위해 고뇌하며 갈등하면서 자신의 길을 헤쳐간다.

이러한 맥락에서 위고의 소설은 인문학적으로 현대사회의 외로움, 고립, 고독, 소외 등에 중요한 통찰력을 제공하는 유용한 문학작품이다. 그리고 이 소설을 활용하여 얼마든지 외로움, 고립, 고독, 소외의 문제를 예방하고 해결하는 치유활동, 즉 문학치료로서 활용할 수 있는 작품이라고 생각한다. 그래서 이 소설은 영화, 뮤지컬, 애니매이션, 동화 등으로 개작되어 오늘날에도 세계 여러 나라에서 여전히 공연되고 읽히고 있다.

## 4. 현대

### 1) 클라우스 슈밥의 『제4차 산업혁명』에서 본 외로움과 고립

이 책은 제4차 산업혁명의 입문서로서, 세 가지 목표를 가지고 집필하였다고 슈밥은 설명한다. 첫째, 과학기술 혁명의 포괄성과 속도, 다면적 영향에 대한 이해와 인식을 드높인다. 둘째, 핵심 사안의 개요를 설명하고 그에 따른 대응방안을 전달해, 과학기술 혁명에 대해 생각할 수 있는 프레임워크를 제시한다. 셋째, 과학기술 혁명과 관련된 이슈에 대한 민관협력과 파트너십을 고취하는 플랫폼을 제공한다.

이러한 목표를 위해, 제1부에서는 제4차 산업혁명의 정의, 제4차 산업혁명을 이끄는 기술, 그리고 그것의 영향력 등을 논하였다. 그리고 제2부에서는 제4차 산업혁명의 대표적인 방법론과 연관되는 내용 혹은 분야를 23가지로 대별하여 적절하게 설명하고 있다.

제4차 산업혁명은 물리학 기술, 디지털 기술, 생물학 기술 등이 서로 연관되어 융합하는 기술혁명으로, 무인운송수단, 3D 프린팅, 첨단 로봇공학, 신소재, 사물인터넷(IoT), 블록체인 시스템, 공유경제, 합성생물학, 유전공학, 나노기술 등이 혁명적인 변화를 유도하는 것을 말한다(클라우스 슈밥 지음, 송경진 옮김, 2016).

제4차 산업혁명은 연결, 탈중앙화/분권, 공유/개방을 통한 맞춤시대의 지능화 세계를 지향한다. 이 지능화 세계를 구축하기 위해 빅데이터, 인공지능, 블록체인 등의 여러 가지 기술이 동원된다. 맞춤시대의 지능화를 위해 현실세계의 모든 내용을 가상세계로 연결한 다음, 가상세계에서 빅데이터/인공지능 분석을 통해 예측과 맞춤을 예상하고 이를 현실세계에 적용하면 된다(https://ko.wikipedia.org/wiki, 접속일, 2025. 6. 16).

『제4차 산업혁명』에서 슈밥은 그 영향력에 대하여 경제, 기업, 국가와 세계, 사회, 개인 등에 대하여 여러 가지 측면으로 나누어 서술하고 있다. 경제적인 측면에서는 성장 가능성, 노동력의 위기, 노동의 본질을 논하였고, 기업 측면에서는 파괴적인 혁신과 기업, 고객 기대의 변화, 빅데이터를 활용한 품질 향상, 협력을 통한 혁신, 새로운 기업운영 모델 등을 설명하고 있다. 국가와 세계에 대한 제4차 산업혁명의 영향력에 대해서는 정부의 역할, 세계 체제의 개편, 국제 안보 문제를, 그리고 사회 측면에 대해서는 불평등과 중산층, 권력을 얻은(잃은) 시민을 설명하며, 개인에 대한 영향력은 정체성/도덕성/윤리, 휴먼 커넥션, 그리고 공공 및 개인정보관리 등을 설명하고 있다.

이 중에서 외로움, 고립 등과 관련이 있을 수 있는 부분에 대해서 알아보자. 제4차 산업혁명이 가져오는 혁신적인 변화는 속도, 범위와 깊이, 그리고 전체 시스템의 완전한 개편이다. 새로운 기술은 산업분야와 직종의 구분 없이 모든 노동의 본질을 완전히 뒤바꿔 놓는다는 점이다. 특히 과학기술이 고용에 미치는 두 가지 상충되는 영향이 있다. 첫째는 기술이 빚어낸 파괴 효과와 자동화로 인하여 자본이 노동을 대체하는 현상이 발생하고, 이 때문에 노동자들은 일자리를 잃게 되거나 자신의 능력을 다른 곳에 재배치하게 된다. 둘째로 파괴 효과는 새로운 재화와 서비스에 대한 수요가 증가함에 따라 새로운 직종과 사업, 산업분야가 창출되는 자본화 효과를 동반한다. 이 상반적인 미래 예측에서 결과는 인류가 이것을 어떻게 대처하느냐에 달려 있다. 하지만 분명한 사실은 제4차 산업혁명은 세계적으로 노동시장과 업무 현장에 변화를 가져온다는 사실은 피할 수 없는 일이다.

그러므로 이러한 변화에 대응하여 개인적 · 사회적 · 국가적 대응 노력이 중요하고 더욱 필요해진다. 결국 4차 산업혁명의 변화에 대응하여 적절한 능력을 갖춘 개인, 기업, 국가는 번영하고 더욱 발전할 수 있다는 기대가 있는 반면 적절한 대응능력을 갖추지 못한 개인, 기업, 국가는 경쟁력을 상실하여 몰락하게 될 것이라는 전망이다. 따라서 21세기 신사회문제인 외로움과 고립문제는 누구에게나 언제든지 노출될 수 있다는 개연성을 지닌 사회가 제4차 산업혁명으로 인하여 도래하고 있다. 장밋빛 미래와 다른 한편으로는 비참한 미래가 동시에 개인, 기업, 국가 앞에 놓여 있다는 사실이다. 국가 간, 기업 간, 개인 간 치열한 경쟁과 역량강화가 평생 지속적으로 진행되는 시대가 도래하였다. 외로움, 고립, 소외의 문제는 구조적 · 환경적으로 누구에게나 발생할 수 있음을 보여 주는 대목이기도 하다.

기술혁신은 경제, 기업, 국제안보, 지역과 도시에 다양한 영향을 통해 사회 전체에 다중적 영향을 미칠 것으로 전망된다. 무엇보다 기술혁명이 경제와 기업에 미칠 영향이 지대한데, 제4차 산업혁명으로 인한 구조적인 변화는 불평등을 심화시킬 가능성이 높다. 로봇과 알고리즘이 점차 노동을 자본으로 대체하고 투자는 더욱 자본집약적으로 될 가능성이 높다. 노동시장의 경우 전문적 기술이라는 제한된 범위로 더욱 편중될 것이고, 전 세계적으로 연결된 디지털 플랫폼과 시장은 소수의 '스타'들에게 지나치게 큰 보상을 주게 될 것이다.

또한 중산층의 직업은 더 이상 그들의 삶의 수준을 보장하지 못하고, 지난 20년간 전통적으로 중산층을 결정지은 네 가지 속성—교육, 건강, 연금, 그리고 주택—의 실정이 인플레이션보다 열악했다. 기술혁신은 중산층에게 기회를 제한하는 승자독식의 체계로 시장경제가 흘러가고 있다. 중산층의 삶의 수준 역시 점차 열악해지고 있는 경향을 보인다.

제4차 산업혁명은 불평등을 심화시키고 중산층의 역량을 약화시키는 구조적 · 환경적 영향으로 작동할 수 있다. 따라서 노동자와 일반 중산층에 속하는 시민들은 삶의 질이 열악해질 수 있으며, 이로 인하여 고립과 소외, 외로움이 증가될 수 있는 분위기가 만들어질 수 있다.

제4차 산업혁명의 디지털 기술이 전문화될수록 사람들 사이의 친밀한 관계, 사회적 연계에서 비롯되는 감성을 더욱 갈구하게 되는 경향이 있다. 개인과 집단이 기술과 더욱 깊은 관계를 맺게 되면서 인간은 타인과 공감할 수 있는 사회적 능력에 악영향을 끼칠 수 있다는 우려가 커지고 있다.

모바일 기술로 사람들은 항상 연결되어 있기 때문에 잠시 멈춰 사색하는 시간과, 기술 및 소셜 미디어의 도움 없이 실질적인 대화를 나누는 시간이라는 소중한 자산 중 일부를 빼앗기고 있다. 우리들이 디지털 홍수에 빠져 있는 시간이 길어질수록, 우리 스스로 주의력을 통제하지 못해 인지능력이 퇴화된다는 연구도 있다.

제4차 산업혁명은 '초연결'의 시대를 열어 놓아, 수많은 사람과 동시적으로 접속하고 있으나, 친밀하고 진실한 만남과 연결이 쉽지 않다. 오히려 디지털 기술을 매개로 한 만남은 개인적 고립과 소외를 가져오게 하는 경향이 있다. 심지어 고립청년과 은둔청년이 될 수 있는 환경을 만들어서 그들이 세상과 물리적인 접촉, 대면적인 접촉 없이도 일상생활을 영위할 수 있게 하는 구조적 · 환경적 지원 요인으로 작용하고 있는 측면도 없지 않다.

### 2) 프롬 『소유냐 삶이냐』에서 본 외로움과 고립

이 책은 에리히 프롬이 1976년에 출판한 고전이다. 산업시대의 개막과 함께, 자연의 지배, 물질적 풍요, 최대다수의 최대행복, 그리고 무제한적인 개인의 자유 등에 대한 약속을 기반으로, 인류의 미래에 무궁한 발전을 약속하였다. 그러나 이러한 약속은 실현될 수 없었는데, 그것은 산업주의 체계에 내재한 경제적 모순 이외에 그 체계 자체가 지닌 두 가지 중요한 심리학적 전제에서 찾을 수 있다. 첫째, 삶의 목적은 행복이라는, 다시 말하면 최대치의 쾌락이라는 전제이다. 행복을 인간이 품을 수 있는 모든 소망 또는 주관적 욕구의 충족으로 이해한 점이다. 둘째, 자기 중심주의, 이기심, 탐욕—이것은 체계의 존속을 촉진시키는 특성들—이 조화와 평화로 통하리라는 전제이다.

프롬은 이 책에서 인간의 두 가지 기본적인 실존양식인 '소유양식'(to have)과 '존재양식'(to be)을 구분하여 분석하고, 이들이 가진 차이와 각각의 의미를 깊이 있게 고찰하였다. 그리하여 그는 산업시대 이래로 좌절된 인류의 미래 발전을 가능하게 하는 '대안으로 삶의 존재양식'을 제시하였다.

프롬은 인간이 세계와 사람과 관계를 맺는 방식은 두 가지가 있는데, 그것은 소유하는 방식과 존재하는 방식이라 하였다. 이 두 가지 방식은 언어에서부터 일상생활의 모든 영역에 이르기까지 반영되어 있다. 학습, 기억, 대화, 독서, 권위행사, 지식, 신앙, 사랑 등 거의 모든 영역에 소유방식과 존재방식이 관련되어 있다. 사랑조차도 '소유양식'으로 체험되는 사랑은 '사랑하는' 대상을 구속하고 가두며 지배함을 의미한다. 이런 종류의 사랑은 생명감을 불러일으키기는커녕 목을 조여서 마비시키고 질식시켜서 죽이는 행위이다. 부모가 자식을 사랑하는 데에도 소유양식이 어린이들을 통제하고 억압하는 모습으로 나타날 수 있다. '존재양식'의 사랑은 그 대상이 인간이든 나무이든 그림이든 어떤 이념이든 간에, 누군가(또는 무언가)를 배려하고 알고자 하며, 그에게 몰입하고 그 존재를 입증하며 그를 보고 즐거워하는 모든 것을 내포한다. 그것은 그(그녀, 그것)를 소생시키며 그의 생동감을 증대시킨다. 사랑은 소생과 성장을 낳는 과정이다.

'소유'는 사물, 사랑, 지식, 신앙, 사람을 소유의 대상으로 삼고, 그것을 소유함으로써 자신의 정체성을 형성하려는 태도이다. 자본주의 사회에서 소유적 실존양식은 사유재산에서 파생되어 나온다. 재산과 이윤을 지향하는 태도는 필연적으로 권력에의 욕구, 말하자면 권력에의 의존성을 낳는다. 이는 자본주의적 소비문화와도 연관되어 있다. 현대 자본주의는 인간을 소비자로 전락시키며, 소비하려는 욕망으로 인하여 물질과 이윤을 지향하여 소유하게 함으로써 인간관계를 변질시킨다. 인간을 수단으로 소유의 대상으로 만들어버리면서 인간적인 관계와 연결이 병들게 되어 소외되고 공허하게 된다.

'존재'적 실존양식의 전제조건은 독립과 자유 그리고 비판적 이성을 지니는 것이다. 존재양식은 자기를 새롭게 하는 것, 자기를 성장시키고 흐르게 하며 사랑하는 것, 고립된 자아의 감옥을 초극하며, 관심을 가지고 귀 기울이며 베푸는 것을 의미한다. 이 존재적 실존양식은 인간 내면의 성숙과 다른 사람들과의 자발적 연결을 통해 실현되는 자유의 상태이기도 하다.

다른 한편 '존재'적 실존양식은 소외되지 않은 활동, 즉 나는 나 자신을 행동의 주체로 체험한다. 소외되지 않은 활동은 탄생과 생산의 과정이며, 이때 나와 나의 생산품과의 관계는 그대로 유지된다. 이는 또한 나의 활동이 나의 힘과 능력의 표출임을, 나와 나의 활동 그리고 그 활동의 결과가 일치하고 있음을 의미한다. 이처럼 소외되지 않은 활동을 '생산적 활동'이라고 하자. 존재적 실존양식은 사물이나 타인과의 관계에서 '존재 자체'로서 참여하고 경험하며 살아가는 태도이다.

산업시대 이래로 진전되어 온 정신적 · 경제적 파국을 모면하고 '새로운 사회'에로 나아가기 위해서는 '인간의 성격구조'의 근본적인 변화가 중요하다. 즉 그것은 소유지향에서 존재지향으로 인간의 성격구조가 변화되어야 한다고 프롬은 말한다(에리히 프롬 지음, 차경아 옮김, 2022).

반면에 새로운 사회의 기능은 다음과 같은 성격구조의 특성을 가진 새로운 인간의 출현을 촉진시키는 일이다. 프롬은 이 책에서 대략 3페이지에 달하는 분량으로 '새로운 인간의 성격구조의 특성'을 설명하고 있는데, 그 일부만 옮겨 적으면 다음과 같다.

- 완전히 존재하기 위해서 모든 형태의 소유를 기꺼이 포기할 마음가짐
- 자기 것으로 만들고 세계를 지배하며, 그래서 결국 자기 소유물의 노예가 되는, 그런 소유에의 욕구에서 나온 것이 아니라 자기 존재에 대한 믿음과 관계에의 욕구, 관심, 사랑, 주변 세계와의 연대감을 바탕으로 한 안정감, 자아 체험, 자신감
- 축재(蓄財)와 타인을 착취하는 데에서 오는 기쁨이 아니라, 베풀고 나누어 가지는 데에서 우러나는 기쁨
- 자기 도취를 극복하고 인간 실존의 비극적인 유한성을 수용하는 것
- 인간 삶의 최고 목표는 자신의 인격과 아울러 이웃의 인격을 완전히 개화시키는 것임을 깨닫는 것

- 모든 생명체와 일체감을 느끼는 것, 그럼으로써 자연을 정복, 지배, 착취, 약탈, 파괴하려는 목표를 버리고, 그 대신 자연을 이해하고 자연과 협동하려고 노력하는 것

에리히 프롬의 책 『소유냐 삶이냐』는 현대사회의 문제가 산업시대 이래 존재해 온 '소유' 중심의 인간 실존으로 말미암았다고 분석하면서, 그것과 대비되는 '존재' 중심의 인간 실존으로 사람들의 성격구조가 근본적으로 바뀌어야 한다고 주장하였다. 물론 이러한 성격구조를 전환하게 하는 것은 사회적인 측면에서도 노력해야 하는데, 그것은 새로운 사회의 기능적인 요청이기도 하다.

결국 소유 중심의 인간 실존은 모든 대상과 세계, 다른 사람조차 소유하려는 방식으로 삶을 영위하는 방식을 말한다. 이러한 소유방식의 삶의 양식, 인간 실존은 이해관계 중심, 다른 사람을 수단화하며, 통제하며 억압하며, 삶의 본질로부터 소외되어, 진정한 연결과 관계맺음이 어렵다. 그리하여 타인과 분리되며 고립될 수 있으며, 외로움의 근원이 될 수 있는 구조적 환경으로 작용할 수 있다. 사랑조차 수단화, 도구화될 수 있는 삶의 방식이다. 현대사회의 자본주의 체제는 개인을 경쟁과 소비의 주체로 파악하고 인간을 효율성과 생산성의 수단으로 환원시킨다. 노동은 자아실현이 아닌 소외된 활동으로 생산의 기계적인 부품으로 전락되고, 소비는 일시적인 만족을 가져다 주지만 영속적인 공허감을 남긴다. 그리하여 타인뿐만 아니라 자기 자신과도 소외되고 고독하게 된다. 이것은 현대사회와 자본주의 체제가 가져온 구조적인 조건과 환경에서 비롯된 결과라는 통찰력을 제공한다.

따라서 현대사회의 병폐를 해결하기 위해서는 '존재' 중심의 인간 실존으로 인간의 성격구조도 바뀌어야 하고 사회구조 역시 존재 중심의 새로운 사회에로 전환하도록 시도해야 한다. 존재 중심의 삶의 양식은 모든 대상, 세계, 인간과의 공감, 참여, 자발적 관계를 기본 바탕으로 한다. 비판적 자각, 창조성, 사랑, 책임감 등이 존재양식의 핵심 요소이다. 동시에 새로운 사회는 정치, 경제, 사회, 문화 전체가 존재양식으로 전환되어야 한다.

### 3) 로버트 퍼트넘 『나홀로 볼링』에서 본 외로움과 고립

퍼트넘이 집필한 『나홀로 볼링: 사회적 커뮤니티의 붕괴와 소생』은 제목에서 드러

나듯이, 2000년에 출간된 사회학 고전으로서 미국 사회의 사례를 분석한 책이다. 미국 사회의 공동체 붕괴와 소생을 '사회적 자본'이라는 개념을 통해서 포착한 책으로, 현대사회를 잘 이해할 수 있는 사회과학책으로 볼 수 있다. 특별히 이 책이 현대사회에서 외로움, 고립, 고독, 소외의 문제를 이해하는 데 있어서 중요한 책으로 손꼽히는데, 그것은 미국 사회를 사례로 분석하였으나, 그 내용은 지구촌의 현대 국가들에게 적용 가능한 내용을 담고 있다는 점에서이다.

사회적 자본(social capital)이란 개인들 사이의 연계(connections), 그리고 이로부터 발생하는 사회적 네트워크, 호혜성(reciprocity)과 신뢰의 규범을 가리키는 말이다. 퍼트넘은 사회적 자본의 유형으로 결속형(bonding) 사회적 자본과 연계형(bridging) 사회적 자본으로 분류하였는데, 전자는 포괄적(inclusive) 유형으로 후자는 배타적(exclusive) 유형으로 부르기도 한다. 결속형 사회적 자본은 내부 지향적이며 네트워크의 배타적 정체성과 동질성을 강화하는 경향이 있다. 이 자본의 예는 같은 인종에게만 자선과 구호사업을 벌이는 단체, 교회에 기반을 둔 여성들의 독서회, 멋진 컨트리클럽 등이 있다. 회원에게만 혜택을 주는 것이다. 연계형 사회적 자본의 예로는 민권운동, 많은 청년 봉사단체, 초교파적 종교단체 등을 들 수 있다. 결속형 사회적 자본은 개별적 호혜성을 강화하고 연대성을 동원하는 데 좋다. 연계형 사회적 자본은 광범위한 정체성과 호혜성을 만들어 낼 수 있다. 결속형 사회적 자본은 일종의 사회학적 강력접착제 역할을 하고, 연계형 사회적 자본은 사회적 윤활유 역할을 한다(퍼트넘 지음, 정승현 옮김, 2009).

퍼트넘은 미국의 경우 시민적 참여와 사회적 자본이 제2차 세계대전 이후로 상승세를 보여 1965년 정도까지 최고치를 보이다가, 그 수준에서 정체하다가, 1970년 초·중반부터 하락세를 거듭하다가, 시간이 지날수록 가속이 붙어 1980년대와 1990년대는 최악을 기록하여, 결국 제2차 세계대전 이후의 증가폭은 모조리 사라졌다고 한다.

책의 제2부에 속한 8개의 장(章)은 이 변화내용을 상세하게 정리하여 보여 주고 있다. 그래서 미국인은 이제 선거에도 무관심하고 지역사회의 학교 운영회의나 공공업무 관련 회의는 물론 교회에도 잘 참여하지 않게 되었으며 심지어 타인에 대한 믿음, 정직성과 상호 신뢰, 그리고 개인의 일상적인 사교까지 줄어들어 사회적 자본이 크게 감소하였다. 그 결과로 나타난 현상이 사회적 유대의 해체를 상징적으로 보여 주는 '나 홀로 볼링'이라는 것이다. 퍼트넘이 여기서 말하고자 하는 내용은, 이러한 변화의 모습에서 발견할 수 있는 일종의 '패턴'(양식)은 '사회적 자본'이라는 개념으로 설명할 수 있는 변화이고, 이는 사회적 자본의 감소 즉 호혜성, 신뢰, 네트워크, 연계, 공동체의 가치관이 감소하였다는 것이다.

이어서 제3부에서는 왜 사회적 자본의 하락 현상이 나타나게 되었는지 기존의 해석과 비교하며 자신의 이론을 펼쳐나간다. 과도한 노동시간과 경제적 압박, 잦은 이사와 도시의 외곽 팽창, 복지국가, 여성혁명, 인종주의, 이혼율의 증가, 텔레비전을 비롯한 기술과 매스미디어 등이 하락 현상에 기여한 주요 요인이라는 설명이다. 사회적 자본이 쇠퇴하면 그 영향력은 시민들 사이의 따스하고 정겨운 감정이 사라지고 공동체의 자부심이 흔들리는 정도에 그치지 않는다. 공동체의 유대가 헐거워지면 우리의 학교와 이웃 간의 관계도 제대로 작동되지 않으며, 우리의 경제, 우리의 민주주의, 심지어 건강과 행복조차 사회적 자본이 적절하게 쌓여 있느냐에 따라 달라진다.

특히 퍼트넘이 지적하는 것으로서, 현재 미국이 당면한 시민적 불참의 가장 큰 원인은 1910년대와 40년대 사이에 출생하여 제2차 세계대전을 겪은 세대들이 고령으로 인해 사라졌다는 점이다. 1900년대에 인구의 중심으로 성장하여 각종 부분에 적극적으로 참여하여 시민사회의 활력을 불어넣었던 이 '오랜 시민활동 세대'(long civic generation)는 사망하고 그 뒤를 이은 베이비붐 세대(1945~1964년 출생)와 X세대(1965~1980년 출생)는 보다 관용적이기는 하지만 개인주의와 물질주의적 가치관이 우위를 보이며 참여를 회피함에 따라 미국의 공동체는 속이 텅 비었다는 것이다. 느리지만 한번 시작되면 되돌릴 수 없는 '코호트'(cohort) 사이의 변화가 바로 그 주 원인이라는 지적이다.

무엇이 제2차 세계대전을 겪은 세대(1910년대와 40년대 사이에 출생한 세대)를, 시민으로서의 공식적인 활동은 물론 개인적인 사교에 이르기까지 그토록 헌신하게 만들었는가? 말을 바꾸자면 무엇이 이들의 사회적 자본을 풍부하게 만들었는가? 퍼트넘은 이 세대의 역사적 경험, 즉 제2차 세계대전이라는 집단적 기억 혹은 세대의 성장 경험을 가장 중요한 요소로 지적한다. 이 시기를 겪으며 형성된 공동체의 유대감, 타인에 대한 배려, 호혜성과 신뢰, 활발한 참여, 고통을 나누고 슬픔을 같이하는 공감대가 바로 사회적 자본에 해당하는 것이다(정승현 옮김, 2009).

제4부는 사회적 자본을 증대시켜야 할 필요에 대한 답변이다. 곧 사회적 자본이 우리의 공적 일상적 삶에서 어떤 기능적 중요성을 갖고 있느냐는 의문이다. 퍼트넘은

교육과 어린이의 발전, 안전하고 유익한 이웃, 경제적 번영, 건강과 행복, 정부의 업무 수행 능력과 민주주의라는 항목으로 나누어 사회적 자본이 높을수록 이 모든 면에서 높은 성과를 나타낸다고 대답한다. 앞에서도 언급한 바와 같이, 사회적 자본이 결과적으로 사회를 안정시키고 번영하게 하며, 우리를 행복하도록 하는 데 기여하기 때문이다.

이 책은 미국의 사례를 들었지만, 이러한 현상은 현대사회의 지구촌에서 대부분 경험하는 것으로 풀이된다. 사회적 자본이 축소되어, 공동체와 개인들 사이의 연결이 약화되면 고립과 외로움이 늘어나는 결과를 가져오게 된다. 더욱이 중요한 것은 시민들 사이의 사회적 자본 축소는 공동체적 유대감을 단절시키고 사회적 연결을 약화시키는 한편 이해관계자들 사이의 경쟁과 함께 정치적 무관심이 증대되어 국가 사회 전체의 결속이 약화되는 결과를 가져올 수 있다. 특히 우리나라는 급속한 성장과 사회변동을 경험하는 가운데 사회적 자본의 축소 현상은 시민들 사이의 연결을 약화시키고 고립과 외로움을 한층 강화시킬 것으로 전망된다.

이 책은 단지 미국만이 경험하는 사례라기보다는 현대사회의 지구촌 국가들이 직면하는 변화를, 사회적 자본이라는 개념을 통해 명쾌하게 드러내 주는 책으로서, 외로움, 고립, 고독, 소외문제의 맥락과 환경을 통찰력 있게 볼 수 있게 해주는 책이라 생각한다.

### 4) 카뮈 『이방인』에서 본 외로움과 고립

프랑스 식민지인 알제리에서 해운회사 직원인 주인공 '뫼르소'(Meursault)는 양로원에 있는 엄마가 사망하였다는 통보를 받고 장례식장에 참석한다. 그는 장례식장에서 일반 사람들과 다르게 슬픔과 같은 감정을 드러내지 않는다. 오히려 담담하며 피곤해한다. 다음날 어제의 일정으로 너무 지쳐서 일어나기가 힘들었다. 수영하러 가기로 하고 수영장에 갔다가 여자 친구 '마리'를 만난다. 같이 영화를 보며 시간을 보내며 자신의 집으로 가서 잔다.

다음날 회사에서 일을 너무 많이 하고 퇴근한 후 집으로 가던 중에 같은 층에 사는 '살라마노' 영감과 마주쳤다. 그 영감은 개를 데리고 있었다. 이어서 다른 이웃 '레몽 생테스'와 마주친다. 그의 직업은 '창고감독'이라지만 그는 여자들을 등쳐먹고 사는 사람이라고 한다. 레몽은 뫼르소를 자기 집 저녁에 초대하여 친구가 되어 달라고 한다. 레몽은 뫼르소에게 편지를 대신 작성해 달라고 해서 작성해 준다.

며칠 후 레몽이 회사로 전화를 해서 뫼르소와 마리를 해변가로 초청한다. 전화를 끊자 사장이 뫼르소를 불러 파리에 출장소를 설치하려고 하는데 그쪽으로 갈 생각이 있는지 의견을 듣고 싶다고 했다. 뫼르소는 특별한 관심을 보이지 않아 사장이 불만하면서 몇 마디 하였다. 나는 언제나 질문을 회피하고 야심도 없다는 것이다.

다시 며칠 후 뫼르소는 마리와 레몽과 함께 레몽의 친구 '마송'이 살고 있는 해변의 조그마한 목조 별장으로 놀러간다. 수영을 하고 놀다가 점심을 먹은 후 남자 세 명이 산책을 하던 중 그들을 미행하던 아랍인들과 마주친다. 싸움을 하는 도중에 아랍인 한 명이 칼로 레몽의 입과 팔에 상처를 내었다. 레몽이 의사에게 치료를 받고 와서 세 명이 다시 해변을 산책 중 아랍인 둘을 다시 만났다가 아랍인들이 뒤로 도망쳤다. 그 사이 레몽이 뫼르소에게 권총을 주었다.

그 후 레몽과 함께 별장으로 돌아가다 뫼르소는 별장에 있는 여자들을 상대하려고 하니 기운이 빠지고, 더위가 무척이나 지독해서 햇볕을 쬐고 있으니 눈이 멀 것처럼 괴로워서 견딜 수가 없었다. 그래서 다시 바닷가로 향해 걸었다. 그는 오랫동안 걸었다. 그곳에서 레몽을 상대했던 아랍인과 마주쳤다. 이미 상황이 종료되었기 때문에 뫼르소는 그 일을 잊고 있었지만 좀 의아한 생각이 들었다. "아랍인이 칼을 뽑아 나를 겨누었다. 태양빛이 칼 위에서 번쩍 튀었다. 기다란 칼날이 되어 내 이마를 쑤시는 듯했다" … "그 칼날은 속눈썹을 쑤셨고 괴로운 두 눈을 파내는 것 같았다." … "방아쇠를 당겼다" … "바로 그 순간 짤막하면서도 귀를 찢는 듯한 소리와 함께 모든 게 시작되었다. 나는 땀과 태양을 떨쳐버렸다. 그리고 한낮의 균형, 행복을 느꼈던 바닷가의 침묵도 깨뜨려 버렸다는 것을 깨달았다. 그 순간 나는 움직이지 않는 아랍인의 몸에 다시 네 발을 쏘았다. 총알은 보이지도 않게 깊숙이 박혔다. 마치 불행의 문을 두드리는 네 번의 짧은 노크 소리 같았다."(알베르 카뮈 지음, 최헵시바 옮김, 2018)

뫼르소는 체포되어 여러 번 심문을 받았다. 변호사는 어려운 사건이긴 하지만 내가 그를 믿어준다면 재판에서 이길 수 있다는 것이었다. 그러나 재판장의 주요 관심은 아랍인 총격 사건이 아니라 뫼르소가 그 이전에 보였던 여러 가지 태도와 행동에 한한 것이었다. 엄마 장례식 때 무관심하고 슬퍼하지 않았고 관 뚜껑을 열어서 엄마의 얼굴을 보지 않았던 것 등으로 미루어 뫼르소가 냉혹한 범죄자의 마음을 가지고 있다고 했다. 뫼르소를 돕기 위해 재판정에 나온 양로원 원장, 관리인, 살라마노 영감, 마리, 레몽 등이 배심원들 앞에서 증언하지만 무시당하고 뫼르소에게 불리하게 해석된다. 가벼운 형벌로 풀려날 것으로 예상되었으나, 뫼르소는 엄마의 장례건과 무관심하고 불충분한 자신의 변호 등으로 인해 계획적인 살해와 냉혹하고 무자비한 인간으로 오해받으며 사형선고를 받는다.

뫼르소는 교도소에서 항소를 포기하고 사형집행일을 기다리며 부속 사제의 면회를 거부하다가 만나고 헤어진다. "그가 나간 후에 나는 마음의 안정을 되찾았다. 기진맥진한 상태로 침대에 몸을 던졌다. 잠이 든 모양이다. 눈을 뜨자 바로 위에 별이 보였고 들판의 소리들까지 들려왔다. 한밤의 냄새, 흙냄새, 소금냄새가 풍겨와 관자놀이가 시원해졌다. 여름의 놀라운 평화가 밀물처럼 내 속으로 흘러들어 왔다.

그때 밤의 저 끝자락에서 뱃고동 소리가 크게 울렸다. 이제 나와는 영원히 관계가 없어진 한 세계로의 출발을 알리는 소리였다.

아주 오랜만에 나는 엄마를 생각했다. 엄마가 왜 생명이 사그라져 가는 그때에 '약혼자'를 둔 것인지, 왜 다시 시작하는 놀이를 한 것인지 이해할 수 있을 것 같았다. 그곳, 생명이 꺼져가는 양로원 근처에서도 저녁은 서글픈 휴식 시간 같았다. 그토록 죽음이 가까운 시간에 엄마는 거기서 해방감을 느꼈고 처음부터 다시 살 준비가 되었던 게 틀림없다.

아무도 그 누구도 엄마의 죽음에 눈물을 흘릴 권리는 없다. 나 역시 모든 것을 다시 살아 볼 수 있을 것 같은 생각이 들었다. 마치 그 커다란 분노가 나의 모든 고통을 씻어 주고 모든 희망을 비워준 듯, 온갖 징조들과 별들이 가득한 그 밤을 앞에 두고, 나는 처음으로 세계가 가진 정다운 무관심에 마음이 열린 것이다.

나와 세계가 무척 닮아 마치 형제 같다는 것을 깨달으면서 나는 전에도 행복했고, 지금도 행복하다는 것을 느꼈다. 모든 것이 완성되려면 내게 남은 소원은 오직 하나, 내가 덜 외로워하도록 내가 사형 집행을 받는 그날 많은 구경꾼들이 몰려와 증오에 가득 찬 함성으로 나를 맞아 주었으면 하는 것뿐이었다."(알베르 카뮈 지음, 최헵시바 옮김, 2018)

참고로 '이방인'이란 제목은 알제리 '현지인'과 대비되는 본토 출신의 '외지인'이라는 의미와, 사회에 섞이지 못하는 '아웃사이더'라는 의미가 함께 담긴 중의적인 표현이다. 또한 주인공의 이름인 '뫼르소'(Meursault)는 '살인'(meurtre)과 '태양'(soleil)을 의미하는 단어의 앞부분을 따서 조합한 말이라고 한다. 또 다른 해석은 바다(mer)와 태양을 합친 이름이라는 것이다. 작가 카뮈는 알제리, 프랑스 남부, 그리스 등을 전전하며 지냈기 때문에, 그에게 가장 영향을 미친 이미지는 아무래도 지중해였을 것이다. 항상 뜨거운 태양과 파란 바다 근처에서 지낸 것이다(알베르 카뮈 지음, 최헵시바 옮김, 2018).

'이방인'이라는 제목에서 의미하듯이, 이 소설은 자신이 살고 있는 세상에서 섞이고 함께 살아가는 일이 어려운 사람들에 대한 이야기이다. 섞일 수 없는 '아웃사이더'로서, 소외되고 배제되고, 고립되어, 그래서 결과적으로 외로울 수밖에 없는 사람들의 이야기를 상징적으로 표현하는 소설이다. 현대사회에서 이들은 누구인가? 다문화 가족이나 외국인 근로자들과 그 가족, 뿐만 아니라 특별한 종교와 신념을 가진 사람들, 정신적 · 육체적 장애를 가진 사람들, 더 나아가 빈곤하고 능력이 부족한, 때로는 성격적 특별함으로 수줍고 내성적이고 사교성이 부족한 사람들을 지칭할 수 있다. 현대사회는 더욱 이러한 사람들이 함께 얽혀 사는, 국가 간 인구 이동과 연결이 손쉬운 지구촌 사회이다. 사회변동 역시 급속한 시대와 사회 속에서 이방인들은 당연히 존재하며 앞으로 더욱 많이 양산될 수 있다.

주인공 뫼르소는 사람들과 세상사에 대하여 냉담하고 무관심한 성격을 보이며, 삶의 부조리를 철학적 · 문학적으로 표현하는 상징적인 의미의 인물이다. 작가 카뮈는 『이방인』 소설을 1942년에 발표하면서 제2차 세계대전 이후 서구 합리성에 절망한 젊은 지식인들에게 새로운 정신적 도덕을 제시했고 실존주의의 대중화에 기여하였다. 이 소설을 통해 알베르 카뮈는 부조리의 감정이나 감각에 빠져 절망이나 자살에 이르는 허무주의를 긍정하는 대신 인간과 세계, 의식과 현실의 긴장 속에서 치열하게 살아가는 '반항적 인간'의 길을 제시하고자 했다. 카뮈가 말하는 '부조리 인간'(l'homme absurde)은 '부조리를 의식하며 살아가는 인간', 즉 '깨어 있는 의식을 가진 인간'이라는 뜻이지 '부조리한 인간'이라는 뜻은 아니다(https://ko.wikipedia.org, 접속일, 2025. 6. 7).

그러나 부조리에 반항하며 '깨어 있는' 인간이기에 살인하는 모습은 아니다. 21세기는 한편으로는 오히려 나날이 극단적인 이성과 합리성의 한 극단이 있다면, 상대적으로 반이성과 감성과 감정의 반합리성의 다른 극단이 존재한다. 현대사회의 한계를 드러내는 양극단에의 질주 속에서, 인간의 발전이 가져온 양극단의 이면인 어두운 '그림자'의 사회문제이기도 한 외로움, 고립, 소외의 문제를 인간 중심, 인간의 존엄성을 살리는 방향으로 깨어 있어야 한다. 거센 시류에 반항하여야 할 것이다. 그것은 21세기의 새로운 부조리에 반항하고 깨어 있어, 외로움, 고립, 소외문제를 공감, 환대, 돌봄으로 인문학적 감수성과 사회복지적인 방법론, 대응으로 신사회문제를 새롭게 대응해야 한다.

이런 점에서 카뮈의 '이방인'은 문제 있는 사회취약계층에 공감하고 환대하며 돌볼 수 있는 통찰력과 혜안을 제공하는 문학치료, 인문치료의 작품이 될 수 있다. 더 나아가 시대적 · 문화적 흐름을 바꿀 수 있는, 새로운 대안을 제시할 수 있는 철학적 · 정신적 · 문학적 · 인문학적 운동의 매개체로 삼을 수 있는 작품이다.

### 5) 헤밍웨이 『노인과 바다』에서 본 외로움과 고독

이 소설은 헤밍웨이가 1952년에 발표한 중편 소설에 속한다. 쿠바섬의 어느 해변에서 주인공 '산티아고' 노인은 작은 오두막집에서 혼자 살아가는 어부이다. 노인에게는 고기잡이를 배우기 위해 '마놀린'이라는 이웃집 어린이가 함께 배를 타고 다녔다. 최근에 84일 동안 내내 물고기를 한 마리도 잡지 못했었는데, 40일째 되던 날 소년의 부모는 노인이 '운 없는 사람'이 되어서 다른 배를 타라고 해서 노인은 혼자서 배를 타고 나가서 낚시를 하였다.

85일째 날 노인은 고기를 낚을 수 있다는 희망과 자신감을 가지고 큰 고기를 낚으러 작은 배를 몰고 먼 바다로 나갔다. 점심 때쯤 큰 청새치가 미끼를 물었다. 자신의 작은 배보다도 큰 대어가 깊은 바닷속에서 낚시에 걸렸다. 노인은 밤낮 여러 날 동안 청새치와 사투를 벌이면서 마침내 해면에 떠오른 청새치를 보면서 준비한 작살을 옆구리에 꽂아서 죽인다.

잡은 청새치는 엄청난 크기와 무게를 가지고 있어, 작은 배에 올리지 못하고, 뱃머리와 뱃고물, 그리고 배허리께에 미끄러맸다. 물고기의 크기는 큰 배 한 척을 나란히 매어 놓은 것만큼 컸다(헤밍웨이 지음, 베스트트랜스 옮김, 2018).

노인은 고기를 낚아서 돌아오는 길에 피 냄새를 맡은 상어들의 공격을 여러 차례 받는다. 노인은 최선을 다해 배에 있던 각종 도구를 가지고 상어를 격퇴하기 위해 노력하지만 청새치의 살점은 점점 상어들의 공격으로 떨어져 나간다. 노인은 낚은 청새치를 지키기 위해 온 힘을 다 쏟는다. 노인은 혼잣말로 이야기한다.

"인간은 패배하는 존재로 만들어진 게 아니야."

"인간은 파괴될 수는 있어도 패하지는 않지."

마침내 배가 항구로 들어왔을 때는 청새치는 뼈만 앙상하게 남겨진 채로 배에 묶여 있었다. 노인은 해안에 배를 뭍에 갖다 댔고, 바위에 단단히 묶어 놓았다. 노인은 해변 위 길로 올라서 지친 몸을 이끌고 자신의 오두막집으로 들어갔다. 물 한 모금을 마시고 침대에 드러누워 깊이 잠들었다. 노인은 사자 꿈을 꾸고 있었다.

**헤밍웨이 소설『노인과 바다』의 한 장면**
저자가 'gemini'에게 의뢰하여 이미지를 표현한 그림
(https://gemini.google.com/app/14af308ca4ae)

헤밍웨이『노인과 바다』에 나오는 산티아고 노인은 혼자 살면서 낚시를 하는 어부이다. 부인은 죽고 혼자 살면서 이웃에 있는 소년과 함께 작은 배를 타고 바다에 나가 낚시를 하는 어부이다. 노인은 소설 속에는 혼자 작은 배를 타고 바다에 나가서 낚시를 하면서 외로움과 고독을 느낀다. 함께 작은 배를 타고 다니던 소년이 있었다면 좋았을 덴테 라면서 혼자서 독백을 한다. 그러나 정작 고기를 낚는 도중에는 노인은 오히려 도전과 모험, 불굴의 정신을 가진 인물로 그려지고 있다. 바다와 하늘과 새와 물고기들과 교감하면서 자신을 달래고 희망과 용기를 가지는 인물로 그려지고 있다.

노인과 소년의 만남은 소외되고 고립된 노인에게는 새로운 연결과 존재의 의미를 가져다 주는 만남이다. 소년에게는 세상에서 배울 수 없고 경험할 수 없는 것—바다와 하늘과 다양한 고기의 특성과 낚시 기술, 해류의 흐름과 물때, 바닷속의 지형지물을 읽는 법, 그리고 노인이 지나온 세월 낚시하면서 경험하였던 온갖 다양한 이야기들—을 노인으로부터 배우고 기쁨을 누리는 기회가 된다. 노인은 자신이 가진 낚시의 기술과 경험과 지나온 인생을 이야기함으로써 아름다운 만남, 친밀한 교제, 자신의 정체성과 존재의 의미를 새롭게 할 수 있는 기회가 된다. 이른바 '세대 간 이음'과 교제가 이루어지는 지점이 바다 위 작은 배 위에서 낚시할 때이다.

현대사회에서 인생의 노년기를 맞이한 시기에 노인들은 외로움과 고독, 고립에 직면할 수 있다. 헤밍웨이의 소설을 통해서 노인이 보여 주는 도전정신, 인내, 희망, 불굴의 정신, 치열함 등은 현대사회의 노인들이 마주치게 되는 고독, 외로움을 해소하는 데 좋은 시사점을 제공하는 문학작품이 될 수 있다. 노인의 외로움과 고립을 예방하고 해소하는 데 유용한 문학치료, 독서치료, 인문치료의 자료로 활용할 수 있는 작품이다.

"인간은 패배하는 존재로 만들어진 게 아니야." "인간은 파괴될 수는 있어도 패하지는 않지." 소설 속 주인공인 늙은 어부 산티아고의 말은 깊은 여운을 남기는 명언이다.

제 4 장

# 외로움의 측정과 확산

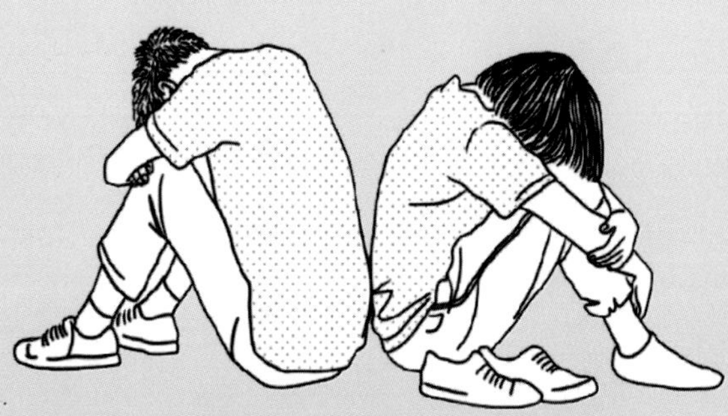

# 제1절 외로움의 측정

외로움이란 추상적이고 심리적인 상태를 밝히는 작업은 결코 쉽지 않다. 외로움은 개인의 특성에 따라 다르게 인식될 수 있는 주관적 측면도 있어, 가능한 한 드러난 형태로 서술하는 작업이 어렵다. 그럼에도 불구하고 과학적으로 외로움의 내용, 정도 등 제반 특성을 개인별, 집단별, 국가별, 문화별로 상이함에 따라 밝히는 일은 반드시 필요하고 중요하다. 외로움문제를 분석하고 그 대응방안을 강구하기 위해서는 먼저 외로움 측정이 기반이 되기 때문이다.

외로움의 측정은 대부분 근년에 활발하게 진행되고 있다. 아래에는 해외와 우리나라를 구분하여 몇 가지 사례를 중심으로 외로움의 측정에 대하여 알아본다.

## 1. 해외의 외로움 측정을 위한 조사연구

### 1) UCLA 외로움 척도

UCLA 외로움 척도는 로스앤젤레스에 있는 캘리포니아 대학교(UCLA)에서 개발되었다. 이 척도는 1978년 Russell 등에 의해 만들어졌다(Russell, Peplau, & Ferguson, 1978). 당시 연구자들이 생각하기에 외로움은 미국 사람들에게 흔히 있는 문제로서 미국 전역에 확산되어 있으나, 이 문제를 조사연구하기 위한 경험적인 연구가 부족하다고 생각하였다. 외로움의 원인도 잘 알려지지 않았으며, 외로움의 주관적인 경험도 드러나지 않았고, 외로움문제를 경감시키기 위한 효과적인 접근과 개입도 거의 없었다고 하였다.

외로움을 조사연구하는 데 있어서 주요한 장애물은 표본의 부족과 신뢰할 만한 조사평가방법이 없다는 사실이었다. 당신 선행연구는 두 가지 종류가 있었으나, 외로움을 측정하는 표준적인 척도로서 일반적으로 인정받지 못하였고 출판물조차 별로 없었다. 기존의 조사연구는 측정문항수가 너무 많고, 내적 일관성이 부족하고, 외적 타당도 역시 적절하지 못하며, 신뢰도 문제도 있었고, 조사되는 집단 간 비교가 부적절한 측면도 있었다. 이러한 배경에서 Russell 등은 문항수가 간략하고 높은 신뢰도를 가진 보편적인 외로움 척도를 개발하기를 희망하였다(Russell, Peplau, & Ferguson, 1978).

UCLA 외로움 척도는 총 20문항으로 구성되어 있으며, 얼마나 자주 외로움을 경험하는지 빈도를 4점 척도로 측정하기 때문에 점수가 높을수록 외로움을 경험하고 있는 것으로 해석된다(아래 표 참조). UCLA 외로움 척도의 원판은 UCLA에서 모집된 239명의 청년들을 대상으로 개발되었다. 참가자들은 세 가지 방식으로 모집되었는데, 연구자들은 임상군으로 "외로움을 느끼는" 12명의 참가자를 모집하였고, 대조군으로 35명의 사회심리학을 수강하는 자발적인 참가자를 모집하였으며, 192명의 심리학 개론을 듣는 학생들을 모집하여 위의 임상군과는 대조적으로 실험하였다(Russell, Peplau, & Ferguson, 1978; 정안숙 외, 2023 재인용).

UCLA 외로움 척도의 초기 문항은 외로움을 경험한 20명의 심리학자가 서술한 문장과 Eddy(1961)의 외로움 척도를 기반으로 만든 외로움 척도(Sisenwein, 1964)에서 연구자들이 25문항을 선별하여 구성하였다. 참가자들은 해당 문항에 대해 4점 척도로 응답하였으며(1="나는 전혀 이렇게 생각하지 않는다."에서 4="나는 종종 이렇게 생각한다."). 점수의 총합이 참가자의 외로움 점수로 정해졌다. 각 문항 간 상관분석에 따라, 25개의 문항 중 20개의 문항이 최종적으로 UCLA 외로움 척도 문항으로 선별되었다(Russell, Peplau, & Ferguson, 1978; 정안숙 외, 2023 재인용).

**UCLA 외로움 척도**

아래 각 문항은 귀하가 어느 정도 자주 그렇게 느끼는가를 서술하고 있습니다. 각 문항 중에 귀하에게 해당하는 항목에 동그라미를 표시하세요.

O는 나는 자주 이렇게 느낍니다를 의미함(often)
S는 나는 가끔 이렇게 느낍니다를 의미함(sometimes)
R는 나는 거의 이렇게 느끼지 않습니다를 의미함(rarely)
N는 나는 전혀 이렇게 느끼지 않습니다를 의미함(never)

1. 나는 많은 일을 홀로 행하므로 행복하지 않다 ········ O S R N
2. 나는 이야기할 사람이 아무도 없다 ········ O S R N
3. 나는 홀로 있는 것이 참기 어렵다 ········ O S R N
4. 나는 친구가 없다 ········ O S R N

5. 나는 나를 진실로 이해하는 사람이 없다고 느낀다 ············ O S R N
6. 나는 나에게 전화를 하거나 편지를 하는 사람을 기다리고 있는 나 자신을 발견한다 ············ O S R N
7. 나는 의지할 수 있는 사람이 없다 ············ O S R N
8. 나는 친밀하게 지내는 사람이 없다 ············ O S R N
9. 나의 관심과 아이디어는 나의 주위에 있는 사람들과 함께 하지 못한다 ······ O S R N
10. 나는 소외감을 느낀다 ············ O S R N
11. 나는 완전히 홀로 있음을 느낀다 ············ O S R N
12. 나는 나의 주위에 있는 사람들과 연락을 취하거나 소통할 수 없다 ·········· O S R N
13. 나의 사회적 관계는 피상적이다 ············ O S R N
14. 나는 사람들과 함께 지내고 싶다 ············ O S R N
15. 나를 진실로 잘 아는 사람은 없다 ············ O S R N
16. 나는 다른 사람들로부터 고립되어 있다고 느낀다 ············ O S R N
17. 나는 단체나 조직으로부터 벗어나 있어 행복하지 않다 ············ O S R N
18. 나는 친구를 사귀는 것이 어렵다 ············ O S R N
19. 나는 다른 사람들로부터 봉쇄되어 있고 배제되어 있음을 느낀다 ············ O S R N
20. 나의 주변에는 사람들이 있으나 나와 함께 하지 않는다 ············ O S R N

출처: Russell, Peplau, & Ferguson, 1978.

UCLA 외로움 척도는 1978년 이후 많은 경험적 연구와 이론적 연구를 거치면서 그 한계를 보완하고 있다. 그리하여 지금까지 다양한 국가에서 여러 연구 대상을 중심으로 수많은 외로움 연구가 진행되었고 1판에서부터 여러 번의 보완을 거쳐 오늘에 이르고 있다. UCLA 외로움 척도는 세계에서 가장 널리 사용되는 척도이며, 우리나라에서도 이 척도를 사용한 여러 연구들이 있다. UCLA 외로움 척도는 외로움문제 연구에 획기적인 기여를 하였음이 인정된다.

UCLA 외로움 척도는 Weiss(1973)의 외로움에 관한 정의를 토대로 외로움을 "관계적 결핍으로 인해 극대로 고통받는 상태"로 정의한다. 첫 출간 이후 Russell 외(1980)는 원 척도에 없던 긍정 문항들을 추가하여 개정하였고, 3차 개정판(Russell, 1996)에서는 학생, 간호사, 교사, 노인을 대상으로 신뢰도와 타당도를 검증하고 다양한 직업군과 연령층을 수월하게 평정할 수 있도록 문항들을 수정하였다. 3차 개정판은 "얼마나 자주, 주변 사람들과 잘 통한다고 느낍니까?", "얼마나 자주, 당신을 진정으로 아는 사람이 아무도 없다고 느낍니까?" 등 총 20문항으로 구성되어 있으며, 각 문항은 '전혀 그렇지 않다(1점)'에서 '자주 그렇다(4점)'까지 4점 리커트 척도로 평정한다. 점수가 높을

수록 외로움의 정도나 빈도가 높음을 의미한다.

이 척도에 대한 서영석 외(2020)의 평가는 다음과 같다. 첫째, UCLA 외로움 척도는 국내외 외로움 연구에서 가장 많이 사용되어 왔으며, 덴마크(Lasgaard, 2007), 터키(Durak & Senol-Durak, 2010), 필리핀(Tharayil, 2010), 오스트레일리아(Elphinstone, 2018) 등 다양한 국가에서 타당화 작업이 이루어져 신뢰도와 타당도가 확보되었다. 둘째, 단일 요인 접근(Russell et al., 1980)을 토대로 개발된 UCLA 외로움 척도는 원인과 맥락에 관계없이 존재하는 외로움의 본질적이고 공통적인 특성을 측정한다. 셋째, UCLA 외로움 척도가 단일 요인으로 구성되어 있기 때문에, 다양한 관계 맥락에서 경험하는 외로움을 구분해서 측정하지 못하는 한계를 지니고 있다(Asher et al., 1984; DiTommaso & Spinner, 1993). 넷째, UCLA 외로움 척도에는 타인을 기준으로 자신의 관계를 평가함으로 인해 경험하는 타인지향적 외로움과, 타인과 강하게 융합되어 있으면서 겪는 융합에서의 외로움 등 한국인들이 경험하는 문화특수적인 외로움이 전혀 반영되어 있지 않다(서영석 외, 2020).

### 2) de Jong-Gierveld 외로움 척도

de Jong-Gierveld 외로움 척도(DJGLS)는 소위 말하는 외로움에 대한 인지적 · 이론적 접근책을 바탕으로 만들어졌다. 이 모형의 특성은 대인관계에서 사람들이 자신이 원하는 친밀감 및 애정과 실제로 자신이 가진 친밀감 및 애정 사이의 차이에 강조점으로 두는데, 그 차이가 클수록 외로움이 크다는 점이다(de Jong-Gierveld et al., 1999; 1985). DJGLS는 사회적 네트워크의 부족으로 경험하는 사회적 외로움과 친밀한 관계의 결핍으로 경험하는 정서적 외로움을 측정함으로써 상황과 관계에 따른 외로움을 구체적으로 파악할 수 있다. 이 척도는 총 11문항으로 네덜란드 성인을 대상으로 개발되었으며, 유럽을 비롯한 여러 나라에서 타당화 작업이 이루어졌다(Hyland et al., 2019; Kohkoinen & Koivunen, 2022; Marsillas & Schoenmakers, 2022; 정채윤, 2023 재인용).

또 DJGLS는 Weiss(1973)의 이론체계를 응용하고 있는데, 척도의 문항 구성에서 드러난다. 즉, DJGLS는 여섯 개의 부정적인 표현 문항과 다섯 개의 긍정적인 표현 문항으로 요인이 나뉜다(de Jong-Gierveld & Kamphuis, 1985). 여섯 개의 부정적인 문항들은 주로 파트너, 특별하거나 제일 친한 친구를 그리워하는 문항으로 형성되어 있고, 다섯 개의 긍정적인 문항들은 지인과 동료, 친구의 부재를 주로 다루고 있기에 부정적인 문항들이 Weiss(1973)가 주장하는 정서적 외로움의 차원을 반영하고, 긍정적인 문항들이 Weiss(1973)의 사회적 외로움 차원을 반영한다고 볼 수 있었다(de Jong-Gierveld & Van Tilburg, 1999). 연구자들은 de Jong-Gierveld 외로움 척도를 정서적 외로움과 사회적 외로움을 측정하는 하위 척도로 나누어 연구에 적용하였다(정안숙 외, 2023).

**de Jong-Gierveld 외로움 척도**

1. 나는 일상의 문제에 대하여 이야기할 수 있는 사람들이 늘 곁에 있다.
2. 나는 진정으로 친한 친구가 있으면 좋겠다고 느낀다.
3. 나는 흔히 텅 빈 공허감을 경험한다.
4. 나는 문제가 생겼을 때 이야기할 수 있는 사람들이 많이 있다.
5. 나는 여러 사람들과 함께 하는 즐거움이 있으면 좋겠다고 느낀다.
6. 나는 친구나 지인의 범위가 매우 제한적이라 생각한다.
7. 나는 전적으로 신뢰할 수 있는 사람들이 많다.
8. 나는 가깝다고 느끼는 사람들이 충분히 많다.
9. 나는 내 주변에 사람들이 있으면 좋겠다고 느낀다.
10. 나는 자주 거절당한다고 느낀다.
11. 나는 필요한 때 언제든지 부를 수 있는 친구들이 있다.

출처: de Jong-Gierveld et al.(1999)(이는 1985년 DJGLS의 매뉴얼 자료임)
* 응답은 주로 그렇다(yes), 그저 그렇다(more or less), 아니다(no) 등으로 가능함

DJGLS는 1985년 개발된 이후 지속적으로 보완되고 있다. 처음에는 DJGLS는 네덜란드 성인을 대상으로 개발되었으며 미국, 프랑스, 독일, 폴란드, 스페인, 헝가리, 이스라엘, 터키, 페루, 중국 등 다양한 국가에서 번안 및 타당화 연구가 이루어졌다. DJGLS는 유럽에서 가장 많이 사용되고 있는 외로움 척도이며, 최근에는 중동 및 아시아 국가에서도 타당화 연구가 진행되었다.

de Jong-Gierveld van Tilburg(2006)는 규모 조사 및 다양한 국가에서 사용할 수 있도록 66문항의 단축형 DJGLS를 제안하였다. 단축형 DJGLS는 정서적 및 사회적 외로움의 각각 문항으로 구성되었으며, 전체 6문항과 2개의 하위척도 모두 타당도 및 신뢰도가 검증되었다. 이를 바탕으로 다양한 국가 및 UN Generations and Gender Surveys에서 단축형이 사용되었으며, 국내에서도 번안되어 사용되었다(이승우 외, 2019; 최윤

성 외, 2021; Lim et al., 2022; 정채윤, 2023. 재인용).

이 척도에 대한 서영석 외(2020)의 평가는 다음과 같다. 첫째, de Jong-Gierveld와 Kamphuis(1985)는 의미 있는 대상에게 기대하는 친밀감의 정도와 실제 인식하는 정도, 이로 인해 경험하는 박탈감(deprivation)이 바로 외로움의 핵심 요소라고 설명하였다. 따라서 de Jong-Gierveld 외로움 척도는 관계적 측면에서의 박탈감과 인지적 측면에서의 간극을 측정한다고 볼 수 있다. 둘째, 10번 문항인 '거절당한 느낌'은 소외감과 개념상 중첩된다. 이는 de Jong-Gierveld(1985)가 외로움을 이루는 핵심 요소를 '박탈감(deprivation)'으로 규정하고 척도를 개발했기 때문으로 이해할 수 있다. '거절감'이 비어 있거나 분리된 느낌과 같은 외로움의 본질적 요소와 상이하다고 볼 수 없고, 척도에 포함된 대부분의 문항이 개인 내적인 측면에 초점을 맞추고 있기 때문에, 이 척도에 포함된 문항들이 현대사회의 구조적 맥락이나 문화, 규범의 상실로 인해 경험하는 거시적인 차원의 소외감을 측정한다고 보기도 어렵다. 셋째, de Jong-Gierveld 외로움 척도는 단일 차원 척도로 개발되었기 때문에, 다양한 맥락에서 경험하는 외로움을 직접적으로 반영하지는 않는다. 다만, Weiss(1973)의 사회적 · 정서적 외로움 분류체계를 참고해서 개발되었기 때문에, '신뢰하고 의지할 수 있는 주변 사람들'과 같은 사회적 외로움을 일부 반영하고 있고(de Jong-Gierveld & Tilburg, 1999), 6번 문항과 같이 'circle of friends and acquaintances'라는 표현을 통해 관계의 범위를 정서적인 영역 외에 사회적 활동 범위로 확장시키고 있다. 넷째, 현재 유럽에서 가장 많이 사용되고 있는 척도 중 하나(Buz & PérezArechaederra, 2014)인 de Jong-Gierveld 외로움 척도는 '개인 내적'으로 경험하는 정서 상태에 초점을 맞추고 있다(de Jong-Gierveld & Kamphuis, 1985, 서영석 외, 2020 재인용).

## 2. 국내의 외로움 측정을 위한 조사연구

국내의 외로움 연구가 최근에 활발하게 이루어지고 있는 경향인데, 그중에서 외로움 측정을 위한 척도나 지표 개발과 관련하여 몇 가지 연구 사례를 알아본다.

### 1) 한국판 UCLA 외로움 척도

한국에서 UCLA 외로움 척도는 제2판(1980)과 제3판(1996)을 바탕으로 하여, 한국에서의 사용 가능성을 연구한 논문이 있다.

김교헌과 김지환(1989)은 UCLA 외로움 척도의 제2판(개정판)(Russel, Peplau, & Cutrona, 1980)을 바탕으로 해서, 이 척도를 우리나라에 사용할 수 있는 척도를 만들고자 하였다(김교헌과 김지환은 논문에서 'UCLA 고독척도'라고 명명하였으나, 원 저자들의 개념을 살려서 여기서는 고독보다는 외로움으로 개념을 'UCLA 외로움 척도'로 바꾸어 사용한다). 이들이 개정판 UCLA 고독 척도(1980)를 번역한 척도는 아래와 같다.

**개정판 UCLA 외로움 척도(1980)**

1. 나는 내 주변의 사람들과 잘 어울린다.*
2. 나는 함께 해 줄 친구가 없다.
3. 내가 의지할 수 있는 사람이 없다.
4. 나는 외롭지 않다고 느낀다.*
5. 나는 친구들 집단에 소속감을 느낀다.*
6. 나는 내 주변의 사람들과 공통점이 많다.*
7. 나는 이제 어느 누구와도 가깝지 않다.
8. 나의 관심과 생각이 주위 사람들과 같지 않다.
9. 나는 외향적인 사람이다.*
10. 기깝게 느껴지는 사람들이 내 주위에 있다.*
11. 나는 버려진 듯한 느낌이다.
12. 나의 대인관계는 피상적이다.
13. 나를 진정으로 아는 사람은 아무도 없다.
14. 나는 남들로부터 소외된 느낌이다.
15. 나는 내가 원할 때 함께 해 줄 친구가 있다.*
16. 나를 진정으로 이해해 주는 사람들이 있다.*
17. 나는 내 자신에 만 틀어박혀 있어 불행하다.
18. 내 주위에 사람들이 있기는 한데, 그들이 진정으로 나와 함께 해 주지는 않는다.
19. 내가 대화를 나눌 수 있는 사람이 있다.*
20. 내가 의지할 수 있는 사람이 있다.*

* 표는 사회적 관계의 만족을 표현한 문항임

피검자들은 각 문항을 읽고 얼마나 자주 그와 같이 느끼는지를 결코 그렇지 않다-자주 그렇다의 4점 척도상에 평가하게 된다. 채점은 관계의 만족을 표현하는 문항들(*표시) 경우는 척도점수를 역전시켜서 전체 문항의 개별 점수들을 합했다. 문항의 제시 순서는 원척도의 순서를 따랐다.

연구자들은 실제로 연구 대상을 지정하여 2번에 걸쳐 각각 다른 연구 대상을 피검자들로 정하여 조사한 다음, 여러 가지 통계적인 분석을 통하여 이 척도가 한국에서도 외로움 조사를 하는 데 무리가 없는 것으로 드러났다.

다음으로 진은주와 황석현은 UCLA 외로움 척도 제3판(1996)을 한국어로 번역하여 사용할 수 있는지를 연구한 사례이다. 이들은 대학생들을 대상으로 외로움을 측정하였다. 그리고 그 결과를 사용하여 각종 통계분석을 하여 한국에서도 사용 가능한 외로움 척도가 될 수 있음을 밝혔다. 이 척도를 활용하여 학교나 상담 장면에서 학생들의 외로움을 평가하는 신뢰성 있는 도구로 활용될 수 있을 것으로 기대한다(진은주 · 황석현, 2019)고 하였다.

### 2) 한국판 de Jong-Gierveld 외로움 척도

de Jong-Gierveld 외로움 척도(DJGLS)를 한국에서 사용 가능한지를 연구한 사례는 정채윤의 연구(2023)가 있다. 정채윤이 연구한 '한국판 de Jong-Gierveld 외로움 척도'는 한국에서 사용 가능한지 여부에 대하여 각종 통계적 타당도 검사를 하여, 적합한 것으로 판정되었다. 이 척도는 청장년층, 장노년층 모두에서 동일하게 활용할 수 있음을 보여 주었다. 특히 이 척도는 사회적 외로움과 정서적 외로움을 구분하여 측정할 수 있기 때문에 특정 외로움을 파악할 수 있으며, 이는 외로움의 하위 요인별 개인 및 연구에 사용할 수 있다(정채윤, 2023).

### 한국판 de Jong Gierveld 외로움 척도

다음 문항들은 평소에 귀하께서 느끼고 있는 자신의 상태를 알아보기 위한 것입니다. 다음 각 문항들에 대해 최근 자신의 상황과 느낌을 잘 나타내는 정도에 표시하여 주십시오.

| 문항 | 전혀 그렇지 않다 | 그렇지 않다 | 보통이다 | 그렇다 | 매우 그렇다 |
|---|---|---|---|---|---|
| 1. 나는 일상의 문제에 대해 얘기를 나눌 수 있는 사람이 항상 있다. | 1 | 2 | 3 | 4 | 5 |
| 2. 나는 친한 친구가 그립다. | 1 | 2 | 3 | 4 | 5 |
| 3. 나는 전반적으로 공허함을 느낀다. | 1 | 2 | 3 | 4 | 5 |
| 4. 내가 힘들 때 기댈 수 있는 사람들이 많다. | 1 | 2 | 3 | 4 | 5 |
| 5. 나는 사람들과 함께 할 때의 즐거움이 그립다. | 1 | 2 | 3 | 4 | 5 |
| 6. 나는 내 친구와 지인들의 범위가 너무 제한적이라고 생각한다. | 1 | 2 | 3 | 4 | 5 |
| 7. 내가 전적으로 믿을 수 있는 사람들이 많다. | 1 | 2 | 3 | 4 | 5 |
| 8. 내가 가깝다고 느끼는 사람들이 충분히 있다. | 1 | 2 | 3 | 4 | 5 |
| 9. 내 주위에 사람들이 있던 것이 그립다. | 1 | 2 | 3 | 4 | 5 |
| 10. 나는 종종 사람들로부터 거절당했다고 느낀다. | 1 | 2 | 3 | 4 | 5 |
| 11. 나는 필요할 때마다 친구들에게 의지할 수 있다. | 1 | 2 | 3 | 4 | 5 |

출처: 정채윤, 2023.

'한국판 de Jong-Gierveld 외로움 척도' 개발의 연구사례는 노인을 중심으로 이 척도의 타당화 연구가 있다. 주경미 · 윤정혜(2024)는 이 척도(DJGLS)를 한국어로 번안하여 65세 이상의 노인을 대상으로 신뢰도와 타당도 연구를 하였다. DJGLS(1985, 1999)를 번안하여, 각종 통계적인 분석을 통해 타당도를 검증하였다. 그 결과 한국 노인의 외로움을 측정하는 데 적합한 도구로 검증되었다. 11개의 문항이 간결하고 이해하기 쉬운 내용으로 구성되어 있어서 노인을 대상으로 외로움을 측정하고 관리하는 데 실무적으로 활용도가 높다는 장점이 있다(주경미 · 윤정혜, 2024). 노인의 개인별 외로움을 하위 요인별로 측정하여 외로움으로 인하여 발생할 수 있는 문제를 조기에 발견하여 해결하는 데 도움이 될 수 있어 노인상담과 노인복지에 유용하게 활용될 수 있다.

한국에서 이루어지고 있는 외로움 척도 개발은 거의 대부분 외국에서 만들어진 외로움 척도들을 한국의 상황에서 적용 가능한지를 연구하여, 한국적 상황에서 측정 가능한 외로움 척도를 개발하는 연구들이다. 앞에서 논의한 몇 가지 연구사례 이외에도 외로움에 특히 민감하고 외로움문제에 노출되어 있는 청소년과 노인의 외로움 문제를 대상으로 외로움 척도가 개발되는 경향을 보인다(허정화 · 김진숙, 2014; 이시은, 2019; 황수진, 2021 등). 물론 연령이나 계층에 관계 없이 일반적으로 적용 가능한 외로움 척도 타당화 연구도 진척되고 있다(황수진, 2021; 이윤석, 2022 등).

# 제2절 외로움의 확산

## 1. 해외 외로움의 실태

### 1) 영국

2021년 16세 이상 영국민을 대상으로 한 영국건강조사에 따라 외로움이 함께 조사되어, 영국 정부에서 발표한 자료에 따르면 영국인의 외로움 실태는 다음과 같다. 2021년에 성인의 27%가 그들이 외로움을 느낀 적이 없다고 보고했다. 그러나 성인의 22%는 적어도 일부 시간 동안 외로움을 느꼈고, 그중 6%는 종종 또는 항상 외로움을 느낀다고 보고했다(만성 외로움).

여성(24%)이 남성(20%)보다 적어도 일정 시간 동안 외로움을 느낄 가능성이 더 높았다. 건강이 나쁘거나 매우 나쁘다고 보고한 성인의 62%는 적어도 일부 시간 동안 외로움을 느꼈다고 보고한 반면, 건강이 보통인 성인의 35%와 건강이 좋거나 매우 좋은 성인의 18%가 외로움을 느꼈다고 보고했다. 외로움을 느낀 성인의 비율은 저소득 가구의 성인과 가장 빈곤한 지역에 사는 성인들 사이에서 더 높았다. 적어도 일부 시간 동안 외로움과 관련된 다른 특성은 비만, 신체활동 부족 및 혼자 생활이었다.

2021년에 영국 성인의 평균 웰빙 점수는 26.0점이었다. 평균적으로 남성(26.1점)이 여성(25.8점)보다 점수가 높았다. 웰빙 점수는 건강이 나쁘거나 매우 나쁜 사람들(20.7)과 자주 또는 항상 외로움을 느끼는 사람들(19.6)에서 특히 낮았다(2021년 영국 보건설문조사, https://digital.nhs.uk/data-and-information/publications/statistical/health-survey-for-england/2021-part-2/loneliness-and-wellbeing, 접속일 2025. 2. 12.).

영국 정부가 공식적으로 발표한 '2023/2024년 지역사회생활 설문조사: 외로움과 지원네트워크' 영국의 외로움 관련 실태는 다음과 같이 정리하고 있다.

조사는 2023년 10월부터 2024년 3월까지 전국 단위로 이루어졌다. 이 조사에는 두 가지 방식의 외로움을 조사하는 방식(직접 질문방식과 간접 질문방식)과 지원 네트워크의 접근에 대하여 알아보는 질문이 포함되어 있었다.

외로움에 대한 직접적인 질문방식으로서 다음의 네 가지 물음에 대한 조사결과이다.

1. 당신은 얼마나 자주 외로움을 느끼나요?
2. 당신은 얼마나 자주 동료가 부족하다고 느끼나요?
3. 당신은 얼마나 자주 소외감을 느끼나요?
4. 당신은 얼마나 자주 다른 사람들로부터 고립되었다고 느끼나요?

먼저, 영국민의 7%(잉글랜드에서 약 310만 명)가 자주 또는 항상 외로움을 느낀다고 보고했는데, 이는 2021/2022년의 6%에서 1%포인트 약간 증가한 수치이다. 이는 2013/14년 이래로 5%에서 6% 사이로 대체로 안정적으로 유지되었다. 반면에 20%(영국에서는 약 880만 명)는 외로움을 느껴 본 적이 없다고 보고하였다. 이는 2021/2022(21%) 수준과 비슷하다.

두 번째로 외로움을 경험할 가능성이 더 높은 사람은 다음과 같았다. 연령 측면에서 보면, 16~24세(10%)와 25~34세(9%)의 성인은 다른 모든 연령대의 성인(4~8%)보다 자주 또는 항상 외로움을 느낀다고 보고할 가능성이 더 높았다.

장애 상태의 경우, 장애인 성인(15%)은 비장애인(3%)보다 자주 또는 항상 외로움을 느낀다고 보고할 가능성이 더 높았다.

여성 성인(8%)은 남성 성인(6%)보다 자주 또는 항상 외로움을 느낀다고 보고할 가능성이 더 높았다.

성 정체성에서 살펴보면, 출생 시 등록된 성별과 성별 정체성이 다른 성인(19%)은 출생 시 등록된 성별과 성별 정체성이 같은 성인(7%)보다 자주 또는 항상 외로움을 느낀다고 보고할 가능성이 더 높았다.

성적 지향에서는, '기타' 성적 지향 분류에 속한 성인(17%)과 양성애자(16%)는 게이 또는 레즈비언 성인(12%)이나 이성애자 또는 이성애자 성인(7%)보다 자주 또는 항상 외로움을 느낀다고 보고할 가능성이 더 높았다. 이성애자 또는 이성애자 성인은 다른 모든 성적 지향 분류의 성인보다 자주 또는 항상 외로움을 느낄 가능성이 적었다.

인종적인 측면에서는, 영국 평균(7%)과 비교했을 때, 집시 또는 아일랜드 여행자(19%), 백인과 흑인 카리브해 혼혈(13%), '기타' 혼혈 또는 다민족 배경(12%), 카리브해 흑인(11%), 아프리카인 백인과 흑인(10%), 방글라데시인(10%) 인종 그룹의 성인은 자주 또는 항상 외로움을 느낄 가능성이 더 높았다. 반대로 중국 민족 그룹의 성인(5%)은 영국 평균보다 자주 또는 항상 외로움을 느낀다고 말할 가능성이 적었다.

종교적인 면에서 보면, 외로움을 경험하는 종교 집단의 성인의 비율에는 약간의 차이가 있었는데, 예를 들어 '모든' 종교 집단의 성인은 다른 모든 종교 집단의 성인보다 자주 또는 항상 외로움을 느낀다고 말할 가능성이 더 높았다(14% 대 6%에서 9%). 비종교 성인(8%)과 무슬림 성인(9%)은 기독교인(6%)이나 힌두교인(6%) 성인보다 자주 또는 항상 외로움을 느낀다고 답한 비율이 더 높았다.

사회경제적 분류에서 살펴보면, 한 번도 일한 적이 없는 성인과 장기 실업자(15%) 분류의 성인은 다른 모든 사회경제적 분류의 성인보다 자주 또는 항상(5%에서 8%) 외로움을 느낀다고 보고할 가능성이 더 높았다. 일상 및 육체 작업(8%) 분류의 성인은 중간 직업(6%) 또는 상위 관리, 행정 및 전문직(5%) 분류의 성인보다 자주 또는 항상 외로움을 느낄 가능성이 더 높았다. 더 높은 관리직, 행정직 및 전문직 분류의 성인은 다른 모든 사회경제적 분류의 성인보다 자주 또는 항상 외로움을 느낄 가능성이 적었다.

인구 밀도 측면에 살펴보면, 도시지역에 거주하는 성인(7%)은 농촌 지역에 거주하는 성인(5%) 보다 자주 또는 항상 외로움을 느낀다고 보고할 가능성이 높았다(UK, Department of Culture, Media & Sport, https://www.gov.uk/government/statistics/community-life-su

rvey-202324-annual-publication/community-life-survey-202324-loneliness-and-support-networks—2 접속일, 2025. 2. 15.).

## 2) 미국

### (1) 미국 갤럽여론조사

미국의 여론조사기관인 갤럽에서 2024년 10월에 발표한 외로움 관련 여론조사 내용이다. 워싱턴 D.C.—갤럽의 가장 최근 분기별 자료에 따르면 미국 성인의 20%가 "어제 하루 종일 외로움을 느낀다"고 답했는데, 이는 17% 또는 18%를 맴돌던 몇 분기 이후 외로움이 소폭 상승한 것이다. 그럼에도 불구하고 현재 비율은 COVID-19 팬데믹 기간 동안 세 차례(가장 최근인 2021년 3월)에 측정된 25% 최고치보다 여전히 낮다 (https://news.gallup.com/poll/651881/daily-loneliness-afflicts-one-five.aspx, 접속일, 2025. 2. 13).

2023년, 미국 공중위생국장은 미국에서 외로움이 전염병임을 선언했다. 팬데믹 이후 미국에서 외로움을 줄이는 데 진전이 있었지만, 갤럽의 현재 추정치에 따르면 5,200만 명으로 추산되는 상당수의 미국 성인은 여전히 외로움에 시달리고 있다.

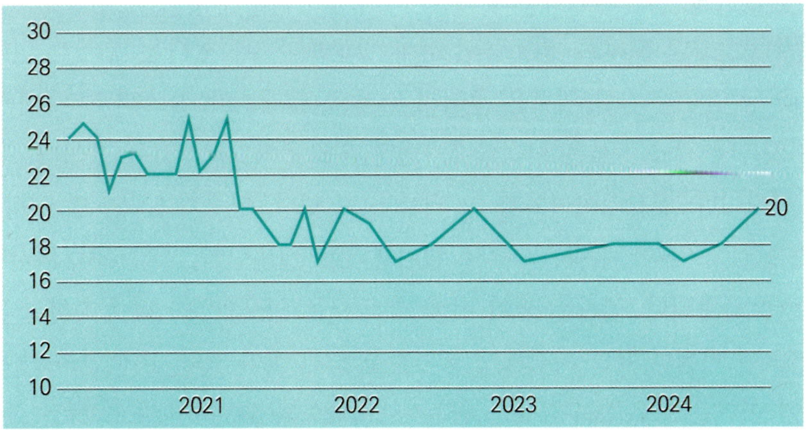


[그림 4-1] 연간 매일 외로움을 느끼는 사람들의 비율(단위: %)

주: 당신은 어제 하루 중 많은 시간 동안 외로움을 느꼈습니까?
'예'(Yes)라고 답한 응답자 비율(%)/
매일 매일 외로움 비율은 최대 20%에 달함

위 자료는 외로움 관련 갤럽여론조사의 가장 최근 결과인데, 이는 2024년 8월 27일부터 9월 4일까지 50개 주와 컬럼비아 특별구에서 약 100,000명의 성인으로 구성된 확률 기반 패널인 Gallup Panel의 일환으로 웹에서 설문조사를 실시한 6,289명의 미국 성인을 기반으로 한다.

외로움이 20%로 증가한 것은 최근 추세에서 벗어난 것으로, 지난 분기보다 2%포인트 증가했고 2024년 초부터 3%포인트 증가했음을 반영한다. 갤럽은 팬데믹 이전의 외로움 측정방법을 가지고 있지 않기 때문에 팬데믹이 끝났음에도 불구하고 현재 수준이 이전 추정치로의 회귀를 의미하는지 아니면 그 추정치보다 높은지 불분명하다고 한다.

### (2) 미국의 '외로움 근원 프로젝트'

미국의 '외로움 근원 프로젝트'(The Roots of Project) 연구를 통해 미국과 전 세계의 외로움에 대한 다양한 사실이 밝혀졌는데, 아래에서는 미국과 연관된 내용을 정리해 본다(Christie Hartman, 2024).

미국인의 52%는 외로움을 느낀다고 보고하고 47%는 다른 사람들과의 관계가 의미가 없다고 보고하였다. 미국인의 59%만이 가장 친한 친구가 있다고 말하고 12%는 친한 친구가 전혀 없다고 느낀다고 말한다. 라스베이거스, 워싱턴 D.C., 덴버는 미국에서 가장 외로운 3대 도시로, 외로움이 전국 평균보다 3배 높다는 통계가 있다. 와이오밍은 1인당 인구가 가장 외로운 주이며 버몬트, 알래스카, 노스다코타, 델라웨어가 그 뒤를 잇는다. 위스콘신은 미국에서 1인당 외로움이 가장 적은 주이며 오하이오, 미주리, 인디애나, 펜실베이니아가 그 뒤를 잇고 있다. 인구가 800만 명 이상인 가장 큰 주 중에서는 조지아, 뉴욕, 뉴저지, 캘리포니아, 버지니아, 일리노이, 미시간, 노스캐롤라이나, 플로리다, 텍사스 등이 미국 내 외로운 인구의 57%를 차지하고 있다. 미국인의 52%는 인생의 어느 시점에서 소외감을 느낀 적이 있다. 미국인의 53%는 친구를 사귀기 어려운 이유로 수줍음을 꼽는다. 미국인의 58%는 때때로 또는 항상 아무도 자신을 잘 알지 못한다고 느낀다고 보고했다.

많은 미국인들이 독신이며, 이러한 상태는 그들의 외로움에 직접적인 영향을 미칠 수 있다. 워싱턴 DC는 성인의 70%가 독신으로 1위를 차지했는데, 이것은 미국에 있는 어떤 다른 지역보다 20% 더 높다. 사우스캐롤라이나는 성인 인구의 49%가 독신이며 Google 트렌드에서 가장 많이 검색된 용어는 "외롭다"이다. 마지막으로 애리조나는 성인의 48.89%가 독신으로 3위를 차지했다. 독신이든 아니든, 미국인의 57%는 모든 식사를 혼자 먹는다고 보고했다.

외로움과 나이와의 연관성으로, 특징적인 연령계층 중심으로 외로움이 어느 정도 차이가 난다. 여러 연구결과들은 모두 젊은이들이 노년층과 중년층보다 더 외롭다는 데 동의하는 것 같다. 한 연구에 따르면 18세 미만의 사람들 중 80%가 때때로 외로움을 느끼는 반면 65세 이상의 사람들은 40%가 외로움을 느낀다고 한다. 미국에 있는 사람들에 초점을 맞춘 또 다른 연구는 사람들의 30%가 그들이 중년이 될 때까지 외로움을 경험할 것이라는 것을 보여 주었다.

일부 보고서에 따르면 Z세대(1997~2012)의 73%가 때때로 또는 항상 외로움을 느낀다고 한다. 미국에서는 Z세대의 61%가 외로움을 느낀다고 한다. 17~25세의 사람들 중 43%가 외로움을 느끼고, 그들 중 절반 미만이 사랑받는다고 느낀다고 Action for Children이 그들의 서비스를 이용한 사람들 사이에서 실시한 설문조사에 기반하여 발표하였다. 외로운 고등학생의 비율은 2012년 26%에서 2017년 39%로 증가했다.

외로움은 밀레니엄 세대(1981~1996)에게도 잘 알려진 감정으로, 73%가 외롭다고 말한다. 다른 보고서에 따르면 밀레니엄 세대의 30%는 항상 또는 종종 외로움을 느낀다고 한다. 외로움에 대한 두려움은 특히 밀레니엄 세대 여성들 사이에서 높은데, 42%는 암 진단보다 외로움이 더 두렵다고 말한다.

X세대(1965~1980)에게도 외로움이 퍼져 있다. 그들 중 30%는 때때로 외로움을 느낀다고 말한다. 더 나쁜 것은 X세대의 22%가 친한 친구가 없다고 말한다는 것이다.

일반적으로 연구에 따르면 중년층은 노인보다 외로움을 더 많이 느낀다. 미국 중년의 30%는 다양한 이유로 외로움을 경험한다고 보고된다. 노인들의 외로움이 더욱 문제인데, 미국에서는 노인의 28%가 혼자 살고 있기 때문이다. 미시간 대학교(University of Michigan)에서 실시한 한 연구는 2020년 6월에 50세에서 80세 사이의 사람들 중 56%가 고립감을 경험했다고 밝혔다(https://www.rootsofloneliness.com/loneliness-statistics#loneliness-in-the-us, 접속일, 2025. 2. 14.).

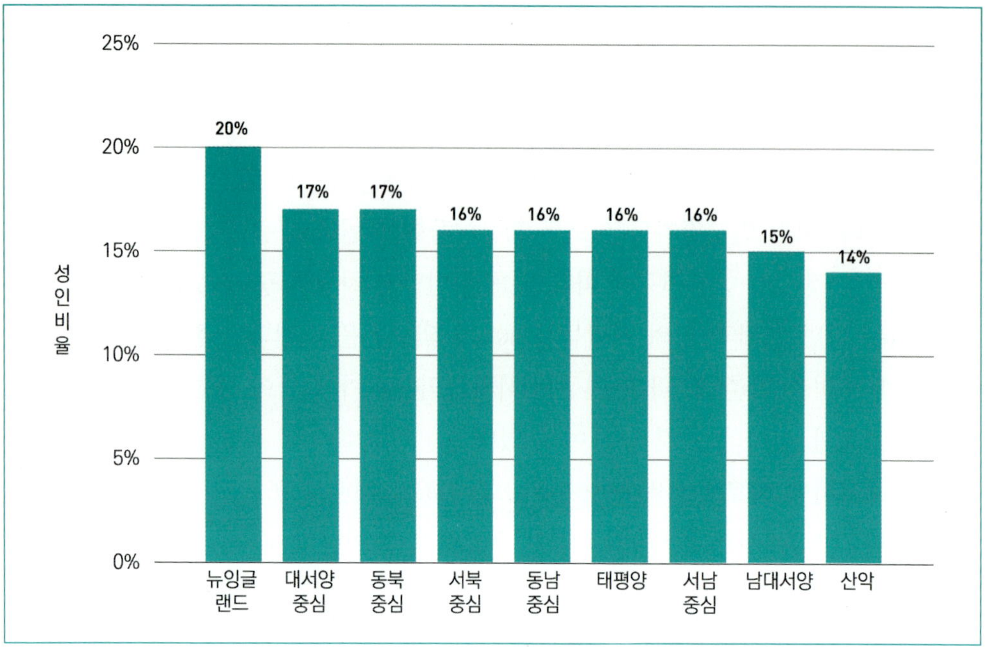


**[그림 4-2]** 미국 성인 중 어제 하루 동안 많은 시간 외로움을 느낀 비율(단위: %)(2023년 2월, 지역별)
출처: Statista 2025; https://www.statista.com/statistics, 접속일 2025. 2. 26.

독일 온라인 통계 전문회사 Statista가 조사한 2023년도 미국의 외로움 조사결과인데, 미국 내 주요 지역 단위의 성인 외로움 조사결과이다. 이 조사는 2023년 21일에서 28일 사이에, 미국 18세 이상의 성인을 대상으로 온라인 조사를 시행하였다. 결과는 하루 중 많은 시간(a lot of the day) 외로움을 느끼는 성인은 뉴잉글랜드 지역이 20%로 가장 높았고 동남중심부지역에 거주하는 성인들의 경우는 미국 지역의 평균에 가까운 16% 정도가 외로움을 많이 느낀다고 대답하였다.

## 3) 유럽

유럽연합에서 서로 다른 외로움 측정도구를 사용하여 외로움을 측정한 조사결과이다. 여기서 말하는 직접조사란 '지난 4주 동안 거의 항상(most or all of the time) 외로움을 느끼는 경우에 "매우 외롭다"(very lonely)라고 응답한 경우의 응답자이고, 동일한 기간 중에 약간(at least some of the time) 외로움을 느끼는 경우에 "약간 외롭다"(slightly lonely)라고 응답한 경우의 응답자이다.

UCLA3-9척도를 사용하여 측정해서, 점수가 6점 이상일 경우 "약간 외롭다"(slightly lonely)라고 응답한 경우의 응답자이고, 8점 이상인 경우 "매우 외롭다"(very lonely)라고 응답한 경우의 응답자로 처리하였다.

DJG0-6 척도를 사용하여 측정해서, 점수가 4점 이상일 경우 "약간 외롭다"(slightly lonely)라고 응답한 경우의 응답자이고, 6점일 경우 "매우 외롭다"(very lonely)라고 응답한 경우의 응답자로 처리하였다.

응답자 표본은 23,061명이며 16세 이상 성인을 대상으로 하였다. 2022년 EU에서 조사한 결과이다.

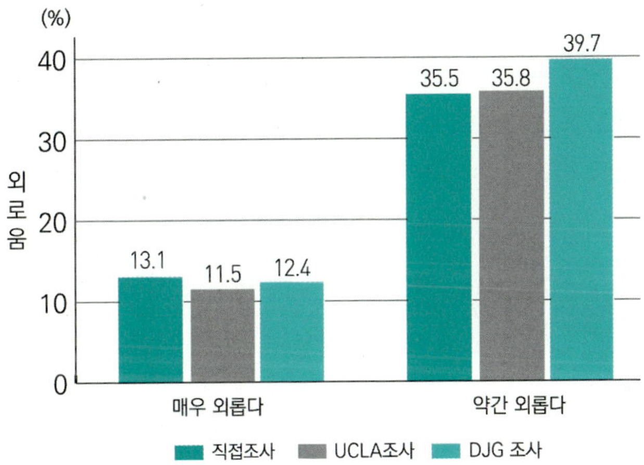


**[그림 4-3] 유럽연합 외로움 조사**

출처: Sylke V. Schnepf et al.(ed.), 2024; EU Loneliness Survey, 2022.

조사결과를 살펴보면 세 가지 다른 외로움 측정도구를 사용하여 조사하였으나, 거의 비슷한 결과를 보이고 있다. 매우 외롭다고 응답한 사람들은 대략 평균 12% 정도이며, 또한 약간 외롭다고 응답한 사람들도 36~37% 정도 된다. 결국 유럽연합 소속의 전체 국가들에서도 외로움이 널리 퍼져 있을 뿐만 아니라 외로움을 느끼는 정도도 심각할 정도로 변화되어 가고 있음을 알 수 있다.

## 2. 국내 외로움의 실태

### 1) 전국 실태

#### (1) 엠브레인 외로움 인식 조사

2019년 리서치기업 엠브레인에서 전 국민 19~59세 성인 남녀 1,000명을 대상으로 '외로움 인식 조사'를 실시하였다. 전체 10명 중 6명(59.5%)이 평소 일상생활에서 '외로움'을 느낀다고 밝힌 것으로, 특히 남성(56.2%)보다는 여성(62.8%), 그리고 청년세대(20대 67.2%, 30대 64%, 40대 57.2%, 50대 49.6%)가 일상적으로 외롭다는 감정에 보다 많이 휩싸이고 있는 모습이었다. 결혼을 한 경우(미혼자 64.8%, 무자녀 기혼자 52.8%, 유자녀 기혼자 55.8%)에는 상대적으로 외로움을 덜 느끼는 편이었다.

일상생활에서 외로움을 느끼는 원인은 다양하고, 복잡해 보였다. 경제적 여유가 없어서(40.2%, 중복응답) 외로움을 느낀다는 응답이 가장 많았으며, 딱히 만날 사람이 없는 것 같아서(37%) 외롭다고 말하는 사람들도 쉽게 찾아볼 수 있었다. 경제적 이유는 남성(남성 45.2%, 여성 357%)에게, 인간관계는 여성(남성 33.1%, 여성 40.4%)에게 외로움을 느끼게 만드는 보다 중요한 원인으로 꼽혔다. 또한 다른 세대에 비해 30대가 경제적 여유의 부족(20대 36.3%, 30대 46.3%, 40대 39.9%, 50대 37.9%)과 만날 사람의 부재(20대 39.3%, 30대 41.9%, 40대 34.3%, 50대 30.6%)에 의해 외로움을 느끼는 정도가 강한 것도 눈에 띄는 부분이었다. 그 다음으로 미래에 대한 희망이 없고(31.4%), 그냥 세상에 나 혼자 있는 듯한 느낌이 들며(31.3%), 다른 사람들의 행복한 모습과 비교돼서(30.4%) 외로움을 느끼는 사람들도 상당히 많았다. 이 중 타인의 행복과 비교하며 외로움을 느끼는 모습은 특히 여성(남성 22.8%, 여성 37.3%) 및 청년세대(20대 35.7%, 30대 38.1%, 40대 25.9%, 50대 18.5%)에게서 뚜렷했다. 그밖에 마음을 터놓을 사람이 없고(28.7%), 시간적 여유가 없으며(21.2%), 다른 사람과의 단절 때문에(21%) 외로움을 느끼는 사람들도 적지 않았다. 반면 단순히 현재 미혼이거나, 연인이 부재해서(18%) 느끼는 외로움은 상대적으로 크지 않았다. 또한 외로움문제 해결을 위해서는 응답자의 64.4%가 국가의 역할이 필요하다고 대답하였다(리서치기업 엠브레인(https://blog.naver.com/mkresearch), 접속일 2025. 2. 12).

#### (2) 한국리서치 외로움 실태조사

한국리서치에서 2023년 12월에 '기획: 외로움 실태조사-누가, 얼마나 외로운가?'를 주제로 전국 단위로 18세 이상 남녀 1,000명을 대상으로 외로움 실태조사를 실행하였다. 한국리서치에서는 2018년 1차 조사에 이어 5년 만에 시행한 조사로서, 국민의 외로움 수준이 5년 전과 비교하여 어떤지 알아보고 현재 외로움에 취약한 사람이 누구인지 알아보고, 그 대처하는 방법 등을 알아보고자 하였다.

최근 한 달 동안 '외로움'을 느낀 적이 있냐는 질문에 응답자의 72%가 외로움을 경험했다고 답했다. 5년 전인 2018년 4월 한국리서치 '여론 속의 여론' 팀이 동일한 방식으로 질문한 결과 77%가 외로움을 느낀다고 답한 것과 유사한 수준이다. 2023년 조사에서는 응답자의 5%가 외로움을 '거의 항상' 느꼈고, '자주' 느꼈다는 응답도 14%로 5명 중 1명(19%)은 외로움에 상시 노출되어 있는 것으로 조사됐다.

월평균 소득이 낮거나 본인의 주관적 계층 인식이 '하'층인 경우, 1인가구인 경우 상시 외로움을 느꼈다는 응답이 상대적으로 높다. 외로움과 연관성이 있는 '사회적 지지망'이나 '외로움 해소 수단'에 대한 접근성 역시 경제 상태나 가구 구성에 따라 차이가 있다. 이를 통해 '외로움이란 감정'은 개인이 선택하거나 통제할 수 있는 문제라기보다는 개인이 처한 상황과 밀접하게 연관돼 있다는 점을 확인할 수 있다.

응답자의 50%가 외로움문제를 해결하기 위해 우리나라에서도 정부가 나서는 것이 필요하다고 응답했다. 2018년 4월 한국리서치 '여론 속의 여론' 팀이 같은 방식으로 실시한 조사에서 응답자의 40%가 정부가 나서야 한다고 했던 것에 비해 10%포인트가량 증가한 수치다(최선아, 2024).

### 2) 지역 실태

#### (1) 서울시민의 외로움 실태

2019년 7월에서 8월 중에 서울연구원이 서울시민 만 19세 이상 69세 미만의 1,000명을 대상으로 실시한 '서울시민 옴니버스 조사'를 실시하였는데, 여기서는 외로움과 행복, 연령 인식 등을 함께 서울시민의 인식조사를 시행하였다. 이 조사에서 먼저 가족과의 관계에서 외로움을 느낀 정도를 조사하였다. 가족관계에서는 54.3%가 외로움을 경험하고 있는 것으로 나타났다. 연령별로 보면, 50대가 63.8%로 가장 많고, 40대가 57.8%, 30대가 56.4%, 60대 이상이 55.1%, 20대가 38.0%로 가장 낮았다. 연구진은 외로움을 경험하는 사람들에게 외로움을 느끼는 이유를 주관식으로 기입하도록 요청하였고 그 결과를 재유형화하여 정리하였다. 그 결과 '가족과의 소통 부족'이 21.45%로 가장 많았으며, 그다음은 '혼자 있을 때(18.8%)', '가족으로부터 소외감(11.%)', '가족과의 갈등 및 불화(7.4%)' 순으로 나타났다.

가족 이외의 다른 사람과의 관계에서 외로움을 느낀 정도를 살펴보면, 가족과의 관계에서 느끼는 외로움보다는 낮지만 51%로 절반의 시민들이 타인과의 관계에서 외로움을 느끼는 것으로 분석되었다. 연령별로 살펴보면, 가족과의 관계에서 느끼는 외로움과는 달리 사회적 활동이 가장 활발한 30대에서 57.8%가 외로움을 가장 많이 경험하고 있었으며, 그다음은 50대(53.1%), 40대(52.1%), 20대(51.0%), 마지막으로 60대 이상이 39.3%로 가장 낮았다.

이를 종합해 보면, 상대적으로 젊은층들은 가족과의 관계보다 사회적 관계에서 기인한 외로움을 느끼는 경우가 상대적으로 더 많은 편이고, 연령이 증가할수록 사회적 관계보다 가족과의 문제에서 발생하는 요인이 외로움을 크게 하는 것을 알 수 있다. 사회적 관계에서 느끼는 외로움의 이유로는 '주변 사람과의 소통 부족'이 13.3%로 가장 많았으며, '대화에 끼지 못하거나 공감대 형성이 안 될 때'가 12.2%를 차지하였다(신인철 · 최지원, 2019).

### (2) 부산시민의 외로움 실태

부산여성가족개발원에서 2020년 3월 부산시민을 대상으로 외로움 실태조사를 하였다. 이 조사는 부산지역에 거주하는 부산 시민 1,000명을 대상으로 실시하였으며 거주지역과 성별, 연령, 가족 유형에 따라 비례할당하였다. 조사는 목적에 맞게 제작, 구조화된 설문지를 배포하여 자기기입식 조사를 통해 이루어졌다.

부산 시민들 중 '외롭다'고 느끼는 비율(가끔 느낌+자주 느낌+거의 항상)은 74.9%로 매우 높게 나타났다. '가끔 느낌' 62.4%, '자주 느낌' 10.3%, '거의 항상' 2.2%로 나타났다. '자주 느낌'과 '거의 항상'을 합하면 12.5%로 부산시민 100명 중 12명은 외로움을 상시적으로 느끼는 것을 알 수 있다.

외로움에 대한 인식은 성별, 연령, 학력, 소득에 따라 유의미한 차이를 보이고 있다. 남성의 경우 '외롭다'고 느끼는 비율은 76.0%로 여성 73.8%에 비해 2.2%p 높게 나타났으며 외로움을 상시적으로 느끼는 비율(자주 느낌+거의 항상) 역시 남성은 16.8%로 여성 8.2%의 2배 이상 높게 나타났다. 연령에 따라 살펴보면 60대와 70대 이상의 응답자가 '외롭다'고 느끼는 비율은 각각 86.0%, 88.3%로 매우 높게 나타났으며 외로움을 상시적으로 느끼는 비율 역시 각각 20.1%, 22.6%로 높게 나타났다. 학력이 낮을수록, 소득이 낮을수록 '외롭다'고 느끼는 비율은 높아지는 것으로 나타났다.

외로움을 보다 명확하게 측정하기 위해 UCLA 척도(UCLA Loneliness Scale)를 사용하여 분석한 결과, 부산 시민의 외로움 정도는 5점 만점에 평균 2.15점으로 그리 높지 않게 나타났다. 외로움 척도의 문항 간 상관이 높은 항목끼리 묶어 '정서적 단절'과 '사회적 관계 고립'으로 재분류하여 살펴보면, 사회적 관계 고립은 2.33점으로 정서적 단절 2.00점보다 높게 나타났다(김혜정 · 박혜림, 2020).

제 5 장

# 외로움의 영향 요인과 파급 효과

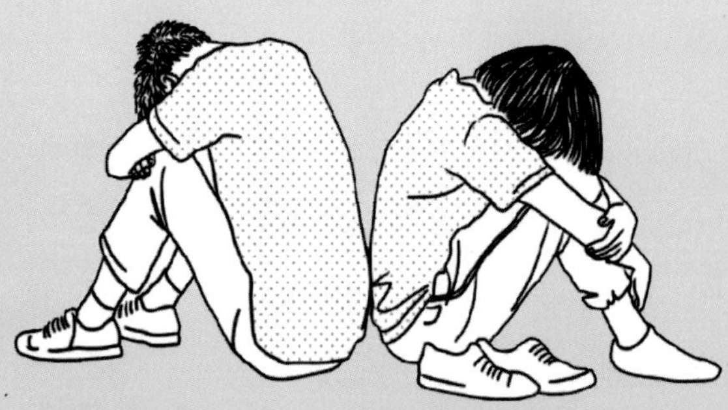

# 제1절 외로움의 영향 요인

외로움은 누가 어떻게 인식하고 느끼는가? 외로움은 왜, 어떻게 발생하는가? 외로움을 발생하게 하는 요인, 혹은 영향 요인은 무엇인가? 이러한 질문은 외로움을 어떻게 정의하느냐 하는 개념 정의 방식에 따라 약간씩 달라질 수 있다. 한마디로 외로움이란 개념은 매우 복잡하고 포착하기 어려운 것임에 틀림없다.

여기서는 외로움이란 그 개념이 무엇이건 간에 다양한 측면 혹은 다양한 학문적 관점에서 외로움을 느끼게 하는 혹은 발생하게 하는 요인을 논의해 보려고 한다. 아마도 독자들은 본 서의 제1장과 제2장 외로움의 개념과 특성을 논하는 내용을 기억한다면, 이와 관련하여 외로움의 발생 요인, 외로움을 발생하게 하는 영향 요인을 어느 정도 짐작하리라 생각한다.

결국 외로움의 발생 배경, 영향 요인은 여러 학자에 의해서 다양한 범주와 기준을 가지고 제시하고 있다. 여기서는 몇몇 연구문헌에 나타난 자료를 중심으로 알아본다.

## 1. 심리적인 관점에서 본 영향 요인

Zysberg(2017)는 외로움이 생기는 과정을 정서적인(emotional) 측면, 사회적-대인관계적(social-interpersonal) 측면, 그리고 문화적(culture) 측면 등으로 구분하여 설명하고 있다. 심리적인 외로움이 발생하는 모형은 사회적 · 정서적 요인들의 기능적인 위계 질서상에서 외로움이 야기된다는 과정에 바탕을 두고 있다. 동시에 이 모형은 문화로부터 개인에게 이르는, 서로 다른 영향력의 여러 수준 사이의 복잡한 상호작용을 표현하고 있다.

먼저 외로움의 영향 요인으로서 문화적 수준을 알아보면 다음과 같다. 외로움의 경험을 형성하게 하는 영향력의 수준 혹은 전체적인 과정을 개념화시키려면 문화로부터 시작하는 것이 좋다. 문화적 전제, 가치 및 규범이란 무엇이 허용되고 무엇이 허용되지 않는다는 바를 규정하는 것이다. 문화란 개인 상호 간 그리고 개인의 경험이 일어나고 해석되는, 기본 바탕이 되는 바로미터 즉, 기준이다. 개인주의 대 집단주의, 응집력, 위계질서, 대인 간의 의사소통상의 규범, 그리고 정체성 등은 사회적 상호작용과 연관된 문헌들에서 발견되는 가장 강력한 문화적 요인들이다.

외로움의 영향 요인으로서 사회적-대인관계적 측면을 살펴보면 다음과 같다. 사회적 규범, 지역사회 구조, 기술 채택이 받아들여지고 평가되어지는 정도, 법률, 그리고 대인관계적 의사소통과 상호작용에 관련한 규범 등 이 모든 것은 사회적 상호작용을 규정하고 형성하는 기제이다. 반대로 사회적-대인적인 상호관계는 과거와 현재에 있어서 개인에게 영향을 미치며, 다른 사람들과의 관계의 질적 · 양적인 인식을 형성하는 데 영향을 미치는데, 이렇게 하여 결과적으로 외로움을 인식하게 하는 '심리적인 구성 요소'를 모두 제공하게 된다. 여기서 작동되는 중요한 메커니즘 중의 핵심적인 개념은 사회적 지지인데, 이는 보편적인 우리의 행복에 강한 영향력을 끼치는 타인에 대한 지원과 참여이다.

외로움의 영향 요인으로서 정서적인 측면을 살펴보면 다음과 같다. 외로움의 정서적인 선행 조건은 위의 개념들에서 본다면, 가장 혼란스럽고 연구가 적은 부분이다. 이는 외로움의 정서적 선행 조건과 외로움의 결과 사이의 잠재적인 혼란에서 기인한다. 예컨대, 우울증은 외로움의 선행 조건인가 아니면 외로움의 결과인가 하는 논의이다.

이 분야에서 알려진 바를 검토해 보면, 아동기, 청년기, 청년 초기에 있어서 외로움을 야기시키는 것으로 보이는 잠재적인 요인들로서 밝혀진 개념이나 과정이 몇 가지 정도 있을 뿐이다. 이들 개념에는 정서적 기질, 정서조절(emotion regulation), 정서지능

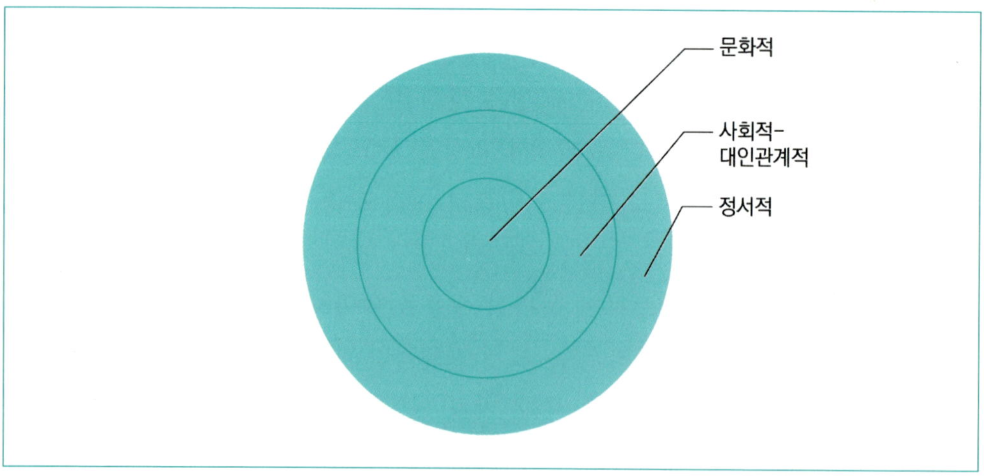


[그림 5-1] 발생과정 모형(emerging model): 심리적인 외로움의 사회적 요인들

출처: Zysberg, 2017.

등의 개념이 그것이다. 이들 개념은 사회적인 요구, 규범 그리고 기대 등과 합치되는 방식으로, 정서적인 반응을 수행하는 개인의 능력과 밀접하게 연관되어 있다. 그리하여 이러한 개인의 반응 능력은 보다 효과적인 대인관계의 관계성을 더욱 강화하는 쪽으로 연결되게 한다(Zysberg, 2017).

## 2. 분석 수준의 관점에서 본 영향 요인

신인철 · 최지원(2019)은 외로움의 발생 원인을 Perlman과 Peplau(1981) 및 Weiss(1973) 등의 외로움 관련 선행 연구들에서 밝혀진 여러 가지 원인을 세 가지 차원의 분석 기준을 중심으로 아래 그림과 같이 정리하여 제시하고 있다.

먼저 외로움의 발생 원인으로 개인적 요인이 있다. 남성에 비해 여성이 상대적으로 외로움을 더 느낀다는 연구가 있는가 하면, 일부 연구에서는 유의미한 상관관계가 없다는 결론이 도출되기도 하는 등 성별에 따른 차이는 다소 논쟁적이다(Weiss,

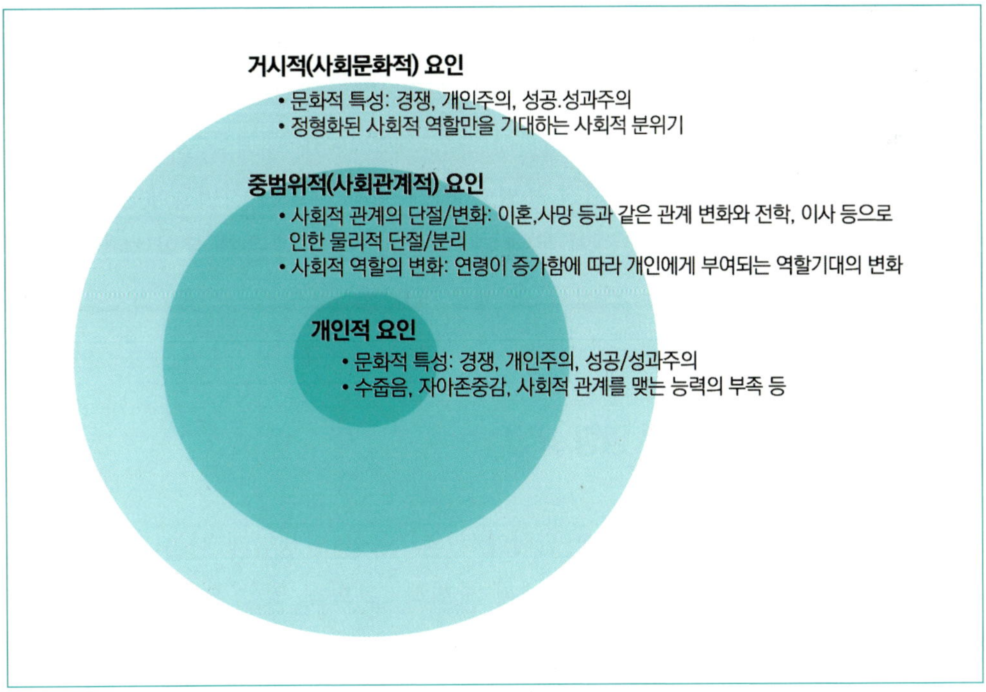


[그림 5-2] 외로움의 발생 원인

출처: 신인철, 최지원, 2019.

1973). 그리고 기혼자보다는 미혼자가, 미혼자보다는 이혼이나 사별을 경험한 사람들에게서 외로움의 비율이 상대적으로 높은 것으로 알려져 있다(Gubrium, 1974). 그리고 사춘기나 은퇴 등과 같이 특정 연령대에서 외로움을 호소하는 경향이 증가하는 것으로 보고되기도 한다(Rubenstein et al., 1979). 이런 개인적 요인은 Weiss(1973)가 말한 주로 정서적 외로움에 상대적으로 영향을 준다.

또한 주로 Weiss(1973)의 사회적 외로움의 발생 원인으로 볼 수 있는 중범위적 또는 사회관계적 요인이 있다. 이것은 이혼이나 사망 등과 같이 기존에 형성되어 있는 사회적 관계가 변화하여 발생하기도 하고 전학, 이사, 분가 등과 같이 물리적 단절 또는 분리에서 기인하기도 한다. 이와 함께 연령이 증가함에 따라 개인에게 요구되는 역할기대가 변화되고 그것을 개인이 충족할 수 없을 때나 도움이나 조언을 받을 대상이 없는 경우에도 발생한다.

외로움을 발생시키는 또 다른 원인으로 사회문화적 환경이 있다. 즉, 사회에서 경쟁이 만연하고, 개인주의적 성향이 강하여 다른 사람을 배려하기보다 자신의 개인적 이익만을 추구하는 문화가 지배적이거나 성공이나 성과만을 중요시하는 사회에서 외로움이 발생할 가능성이 크다. 또 다른 것으로 정형화된 역할을 요구하는 사회적 분위기도 개인의 외로움을 증폭시킬 수 있다. 아이, 청년, 부모, 노인 등 생애주기별로 요구되는 정형화된 역할이 고정되어 있어 이와 다른 상황에 처해 있는 사람들은 사회에서 이방인으로 느껴질 수 있다는 것이다(Weiss, 1973). 대학을 졸업하면 무조건 좋은 직장에 취업해야 한다는 사회적 통념이 최근 우리 사회의 청년들에게 외로움을 야기하고 이런 역할기대에 부응하지 못할 경우 자괴감이나 우울감 등의 부정적인 심리적 결과를 초래하기도 하는 것에서 그 예를 찾아볼 수 있다(신인철 · 최지원, 2019).

## 3. 사회학적 관점에서 본 영향 요인

MarQues(2024)는 일종의 사회학적 관점에서 외로움을 발생하게 하는 영향 요인을 설명하고 있는데, 이는 거시적인 측면에서 사회적 · 문화적 영향 요인들로 파악하면 좋겠다. 대략 여섯 가지로 분류하여 제시하고 있는데, ① 변화하는 가족구조, ② 도시화와 근대화, ③ 기술과 연결성(technology and connectivity), ④ 직업생활과 사회적 균형(professional life and social balance), ⑤ 경제적 불평등, ⑥ 노화와 건강쇠약 등이다.

### 1) 변화하는 가족구조

변화하는 가족구조가 외로움을 발생하게 하는 영향 요인이라는 점은 모두가 인정하는 중요한 영향 요인일 수 있다. 한마디로 말하자면 과거의 대가족 혹은 확대가족 중심의 사회가 19세기와 20세기를 거치면서 점차로 핵가족으로 변화되었으며, 급기야 최근에는 1인가족이 늘어나는 경향이 바로 외로움을 발생케 하는 중대한 영향 요인이라는 주장이다. 확대가족과 대가족에서는 3대 이상의 가족구성원이 함께 거주하면서 출산, 영유아 돌봄, 노인 돌봄 및 정서적 · 경제적 지원 등이 가족구조적으로 얽혀 있는 구성원들에 의해서, 또 세대 간 지원체계가 유기적으로 연결되어 외로움을 경험하는 기회가 적었으나, 점진적으로 핵가족이나 1인가구로 변모하는 가운데 전통적으로 대가족과 확대가족에서 지원되었던 각종 정서적 · 물질적 · 사회교환적 지원체계가 약화되면서 외로움이 발생하게 된다는 설명이다. 핵가족이나 1인가족은 독립적이고 자율적이며 경제 · 사회적 기회를 증대시키는 한편 과거의 전통적 가족이 제공하였던 유대를 통한 지원이 상실되어 외로움 발생의 영향 요인이 될 수 있다는 설명이다. 특히 1인가구는 개인적 자율성과 독립성이 확보되지만, 외로움의 마지막 보루였던 가족관계와 유대가 상실됨으로써 고립되고 외로움이 발생할 가능성이 높아진다.

### 2) 도시화와 근대화

근대화의 진행과 함께 산업화와 도시화는 병행하여 진행되는 경향이 있는데, 도시화는 보다 나은 경제적 · 사회적 기회를 제공하고 다양한 서비스의 접근성을 높이지만, 다른 한편 도시화는 사회적 유대감과 개인의 행복에 새로운 도전이 되기도 한다. 도시생활의 특성은 개인 위주의 생활이 되고 복잡하고 인구가 밀집된 환경 속에서 개인과 개인 사이의 관계는 정서적으로 멀어지고, 소외되고 고립되는 경향이 있다. 20세기 초 Durkheim이 말한 게마인샤프트에서 게젤샤프트에로의 사회변화는, 사람들 사이의 친밀하고 개인적인 연결이 잘 이루어졌던 사회에서 사람들 사이의 정의적 친밀한 관계는 이해관계 중심 관계로 변화되는 사회변화의 특성을 잘 말해준다. 도시에서의 생활에서 발견할 수 있는 인간관계는 형식적이고 역할 중심의 상호관계로 변모됨으로써 과거의 농촌사회에서 볼 수 있었던 친밀하고 깊은 인간관계는 사라지게 되었다. 도시생활은 과거의 지역사회 공동체에서 볼 수 있었던 정의적이고 의무적인 인간관계보다는 개인주의적이고 익명성을 띤 이해관계 중심의 고립된 사회생활을 영위하게 되었다.

도시의 물리적 환경 역시 사람들 사이의 정의적인 친밀감을 약화시키는 장애 요소이기도 하다. 많은 사람이 밀집되어 거주하면서, 고층빌딩과 아파트들이 들어서게 되고, 사람들을 모으고 친밀하게 하는 공공건물이나 공원들은 상업적인 이유로 밀려나게 되면서, 사람들은 소외되고 사람들 사이의 관계와 연결을 더욱 멀어지게 하는 요인이 되고 있다. 이는 결국 사람들을 소외시키고 고립시키고 외로움을 유발하는 환경 요인이 된다. 도시계획 역시 효율성과 경제성을 초점으로 계획되면서 사람들을 모이게 하고 소속감을 증진시키는 건축물들이 축소되는 경향이 있다.

도시화는 한편으로 가족구조를 핵가족화 혹은 1인가족에 유용하게 하는 역동성을 가지고 있다. 도시의 비싼 거주비용으로 인하여 확대가족 혹은 대가족은 분리되어 핵가족이나 단신가족으로 도시에 거주하게 된다. 때로는 직장으로 인하여 가족과 분리되어 거주하는 경우도 있어 1인가구주를 늘이는 요인으로 작용하기도 한다. 이는 결국 외로움을 증대케 하는 영향 요인이 될 수 있다.

교통 및 운송수단의 발달, 통신기술의 발달 등 근대화는 점점 더 사람들을 멀리 이동시키고 가족구성원 간 따로 떨어져 살아가게 한다. 원격근무, 인터넷, 빠르고 편리한 교통수단 등은 사람들의 거주 이동을 손쉽게 하였고, 따라서 사람들 사이의 연결과 참여 역시 새로운 형태로 변화시켰다. 오래되고 친밀한 대면관계보다는 인터넷을 통한 참여와 연결이 상대적으로 많아지고 있다. 이로 인하여 다른 사람들과의 접속과 연결은 다양하고 많아질 수 있으나, 그 관계는 피상적이고 일시적이고 때로는 가면적인 특성을 지닌다. 이러한 접속과 연결, 참여가 진정한 만남과 친밀감을 형성할 수도 있으나 한편으로는 오히려 외로움과 고립감을 증대시키는 경향도 있다.

### 3) 기술과 연결성

디지털 기술은 지난 세기 동안 가장 혁신적인 발달 중의 하나인데, 이는 우리들의 의사소통, 일, 사회적 연결을 근본적으로 변화시켰다. 즉, 디지털 기술의 발달은 전통적인 장소 중심의 의사소통을 의사소통 네크워크라는 새로운 사회적 구조를 만들었다. 이 기술로 인한 변화는 시간과 장소의 갭을 연결할 수 있으며, 그리하여 사람들로 하여금 전례없는 손쉬운 방법으로 사람들의 관계를 유지하여 의사소통을 가능하게 하였다. 그러나 현실은 그렇게 단순하지 않고 훨씬 더 복잡하다. 디지털 기술 발전은 사람들 사이의 상호작용 폭을 확장하였으나, 새로운 형태의 분리를 만들어 내기도 하였다. 물리적인 고립이 아니라 디지털 의사소통 내에서의 은밀하게 확산되어 가는 연결 배제 문제가 야기되었다.

디지털 의사소통은 지구촌의 초연결을 가능하게 하고 여러 곳의 서로 떨어져 있는 곳을 연결하고 복합적으로 동시에 여러 곳과 연결을 가능하게 하였다. 사람들이 이러한 디지털 앱으로 연결이 늘어감에 따라, 그에 상응하는 지역사회의 상실과 개인적 교환과 접촉이 상실되어 가고 있다. 개인적 소통에서 디지털 소통으로의 변화는 개인들 사이의 인간적인 연결이 가진 풍성함을 감소시키고, 의미있는 상호 교환을 피상적인 접속으로 바꾼다는 사실이다.

디지털 이전 시대의 의사소통은 직접적이고 개인적인 상호작용하에서, 그리고 시간이 어느 정도 지남에 따라 형성된 공유된 경험과 상호 이해를 기초로 이루어졌다. 사람들 사이의 대화는 연결의 기회를 증대시키고 사회적 관계를 증진시키는 것으로 작용하였다. 그러나 네트워크 의사소통은 거래적이다. 디지털 의사소통은 빠르고 효율적이고 편리한 반면에 감정적 · 사회적 깊이가 없다. 디지털 의사소통 방식은 피상적이고 분절적이며 감정적 친밀감이 덜어지고 진실하고 순수한 참여와 연결이 쉽지 않다.

특히 플랫폼 미디어는 그 사용자들로 하여금 그들 삶의 이상적인 비전을 보여 주고, '좋아요', '공유', 그리고 '커멘트' 등과 같은 것으로 평가된다. 여기서는 사람들이 타인에 의해 자신이 어떻게 인지되는지에 영향을 미치기 위한 공적인 페르소나(persona)를 관리한다. 디지털 의사소통과 플랫폼에서 계속되는 타인과의 비교와 자신들을 가면화하는 문화는 심각한 심리적인 결과를 가져올 수 있다. 사람들은 자신을 큐레이트된(curated) 모습과 비교하거나 때로는 타인이 가진 도달할 수 없는 이미지와 지속적으로 비교함으로써, 그 사람은 자기 스스로 부적절한 감정과 배제된 감정을 가지게 되는 가능성이 높아진다. 그래서 이러한 조작된 기준들에 맞추기 위해 노력하는 개인들은 점점 소외감을 느끼게 될 수 있다. 물론 그들 주위에 디지털 '친구들'

의 네트워크가 존재한다고 하더라도 말이다. 자신의 진정한 모습과 디지털 페르소나 사이의 불연속은 결국 진정성의 문제, 진실의 문제를 인식하게 되는 결과를 초래한다. 이는 고립과 외로움의 문제로 연결되는 가능성이 열린다.

디지털 연결이 가진 또 하나의 문제는 알고리즘과 연관되어 있다. 소셜 미디어 플랫폼은 알고리즘과 연계되어 사용자의 관심을 끌도록 설계되어 있어, 사용자로 하여금 강한 정서적 관심을 끌게 되는 내용을 우선적으로 선택하도록 한다. 알고리즘은 진정하고 진실한 대화보다는 반응적이고 정서적으로 극단적인 연결을 강화시키고 공감의 기회를 약화시킨다.

결국 이러한 디지털 기술의 발달은 다양한 삶의 시나리오에 참여하거나 연결하는 것을 약화시킨다. 사람들이 이러한 디지털 의사소통에 길들여질수록 살아가는 데 필요한 신뢰감과 사회적 기술을 상실하게 된다. 사람들이 디지털 의사소통이 가진 신속함과 편리함에 빠지게 됨으로써, 심사숙고하는 관계의 구축—사려깊게 경청하고 반응하고 제안하는—을 번거로운 것으로 치부하게 된다. 그리하여 이러한 결과는 고립을 가져오게 되는데, 그것은 현실 상황의 불편함을 회피하기 위하여, 그들은 과거보다 더욱 연결하기 어려운, 그들의 디지털 디바이스(digital divices) 속으로 퇴각하게 된다.

### 4) 직업생활과 사회적 균형

직업생활과 사회적 균형 사이의 관계는 점차 기하급수적으로 복잡해져 가는데, 특히 일이 사람들의 정체성과 일상 루틴(routine)에 있어서 중심적인 자리를 차지하는 사회에서는 더욱 그러하다. 기술 발전, 경제적인 요구, 세계화 등에 의해서 한층 강화된 일 중심 문화에로의 변화는 사람들이 그들의 사회적 연결을 유지하는 방식을 극적으로 바꾸었다. '일과 생활의 균형'이란 개념은, 사회 참여를 위한 시간과 에너지를 줄이고, 전적으로 '일' 중심 쪽으로 확실하게 기울어졌다. 이러한 불균형은 직업적으로 성공한 사람들조차 고립으로 연결될 수 있다.

현대사회의 직업환경에 있어서, 디지털 기기를 통해서 긴 작업시간, 폭넓은 출장여행, 지속적인 연결 등으로 인하여 직업에서의 요구는 점차 가파르게 상승하고 있다. 스마트폰, 이메일, 다른 의사소통 형태 등으로 통하여 촉발된, 이와 같은 항상-현재로서 대기 상태의 일과의 연결로 말미암아, 직장생활과 개인생활 사이의 경계가 허물어지고 있다. 기술이 멀리 떨어진 곳에서도 일할 수 있도록 하는 유연성을 가져다 줌으로써, 직장인들로 하여금 끊임없는 책임감을 가지게 한다. 피고용자들은 일하지 않는 동안이라고 할지라도 언제든지 직장으로 소환될 수 있는 상태로 남아 있다. 피용자들이 일로부터 연결되지 않고 그들의 개인적인 관계에 투자해야 하는 시간과 에너지를 제한받으면서 불안한 상태로 남아 있는 것이다.

여기에 더하여 불안정한 고용, 긱 노동(gig work), 프리랜서 등과 같은 일자리의 증가는 직업생활을 더욱 불확실하게 하여, 사회적 안정성에도 영향을 끼치게 하였다. 많은 사람들 특히 저임금 직업인, 계약직 노동자들에게는, 재정적 의무를 충족시키려는 압박으로 인하여 레저활동을 즐길 시간적 여유도 없고 자원도 없다. 여러 종류의 불안정한 직업인들은, 예상하지 못하는 작업 일정과 재정적 긴장으로 인하여, 그들의 작업환경뿐만 아니라 보다 넓은 사회적 서클로부터 소외감을 느낄 수 있다.

고소득 전문직들 중에서도 긴 작업시간과 직장에서의 승진 압박은 개인적인 연결을 힘들게 한다. 이러한 환경은 일과 생활의 조화를 이루기 어렵게 한다. 이러한 일 윤리는 수많은 회사에서 중시되고 있으며, 개인들로 하여금 사회적 연결보다는 전문직업적 성취를 우선시하게 격려한다. 사람들은 전문직업적 승진의 사닥다리를 올라가는 동안 한편에서는 친구들, 가족들, 그리고 자기 자신들과 관계를 상실하는 모습을 발견한다.

더욱이 회사의 구조는 점점 더 세계화됨에 따라, 개인은 도시 간, 국가 간, 때로는 대륙 간 이동을 하고, 반면에 그들의 사회적 연결은 점차 도전받게 되고 어렵게 된다. 끊임없는 회사의 구조 조정으로 인한 직업과 직장의 재구성과 승진은 전문직업상으로는 성공을 가져오지만, 사랑하는 사람들과의 관계는 지리적이고 정서적으로 거리감을 발생하게 한다. 사회적 관계와 연결은 일시적인 것이 되고 직업적인 조건에 맞춘 것이 되어, 깊고 지속적인 인간관계와 연결이 어렵게 된다. 이러한 삶의 방식과 연결은 개인적인 도전이기도 하거니와 이제는 현대사회에서 구조적인 특성이기도 하다.

### 5) 경제적 불평등

지면 위에서 드러나는 통계 이상으로 현대 생활의 모든 영역에 스며드는 실제적인 현실이 존재한다. 사람들이 가진 것이 적으냐 많으냐 하는 단순한 문제가 아니라, 그러한 불평등은 다른 사람들과 연결하는 능력을 결정하는 방식에 관한 것이 된다. 사회에서 점증하는 부의 갭, 경제적 불평등은 가난한 사람들과 부유한 사람들을 구분하는, 더욱 확장케 하는 것을 넘어서, 그것은 정서적 · 심리적 · 사회적 골(차이)을 만든다. 요즘 관심을 가지게 되는 은둔과 고립이란 이러한 구조적인 불균형의 징후이다.

외로움이 종종 개인적인 정서나 혹은 심리적인 상태 등과 같은 개인적인 불행으로 치부되지만, 그 근원적인 측면에서 바라본다면, 우리들의 사회를 지배하고 있는 구조적인 힘과 깊게 연관되어 있는 하나의 사회적인 현상이다. 경제적 불평등은 이러한 힘들이 가장 확산되어 있는 것 중의 하나로 표현된다. 즉, 경제적 불평등은 물질적인 자원에로의 접근뿐만 아니라 관계를 만들고 유지하는 기회에의 접근을 가능하게 하기 때문이다. 이러한 렌즈를 통해서 본다면, 고독과 고립은 개인적인 실패 혹은 삶의 선택의 실패가 아니라 우리들이 매일 살아가고 있는 사회적 분리의 반영이다.

저소득층에게는 재정적 긴장과 어려움이 고립을 해소할 수 있는, 바로 그 사회적 활동에 참여하는 것에 보이지 않은 장애 요소가 될 수 있다. 여러 가지 직업을 가지고 있거나 장시간 일하는 사람들에게는 수입이 중요한데, 그러한 사람들에게 사회적 참여와 연결을 위한 시간과 에너지는 사치일 뿐이고 여유가 없다. 사람들을 사귀고 참여하고 연결하는 일이 단순하고 보편적인 것으로 보이지만, 현실적으로는 대가를 치러야 하는데—저녁식사, 제반 활동, 참여하기 위한 교통비용 등과 같은 비용을 지불해야 한다. 이러한 비용 지불을 하기 어려운 사람들에게는 사회적 배제를 경험하고 참여가 어려운 사람들은 보다 깊은 고립감을 느낄 수 있다.

재정적인 어려움은 금전적인 수준을 넘어서 경제적인 곤란이 가져오는 심리적 비용이 사람들을 사회로부터 더욱 소외시킨다. 재정적인 곤란함에 수반하여 발생하는 불안정으로 말미암아 삶의 여러 가지 영역에 제한이 가해지고, 다른 사람들과 관계하고 연결하는 것을 가로막는 수치심과 부적절함의 감정을 증폭시킨다. 경제적 어려움이 있는 사람들은 사회적 관계를 회피할 수도 있고 기존에 유지하여 왔던 관계도 줄이고, 다른 사람들의 평판도 두려워하여 오히려 관계를 거부하기도 한다. 결국은 가난하다는 사실은 단순히 재정적 어려움을 넘어서 사회생활상의 연결에 접근에의 결함이 생긴 것을 의미한다.

### 6) 노화와 건강쇠약

전 세계적으로 노령인구가 증가함에 따라, 고립의 경험이 점점 확산되고 있는데, 특히 고령자들은 건강이 약해지고 있고 사회적 이동이 감소함에 따라 고립이 심화되고 있다. 고령화 현상은 자연적인 현상이지만, 일련의 상실이 누적적으로 수반된다. 즉, 그것은 신체적 능력의 상실, 직업상의 퇴직으로 인한 상실, 보다 중요한 것은 가까운 친구와 사랑하는 사람들의 상실이 그것이다. 이러한 상실은 적막감과 황량감을 가져오며, 혼자 살거나 사회복지시설에서 케어 서비스를 받는 노인들에게는 더욱 그러하다.

퇴직은 레저와 자유의 시기로 이상적으로 생각되지만, 한편으로는 일이 가져다주는 사회적 연결을 단절시키는 것이 된다. 직업환경은 소득의 원천일 뿐만 아니라 지역사회에로 연결시켜 주는 기회이기도 하다. 직업상의 동료들은 친구가 되며, 일상의 직업활동은 사람들 사이의 상호작용의 중심이 되기도 한다. 퇴직으로 인하여 이러한 구조가 사라지면서 퇴직자들은 과거의 작업생활이 가져다주었던 유대와 연결을 유지하기 위하여 노력하기도 한다. 이러한 직업이 가져다주었던 정체성이 상실되면, 공허감만이 남게 될 수 있다.

퇴직자들은 가까운 사람들로부터 소외되고 고립되어 혼자 남게 되기도 한다. 아들과 딸, 그리고 가족구성원들은 자신들의 생활에 쫓겨 퇴직한 노인들과 지속적으로 함께 할 수도 없고 그들이 필요로 하는 케어를 생각할 수도 없게 된다. 경우에 따라서는 노인들은 재정적인 문제나 증가하는 의존성 때문에, 부담과 짐이 될 수도 있다. 이러한 상황은 실제로 지원을 하고 케어를 제공해야 하지만, 노인들을 고립된 채로 남겨두는 고통스러운 분리와 소외를 안겨 주기도 한다. 가족구성원들과 자녀들의 직장과 노인이 살고 있는 지역 간의 거리가 멀리 떨어져 있을 경우에는 더욱 방임하고 고립케 하는 상황이 발생하기도 한다.

노화로 인한 신체적인 한계는 사회적으로 연결하는 노력을 점점 어렵게 한다. 건강이 약화됨에 따라 이동이 어렵게 되고, 사회활동 참여도 떨어지고, 지역사회 이벤트에 참여하기도 쉽지 않고 가족과 친구들을 방문하는 일도 어렵게 된다. 각종 노인성 질환—류머티즘, 관절염, 심장질환, 시청각장애 등은 자신의 집을 떠나 사회적으로 활동하는 것을 어렵게 하고, 한때 즐겁고 함께 연결하고 참여하였던 사회활동을 어렵게 하는 장애 요인이 된다. 이러한 신체적인 장애 요인은 심리적인 장애 요인을 수반하는데, 노인들이 다른 사람들에게 부담이 되는 것을 두려워해서, 자신들의 신체적 쇠퇴에 대하여 혼란스러워 하며 스스로 위축되기도 한다. 배우자나 친구의 죽음은 노인들에게 심리적 충격과 외로움과 고립감을 야기시키는 요인이 된다. 여기에 더하여 경제적 문제가 있을 경우, 노인들을 더욱 고립시키고 외로움을 증대하게 하는 요인이 된다.

## 4. 외로움 발생 영향 요인 모형

지금까지는 외로움을 발생하게 하는 영향 요인들을 몇 가지 범주로 구분하여 정리하였다. 이제 여기서는 한 개인이 외로움을 경험하고 느끼는 과정 혹은 메커니즘을 살펴본다. 아래의 그림은 한 개인을 둘러싼 세 가지 영향 요인하에서, 개인이 자신이 원하는 사회적 관계와 실제로 자신이 가지고 있는 사회적 관계 사이의 삶을 사는 가운데, 어떤 특별한 시기에 촉발적인 사건을 경험하면서, 자신의 필요한 사회적 관계와 실제적인 사회적 관계 사이의 미스매치(misatch)와 그 자신의 인지와 자질(속성)이 적절하게 결합되면서, 외로움을 경험하게 되는 과정을, 합리적이고 논리적 연계성을

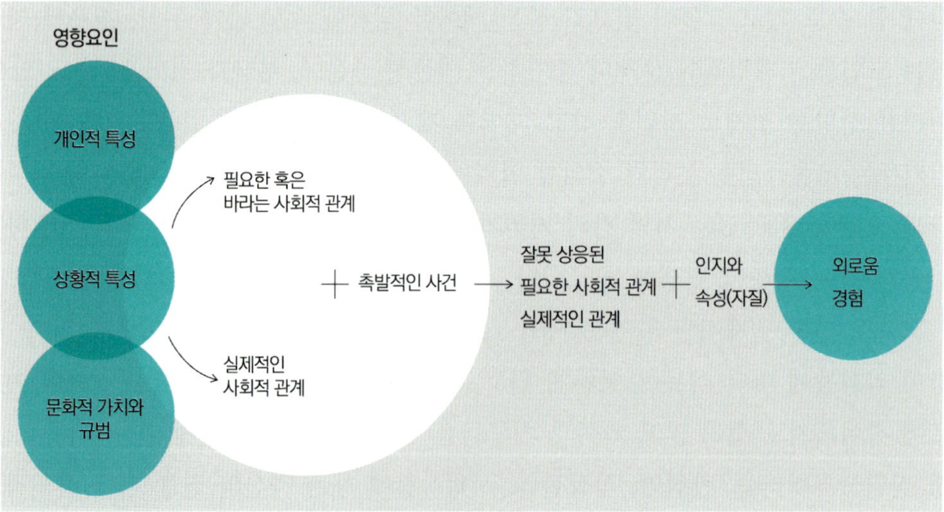


[그림 5-3] '외로움의 발생 원인' 모형

출처: Perlman & Peplau, 1984; Campagn to End Loneliness, 2020.

상징적으로 단순화시켜 나타내고 있다. 이러한 외로움의 발생 원인 모형은 Perlman & Peplau(1984)가 제시한 내용을 외로움종결캠페인(Campagn to End Loneliness, 2020)에서 간단히 설명하고 있다.

### 1) 영향 요인

외로움에 영향을 미치는 요인들이 많이 있지만 여기서는 개인적 특성, 상황적 특성 및 문화적 가치와 규범 등으로 구분하여 정리하였다.

첫째, 개인적 특성이란, 사람들의 생각, 감정, 행위 등에 나타나는 개인의 심리적인 경향을 말한다. 또 다른 개인적 특성에는 건강과 이동성을 포함한다.

둘째, 상황적 특성이란, 사회경제적 지위, 성별, 인종, 삶의 상황, 가족환경 등과 같은 사회학적이고 인구학적인 요인을 말한다.

셋째, 문화적 가치와 규범이란, 사회적 역할, 지위, 그리고 정체성 등을 포함한다. 이러한 것들은 사람들이 그들의 상황을 해석하고 그들의 만족 여부를 판단하는 방식 등에 영향을 미친다.

### 2) 촉발적인 사건과 관계의 미스매치 등

가족의 사망과 같은 촉발적인 사건이 개인의 인지와 속성 형태에 따라서 내적으로 분석되는 것은, 바로 이러한 요인들(위의 세 가지 범주의 각종 영향 요인들)의 렌즈를 통해서이다. 그리하여 그들이 필요로 하는 관계와 실제로 가지고 있는 사회적 관계의 양과 질 사이의 미스매치(mismatch)가 있다고 결론을 내는 것에 그 렌즈가 결정적이다.

외로움의 경험을 하는 정도는 사람에 따라 다르지만, 그들이 가지고 있지 않다고 느끼는 타인과의 관계가 갖는 정서적인 중요성과 같은 것으로 단순하게 이해될 수 있다. 또한 외로움의 경험을 하는 정도는 이 상황과 관련하여 정서적인 괴로움을 경험하는 빈도와 연관되어 있기도 하다. 이 모형은 내적 · 외적 요인들이 상호작용하여 외로움을 어떻게 경험하는지를 보여 준다.

## 5. 이 책의 관점

본 서에서는 이상에서 논의한 외로움의 영향 요인들을 정리하여 ① 거시적 측면: 사회적 · 문화적 영향 요인, ② 중범위적 측면: 상호작용적 · 상황적 영향 요인, ③ 미시적 측면: 개인적 영향 요인, ④ 촉발적 요인 등으로 구분하고자 한다. 이러한 구분은 앞에서 연구자들이 논의하였던 영향 요인들을 어떻게 범주화하느냐와 연관된 작업으로서, 그 하나 하나의 개별적인 영향요인들은 각각의 범주들 속에 거의 망라되어 있다.

### 1) 거시적 측면: 사회적 · 문화적 영향 요인

사회적 · 문화적 요인이란 외로움을 느끼는 개인이 살아가고 있는 사회 전체의 가치, 규범, 문화 등을 말하는데, 경우에 따라서는 이러한 사회 전체, 문화 전체가 변동하고 변화하는 그 자체도 중요한 외로움의 영향 요인이 될 수 있다.

신인철과 최지원(2019)이 언급하였던 문화적 특성: 경쟁, 개인주의, 성공/성과주의는 물론이고 정형화된 사회적 역할만을 기대하는 사회적 분위기 등이 여기에 속한다. 외로움종결캠페인(Campaign to End Loneliness, 2020)에서 말하는 문화적 가치와 규범에 속하는 사회적 역할, 지위, 그리고 정체성 등도 포함시킬 수 있다. 그리고 무엇보다 MarQues(2024)가 말한, 일종의 사회학적 관점에서 외로움을 발생하게 하는 영향 요인 여섯 가지도 포함된다. 즉, ① 변화하는 가족구조, ② 도시화와 근대화, ③ 기술과 연결성(technology and connectivity), ④ 직업생활과 사회적 균형(professional life and social balance), ⑤ 경제적 불평등, ⑥ 노화와 건강쇠약 등이다.

### 2) 중범위적 측면: 상호작용적 · 상황적 영향 요인

본 서에서 말하는 중범위적 외로움의 영향 요인이란 전체 사회와 개인 사이의 중간적인 범위에서 발생하는 외로움의 영향 요인들을 범주화한 것이다. 여기에는 사회관계적 요인(상호작용적 요인)과 상황적 영향 요인을 포함하는 내용이다. Zysberg(2017)가 말한 사회적-대인관계적(social-interpersonal) 측면을 의미하고, 신인철과 최지원

(2019)이 제안하였던 중범위적(사회관계적) 요인을 말한다.

여기에 속한 외로움의 영향 요인은 이혼이나 사망 등과 같이 기존에 형성되어 있는 사회적 관계가 변화하여 발생하기도 하고 전학, 이사, 분가 등과 같이 물리적 단절 또는 분리에서 기인하기도 한다. 이와 함께 연령이 증가함에 따라 개인에게 요구되는 역할기대가 변화되고 그것을 개인이 충족할 수 없을 때나 도움이나 조언을 받을 대상이 없는 경우에도 발생한다.

### 3) 미시적 측면: 개인적 영향 요인

개인적인 영향 요인이란 순전히 개인적 특성과 관련된 외로움의 영향 요인이다. 이는 Zysberg(2017)가 말한 정서적인 영향 요인인데, 외로움과 특별히 연관되는 개인의 특성 전체를 포괄하는 개념으로 보아야 하는데, 정서적 기질, 정서조절(emotion regulation), 정서지능 등이 여기에 해당한다. 신인철과 최지원(2019)은 개인적 요인을 인구학적 특성(성, 연령, 혼인 상태, 소득 등의 개인적 요인)과 함께 수줍음, 자아존중감, 사회적 관계를 맺는 능력의 부족 등을 예시하였다. Wigfield(2024)는 외로움의 개인적 영향 요인으로서 개인적 장애, 인종, 성적 성향(sexual orientation) 등도 포함시켰다.

### 4) 촉발적 요인

촉발적 요인이란 직접적이고 구체적으로 외로움을 촉발시킨 영향 요인으로서, 이는 개인에 따라 약간씩 차이는 있을 수 있다. 그것은 촉발적인 사건이나 상황 자체가 개인에게 얼마나 외로움을 불러일으키는지에 대한 강도 혹은 정도가 다르기 때문이다. 이는 촉발적인 요인의 강도, 정도 및 빈도도 중요하겠지만, 그것을 인지하고 인식하는 개인의 능력에 따라 다르기 때문이다.

경우에 따라서는 앞에서 언급한 중범위적 영향 요인이 일상적인 일로 큰 어려움 없이 개인의 생활에 지나가면 일시적인 외로움으로 극복될 수 있겠지만, 개인에 따라서 여러 가지 상황적 변화로 말미암아 이러한 영향 요인들이 때로는 촉발적인 외로움의 영향 요인으로 돌변할 수 있다. 예컨대, 이사, 출산과 육아, 대학 진학을 위한 지역 이동, 퇴직, 실업, 정리해고 등이 그것이다. 더욱이 때로는 주요한 지구촌의 어떤 사건들이 일어났을 때, 예컨대 전쟁이나 팬데믹 질병, 기후위기로 인한 재난 등은 촉발적인 외로움의 영향 요인으로 작용할 수 있다(Wigfield, 2024).

이러한 외로움의 영향 요인을 밝히고 범주화하는 작업은 영향 요인을 이해하고 분석하여 개인이나 사회, 국가가 이를 대응하고 해결할 수 있는 시사점을 제공한다는 점에 중요한 의미를 갖는다. 본 서의 중반 이후 장에서는 외로움에 대한 사회적 대응, 특히 사회복지적 대응책을 논의하게 되는데, 이 부분에서 외로움의 영향 요인은 매우 중요한 위치를 가지고 있음을 알아야 한다. 이러한 작업은 외로움의 문제가 가진 인문학적 연구 검토를 통하여 외로움에 대한 깊고 넓은 이해를 바탕에 깔고, 그것을 중심으로 사회적 대응책, 혹은 사회복지적 대책을 강구해 나가야 하므로 이 내용은 그만큼 중요하다고 볼 수 있다. 다음에 논의되는 외로움의 파급 효과와 결과 역시 동일한 의미를 가지고 있다는 점을 유념해야 한다.

## 제2절 외로움의 파급 효과

외로움은 다양한 고통스럽고 공허하고 쓸쓸한 느낌 등의 부정적인 감정을 말할 것도 없는데, 만성적이고 심각한 외로움의 경우는 보다 포괄적인 파급 효과를 가져온다. 만성적인 외로움은 건강과 웰빙에 부정적인 영향을 미친다. 이러한 외로움이 가져오는 감정은 일상적인 삶을 망가뜨리며, 교육, 직장 그리고 삶의 여러 가지 영역에서 부정적인 영향력을 끼친다. 그 결과로 인하여 만성적인 외로움은 건강과 사회적 케어체계 영역에서, 그리고 개인의 사업 영역에서, 그리고 국가의 경제 영역에서 막대한 비용을 치르게 되는 심각한 결과를 가져온다. 미국의 경우에는, 외로움으로 인한 스트레스와 관련된 잦은 결근으로 생기는 비용을 고용주가 감당하는 것을 추산하면, 연간 대략 1,540억 달러(한국 화폐 154조) 정도라고 발표한 연구들이 있다. 또한 노인들의 사회적 고립 비용을 추산하면, 연간 70억 달러(한국 화폐 7조)를 미국 정부에서 건강케어비용으로 사용한다고 발표하였다.

영국의 경우에는 만성적인 외로움으로 사용되는 전체 비용은 매년 1인당 평균

10,000파운드 정도이다. 이 수치는 심각한 외로움으로 인한 웰빙(well-being), 건강, 및 노동생산성 비용 소모로 사용되는 모든 금액을 합친 것이다. 더욱이 이 수치는 영국에서 경제와 비즈니스에 대한 1인당 비용만을 계산한 것에 지나지 않는다. 만약 건강과 사회적 케어체계, 그리고 건강이 나쁜 개인에 대한 금전적 비용 등 전체 금액을 계산한다면 그 금액은 크게 상승할 것이다.

외로운 개인에 사용되는 비용은 건강과 웰빙, 그들의 교육적 성취, 그리고 직업상의 소득 등에서 치르게 되는 손상과 손실을 계산해야 한다. 개인 사업주는 외로움으로 인하여 손상된 생산성, 잦은 결근, 노동자 이직 등과 관련된 비용을 지불해야 한다. 외로움 사람은 건강상의 조건이 좋지 않아서 종업원의 건강 서비스 관련 비용도 사용주가 대신 지불해야 한다. 이 모든 것은 보다 광범위하게 국가의 경제적 비용과 손실로 돌아오게 된다(Wigfield, 2024).

여기서는 외로움으로 인한 파급 효과 혹은 결과에 대하여 여러 가지 범주로 구분하여 알아본다. 개인적 손상, 경제적 비용, 사회적 · 정치적 대가 등에 대하여 알아본다(Wigfield, 2024. 참고하여 저자의 부가적인 작성).

## 1. 개인적 손상

### 1) 건강에 대한 부정적인 영향

누구든지 살아가면서 때대로 외로움을 느낄 수 있다. 삶의 여정에서 외로움은 실존적으로 발생할 수 있고, 또 여러 가지 상황적 요인이나 삶의 주기(life cycle)상에서 외로움에 직면할 수 있다. 일반적으로 청소년이나 청년 시절에, 그리고 노년기에 상대적으로 외로움을 많이 느낀다고 한다. 이러한 현상은 자연스런 현상이고 또 일시적으로 외로움을 느끼다가 사라진다.

문제는 이러한 외로움이 장기적으로 진행되어 만성적이고 심각한 수준에 이르게 될 경우에, 개인은 여러 가지 부정적인 파급 효과를 겪게 되어 비용을 지불하게 된다. 이 중에서 만성적 외로움으로 인해 가장 흔히 치르는 부정적인 결과는 건강에 대한 것이다. 외로움이 가져오는 건강상의 부정적인 결과는 대표적으로 신체적 · 정신적 손상이다.

WHO에서 사회적 고립과 외로움이 가져오는 부정적인 파급 효과를 아래와 같이 정리하였다. 여섯 가지 영역으로 나누어 그 결과를 크게 구분하고, 다시 각각 그 하위영역을 예시하였다. 이는 외로움이 다양한 결과를 가져올 수 있음을 간략하게 도식화하여 제시하여서, 참고할 만한 자료이다. 물론 이 자료는 노인들을 위한 외로움과 사회적 고립 관련 보고서이지만, 아래에 제시된 도식은 모든 연령계층에도 적용 가능하다고 생각한다.

만성적인 외로움은 건강에 위협이 되고, 행동 및 신진대사 위험 요인을 강화하고, 개인의 본질적인 역량을 약화시키며, 자살 등과 같은 다른 부정적인 결과를 초래케 하며, 결국에는 사망에 이르게 하고, 그리하여 외로움문제는 개인적으로나 국가 전체에 경제적 손실비용을 초래한다는 것이다. 외로움이 가져오는 건강문제에는 심혈관 질병, 뇌졸중, 당뇨, 우울증, 불안, 치매 등이 있다. 행동 신진대사 위험 요인에는 고콜레스테롤, 낮은 신체적 활동, 저열한 다이어트, 흡연 및 알코올 섭취 등이 포함된

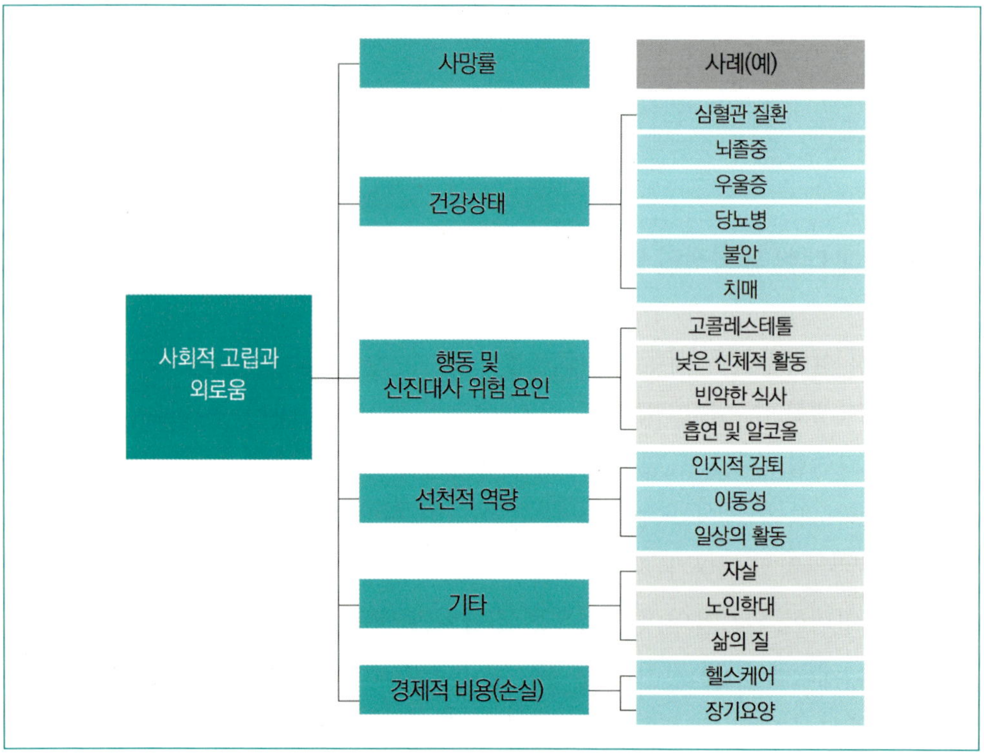


[그림 5-4] 사회적 고립과 외로움의 결과

출처: WHO, 2021.

다. 개인의 본질적인 역량을 약화시키는 것에는 인지능력 저하, 이동성 약화, 일상의 활동이 줄어든다는 것 등이 있다(WHO, 2021).

한편 외로움이 건강에 미치는 부정적인 영향과 관련하여 잘 알려진 연구 중의 하나는, 외로움의 파급 효과가 하루에 15개의 담배를 피우는 효과와 같다는 연구결과이다(Julianne Holt-Lunstad, 2010; Wigfield, 2024 재인용). 외로움이 가져오는 대표적인 신체적 · 정신적 손상에 대하여 알아보면 다음과 같다(Wigfield, 2024).

① **우울증**

여러 연구들은 외로움이 지속적인 우울증을 가져온다고 한다. 외로움으로 인한 우울증은 또한 불안 증상, 힘이 빠져서 기운이 없고, 자살 경향을 가져올 수 있다고 한다.

② **관상동맥 심장질환과 뇌졸중**

사회적 고립과 외로움은 29%의 관상동맥 심장질환 유발 가능성을 가져오며 32%의 뇌졸중 증가율을 초래한다고 연구들은 밝힌다.

③ **치매**

외로움과 치매는 상호 연관이 있다. 외로움을 경험하는 사람은 그렇지 않은 사람에 비하여 매우 높은 치매를 가져올 가능성을 지니고 있다. 한 연구에 의하면 외로움 지수가 1점(1점에서 5점 척도인 경우) 높아질 때 치매 가능성 확률은 41%라고 한다.

### 2) 일반적인 웰빙에 대한 저해 요인

외로움과 낮은 웰빙 사이의 연관성은 명백하지만, 그 내용은 복잡하고 양방향적이다. 낮은 웰빙 상태가 외로움의 원인이 되고 외로움이 또한 낮은 웰빙을 가져오기도 한다. 하지만 개인에게 낮은 웰빙과 외로움이 동시에 존재한다고 해도, 둘 중의 어느 것이 먼저 촉발적인 원인이 되었는지를 밝히기는 쉽지 않다.

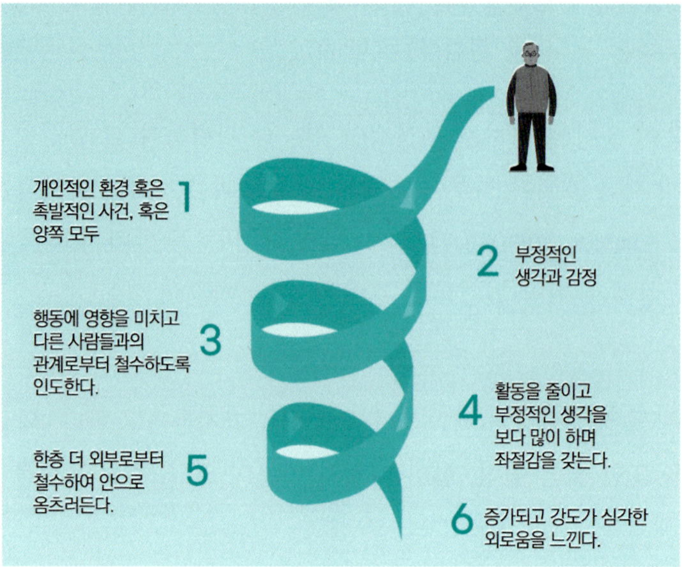


[그림 5-5] 외로움의 하향 나선형

출처: Campaign to End Loneliness, 2020.

외로움을 느끼는 것은 웰빙 상태를 낮출 수 있고, 만성적인 외로움은 하향적인 나선형 모양으로 점차 나빠질 수 있다. 외로움은 자신감을 상실케 하고 행동에 영향을 미치는데, 다른 사람들과 관계하는 것으로부터 회피하거나 철수하게 한다. 이러한 행동은 다시 보다 부정적인 생각과 좌절감의 하향 나선형 구조를 형성하게 하며, 이것은 다시 시간이 지남에 따라 보다 강한 외로움을 느끼게 하며, 그리하여 보다 장기적인 고립에로 이르게 한다(Campagn to End Loneliness, 2020).

일반적으로 외로움이 웰빙에 부정적인 파급 효과를 가져오는 것은 세 가지로 논의되고 있는데, 그것은 아래와 같다.

① 심리적인 웰빙

심리적인 웰빙이란 자기 자신과 자신의 삶에 대하여 스스가 가지는 느낌을 말한다. 우리들은 스스로 심리적으로 건강하고 상태가 좋은 경우는, 자기 자신에 대하여 긍정적인 감정을 가지고 있고, 자신의 삶에 대하여 만족하며, 미래에 대하여 낙관적인 감정을 가진다. 그러나 외로움은 연령에 관계 없이, 사람들의 심리적 웰빙에 부정적인 영향을 미친다. 우울증 증상 경험을 증진시키고, 낮은 자존감을 유발하며, 자살 생각을 생기게 한다. 영국에서 우울증으로 인하여 성인 8명 중 1명은 자살 생각을 한다고 보고되었다.

② **사회적인 웰빙**

사회적인 웰빙이란 한 사람의 구성원으로서 참여하기를 희망하며, 가치있는 존재로서 느끼며, 보다 넓은 사회적 네트워크에 연결하려는 생각을 가지는 것 등을 의미한다. 또 사회적 웰빙이란 사람들의 사회적 연결의 질적 수준과 연관되어 있다. 외로움은 사회적 웰빙에 부정적인 연향을 미친다. 외로움은 사람들이 스스로 필요한 사회적 기술이 부족하다고 느끼게 하고, 친밀한 사회적 관계를 발전시키기가 어렵다고 생각하게 한다. 외로움은 스스로의 사회적 네트워크의 질적 수준을 부정적인 측면에서 바라보게 하며, 그리하여 결과적으로 스스로의 사회적 웰빙을 점점 감소하게 하는 요인이 된다.

③ **정서적인 웰빙**

정서적인 웰빙이란 개인의 정서적 상태, 삶의 만족 상태, 의미와 목적 감정, 그리고 스스로가 개념 정의한 목표를 달성할 수 있는 능력 등을 말한다. 외로움은 이러한 정서적 웰빙을 감소시키고, 그 결과 적개심, 슬픔, 두려움 등의 감정을 가지도록 인도한다. 영국에 있어서 외로운 사람 2명 중 1명은 외로운 감정이 스스로를 슬픔의 감정을 가지도록 한다고 보고되었다(Wigfield, 2024).

### 3) 교육적인 성취의 장애 요인

외로움은 아동, 청소년 및 청년 초기에 많이 경험하게 된다는 조사들이 각국에서 보이는데, 이는 삶의 주기적 특성에서 오는 현상일 수도 있으며, 때로는 학교생활 중에 외로움을 경험하기 때문이다. 학교생활에서 학년의 이동, 중학교, 고등학교, 혹은 대학교 진학으로 인한 가족이나 친구들과의 이별, 특히 진학을 위해 다른 지역으로 이동할 경우 외로움을 경험할 수 있다. 학교생활이 이 시기 중요한데, 외로움은 학교생활에서 왕따나 학교폭력 등으로 인하여 발생할 수 있고, 이로 인하여 다시 결석이나 지각이 늘어나고 수업에 집중하지 못해 성적이 떨어지거나 학교생활에 흥미를 잃어버리게 된다.

본 서의 중반 이후 내용에서 설명되는데, 청소년과 청년들의 경우는 외로움이 길게 이어지고 심각해짐에 따라서 고립과 은둔청소년이나 청년으로 전환되는 경우가 빈번하게 발생하고 있어 큰 사회적 문제가 되고 있다. 특히 21세기 현대사회로 오면서 학습시간이 길어지고 학습해야 하는 내용도 많아지고, 좋은 직장을 가질 수 있는 기회도 많지 않아 20대, 30대까지 취업이 어려워지고 있어, 이들이 외로움을 느끼고 고립, 은둔화되어 가는 경향이 있다. 따라서 학생 시절 초기의 외로움문제를 발견하여 그 해결을 위해 개입을 하는 것이 무엇보다 중요하다.

외로움이 교육적 성취를 방해하는 이유에는 다음과 같은 현상들이 함께 혼합되어 있다. 외로움으로 인해서 깊이 잠을 자지 못한다든지, 숙면의 질이 떨어질 수 있다는 것, 기억력을 감퇴하게 하는 영향, 스트레스와 불안감 증대, 건강 저하, 자존감 저하, 그리고 각종 사회적 참여와 연결에서 소극적이 되어 행동이 위축되는 현상 등이다.

### 4) 직업적 성취의 장애 요인

직장에서 외로움은 여러 가지 상황에서 발생할 수 있다. 특히 현대사회에서 재택근무나 인터넷을 통한 원격근무가 늘어나고, 그리고 플랫폼 종사자, 프리랜서, 긱 노동자 등의 작업활동이 증대함에 따라, 그리고 치열한 직업 경쟁에서 발생하는 개인주의와 업적주의 문화 등은 직장인들로 하여금 외로움을 그 어느 때보다도 더 많이 느끼게 하는 여건이 되고 있다. 특히 최근 정보사회와 AI와 로봇 등의 등장으로 인하여 직장에서의 구조조정과 전직이 지속적으로 발생하여, 직장에서 외로움의 발생은 그 어느 때보다도 확산되고 있다.

그 어떤 경우라 할지라도 직업적 측면에서 외로움 발생은 그 성취를 가로막는 장애 요인이 되고 있다. 외로움이 직업의 성취에 부정적인 영향을 미치는 배경은 다음과 같은 요인들에 의하여 발생할 수 있다. 작업 현장에서 참여 수준의 저하, 직업 만족도 저하, 개인적이고 조직적인 효과성 낮음, 작업 현장에서의 헌신도와 충성도 취약, 창의성 저하, 팀워크 약화, 잦은 결근 등이 외로움으로 말미암아 발생하고, 이러한 결과로 인하여 외로움이 결국에는 직업적 성취의 장애 요인으로 영향을 미친다.

한편 Jeffrey 등의 연구자들은, 영국의 경우에 있어서 외로움이 피용자들에게 1차적으로 건강과 웰빙 영역에서 부정적인 영향을 미치고, 그 각각의 파급 효과로 인하여 결과적으로 사용자들에게 비용손실을 가져오게 한다고 주장하였다(Jeffrey et al., 2017).

외로움으로 인하여 발생하는 건강 영역 중에서 피용자의 건강 약화는 여러 가지 종류가 여러 경로를 거쳐 건강 악화를 가져와서, 결국에는 피용자가 아프게 되어 잦은 결근을 하여, 사용자가 비용손실을 입게 된다는 사실이다. 또한 피용자가 외로움으로 인하여 건강이 나빠지고 의존적인 사람으로 되었을 경우, 결국 매일 매일 케어를 제공해야 하는 비용을 사용자가 지불해야 하는 상황이 발생한다.

다음으로 웰빙 영역에서 외로움이 피용자의 웰빙을 저하시켜, 결과적으로 생산성을 낮추게 하고, 또한 낮은 직원 보유와 활용도를 가져와서 그로 인한 비용을 사용자가 지불해야 하는 상황이 된다.

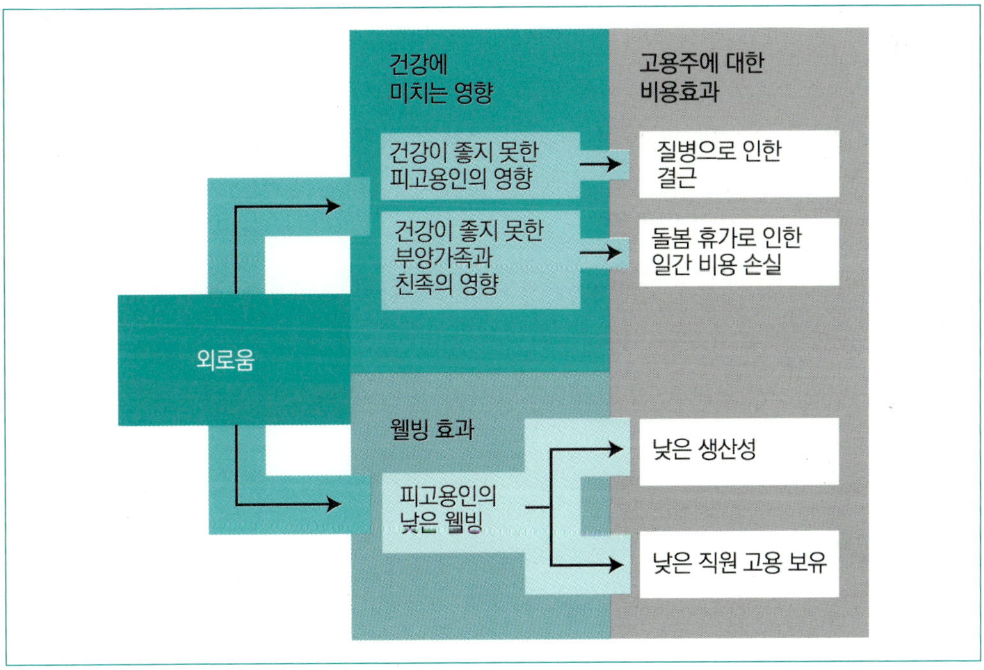


[그림 5-6] 사용자가 손실을 입는 개인 중심 외로움의 파급 효과의 분석틀

출처: K. Jeffrey et al., 2017.

### 5) 창의성의 방해 요인

외로움은 사람들에게 창의성을 약화시키는 요인이 되고 있다. 외로움은 인지과정을 약화시키고 웰빙 수준을 저하시켜 창의성을 가로막는다. 외로움은 집에서, 직장에서, 교육과정에서 창의성을 약화시키고, 사람들이 참여하는 취미클럽이나 사회적 활동에서도 일어날 수 있는 창의성에 부정적인 영향을 미친다.

외로움으로 인한 창의성 약화는 인지과정에서 발생할 수 있는 창의적 아이디어와 혁신적인 생각을 방해한다. 기억력에도 부정적인 영향을 미치는데, 기억력을 기반으로 하는 창의적인 활동을 방해하고 새로운 아이디어를 창출하는 것을 방해한다. 또한 외로움은 불안감, 걱정, 슬픔 등의 감정을 유발하기도 하여 사람들의 웰빙을 저하시킨다. 또한 외로움은 사람들로 하여금 우울하게 하며, 자존감을 낮추고, 자신을 무가치하게 하고, 자신감도 약하게 하는 경향이 있다. 외로움은 새로운 일을 하려는 동기부여를 꺾기도 한다. 모험은 시도할 수 없고 새로운 아이디를 창출하기도 어렵게 한다.

그럼에도 불구하고 외로움이 반드시 부정적인 결과만을 가져오는 것은 아니다. 외로움은 때로는 새로운 영감을 가지게 되고 상상력을 발휘하여 노래를 짓고, 시를 쓰고, 예술적 걸작을 남기기도 하며, 문학과 철학적 작품을 집필하기도 한다. 그리하여 외로움은 창의적인 활동으로 연결되기도 한다.

문제는 외로움을 어떻게 부정적인 측면과 긍정적인 측면으로 구분하며, 부정적인 외로움을 긍정적으로 바꾸어, 창의적이고 긍정적인 활동과 작업으로 연계할 수 있느냐 하는 일이다. 이 부분은 본 서의 후반부에 논의된다.

## 2. 경제적인 손실

### 1) 이직문제

사람들이 외로움을 느끼면 이직할 가능성이 높아진다. 직장에서 외로움이 엄습하면 팀이나 집단 내에서 이탈하게 되고, 직장에서 즐거움이 감소하고 고용환경에 대하여 불만족이 쌓여간다. 외로움을 느끼면 다른 직장을 찾게 되는데, 자신에게 좀 더 친밀하고 사회적으로 잘 연결된 일자리를 구하는 경향이 있어, 기존의 일자리를 이직하는 경향이 있다. 사업장의 규모와 관계없이 직원의 이직은 비용손실을 발생시킨다. 사업체의 피용자 연간 급여의 상당 부분이 여기에 사용되고 있다. 새로이 직원을 고용하기 위해 구인광고를 내고, 채용하고, 새롭게 훈련시키는 등과 같이, 기업에서 전직으로 사용되는 비용은 점차 증대하는 추세이다. 경영주는 생산성 저하로 인한 비용이라든지 때로는 납기일을 맞추지 못해서 드는 재정적 손실도 감당해야 한다. 외로움으로 인해 이직한 사업체의 잔존 직원들은 이직한 직원의 업무를 부가적으로 떠맡아야 하는 부담도 생긴다. 또한 이직으로 인해 사업체의 사기도 약화될 수 있고 생산성에 영향을 미칠 수도 있다.

### 2) 잦은 결근

외로움을 경험하는 직원들이 신체적 · 정신적 건강 상태가 나빠짐으로써, 그 직원들은 질병에 걸리거나 여러 가지 이유로 잦은 결근을 하게 된다. 잦은 결근은 업무상 비용손실을 발생시킨다. 외로움을 경험하는 노동자는 외롭지 않은 노동자에 비하여 1인당 매년 대략 5.7일 정도 결근을 하는 것으로 추산되며, 이로 인하여 발생하는 손실비용은 1,540억 달러(한국 화폐 154조)가 넘는다고 한다.

영국의 경우 외로움으로 인한 건강문제로 잦은 결근을 함으로써 감당해야 손실비용은 매년 2천만 파운드로 추산된다고 한다. 외로움으로 인하여 건강이 나빠서 직원들에게 케어서비스를 제공해야 하는 경영주에게는 이 비용손실 이외에 따로 부가적인 비용이 사용될 수 있다. 영국에서 직원의 잦은 결근으로 인하여 경영주가 부담하는 손실비용은 약 2억2천만 파운드 정도로 추산된다고 한다.

### 3) 생산성 감소

외로움을 경험하는 노동자는 그렇지 않은 노동자에 비하여 일반적으로 생산성이 낮다고 한다. 이것은 외로움이 가져오는 결과로서 기억력 약화, 의사결정의 어려움, 잘못된 판단력, 낮은 창의력과 동기부여 등으로 인하여 생산성이 저하되기 때문이다. 생산성은 높은 결근율에 의하여 부정적인 영향을 받으며, 외로운 직원들의 이직률도 부정적인 영향을 미친다. 외로움이 가져오는 복합적인 요인에 따라 생산성에 부정적인 영향을 미치게 되어 사용주는 막대한 비용을 치르게 된다. 외로움으로 발생하는 생산성 저하 손실비용은 영국의 경우, 매년 6억6천5백만 파운드로 추산된다. 영국과 비교할 만한 자료가 미국에 없어서 잘 모르지만, 아마도 미국의 경우 외로움으로 인한 생산성 저하 손실비용은 이보다 훨씬 많은 것으로 보인다.

### 4) 외로움으로 인한 경제적 손실비용 추계

#### (1) 외국의 손실비용 추계

미국의 경우 노인들이 사회적 고립으로 인하여 필요한 노인들을 위한 공공의료제도(Medicare)의 비용이 매년 60억7천만 달러(8.5조 원)를 초과하고 있는데, 이는 주로 병원비와 요양원비용이 대부분을 차지하고 있다(Office of the Surgeon General, 2023).

미국의 한 조사연구에 의하면, 외로움은 노동자들의 건강과 노동 참여에 중대한 영향을 미친다고 한다. 노동자들의 외로움으로 인한 결근, 이직 등이 발생하고 이로 인하여 발생하는 재정비용이 연간 1,540억 달러(약 200조 원) 정도로 추산된다고 보고되고 있다(Anne Bowers et al., 2022; 최영준 외, 2023).

영국의 경우는 다음과 같이 네 가지 측면에서 외로움이 노동자와 고용주에게 영향을 미치고 있는데, 이로 인하여 경제적 · 재정적 비용을 추산하면 아래와 같다고 보고하였다(Karen Jeffrey et al., 2017; 최영준 외, 2023).

① **외로움이 피고용 노동자의 건강문제 및 건강과 연관된 질병에 끼치는 영향**

외로움이 우울(증), 코로나 질병, 뇌졸중 등과 연관되며, 노동자들이 이와 연관하여 직장에 결근하거나 이직하는 결과로 발생하는 경제적 · 재정적 비용은 대략 연간 2,000만 파운드 정도라고 보고되고 있다.

② **외로움으로 인하여 발생한 건강상의 문제를 가진 친족이나 친구를 돌보아야 하는 피고용 노동자들이 늘어나고 있고, 노동자들이 이와 연관하여 돌보는 활동과 연관되는 비용을 고용주가 부담하는 비용**

외로움과 우울증 및 치매 등이 연관있다는 연구결과를 얻었는데, 고용주나 국가는 취업 중인 노동자들이 외로움으로 인하여 발생한 이러한 건강과 질병을 가진 사람들을 돌보아야 하는데, 그 노동자들이 외로움으로 인하여 발생하는 돌봄부담 비용이 연간 22,000만 파운드 정도라고 보고되고 있다.

③ **외로움이 피고용 노동자의 웰빙에 끼치는 영향, 그리고 그로 인한 피고용 노동자의 생산성 감소를 추산한 비용**

외로움과 피고용 노동자의 웰빙과의 연관성, 그리고 웰빙과 생산성의 연관성이 있다는 연구결과를 얻었다. 그리고 외로움은 웰빙과 생산성을 저하시키는데, 그 경제적 · 재정적 비용을 추산하면 연간 66,500만 파운드 정도라고 보고되고 있다.

④ **외로움이 피고용 노동자의 웰빙에 미치는 영향, 그리고 이로 인한 그들의 자발적 이직의 증가에 따른 경제적 · 재정적 비용을 부담해야 하는 고용주의 비용**

이것과 연관되는 비용은 연간 대략 162,000만 파운드 정도라고 보고되고 있다.

영국 정부가 2020년 발표한 '외로움비용보고서'(Loneliness monetisation report)에 따르면, 외로움으로 인하여 발생하는 건강, 생산성, 그리고 웰빙상의 경제적 · 재정적 비용은 막대하다고 하였다. 외로움이 가져오는 이들 세 가지 측면의 개인에 대한 파급 효과를 비용으로 추산하였다. 외로움이 가져오는 비용 중 경미한 외로움의 경우 비용은 6,429파운드, 중간 정도의 외로움이 가져오는 비용은 8,157에서 9,537 파운드, 그리고 심각한 외로움이 가져오는 비용상의 파급 효과는 적어도 9,976파운드 정도라고 추산하였다(Peytrignet et al., 2020).

### (2) 우리나라 손실비용 추계

우리나라의 청년재단에서 2023년에 '청년고립의 사회적 비용연구' 보고서를 출간하였다. 여기서는 19~34세의 연령을 청년으로 개념 규정하였고, 기존 자료인 국무조정실에서 출간한 '2022년 청년 삶 실태조사'를 바탕으로, 세 가지 영역으로 구분하여 사회적 비용를 산정하였다. 즉, 경제비용, 정책비용, 건강비용 등이 그것이다.

추계에 의하면, 청년이 고립되었을 때 우리 사회가 현재와 미래에 지불해야 할 사회적 비용이 상당함을 제시하고 있다. 건강 및 관련 비용은 최솟값을 택할 경우, 연간 약 293억 원, 빈곤과 실업으로 인한 정책비용은 연간 약 2천억 원으로 추산되었다. 비경제활동, 직무성과 저하, 그리고 비출산으로 인한 경제비용은 연간 6조 7천억 원으로 추산되었다. 이 비용들을 모두 합하면 6조 9천억 원에 이른다. 이 연간비용을 2019년 현재 고립청년인 34만 명으로 나누면 청년 1인당 약 21백만 원의 사회적 비용이 도출되었다(최영준 외, 2023).

〈표 5-1〉 청년 고립의 사회적 비용 추계 결과 (단위: 백만 원)

| 영역 | 세부영역 | 연간 비용 | 영역 합계 |
|---|---|---|---|
| 경제비용 | 비경제활동 | 6,710,056 | 6,747,795 |
| | 직무성과 저하 | 25,277 | |
| | 비출산 | 12,462 | |
| 정책비용 | 국민기초생활보장 | 138,129 | 208,202 |
| | 실업급여 | 71,273 | |
| | 국민취업지원제도 | -1,199 | |
| 건강비용 | 질병 | 15,064 | 29,322 |
| | 조기사망 | 13,511 | |
| | 작업손실 | 745 | |
| 총비용 | | | 6,985,320 |

출처: 최영준 외, 2023.

## 3. 정치적 · 사회적 파급 효과

### 1) 정치적 파급 효과

외로움을 느끼는 것은 개인적인 특성도 있지만 분명한 사실은 사회환경적 특성이 중요한 역할을 하는 것으로 앞에서 설명하였다. 따라서 사회적 환경은 외로움을 불러일으키는 배경이 된다. 반대로 외로움이 사회와 정치에 파급 효과를 미치기도 한다.

먼저, 외로움이 정치적인 측면에 어떤 영향을 미치는지를 알아보자. 사실 현재까지 외로움이 정치에 어떤 영향을 미치는지에 대한 실증적인 연구가 부족하다. 앞에서 보았듯이, 외로움의 연구가 주로 심리학, 공중보건학, 의학적 측면, 최근에는 사회신경학적 측면에서 연구되고 있지만, 정치적이나 사회적인 이른바 거시적 측면에 미치는 결과에 대하여 실증적 연구는 미미하다.

일찍이 외로움과 정치를 연관시킨 학자는 한나 아렌트(Hannah Arendt)이다. 그녀는 『전체주의의 기원』의 마지막 장에서, 외로움이 산업혁명 이후 전개된 사회구조적 변화의 결과, 현대 대중이 뿌리 뽑히고(uprooted ness) 무용한(superflousness) 감정을 가지게 됨으로써, 전체주의 정부의 토대가 될 수 있는 위험성을 지적하였다(Andrew Schaap, 2021; 허츠, 2021; 한나 아렌트 지음, 이진우 · 박미애 옮김, 2006). 한나 아렌트는 현대 대중사회가 가진 위험 요소 중 외로움이 정치적인 영역에서 전체주의를 가져올 수 있는 정신적 분위기 혹은 배경이 될 수 있는 점을 지적하였는데, 이 점은 오늘날 정치학과 정치철학 등에서 외로움과 고독이 정치 현상에 어떤 연관성을 지니는지에 대해 중요한 분석틀로써 활용되고 있다.

대체로 외로움이 사람들에게 영향을 미쳐 자존감이 낮아지고, 심리적으로 위축되고, 불안하고 우울함으로써 스스로 다른 사람들과의 접촉과 연결을 축소하거나 단절시킨다. 또는 다른 사람들이 자신을 이해하지 못한다고 스스로 오해를 하게 되고, 더 나아가 자신을 배제하고 소외시키며 고립시킨다는 생각으로 인하여 다른 사람들이나 사회에 대하여 증오심과 분노를 갖게 된다는 것이다. 그리하여 결과적으로는 묻지마 폭력이나 유사 범죄를 저지를 수 있는 가능성이 있다고 해석한다.

또 외로운 사람들은 자신이 사회에 배제되고 자신의 자리를 박탈당하게 되어, 기존의 체제나 제도, 정책에 실망한다. 그리하여 기존 체제의 변혁을 주장하는 정치적으로 좌파나 우파의 극단적인 정치가나 정당을 지지하는 경향이 있다는 것이다. 이에 더하여 외로운 사람들은 정치적으로 극단적인 활동가 또는 포퓰리스트 등을 지지하는 쪽으로 쏠리는 경향이 있다고 한다(Jennifer Gaffney, 2020; Delaney Peterson et al., 2025. 참조).

박문섭과 현명호는 정신병리 현상의 차원에서 외로움이 지속되면 부정적 자기 개념이 활성화되고, 이로 인해 편집증이 증가한다고 주장한다(박문섭 · 현명호, 2020). 편집증(paranoia)은 아무런 근거가 없는 상태에서도 타인이 나에게 피해를 줄 것이라고 의심하면서 그렇게 믿어버리는 증상이다. 외로운 사람은 '과도한 경계 상태'를 취하는 경향이 나타나고 사회환경이 위협적이라고 판단하게 된다. 그렇게 형성하는 불안과 두려움의 원인을 외부 세계에 투사하다 보면, 사회적 단서에서도 부정적 측면을 더 많이 인지하고 더 많이 기억하는 편집증이 생긴다. 예전에는 편집증을 비정상적 증상으로 규정했지만, 이제는 누구에게나 나타날 수 있는 평범하면서도 흔한 증상으로 간주하기 시작했다.

외로움이 심할수록 세상을 곡해할 여지가 높아지는 것은 자아정체성에도 영향을 미쳐서 자기 부정적 자아를 강화한다. 자기 부정성은 기존의 사회 질서와 주류 정치권의 행위들도 싸잡아 의심하는 경향을 만들어 낸다. 외로움 증상이 정치 혐오나 우파 포퓰리즘으로 흐를 가능성이 높아지는 것도 이와 연관된다(이정은, 2024).

더 큰 문제는 이처럼 외로움에 빠져 동원되는 대중들이 '혐오' 현상과 쉽게 결합한다는 데 있다. 한나 아렌트의 지적처럼 외로움에 빠진 이들은 자기에 대한 신뢰를 잃고 '자기 중심적 슬픔'에 빠져드는 경향을 하게 된다. 이런 경험은 쉽게 '자기 혐오'(self-hatred)로 이어진다. 지그문드 바우만(Zygmunt Bauman)은 『부수적 피해』(Collateral Damage)에서 세계화 과정에서 버려진 이들이 사회적으로 고립되는 현상을 자세히 지적하며 이들이 자기 혐오에 빠지는 성향이 있다고 말한다. 자신의 '무능함', 이에 따른 '부끄러움', '수치심'이 이 과정에 함께 한다. 더 큰 문제는 바우만의 지적처럼 그 어떤 이도 자기를 혐오하는 마음을 자신 안에만 담아둘 수 없다는 점이다. 대개의 사람들은 자기 혐오의 출구를 찾기 위해 필사적으로 노력한다. 이 과정에서 자신을 미워하는 마음은 타자를 미워하는 마음으로 이어지기 십상이다(Bauman, 2011). 허츠는 이러한 경향을 두고 시카고대 두뇌역학실험실 책임자 스테파니 카치오포(Stephanie Cachoppo) 박사의 말을 인용해 "외로운 정신은 언제나 뱀을 본다"라고 표현한다(허츠, 2021). 결국 외로움은 한 개인의 삶을 무너뜨릴 뿐만 아니라, 공동체의 삶을 위협하며, 마침내 민주주의를 실제로 위협하는 단계에 와 있다고 볼 수 있다(김만권, 2023).

외로운 사람들이 정치활동에 어떻게 관여하는가에 대한 실증연구를 수행한 Alexander Langenkamp의 논문에 따르면, 외로운 사람들이 소속감과 가치를 높이며 의미를 부여할 수 있는 새로운 사회적 · 정치적 연결을 선호하며, 참여도 가능하다고 한다. 외로운 사람들은 한편으로는 사회적 · 정치적 쟁점에 대하여 무관심하고 냉담하고 때로는 분노하지만, 다른 한편으로는 기존 제도와 정치를 부정하며 새로운 변화를 모색할 수 있도록 동기를 부여하면 참여도 가능하다고 서술하고 있다. 이러한 맥락에서 사회변혁을 외치는 포퓰리스트나 정당을 적극 지지하게 되며, 더 나아가 이러한 배경에서 외로운 사람들은 전체주의적인 지원과 조작에 동원될 수 있는 가능성이 크다는 것이다(Langenkamp, 2022).

Langenkamp가 제시하고 있는, 외로움과 정치적인 활동을 연결하는 개념적인 모형은 아래와 같다. 즉 외로움이 스트레스, 비보장(insecurity), 사회적 불안을 야기시키고, 이 결과 소외, 불신, 재연결 욕구를 가져오는데, 이는 한편으로는 외로움을 낳기도 하지만, 다른 한편으로는 투표하려는 의무감, 정치적인 동원 해제(political demobilization), 정치적인 동원(political mobilization) 등으로 연계된다는 개념적 틀을 제시하였다. Langenkamp가 분류하는 정치적인 활동에는 투표→청원(탄원)→정치가와 계약→정치적 집단에 참여 데모 등의 순서로 점차 '낮은 단계의 정치활동'에서부터 '높은 단계'로 외로운 사람들이 정치적 활동을 하게 된다는 가설을 제시하였다. 즉, 외로운 사람들이 '약한 단계의 잠재적 연결'(weak potential for affiliation)에서부터 '강한 단계의 잠재적 연결'(strong potential for affiliation)을 가지느냐에 따라, 약한 정치적 연결인 '투표' 활동에서부터 점진적 단계별로 '데모'라는 강한 정치적 잠재적 연결 단계로 정치활동을 하게 된다고 설명하였다(Langenkamp, 2022).

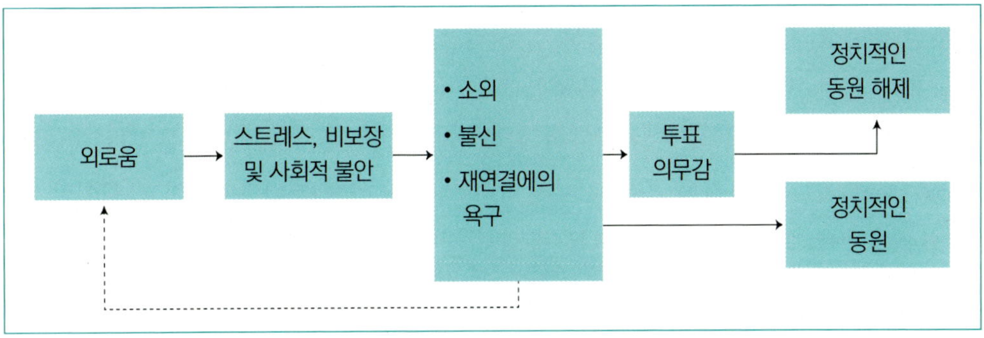


[그림 5-7] 외로움과 정치적 활동을 연계하는 개념적 틀

출처: Alexander Langenkamp, 2022.

## 2) 사회적 파급 효과

외로움이 가져오는 사회적 파급 효과는 무엇인가? 앞에서 언급한 바와 같이, 외로움이 개인의 심리적인 문제를 발생시킴으로써 개인에게 부정적인 영향을 미치는 것으로 시작하여, 공중보건적 측면에서도 가족, 지역사회, 회사 및 조직, 그리고 국가적 측면에 이르기까지 영향을 미친다. 물론 유아학교에서부터 초등학교, 중·고등학교 및 대학에 이르기까지 외로움이 학생들에게 갖가지 부정적인 영향을 미치는 것으로 파악된다.

특히 외로움과 유사한 고립과 은둔에 대한 부정적인 파급 효과는 외로움 연구보다 훨씬 많은 연구결과가 이루어져 있고, 세계 각국에서는 이러한 문제를 국가정책으로 수립하여 다루고 있다. 은둔형 외톨이 문제는 일본에서부터 세계 여러 나라에서 사회문제로 취급되고 있다. 본 서에서는 나중에 독립하여 한 개의 장으로 고립은둔문제를 서술하려고 한다. 이에 대한 자세한 사항은 후술하는 고립은둔문제 관련 장에서 논의한다.

여기서는 외로움이 가져오는 사회적 파급 효과는 가족, 학교, 회사 및 조직, 그리고 국가적인 측면에서 설명할 수 있다. 현재까지 외로움문제가 사회적인 측면에 가져오는 부정적인 결과에 대한 실증 연구가 희박하다. 외로움문제는 일차적으로 외로움문제를 가진 개인에게 영향을 미쳐서, 개인과 연관되어 가족, 학교, 회사 및 조직, 그리고 국가에 영향을 미치는 것으로 설명하고 있다. 결과론적으로는 외로움문제가 사회 전체에 대한 웰빙(well-being) 수준을 떨어뜨리고 사회 전체의 회복탄력성을 낮춘다. 외로움문제는 외로운 사람과 연관되는 이웃, 친구, 지역사회 주민, 직장 동료 등과의 사회적 연결을 줄이거나 단절함으로써, 지역사회 내에 존재하는 연결이 가져다주는 공동체 의식이 저하되고 각종의 유익한 점을 상실하게 만들어 결과적으로 지역사회의 복지와 웰빙 수준을 낮추는 기능을 한다. 외로움문제는 흔히 말하는 사회적 자원(social capital)을 감소시키는 쪽으로 부정적인 역할을 하게 된다. 사회적 자원이란 "개인이나 집단이 자신들의 네트워크를 통해서 접근할 수 있는 여러 가지 자원"을 말하며, 결국 사회적 자원이 감소한다는 말은 지역사회 내 사회적 지원과 사회적 응집력이 줄어드는 것을 의미하며(Office of the U.S. Surgeon General, 2023), 이는 외로움이 지역사회에 부정적인 영향을 미치는 대표적인 예가 될 수 있다.

외로움문제와 대척점에 서 있는 구성원 사이에 연결(connection)이 잘 되어 있고 네트워크가 활발한 지역사회와 국가는, 그 구성원들 사이에 사회적 지원이 활발하게 일어나고 상호 신뢰성이 높고, 따라서 창의적인 생각을 자극하게 되고 다른 관점에서 검토하는 것을 격려하며, 그래서 결과적으로 지역사회의 문제를 해결하는 능력을 높여 주어 전체적으로 복지와 웰빙 수준이 상승하게 된다. 이와 같은 지역사회에서는 서로 돕고 이타적인 생각이 널리 유포되고 타인에 대한 공감능력이 높아지게 된다. 그리하여 상호 협력적이고 개인과 집단을 위한 유익한 상호작용이 발생하기 쉽다. 이러한 지역사회에서는 구성원들 사이에 외로움보다는 사회적 참여도와 신뢰도가 높고 사회 기여를 하려는 의식이 강하며, 구성원들 상호 간에 정보교환과 자원을 나누려는 분위기가 조성되어 사회 전체적인 통합성이 상승한다.

지역사회의 구성원, 시민들 사이에 사회적 연결과 사회 참여가 높은 지역사회는 지역사회의 안정도가 높아진다. 범죄율이 낮아지고 자연재해 등과 같은 재난 상황에 주민들이 잘 대처한다. 지역사회에 대한 시민들의 참여가 높은 경우에는 지역사회 구성원들 사이에 공감능력, 문제 해결 역량, 그리고 협력을 증진시키는 결과를 가져온다(Office of the U.S. Surgeon Genera, 2023 참고).

이와 반대되는 현상으로서, 지역사회 내 외로움이 증가하면 지역사회의 안정이 흔들리며 통합성이 낮아지게 된다. 최근 정치적 양극화가 지구촌에서 점점 강해지는 상황에서, 특히 양극단의 이념을 가진 정치집단이 외로운 사람들을 끌어가기 위한 다양한 정치활동을 수행하는 가운데 정치적인 쏠림이 좌우의 양극으로 모이면, 결과적으로 사회적 분열과 극단화 현상이 발생할 수 있다. 결과적으로는 사회분열과 통합이 저하되는 사회적 파급 효과를 가져오게 된다. 반대로 사회분열과 통합성이 낮아지면 오히려 외로움문제를 발생시키는 악순환이 일어날 수 있는데, 이러한 연결고리를 끊는 노력이 중요해지고 있다. 외로움문제는 아직은 사회과학적 연구와 관심이 낮지만, 이러한 맥락에서 중요한 사회문제로서 인식되고 수용되어야 할 것이다.

제 6 장

# 외로움문제: 개인문제와 사회문제

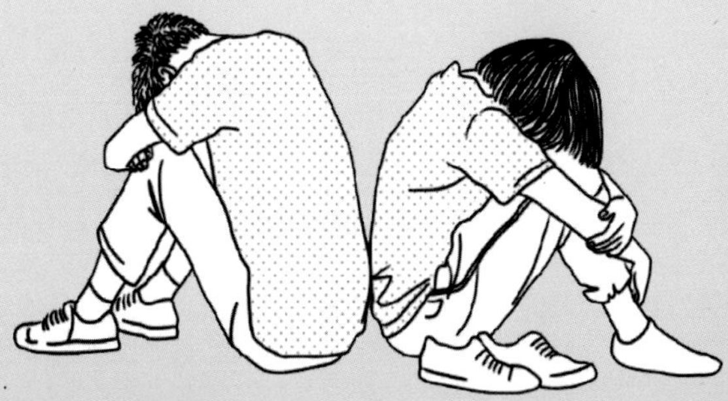

# 제1절 외로움문제의 출현과 의미

## 1. 외로움문제의 의미

외로움은 사람들이 삶의 여정에서 누구나 언제든지 만날 수 있고 생길 수 있는 마음의 상태라는 사실은 이미 말하였다. 살다 보면 일시적으로 외로움이 밀려오기도 하고 인생의 주기에 따라 새로운 외로움이 생겼다가 사라지기도 한다. 경우에 따라서는 이사를 한다든지, 좋아하는 친구가 불행한 일을 당하였을 때 우리는 상실, 슬픔과 함께 쓸쓸함과 외로움을 느끼기도 한다. 그러므로 외로움은 일상에서 겪는 감정의 하나일 수 있다.

하지만 외로움이 오래도록 지속되고 그 강도가 점점 심각해지면서, 단순한 마음의 상태가 만성적이고 심각한 '문제'로 바뀌게 된다. 여기서 문제란 "사람에게 그에 대한 해결 욕구를 유발시키는 불만족스런 상태 또는 조건"(Anderson, 1979; 안해균, 1990; 현외성, 2019)이라고 규정할 수 있다. 이때부터는 외로움이 하나의 '문제'로 전환된다. 문제는 그대로 방치될 경우 점점 더 부정적인 파급 효과가 더 심각해지고 해결하기 어려운 상태로 변화하고 또 다른 성격의 문제로 변화되거나 새로운 문제가 발생하기도 한다. 예컨대, 이미 앞에서 설명한 것과 같이, 외로움문제가 시간이 흐르고 심각해질수록 불안, 우울, 분노 등의 심리적·정신적 문제로 진전되거나 혈압이 높아지고 심혈관, 뇌졸중, 치매, 더 나아가 사망률을 높이는 신체적 문제로 발전해 가는 심각한 문제로 악화되어 갈 수 있다. 그래서 외로움문제는 처음에는 단순한 개인문제에서 사회문제로 변화되는 경우도 있고, 아예 외로움문제가 사회문제의 성격을 지니면서 개인에게 발생하는 경우도 있을 것이다.

## 2. 개인문제로서 외로움문제

개인문제는 말 그대로 개인 스스로가 문제를 발생시키는 원인으로서 간주되며, 따라서 문제 해결의 책임도 개인이 져야 하는 문제이다. 밀즈는 문제를 개인문제(private troubles)와 공공문제(public issue)로 구분하였다. 개인문제는 사람의 성격 및 타인과의 당면한 관계의 범위 내에 있는 문제를 말한다. 반면에 공공문제는 다음과 같은 일련의 뚜렷한 특징이 있는 문제를 말한다고 하였는데, 그가 말하는 공공문제야말로 진정한 의미의 사회문제라는 것이다(Meenaghan & Washington 저, 김한주 역, 1983: 52-53).

① **크기 및 범위**: 사회의 상당수의 사람이 특별한 결과를 공유하고 있는 것
② **고유성**: 연령, 성별, 민족집단과 같은 일부 집단에서 공통적으로 발견된 것
③ **비교적 영속적인 것**: 결과가 수년간 된 사태로 나타난 것
④ **제도의 역기능**: 결과가 특정한 사람들에 의하여 경험되는 동안 반드시 그들에 의해서만 야기되는 것이 아니라 정치, 경제, 교육, 건강과 같은 주요한 제도가 그러한 결과를 경험하는 자들과 어떻게 관련되어 있느냐에서 비롯된 것일 수 있다. 어떤 의미에서 제도란 사람들에게서 발생되는 문제의 원인을 이해하는 데 중요하다.

'개인문제' 관점은 영향을 받은 사람들의 생활 속에서 정책 및 프로그램에 의한 개입에 관하여 언급해 주는 한편, '공공문제' 관점은 그러한 문화적인 것에 불균형적으로 영향을 미치는 역할, 가치기준과 규범 및 이해관계를 포함한 사회의 제도적인 여건 속에서 구조적 변화에 대한 개혁을 시사하며 다른 관점에서는 사회 내의 구조적인 변화를 시사해 주고 있다. 후술하겠지만 개인문제와는 달리, 공공문제나 혹은 사회문제는 그 개념상 사회라고 하는 제도 혹은 구조, 정책 등에 의해서 오히려 문제의 발생 소지가 더 크다는 의미가 담겨 있다. 반면에 개인문제는 사회문제와는 달리 개인 자체, 개인과 개인 사이 혹은 집단 사이에 일어나는 문제나 사건, 사태를 말하는 뜻이 상대적으로 강하다.

〈표 6-1〉 문제 인식에서 사회적 선택

| 구분 | 공공(개인, 집단, 제도) | 개인(개인, 집단) |
|---|---|---|
| 관심 영역 | 변화 유형 | 별개의 각 개인들 및 집단 |
| 사회적 맥락 | 강, 사회적 선 혹은 사회적 해결과 연관된 문제들 | 약, 각각을 좀 더 부정적인 것으로 보게 되는 문제들 |
| 문제의 상호관계 | 체계적인 공변화, 공통적인 구조적인 원인의 탐구 | 비체계적인 문제에 대한 인과적 관계의 탐구 |
| 원인 | 사회적 긴장 및 구조적 역기능 | 사람 및 하위 문화의 영향 |

출처: 김한주 역, 1983; 현외성, 2019. 재인용

개인문제로서 외로움문제는 삶의 여정에서 일시적으로 나타났다 사라질 수 있는 경미한 외로움문제라고 정의할 수 있다. 이러한 개인문제로서 외로움문제는 누구든지 삶의 여정에서 경험할 수 있는 문제이고 또 극복될 수 있는 외로움문제를 의미한다.

## 제2절 사회문제로서 외로움문제

### 1. 사회문제의 의미

사회문제는 '사회'와 '문제'의 합성어다. 사회란 두 사람 이상으로 구성된 사람들의 다양한 집단을 말한다. 그리고 문제란 "사람에게 그에 대한 해결 욕구를 유발시키는 불만족스런 상태 또는 조건"이라고 했다. 따라서 '사회문제'라고 말하면 이상과 같은 의미를 지닌 것 중에 특별히 '사회적인 특성'을 강조하는 경향이 있다. 즉, 문제는 개인문제와 사회문제, 사적인 문제와 공적인 문제 등으로 구분할 수 있으며, 이때 사회문제는 특별한 뜻을 가진다. 앞에서 말한 해결되어야 하는 불만족스러운 상태나 조건을 판단하는 주체와 대상, 그 기준, 정도 등과 관련하여 '사회'라는 접두사가 중요한 의미를 가진다. 일단 사회문제란 "사회구성원 중의 상당수가 문제라고 인정하고 수용하는 것"이라고 간단하게 규정하고 넘어가자.

사회문제는 개인문제와는 달리 '사회적인 맥락' 혹은 '사회적인 구조'로부터 발생한다는 암묵적인 전제를 바탕으로 그 개념이 성립한다. 즉, 사회문제는 개인의 결함이나 잘못, 책임으로 환원될 수 없는 사회적 문제로 이해할 수 있다.

이러한 의미에서 사회문제는 사회구성원이 삶의 여정에서 누구든지 직면할 수 있는 개연성 혹은 보편성을 가지는 문제로서 파악된다. 사회문제는 언제, 어디서, 누가 직면하게 될지는 모르지만, 그 가능성이 항상 존재하는 문제이다. 따라서 사회문제는 사회적인 장치를 통해서 사회구성원의 공동 노력으로 해결해야 하는 문제이며, 그 해결을 통해 사회구성원의 생활에 미치는 부정적인 영향, 불만족스러운 상태나 조건을 없애는 것으로 이해할 수 있다(현외성 외, 2019).

## 2. 사회문제의 특성

사회문제의 개념에 포함된 복합적인 요소를 사회문제의 특성 혹은 사회문제 개념의 특성이라고 하고, 그 내용을 좀 더 논의해 보고자 한다. 이러한 작업을 통해 사회문제의 개념과 사회문제에 관하여 더욱더 깊이 이해할 수 있기 때문이다(현외성 외, 2019).

### 1) 사회문제의 유동성

어떤 학자들은 사회문제 개념이 포함되어 있는 내용의 많은 부분이 상대성, 애매성, 모호성을 띤다고 지적한다. 어떤 사회에서 사회문제가 부정적이고 바람직하지 않은 조건이나 상태라고 규정할 경우, 그 부정적이고 바람직하지 않다는 말은 그 사회가 가진 바람직한 상태나 조건, 긍정적인 기준이 있다는 의미이고, 그 기준에서 벗어난 조건이나 상태가 사회문제가 존재하는 형태인 것으로 보기 때문이다.

그런데 어떤 사회나 시대에서 특정 사회적 조건이나 상태가 사회문제일 때도 있고, 때에 따라서는 개인문제일 수도 있고, 아예 문제 자체가 아닐 수도 있다. 사회문제가 될 수 있는 기준은 특정 시대나 사회의 바람직한 기준에 따라, 사회문제로 인식하고 인지하는 집단에 따라 달라질 수 있다는 것이다. 결국 사회와 시대에 따라 사회문제는 유동적이고 상대적임을 알 수 있다. 예를 들면, 빈곤의 개념과 기준은 시대와 사회에 따라 다르며, 국가 내에서조차 대도시와 중 · 소도시, 농 · 어촌에 따라 빈곤선이 다르다. 이는 빈곤의 개념이 변화하고 있다는 점이다.

### 2) 사회적 사실로서 객관성과 문제인식의 주관성 결합

사회문제는 특정 조건이나 상태가 객관적인 사실로서 선행적으로 존재하여 삶에 부정적인 영향을 미치고 있음을 전제로 한다. 예를 들면, 아직 사회적으로 큰 관심을 받지도 못한, 모든 국민이 알지도 못한 상태에서, 특정 지역에서 정체불명의 질병과 장애로 고통받는 상황이 점진적으로 확대 · 심화되고 있다고 가정하자.

먼저, 객관적 사실로 정체불명의 질병과 장애가 존재하는데, 그 배경과 원인이 무엇인지는 아직 알 수 없다. 개인 학자들이 당해 지역을 대상으로 여러 가지 역학조사를 수행하여 마침내 인근 지역의 여러 공장에서 나온 폐수와 공해로 인한 환경오염의 결과로 그 정체불명의 질병과 장애가 발생했음을 밝히게 되면서, 그 지역 각 개인의 문제는 이제 사회문제로 전환된다.

이 과정에서 조사·연구한 학자나 사회운동가가 객관적 사실로서 존재하던 조건이나 상태를 학문적 조사·연구한 것을 바탕으로, 먼저 주관적으로, 그 후에 객관적으로 사회문제로 인식하고 수용함으로써 그 환경문제는 개인문제에서 사회문제로 전환되는 계기가 된다.

통상 여러 사회문제는 이러한 과정과 절차를 거치며, 이런 점에서 객관적이고 사회적인 사실로서의 문제가 선행하고, 그 이후에 주관적으로 사회문제로 인식함으로써 사회문제로 전화(轉化)되거나 정책화되는 것이다.

### 3) 쟁점의 선택성

모든 사회문제가 이러한 과정과 절차를 거치지는 않더라도 개인문제와 사회문제는 연관성이 존재한다. 즉, 인간 욕구의 불충족으로 인하여 문제가 발생하며, 이 문제는 개인문제나 사회문제 중 하나로 발생하는 것으로 이해할 수 있다. 물론 사회변동과 인간의 성장·발달이라는 두 가지 큰 독립변수가 인간 욕구의 불충족과 문제 발생을 일으키는 요인이기도 하다

사회에는 매일 시시각각 다양하고 복합적인 문제가 발생한다. 여러 가지 이유와 배경이 있을 수 있다. 사회에서 일어나는 모든 문제가 사회문제로 규정되지는 않는다. 특정 쟁점이 사회문제로 대두되는 데에는 여러 가지 원인과 환경이 작용한다. 앞에서 말한 바와 같이 개인이 가진 욕구를 스스로 해결할 수 없을 때, 즉 욕구 불충족일 때 문제가 발생하는 것이다. 이때 욕구란 '모든 생명체가 생명과 존립을 위해 무엇인가를 소비해야 하는 생명 현상'이라고 간단하게 정의하자(현외성 외, 1998). 사람이 생명을 유지하고 인간다운 생활을 영위하는 데 필요한 여러 가지 욕구가 존재하고 이를 충족하지 못할 때 생명과 생존을 위협하는 문제가 발생하게 된다. 이 문제 중 사회구성원 사이에서, 즉 사회구조적이고 환경적 측면에서, 발생 배경이 되는 문제를 특히 개인문제라기보다는 사회적 문제로 규정하고자 한다.

사회문제의 개념 정의에서 언급한 바와 같이 사회문제는 결국 특정 사회의 특성을 반영하는 것이고 이러한 맥락에서 사회문제는 선택성을 가진다. 사회의 바람직한 기준, 문화, 의식 등에 따라서 사회문제의 성격이 직·간접으로 영향을 받아 규정된다. 예를 들면, 어떤 사회에서 빈곤은 사회문제이지만, 어떤 사회에서 빈곤은 상대적으로 사회문제의 범주에 포함되는 정도가 미약할 수도 있다. 여성인권문제는 오늘날 일반 사회에서는 민감한 사회문제로 간주되지만, 종교적 견지에서 여성인권문제가 사회문제로 두드러지지 않는 국가와 사회도 엄연히 존재한다.

이러한 점에서 보면 사회문제는 사회의 특성에 따라서 선택되고 선별되는 특성이 있다. 물론 사회 전체의 문화나 규범과 같은 환경적인 요인도 사회문제의 선택성에 영향을 미치지만, 사회구성원 중 주요 여론형성가, 사회운동가, 집단, 정치적 영향력이 있는 정책결정권자가 특히 사회문제의 선택성에 관여하고 있다.

다른 한편, 사회를 구성하는 사람들의 욕구는 무한하지만 그 충족에 필요한 사회적 자원이 유한한 데서 오는 국가사회적 정책 선택의 우선순위 결정에서 어쩔 수 없이 사회문제는 선택된다. 일반적으로 발전되고 성숙한 사회일수록 사회문제에 민감하고 그 해결책에 더 많은 관심과 에너지를 투입한다고 볼 수 있다.

### 4) 정치적 개입의 중요성

사회문제는 정치적인 특수성을 반영하기도 한다. 사회문제의 제기에서부터 인정과 수용에 이르기까지 가치와 이념이 상당하게 작용하는데, 이 과정에 이념과 가치를 달리하는 정치집단의 역할이 개입하게 된다. 여론형성가나 여론에 대응하여 당해 사회문제를 사회복지정책, 사회정책을 입안하고 입법하는 집단은 정치집단이다.

사회문제의 수용과 그 정책적 대응과정에서 정치가는 적절한 정책적 개입의 타이밍이 중요하며, 이것 역시 정치적 이해관계와 상대 정치가나 정당의 역학관계와 관련하여 결정되는 경우도 있다. 사회문제의 정치성은 어느 사회에나 존재한다.

### 5) 지식과 이론의 발달에 따른 사회문제의 생성

사회문제는 사람들의 지식과 이론의 발달에 따라서 영향을 받는 경우도 있다. 예를 들면, 빈곤문제는 과거 사회에서 개인문제로 규정되었고 빈곤의 원인과 배경에 대한 수많은 조사·연구와 사회과학적 이론의 축적으로 말미암아 빈곤 현상, 빈곤문제에 대한 더욱 심층적인 정체성이 밝혀지며, 다른 한편 자본주의 사회의 전개과정과 그 한계와의 관련성을 사회과학적 이론과 지식으로 밝혀내면서부터 비로소 사회문제로 인식되고 수용되기에 이르렀다. 오늘날 질병과 장애의 사회적 연관성이 이론적으로 밝혀짐으로써 질병과 장애를 사회문제의 하나로 이해하며 수용한다.

이처럼 사회문제를 둘러싼 지식과 이론, 조사·연구의 축적으로 사회문제의 발생 배경, 원인, 과정 등을 심층적으로 분석할 수 있고, 이를 바탕으로 사회문제의 영역이 확장되고, 개인문제로 치부되던 문제들이 사회문제로 전환되는 경우가 생겨나고 있다. 따라서 지식과 이론의 발달은 사회문제를 생성시키고 개인문제를 사회문제로 전환하는 역할을 수행하고 있다. 결국 문제의 발생 배경, 원인 및 과정 등에 대한 지식과 이론의 발달이 문제와 사회와의 연관성을 밝혀 줌으로써 문제에 대한 사회구성원들의 인식을 새롭게 하고 구성원들이 사회문제로 수용하게 하는 계기를 마련한다. 이런 점에서 지식과 이론의 발달은 사회문제를 발굴하고 인식하는 데 기여할 수 있다.

## 3. 사회문제로서 외로움문제

### 1) 외로움 연구 동향: 사회학 혹은 사회과학 연구의 희소성

외로움 현상 혹은 외로움문제에 대한 학문적 연구는 외로움이 가지고 있는 다양한 측면에서 볼 때 다학문적인 연구(interdisciplinary science research)가 필요함은 말할 필요가 없다. 외로움 연구는 주로 심리학, 신경학, 노년학, 그리고 공중보건학 등에 집중되었고 사회학이나 사회과학적 연구는 찾기가 쉽지 않았다. 영어권의 사회과학 및 인문학 논문 데이터베이스인 JSTOR에서, 1980년에서 2016년까지 논문검색 중에 외로움 연구논문은 별로 없었다고 Keming Yang이 말했다(Keming Yang, 2019).

사회학 연구의 건설자들인 칼 마르크스, 막스 베버, 에밀 뒤르껭, 조지 짐멜 등은 거의 거대이론과 담론에 관심이 있다. 예컨대 사회역사적인 규칙성과 과정, 사회구조와 이동성, 사회갈등과 투쟁, 전체 사회 내의 서로 다른 부분들 사이의 관계 등에 대한 관심에 집중하였다.

1960년대 『고독한 군중』(The Lonely Crowd, 1965)을 집필한 리스만(David Riesman)이 외로움 연구의 선구자이다. 그리고 『외로움의 추적』(The Pursuit of Loneliness, 1971), 『외로움의 해부학』(The Anatomy of Loneliness, 1980) 등이 대표적인 외로움 연구들이다. 물론 여러 사회학 선구자들의 저작에는 아노미(anomie), 소외(alienation), 고립(isolation), 홀로됨(aloneness), 단절 혹은 분리(disconnection) 등과 같이, 외로움 연관 연구들이 있었다(Keming Yang, 2019). 이러한 사회학 선구자들은 외로움과 연관된 사회 현상과 문제에 천착하였으나 외로움 자체에 관심을 가졌던 것은 아니었다.

이러한 현상은 오늘날에도 비슷하지만, 최근에 외로움문제가 사회적 쟁점이 되면서 사회학이나 사회과학에서 외로움 연구에 눈을 돌리기 시작하였다. 외로움문제 연구는 사회학, 경제학, 정치학, 사회복지학 등에서 여전히 연구의 필요성은 존재하지만 그 연구의 활발함은 아직은 찾아보기가 쉽지 않다. 특히 외로움문제가 미치는 부정적인 영향이 개인, 가족, 지역사회 및 사회 전체 등에 중요하고 막대한 파급 효과를 가지고 있어, 그 대응책을 강구해야 할 시급성이 있기 때문에 더욱 사회과학적 연구가 긴요하다. 그러므로 외로움문제를 개인문제에서 사회문제로 인식을 전환하여 사회와 국가적 대응책을 마련해야 할 때이다.

## 2) 사회문제로서 외로움문제

외로움문제가 개인문제를 넘어서 사회문제로서 인식되고 수용되어야 하는 이유는 다음과 같은 점에서 찾을 수 있다. 앞에서 언급한 대로 외로움문제가 사회문제로서 특성을 가지기 때문인데, 이는 아래가 같은 내용에서 그러하다. 외로움문제를 사회적 문제로 포착하여 다소 상세하게 분석한 학자는 Yang인데(Keming Yang, 2019), 아래에서는 Yang의 입장을 참고하면서 저자의 설명을 덧붙이기로 한다.

### (1) 외로움의 개념 정의 측면

첫 번째, 외로움문제가 사회문제로서 성격을 가지는 점은 바로 외로움의 개념 정의에서 찾을 수 있다. 본 서의 제1장 외로움의 정의에서 언급하였던 바, Weiss(1987)는 외로움을 정서적 외로움과 사회적 외로움으로 나누어 설명하였다. 정서적 외로움은 다른 사람에 대한 가깝고 친밀한 애착이 부족해 발생하며, 사회적 외로움은 그 사람이 공통된 관심과 활동을 공유하는 친구집단을 비롯한 사회적 관계망의 부족에서 발생한다고 보았다(김혜정 · 박혜림, 2020). Peplau & Perlman(1982)은 외로움을 개인이 원하는 사회적 관계와 그가 성취한 사회적 관계의 수준이 불일치할 때 발생되는 불유쾌한 경험으로 정의하면서 외로움에 대한 공통 요소를 제시하였다. 첫 번째, 외로움은 사회적 관계의 결핍으로 발생하지만 사회적 관계 변화 없이 개인의 사회적 욕구 변화로 인해 발생할 수 있다고 보았다. 두 번째, 외로움은 주관적 경험으로 객관적인 사회적 고립과는 구분되는 개념이며 부정적인 생각과 정서를 동반하는 불쾌하고 고통스러운 경험이라고 하였다(김혜정 · 박혜림, 2020).

Weiss의 외로움 정의와 Peplau & Perlman의 외로움 정의 모두에서 공통적으로 발견되는 사실은 '사회적 관계(망)'와 연관하여 외로움이 정의되고 있으며, 따라서 사회적 관계(망)의 결핍이나 부족으로 인하여 외로움이 발생함을 이야기하고 있다. 외로움의 발생 배경에서 설명하였듯이, 외로움의 원인이 심리적이고 경우에 따라서는 신경 혹은 유전적 성향과 연관된다는 연구도 있으나, 이것 역시 인간관계와 사회적 · 문화적 영향의 결과로 외로움을 경험하게 하는 직접적 · 간접적 파급 효과로 해석될 수 있다. 어머니의 사랑과 케어를 그리워하는 고아, 새롭게 학교에 입학하면서 부모의 중재를 절실하게 기대하는 아동, 놀이 집단에서 배제된 아동, 이민온 국가에서 누구와도 의사소통을 할 수 없는 이민자, 이성애자들 사이에서 살아가는 동성애자, 대부분 종교를 가진 친척들 사이에서 살아가는 무신론자 가족구성원 등이 사회적 관계로 인한 외로운 사람들이다. 더욱이 보다 더 큰 사회적 상황이나 사회구조적인 문제로 인하여 혹은 큰 사회적 사건이나 사태로 인하여, 전쟁이나 재난으로 인하여 발생한 사태로 인하여 경제적 · 재정적 위기, 슬픔, 두려움, 낙망, 좌절, 그리고 외로운 사람들이 그들이다.

### (2) 외로움의 의미 측면

두 번째, 외로움문제가 사회문제인 까닭은 '외로움의 의미가 사회적이다'라는 사실에서 그러하다. 사람들이 외롭다는 것은 무엇을 의미하는가? 외로움의 개념 정의로부터 우리들은 다음과 같은 사실을 알게 된다. 즉 외로움의 경험은 상호 강화되는 세 가지의 정신적 활동으로 이루어진 과정이라는 것이다. 1단계는 사람들의 사회적 관계를 인지하는 정신적 과정이다. 즉, 그 사람들이 이러한 사회적 관계를 부정적인지, 바람직한 것인지, 혹은 위협적인지를 평가하는 또 다른 인식에 의해, 그로 인하여 연이어 그와 같은 평가에 대한 정서적 반응이 유도되는, 사회적 관계를 인지하는 정신적 과정이다. 물론 다음 차례로 그와 같은 정서적 반응이 한 걸음 더 나아간 인지적 활동에 의하여 억제될 수 있는, 사회적 관계를 인지하는 정신적 과정이다. 이러한 정신적 과정은 머릿속에서 번개처럼 일어나고 또 명확한 생각 없이 발생하여 그것 자체를 인식할 수도 없이 일어난다.

두 번째 단계의 과정은 외로움의 사회적 의미가 나타나는 단계이다. 즉, 개인이 자신과 다른 사람들 사이의 연결의 사회적 의미를 깨닫기 시작하는 단계이다. 사람들은 이 연결의 중요성과 필요성을 인식한다. 그리하여 일상생활에서 연결을 어떻게 하고 활용해야 할 것인지를 생각하고 반응하고 실행한다. 사회화란 이러한 연결이 사회생활에서 귀중하다는 생각을 젊은 세대들이 갖도록 하는 핵심적인 과정으로 볼 수 있다.

마지막으로 외로운 사람들과 함께 사는 사람들에게는 외로움이 또 다른 감각에서 본다면 하나의 사회적 문제나 쟁점이 될 수도 있다. 외롭지 않은 사람들이 외로운 사람들을 어떻게 보는가, 외로움의 정체와 의미를 어떻게 해석해야 하는가, 외로운 사람들을 돕는 것이 자신들의 책임인가 하는 등의 의문점을 가진다. 경우에 따라서는 이러한 의문점이 외로움에 낙인(stigma) 찍을 수 있다. 매스컴에서는 외로움에 대하여 뉴스를 전하고 외로운 사람들의 서사를 전한다. 그러나 외로움에 대하여 그렇게 알려진 것도 없고 연구된 결과물도 많지 않다. 사회적으로 외로움문제를 부정적으로 인식하게 되고, 그 나름대로 사회적 인식과 해석을 하게 되고, 이러한 내용과 의미를 바탕으로 외로움문제를 취급하게 된다.

### (3) 외로움의 분석 수준 측면

세 번째, 외로움문제가 사회문제인 까닭은 외로움을 볼 때 개인 차원에서 집단 차원으로 분석 수준을 높일 때 그러하다. 외로움이 만연하고 확산되어 있는 범위가 사회적 집단에 따라 다르다는 사실이다. 예컨대, 인종이나 민족, 사회경제적 지위, 계급, 국적 등에 따라 다르다는 사실이다. 이러한 단위 혹은 수준은 사회적으로 중요한 집단인데, 사회학자들이 이들을 지속적으로 연구하여 왔다. 사회학자인 George

Homans가 지적하였듯이, 가장 높은 수준에서 본다면, '소규모의 집단적인 생활에 산재되어 있는 문명(civilization)이란, 바로 성장 그 과정 자체로 인하여 남성과 여성을 외롭게 하기도 하고 불행하게도 한다.'

다른 한편 심리학자들, 신경학자를, 공중보건 연구가들은 연령, 성별, 생활조건, 만성질환 등과 같은 개인적인 요인들에 초점을 맞추어서, 외로움이 어떻게 퍼져 있는지에 대한 특정한 규칙성과 원리를 탐구한다. 최근에는 어떤 학자들은 사회적으로 가장 중요한 집단들에 대해 관심을 가지고 있는데, 이들 연구는 극히 최근에 이루어진 초창기적 연구로서, 이들 중요한 집단들 사이에 외로움이 산재하는 중요한 패턴을 발견하였다. 반대로 건강과 질병에 대하여 사회학자들이 이러한 사회적 집단에 대하여 광범위한 조사연구를 시도하였다. 그 조사연구는 질병과 그 대응에 대하여 어떤 노력을 수행하는지를 측정함으로써 중요한 집단들 사이의 사회적 불평등의 증거를 밝히기 위하여 진행하였다. 그러나 그 연구에서 외로움은 크게 관심을 끌지 못하였는데, 그것은 외로움을 중대한 질병으로 간주하지 않았기 때문이었다. 그럼에도 불구하고 외로움은 중대한 질병이고 이 질병은 개인 차원을 넘어서 사회적 차원인 사회적 관계와 연관성이 있음을 인식해야 할 것이다. 바로 질병의 사회성과 보편성을 인식하는 일이 중요하고, 이러한 점에서 외로움문제는 질병이면서 개인적 차원뿐만 아니라 사회적 차원과 관련성을 지니고 있음을 알아야 한다. 현대 국가에서는 질병과 건강의 문제를 사회적 · 국가적 차원에서 바라보며, 복지국가적 측면에서 질병과 건강에 대응하여 건강보험과 예방의료가 중요한 국가정책, 복지정책, 보건의료정책으로 자리잡고 있다.

### (4) 외로움이 가져오는 부정적 · 사회적 파급 효과의 중요성

외로움문제를 질병과 공중보건의 측면에서 중시하는 의료적 관점은 중요하다. 동시에 외로움문제가 사회문제인 점은 외로움이 가져오는 사회적 · 부정적 파급 효과가 심각하기 때문이다. 지금까지는 외로움문제의 사회적 · 부정적 파급 효과에 대한 사회학적 연구나 제반 사회과학적 연구는 적지만 앞으로 사회과학적 연구의 지평을 확대해야 할 것이다. 외로움이 가져올 수 있는 개인적 · 사회적 관점에서의 부정적 파급 효과를 깊이 인식하고 수용하는 작업이 중요하고, 이러한 관점에서 외로움문제를 사회문제로 인식하고 수용하는 작업이 그 첫걸음이 될 수 있다.

저자의 입장에서는 외로운 사람들에 대한 공감능력과 이해능력을 확장하여, 그들이 가진 인식의 문제와 그들을 둘러싸고 있으며 그들로 하여금 악순환적인 상황과 환경에 빠져들게 하는 조건과 환경을 이해하고 그것을 해결하는 노력을 사회적 · 국가적으로 수행해야 하는 작업이라고 생각한다. 이를 위한 사회과학적 이해와 대응방안에 관한 연구를 수행해야 한다. 더 나아가 외로운 사람들이 외로움의 문제를 해결하지 못할 경우 개인적 · 가족적 지역사회 및 국가에 미칠 수 있는 다양한 부정적인 결과를 분석하고 이를 예방하고 해결하는 정책적 노력과 이를 뒷받침할 수 있는 사회과학적 연구가 필요하다.

다음으로 사회과학적 측면에서 연구해야 하는 것은 사회문제로 진전되기 이전의 개인문제 수준에서 경험하고 있는 외로움문제를 예방하기 위한 연구와 대응방안 강구이다. 개인적인 측면에서 외로움에 적극적 · 긍정적 대응능력과 문제해결 역량을 강화하는 데 필요한 것은 무엇인지를 연구하며, 사회적으로 개인들에게 이를 위해 지원할 수 있는 방안들은 무엇인지를 사회과학적 혹은 인문학적 근거에 바탕을 둔 연구와 지원방안이다. 예컨대, 회복탄력성을 높이고 자존감을 향상시키며, 트라우마나 상처 회복을 통한 자율성 · 독립성 강화 지원, 사회적 관계를 향상시킬 수 있는 의사소통 방식과 사회적 기술의 증진 등, 그리고 인문학 학습을 통한 이러한 개별적 기술 능력의 향상 등이 포함될 수 있다. 이런 점에서 외로움문제는 개인만의 문제라기보다는 사회 전체의 문제, 즉 사회문제인 것이다.

### (5) 외로움문제의 대응전략 측면

앞에서도 말한 바와 같이, 외로움문제가 사회문제로 수용되어야 하는 이유 중의 하나가 외로움문제의 개념 정의에서 찾았다. 즉, 외로움 발생의 기저가 사회적 관계 혹은 사회적 배경이었다는 사실에서, 외로움문제의 해결방안 역시 사회적 차원에서 이루어지는 것이 중요하다는 입장이고, 이 주장에서 바로 외로움문제는 사회문제로서의 특성을 가진다. 이 문제 해결방안, 대응방안은 3가지로 구분할 수 있는데, 개인 수준, 지역사회 및 사회 전체가 그것이다. 이것은 제1장의 외로움을 개념 정의하는 과정에 3가지 차원의 관점에서 외로움을 정의할 때 이미 논한 것처럼, 또한 제5장의 '외로움 발생 영향 요인 모형'에서 드러나듯이, 외로움의 문제 원인이 3가지 차원에서 발생한 것이기 때문에, 각각 3가지 차원에서 문제 예방, 해결 및 대응방안을 강구할 수 있다. 바로 이러한 노력이 외로움문제를 사회문제의 성격을 가진 것으로 포착하는 것이다.

외로움문제에 대하여 개인적, 지역사회 혹은 사회관계 차원, 그리고 사회 전체 국가 문화적 차원의 대응방안이 있을 수 있다. 이 부분은 본 서의 이후 장에서 외로움의 전반적 대응을 취급하는 장에서 상세하게 논할 것이며, 특히 외로움문제의 연장선상에서 혹은 외로움문제와 관련한 심각하고 고질적인 문제의 하나로서 간주될 수 있는 고립은둔문제와 고독사문제(사실은 고립사가 의미상 더 적절한 말이다)를 설명하는 장에서, 좀 더 구체적이고 상세하게 그 대응방안이 설명될 것이다.

### (6) 외로움문제의 확산 범위와 중대성 측면

어떤 문제 혹은 사회적 쟁점을 사회문제 혹은 공공문제로 파악하는 데 중요한 기준은 위에서 말한 5가지 측면 못지않게, 그 문제가 사회 혹은 사회구성원들에게 어느 정도 확산되어 심각하고 중대한 부정적인 영향을 미치는가 하는 사실이다. 이미 외로움문제는 이미 영국, 미국을 위시한 서구사회에서 전반적으로 만연해 있으며, 특히 코로나19 팬데믹 상황으로 인하여 외로움의 확산은 더욱 촉진되었다(HM Government, 2018; Office of the U. S. Surgeon General, 2023 등 참조). 외로움문제를 해결하지 못하면 개인적 · 사회적으로 중대하고 심각한 결과를 초래할 것이라는 사실이 이미 여러 나라에서 발표되었고 이를 해결하기 위하여 사회와 정부 차원에서 많은 노력이 경주되고 있다.

본 서의 제4장 제2절 '외로움의 확산' 부분에서, 영국, 미국, 유럽 등의 해외 국가의 외로움문제의 확산과 실태, 그리고 우리나라의 경우 외로움문제의 규모, 확산 정도를 파악하기 위해 전국실태조사 및 지역실태조사 등을 이미 살펴보았다. 이미 여기에서 논의된 바와 같이, 외로움문제는 상당한 규모로 확산되고 있으며, 방치할 경우 더욱 규모가 커질 뿐만 아니라 더 큰 사회문제를 야기시키는 촉발 요인이 될 것으로 전망되고 있다. 이런 점에서 외로움문제는 이미 개인문제의 차원을 넘어 국가사회적으로 관심을 가지고 대응해야 하는 사회문제로 파악되어야 한다.

### (7) 외로움문제를 사회문제로 인식하고 수용하는 국가와 사회의 측면

어떤 문제를 개인문제로 보느냐 사회문제로 보느냐 하는 문제는 객관적 사실이 중요하지만, 다른 한편 국가와 사회 일각에서 그 문제를 사회문제로 인지하고 수용하는 과정이 또한 중요하다. 이러한 측면에서 외로움문제는 이미 2018년 영국에서 외로움 부서가 신설되고(HM Government, 2018 참조), 2021년 일본에서도 정부 책임부서가 설정되고(남해권 · 김마형 역, 2022 참조), 독일, 미국 등 서구유럽은 물론 우리나라에서도 외로움 관련 문제가 정부—특히 서울, 부산 등 지방자치단체—에서도 관심을 가지고 법적 · 정책적 대응을 시도하고 있다. 이제 전 세계적으로 외로움문제를 사회문제로 인식하여 여기에 대한 대응과 처방에 대하여 골몰하고 있다. 유엔 산하의 국제기구인 WHO는 전 세계적으로 외로움문제를 해결하기 위해 다양한 노력을 경주하는 국가별 대응방안, 사회적 처방(social prescribing)에 대한 자료를 제출하여 세계 각국이 참조할 수 있도록 지원하고 있다(WHO, 2023 참조). 이런 측면에서 외로움문제는 개인문제를 넘어서 사회문제로서, 더욱이 지구촌의 중대한 공공문제로 수용되고 있다.

최근에 우리나라의 중앙정부 차원에서는 고독사에 대한 정책과 제도적 대응을 하면서, 고립은둔청년들의 문제에 정책적 개입을 시도하고 있다. 이러한 정책과 제도를 기본 바탕으로 하면서 보다 본질적이고 포괄적인 외로움문제를 정책 대상으로 접근하는 방안이 필요하다. 앞으로 중앙정부 차원에서 외로움 정책을 중심으로 하면서 연관되는 영역으로 고독사, 고립 · 은둔청년문제를 포괄적으로 다루는 방향으로 정책적 개입이 요구된다. 이에 더하여 중앙정부는 외로움 정책을 입안하고 실행할 경우, 이미 영국, 미국 및 일본 등에서 외로움문제에 전략적으로 대응하는 정부 대응책을 잘 참고하면서 우리나라의 실정에 맞는 정책과 실천기술을 사용하도록 해야 할 것이다.

제 7 장

# 각국의 외로움문제 대응

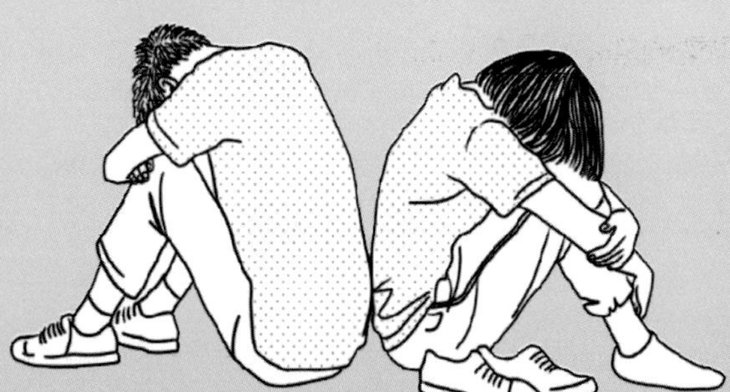

# 제1절 영국의 외로움문제 대응

## 1. ‘조 콕스 외로움 대책위원회’ 외로움문제 보고서

영국에서 외로움문제를 사회적으로 쟁점화하여 사회문제로 수용함으로써 정부의 대책을 마련하기 위하여 『조 콕스 외로움문제 보고서』(Jo Cox Loneliness: Start a Conversation, 2017)가 2017년 12월에 제출되었다. 외로움 보고서 제출 이전에, 영국 의회에서는 조 콕스 의원을 중심으로 외로움문제에 대처하는 위원회를 2016년 구성하여 영국 사회에 퍼져 있는 외로움문제의 부정적인 영향과 그 심각성을 논의해 왔다. 당시 ‘조 콕스 외로움 대책위원회’가 제출하였던 보고서에 나타난 외로움은 어린아이에서부터 노인에 이르기까지 연령이나 살아가는 영역이나 지역 등에 관계없이 누구에게나 심각하고 중대한 영향을 미칠 수 있다는 사실이었다.

[그림 7-1] ‘조 콕스 외로움 대책위원회 보고서’에 나타난 영국의 외로움 발생 현황
출처: Jo Cox Commission on Loneliness, 2017; 김현주, 2021.

또한 이 보고서에서는 영국 사회의 만연한 외로움과 그 부정적인 영향을 해소하기 위하여 영국의 중앙정부에 대하여 크게 세 가지의 대응전략을 권고하였다. 첫째는 국가의 리더십을 강조하여, 국가가 외로움문제를 해결하기 위해 국가 차원의 외로움 대응전략을 마련할 것을 권고하였다. 동시에 외로움 담당 장관을 임명할 것을 요청하였다. 둘째는 외로움문제를 해결하기 위하여 지표 개발과 측정에 관련 사업을 권고하였다. 모든 연령대의 외로움 관련 국가지표를 개발하는 것, 정부의 주요 연구사업에 외로움 관련 지표를 측정하는 일, 그리고 외로움에 대한 연례보고서를 발간하는 일을 요청하였다. 셋째는 일종의 촉진행위로서, 앞의 두 가지 정부의 활동에 더하여, 정부는 현장에서의 활동이 이루어지도록 기금지원을 요청하였다.

〈표 7-1〉 '조 콕스 외로움대책위원회' 권고사항(Our call to action)

- 국가 리더십(National leadership)
  - 모든 연령대를 위한 국가 차원의 외로움 대응 전략 마련
  - 외로움 담당 장관 임명
- 지표 개발 및 측정(Measuring progress)
  - 모든 연령대의 외로움 관련 국가 지표 개발
  - 정부의 주요 연구사업에 외로움 관련 지표 측정
  - 외로움에 대한 연례보고서 발간
- 촉진 행위(Catalysing action)
  - 외로움 대응을 위한 접근법의 확대 및 기금 마련
- 대응 주체의 확대
  - 기초단체장, 지방의원, 고용주, 지역사회 기관, 자원봉사단체 등으로 외로움 대응 주체 확대

출처: Jo Cox Commission on Loneliness, 2017; 김현주, 2021.

## 2. 외로움문제 대응을 위한 영국 정부의 정책

### 1) 중앙정부의 정책

'연결된 사회: 외로움 대응 전략'

(A connected society: A strategy for tackling loneliness, 2018)

#### (1) 배경, 비전 및 목표

영국 정부는 '조 콕스 외로움대책 위원회'의 권고사항을 받아들여, 2018년 외로움장관(Minister for Loneliness)을 임명하고 디지털 · 문화 · 미디어 · 체육부(Department for Digital, Culture, Media and Sport)가 주무부서가 되어 외로움에 대응하기 위한 정부의 공식적인 업무를 시작하였다. 1918년 영국은 범정부 차원에서 외로움문제를 대응하기 위한 전

략을 수립하고 국가전략을 발표하였다. 이 자료가 『연결된 사회, 외로움 대응전략』(A connected society: A strategy for tackling loneliness, 2018)이다.

① 비전

이 보고서가 가지고 있는 비전은 사회가 매우 빠르게 획기적으로 변화하고 있다는 사실이다. 디지털 사회에로의 급속한 변화는 개인과 사회를 전혀 다른 방식으로 변화시키고 있는데, 외로움의 문제가 건강을 비롯하여 사회 전반에 부정적으로 영향을 미치고 있어, 이에 대한 대응책이 필요하다는 것이다. 외로움에 대한 대응전략을 정부를 중심으로 하면서, 민간, 자원봉사 영역, 주민 및 지역사회 등 제반 영역의 상호작용을 강화하여 연결된 사회를 구축하고자 하는 비전을 가지고 있다. 이 비전은 단기적으로 달성되기보다는 지속적으로 중장기 전략으로 접근해야 할 것이라고 천명하였다.

② 초점

외로움과 사회적 연결은 개인적인 것이긴 하지만, 외로움이 건강이나 다른 부분에도 부정적인 영향을 미칠 수 있다. 정부는 외로움이 개인과 사회에 미치는 부정적인 영향을 방지하는 데에 이 전략의 핵심적인 초점을 둔다.

③ 목표

외로움에 대응하는 정부활동은 다음의 세 가지 목표를 가지고 있다.

첫째는 외로움의 원인, 영향, 해결방법을 더 잘 이해할 수 있도록 증거에 기반한 개선방안을 모색한다. 기존의 증거에 대해 재평가하고 일관된 과제를 추진할 수 있도록 모니터링 및 평가기관을 설치, 운영한다.

둘째, 외로움을 정부 정책 전반에 고려사항으로 포함하여, 외로움을 약화시키고 사람들의 사회적 웰빙과 회복력을 지원할 수 있는 다양한 요인을 파악할 수 있도록 한다. 위험군에게는 기존 여러 정책과 연계하여 맞춤형 특화 서비스를 제공한다. 여러 부처의 정책을 연계하여 국민의 사회적 관계성 강화를 향상시킬 방안을 강구한다.

셋째, 외로움에 대한 국가적 논의를 촉진하여 외로움에 대한 대국민 관심과 인식을 제고한다. 정신건강과 더불어 사회적 관계를 돌보는 것이 웰빙의 핵심이라는 것을 이해시키고자 한다. 그 외에 다양한 방안과 협력체계에 대한 가능성을 열어둔다.

### (2) 추진체계

#### ① 영국 정부의 전략 수립체계

'조 콕스 외로움 대책위원회'의 제안을 기반으로 하여 40개 이상의 시민단체, 기업, 공공부문 관련자가 참석하는 일종의 '외로움추진단'(Loneliness Action Group)을 구성하였다. 중앙정부를 중심으로 이 추진단에서 지자체, 시민단체, 정책자문기관 및 전문가, 기업, 종교단체, 민간의 서비스 기관이 참여하는 수차례의 회의를 하고, 일반 대중을 대상으로 한 공청회를 개최하였다.

#### ② 전략의 5가지 원칙

『연결된 사회, 외로움 대응전략』에 내재하는 전략 다섯 가지는 아래와 같다.

- 원칙 1: 파트너십 활동 원칙
  정부는 비즈니스, 건강, 지방정부, 자원봉사 영역, 그리고 보다 넓은 시민사회단체 등과 협력해야 한다. 정부는 중요한 촉매제로서 역할을 수행하면서 모든 영역의 파트너들이 외로움을 효과적으로 경감시키기 위해서 활동해야 함을 인식해야 한다.
- 원칙 2: 증거기반 접근책의 검증, 지속 및 학습 원칙
  정부는 외로움 관련 증거기반 접근책을 수행함에 있어서, 그 한계를 인식하고 극복하는 노력을 수행해야 한다.
- 원칙 3: 정부 부처 및 부서 간 칸막이 해소 원칙
  외로움문제를 효과적으로 해소하고 대응하기 위해서는 부서 및 부처 간 영역 해소 접근책이 중요함을 인식해야 한다.
- 원칙 4: 핵심적인 트리거 포인트(trigger point, 촉발 요소)에 초점 맞추기 원칙
  사람들에게 빈번하게 외로움을 느끼게 하며, 또한 이들에 대해 예방적 활동을 하여 사회 전체에 유익하게 할 수 있는 트리거 포인트에 관심을 집중한다. 이 트리거 포인트는 국가통계청이 지역사회생활조사 자료를 분석함으로써 확인되며, 이것은 외로움을 자주 느끼는 사람들을 밝히는 작업을 통해 드러난다.
- 원칙 5: 외로움 해소를 위한 개인적인 접근책과 지역사회 접근책의 중요성을 동시에 검토하는 원칙
  이 원칙은 외로움이 가진 복합적이고 주관적인 특성을 잘 밝히는 작업이 된다.

③ 주요 정책 주체들의 역할분담과 협력: 정부, 지역사회 및 개인의 역할

외로움에 대응하고 사람들에게 사회적 연결을 지원하기 위하여 사회 전체는 행동을 취하여야 한다. 여기에는 중앙정부, 지방정부, 비즈니스계 및 자원봉사 영역을 포함하는데, 각각의 영역에서는 외로움이 발생하는 것을 방지하고 대응하기 위하여 노력하여야 한다. 물론 이와 함께 지역사회, 가족, 그리고 개인들도 책임을 가져야 할 것이다. 이들 모든 영역이 함께 협동함으로써 사회적으로 보다 잘 연결된 사회를 만들어가는 데 기여할 수 있다.

다음은 외로움에 대응하여 각 정책 주체들의 역할을 간략하게 정리한 내용이다(A connected society: A strategy for tackling loneliness, 2018; 정순둘 외, 2022).

- 중앙정부: 국가적 리더십 제공, 효과적인 정책성과를 달성하기 위한 캠페인을 운영하고 다른 주체들의 참여 및 협력체계를 촉진, 관리, 기획, 중장기적인 방향성을 제시한다.
- 지방정부: 지자체별 시행계획 수립 및 추진, 지자체 소관 여러 위원회 등을 통해 지역사회, 시민단체와 협업하여 실질적인 문제를 해결하는 역할을 주도한다.
- 보건복지 등 사회서비스기관: 사회구성원들에게 사회적 관계의 중요성을 인식시

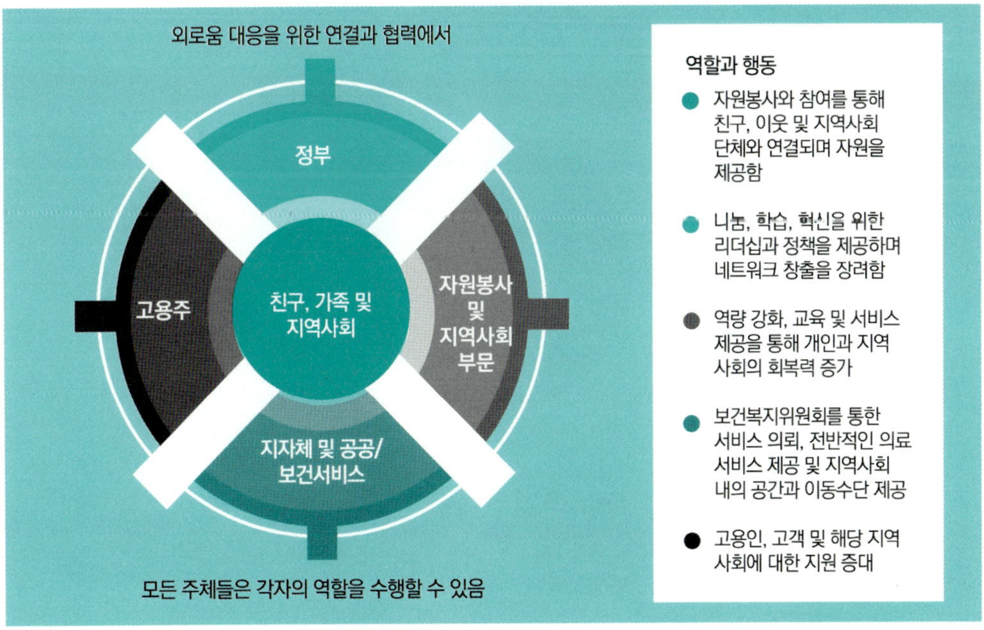


[그림 7-2] 외로움 대응전략에 나타난 정부, 지역사회 및 개인의 역할

출처: A connected society: A strategy for tackling loneliness, 2018; 김현주, 2021.

키고, 위험군을 발견하여 서비스를 제공, 우수사례를 다른 기관, 지역사회에 공유함으로써 정책과 서비스의 효과성 향상에 기여한다.

- 기업 및 고용주: 직원이 직장 안과 밖에서 고립되지 않도록 공동체와 함께 하는 시간과 장소를 지원한다.
- 자원봉사 및 시민단체: 서비스와 프로그램을 제공하여 공동체적 관계망 형성의 장애 요인을 찾아내 제거하려는 노력을 강구한다.
- 친구, 가족, 공동체: 가족, 친구, 종교단체, 지역사회는 고립위험군의 근거리에서 관계망을 긴밀하게 해주는 포용, 회복력으로 역할을 한다.

### (3) 핵심 요소

외로움에 대응하는 영국의 국가 전략에서는 효과적인 접근을 위한 다음 그림과 같은 9개 주제이자 핵심 요소들을 제시하였다.

9가지에는 사람 중심 주변 동료들의 지지, 서비스의 협력적 생산, 지역사회 동원,

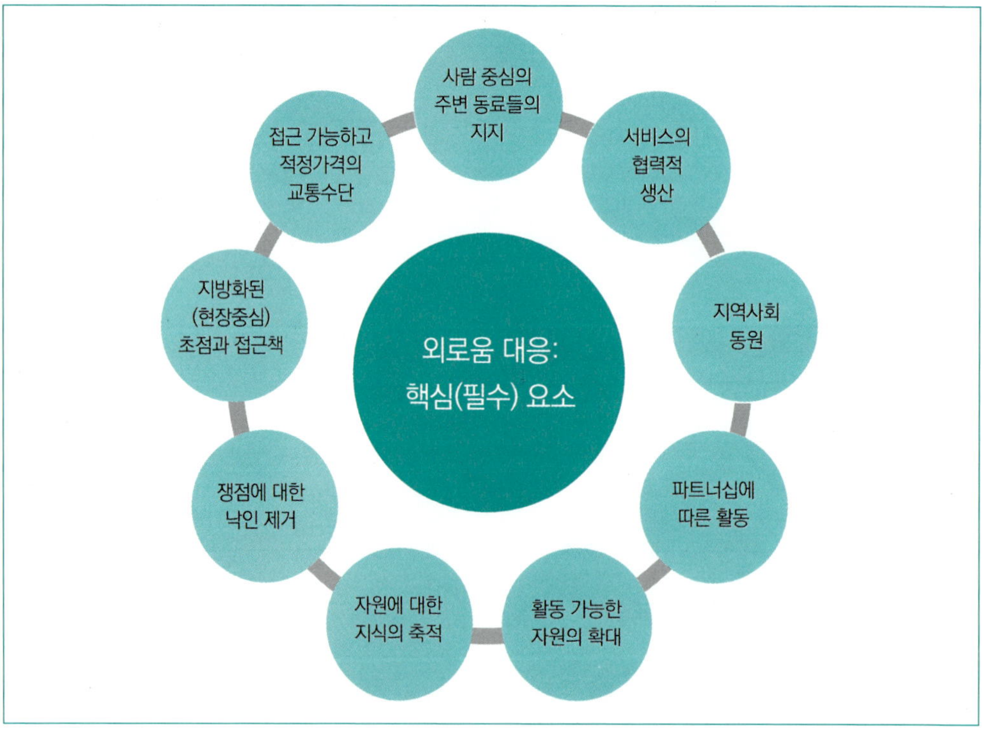


[그림 7-3] 외로움 대응 국가전략의 9가지 핵심 요소들

출처: A connected society: A strategy for tackling loneliness, 2018.

파트너십에 따른 활동, 활용 가능한 자원의 확대, 자원에 대한 지식의 축적, 쟁점에 대한 낙인 제거, 지방화된(현장 중심) 초점과 접근책, 접근 가능하고 적정가격의 교통수단 등이 포함되어 있다.

무엇보다도 외로움 해결의 가장 큰 열쇠는 유대감과 소속감을 구축하는 일이다. 일상생활을 공유하는 주변인의 자발적이고 친밀한 관심, 대화가 요구된다. 하지만 이는 오랜 시간이 소요되는 과업이며 특정 개인, 조직, 기관, 분야, 산업이 단독으로 해낼 수 없고 사회 전체의 단합된 노력이 필요하다고 강조하였다.

외로움으로 파생되는 어려움과 문제에 대한 낙인을 제거해 주기 위한 인식 개선, 의사소통 활성화 캠페인은 정부가 주도한다. 또한, 공공의 중앙정부와 지방정부는 예방의 중요성을 알리고 지역사회 내 동원 가능한 자원에 대한 정보를 축적하여 제공하고, 다양한 주체 간 협력적 파트너십을 촉진해야 할 것이다.

서비스는 가급적 밀접한 지방의 현장 중심으로 이루어져야 하고, 서비스에 대한 이용자의 접근성 향상을 위한 교통수단 등의 방안도 강구되어야 할 것이다(A connected society: A strategy for tackling loneliness, 2018; 정순둘 외, 2022).

## 2) '외로움 대응 연결망'(TLN)을 활용한 추진체계 및 과제
## - TLN: The Tackling Loneliness Network -

### (1) 개요

2018년 이래로 '연결된 사회' 보고서에 의해서 외로움 정책 대응이 체계적으로 이루어지고 있는데, 그중에서 '외로움 대응 연결망'(TLN: The Tackling Loneliness Network)을 활용한 외로움 대응 추진체계와 과제 등을 살펴보자. TLN은 코로나 바이러스(COVID-19)가 한창이던 시기에 영국 정부에서 시행하던 외로움 정책의 일환으로 설립되었다. 영국 정부는 정부만으로 외로움문제를 해결하기 어렵고 정부를 중심으로 다양한 부문이 함께 참여하여 활동하기를 선택하였다. 비즈니스업계, 자선 및 공공부문 조직 등과 정부가 파트너십을 가지면서 외로움문제에 대응하였다. 당시 70여 개의 다양한 영역과 부문의 조직들이 참여하여 네트워크를 만들어 외로움문제에 대응하는 방식을 선택하여, '외로움 대응 연결망'이란 네트워크를 결성하였다.

이 TLN는 다양한 사람들 및 조직들과 함께 파트너십을 가지고 활동하면서 특별히

4가지 주요 영역에 대응하는 것을 핵심으로 하고 있다. 그것은 청년, 노인, 지방 및 지역을 기반한 외로움 대응책, 그리고 디지털 포용 등이 주요 대응 주제이다. 그리고 TLN은 이들 영역과 주제를 핵심으로 활동하면서 ① 조직과 ② 개인이 외로움문제에 대응할 수 있도록 지원하고 있다. 동시에 여기서는 외로움에 대응하기 위하여 필요한 기금 조성, 자원봉사의 활성화, 그리고 온·오프라인에서 사회적 고립을 경감시키는 활동 등 다양한 활동을 전개하고 있다(DDCMS, 2021).

### (2) 외로움 대응 조직 지원 사례

#### ① 외로움 대응 챔피온(Tackling Loneliness Champions)

이 사업은 영국의 외로움 주무 부처인 디지털·문화·미디어·체육부와 적십자사의 협업으로서, 공동학습과 평가 개선, 그리고 기술 향상 등을 위해 활동한다. 공동학습으로는 Tackling Loneliness Hub를 통해 학습한 내용을 공유하고 다른 사람, 조직으로부터 새로운 것들을 받아들이고자 한다. 또한 P2P나 학습네트워크 그룹에 참여하면서 모범사례뿐만 아니라 실패 경험까지 공유한다.

평가 개선 활동으로는 외로움 평가 교육 워크숍 개최 및 참여, 그리고 평가에 대한 방법과 도구(지표)를 제공하는 것 등이 있다.

기술 향상 활동으로는 다음과 같은 내용이 포함된다. 외로움 관련 캠페인을 하는 기간(주간) 동안 온라인에서 메시지를 다양한 경로로 송출·확산하는 활동, 그리고 청소년의 외로움 개선을 위한 Lonely Not Alone 캠페인 실시, 직장 내 외로움 대응을 위한 가이드 준수, 공동 워크숍, 이벤트 주관 등이 포함된다.

#### ② 외로움 대응 허브(Tackling Loneliness Hub)

이 사업은 외로움 대응을 위한 온라인 플랫폼 구축 및 운영사업이다. 외로움 대응을 위한 조직의 네트워크 확장, 강화, 협력의 장으로 역할을 수행한다. 또한 자료 수집, 축적, 공유활동을 수행한다. 외로움 대응 조직, 네트워크 구성원에게 학습을 제공하는데, 여기에는 편의점협회, 고용주를 위한 직장 내 외로움 감소 우수사례 보고서 제작 및 배포 등이 있다.

#### ③ 기금 조성

영국 정부는 7억 5,000만 파운드의 자선기금과 지역 연결 기금에 더해서 코로나19

가 유행하던 2020년 6~12월 200만 파운드의 예산을 추가 지원하였다. 그리고 외로움 대응 프로젝트 참여 조직에 3,400만 파운드의 재정 지원을 하였다. 또한 펀딩그룹을 창립 · 운영하고 있으며, 민간의 기금 조성을 위해 조직화, 모임 주선 등을 시도하고 있다.

④ 광범위한 네크워크 구성 및 운영

다양하고 광범위한 조직의 참여를 촉진하였다. 우체국, 편의점협회, 예술위원회, 알츠하이머학회, 방송사(BBO), 적십자사, 민간기업 주택, 지방정부, 자원봉사단체, 시민단체 및 재단, 박물관, 프리미어리그(축구), 지방의회 등이 포함된다.

### (3) 외로움 대응 개인 지원 사례

① 낙인 경감(Reduceing stigma)

낙인 경감을 외로움 해결 전략의 핵심 목표 중 하나로 설정하였다. 2019년부터 Let's Talk Loneliness 캠페인을 진행하였다. 여기서는 방송사, 온라인 등 플랫폼을 활용하여 외로움에 관한 경험을 공유하고 지원정보를 개시하였다. 전국 주요 도시 20개 대형 스크린으로 광고를 하였다.

② 개인에 대한 종합적인 지원과 안내

광범위한 네트워크와 플랫폼을 활용한 적극적인 지원과 서비스에 대한 홍보를 실시하였다. 보건사회복지부(Department of Health and Social Care)는 사별을 경험한 사람들을 대상으로 애도, 외로움 극복을 위한 지침과 우수사례를 보급하였다. 노인의 외로움 극복 서비스에 대한 접근과 이용 개선을 위해 유관 기관과 협력을 강화하였다. 의료종사자를 대상으로 온라인 교육을 통해 환자의 외로움 극복을 위한 정보를 제공하였다. 아동, 청소년, 청년들의 외로움과 정신건강을 위한 지역조직, 서비스, 프로그램, 전문가, 네트워크를 소개하였다. 번화가에 무료 고속 Wi-Fi 네트워크를 제공하였다. 빠르고 쉬운 정보 제공을 위한 오픈 채팅서비스 개발을 시행하였다(정순둘 외, 2022).

영국의 외로움 대응을 위한 정부의 정책은 『연결된 사회, 외로움 대응전략』을 기반으로 하면서 정부를 중심으로 사회 전체 영역이 협력하고 파트너십을 가지고, 체계적이고 지속적으로 외로움문제에 대응하고 있다.

위에서 설명한 제반 정책과 활동 이외에 영국 정부는『연결된 사회, 외로움 대응전략』에서 제시하였던 외로움 대응책을 연차적으로 수행하고, 그 결과를 연차보고서 형태로 정리하면서 매년 지속적으로 외로움 대응 정책과 사업을 활발하게 전개하고 있다(예컨대, 외로움 대응 연차보고서, 4년차, DDCMS, 2023 참고).

### 3) 지방정부의 정책

중앙정부의 역할에 더하여 지방정부 차원에서도 외로움 대응을 위해 지방정부협의회를 구성하여 지방정부에서 외로움 대응을 위해 해야 할 서비스와 프로그램을 개발하고 안내하고 있다(LGA: Local Government Association, 2019).

외로움 대응을 위해서는 무엇보다 누가 외로움의 위험집단인지 파악하고 그에게 적절한 개입을 하는 것이 중요하기 때문에, 지방정부 차원에서 지방정부협의회가 각 지방의 협력기관들과 함께 다음과 같은 네 가지 서비스를 제공하고 있다.

① 기초 서비스(Foundation Service): 외로움을 겪고 있거나 위험이 있는 사람을 찾고, 그들이 필요한 지원을 제공

② 직접적 개입(Direct Interention): 기존 관계를 유지하고 새로운 관계를 개발하도록 도움. 사회적 연결을 향상시킬 수 있는 그룹활동 연계

③ 구조적 조력자(Structural Enablers): 지역사회 발전을 위한 고령친화적, 정신건강친화적 지역사회 구축, 자원봉사 개발, 동료나 이웃 내 세대 간 지원 등

④ 게이트웨이 서비스(Gateway Service): 교통, 기술, 공간, 주택 등 지역의 연결성 강화를 위한 서비스 제공(장민선, 2024)

### 4) 외로움 대응을 위한 사회적 처방의 활용

#### (1) 개념과 의미

사회적 처방(social prescribing)이란 영국에서 일반의(General Psysician, GP)가 환자를 링크워커(Link Worker)에 의뢰하여 비임상적 · 사회적 처방을 사용하여 환자들의 건강과 복지를 증진하도록 하는 것이다(강미화 외, 2021). Scarpetti 등의 학자들이 12개국의 고소득국가를 대상으로 한 '사회적 처방 비교연구'에서, 사회적 처방은 유사 명칭으

로 지역사회 의뢰, 링크 워크, 개인 중심 케어, 건강의 사회적 결정 요인 등으로 불리면서 각 국가는 다양한 서비스를 제공하고 있다. 각국에서 영국에서처럼 사회적 처방과 관련된 일관성 있는 국제적 개념 정의는 존재하고 있지 않지만, 공통적인 개념으로 사용되는 내용은 건강전문가들이 다양한 범주의 지역사회 비임상적 케어서비스에 연결 의뢰하는 수단이라고 할 수 있다. 또 다른 개념으로는 사회적 처방이란 환자들을 지역사회에 있는 비의료적 자원에로 연결하는 메커니즘이라고 할 수 있다. 결국 사회적 처방의 목적은 다양한 종류의 사회적 · 정서적 라이프 스타일과 관련되거나 혹은 실천적 쟁점과 연결하도록 사람들을 돕는 데 있다(Scarpetti et al., 2024).

현재는 사회적 처방이 세계 여러 나라에서 이루어지고 있으며, 여러 가지 이름으로 불리고 있으나, 그 활동내용은 건강 관련 환자들에게 지역사회 내에 존재하는 비의료적 임상적인 그리고 다양한 라이프스타일과 관련된 케어서비스를 연결시켜 주는 것으로 이해할 수 있다. 그 최초의 사용은 영국이며 최근에는 외로움문제 대응과 관련하여 사회적 처방이 활성화되고 있다(현외성 외, 2024).

### (2) 내용

사회적 처방은 영국에서 1990년대부터 NHS에서 운영하였고, 2006년 보건사회복지부에서 발표한 백서 『Our health our care our say』에서 장기적인 치료가 필요한 사람을 위한 사회적 처방제도 도입을 적극 강조하였다. NHS는 사회적 처방 활동을 위해 국가임상전문가를 임명하였고 다양한 홍보활동을 벌이고 있다. 또한 2018년 외로움문제를 국가적 대책으로 해결하기 위한 노력의 일환으로서 사회적 처방을 적극적으로 활용하고 있다(강미화, 2021).

사회적 처방을 활용하는 주된 대상자는 다음과 같다(NHS, 2020; 장민선, 2024).

① 하나 이상의 장기 질환을 가진 사람
② 낮은 수준의 정신건강문제로 지원을 필요로 하는 사람
③ 외롭거나 고립된 사람
④ 웰빙에 영향을 미치는 복합적인 사회적 욕구(니즈)가 있는 사람

특히 외로운 사람들이 살고 있는 지역 내에서, 그들을 다양한 활동과 지원에 연결함으로써, 외로움문제를 해결하도록 돕는다. 이러한 계획에는 여러 가지 활동이 포함

되는데, 예술활동 참여, 친구 만들기, 스포츠 혹은 운동, 부채 문제, 주거 및 고용 상담 등이 포함된다(HN Government, 2018; 현외성 외, 2024 재인용).

### (3) 외로움 대응전략으로서 사회적 처방

코로나19 이후 외로움의 문제가 더욱 심각해짐에 따라, 외로움문제에 대응하면서 연결을 위해 사회적 처방이 중요한 역할로 부각되기 시작하였다. 영국 정부는 앞서 논의한 바와 같이, 2018년 '사회적 연결' 대응전략을 전개하여 왔다. 이러한 전략 중에서 '연결된 사회를 강화하기 위한 조직 구축' 전략을 이행하기 위해 필요한 서비스를 제공하기 위한 조직 및 서비스를 확대할 필요가 있는데, 그 대표적인 서비스가 바로 사회적 처방이다. 즉, 사회적 처방은 외로움뿐만 아니라 사람들에게 필요한 사회, 정서, 생활상의 욕구를 지원해 줄 수 있는 서비스를 연계해 주는 정책이다. 이를 효과적으로 수행하기 위해서는 '링크 워커'가 중요한 역할을 담당하는데, 의료기관 등으로부터 환자(클라이언트)를 의뢰, 추천받고 환자와 함께 개별적인 개입 계획을 수립하고 환자에게 적절한 지역사회의 자원(asset)을 연계하는 일을 맡는다. 영국은 2018년 '외로움 대응 전략' 발표 이후 외로움에 대처하고 사회적 관계를 증진하기 위한 노력을 보여 주기 위해 수많은 자선단체와 협력하는 등 외로움에 대처하고 개인 및 지역사회의 복지를 개선하는 데 상당한 자원을 투입해 왔다(장민선, 2024 재인용).

### (4) 사회적 처방의 효과

사회적 처방 프로그램은 비교적 최근에 실행되고 있고 여전히 제도적 정착을 해가고 있는 과정에 있다. 따라서 사회적 처방으로 인한 효과는 아직 판단할 만한 자료의 한계로 인하여 확정적으로 말할 수 없지만, 참여자에게 사회적 연결의 증진과 외로움 해소에 도움이 되는 것은 어느 정도 사실이라고 볼 수 있다. 이로 인하여 프로그램 시행 후 응급실 입원 및 외래 환자 비율의 감소 등도 보이고 있다고 한다.

영국의 경우 2016년 사회적 처방을 받은 180명을 대상으로 사람들을 조사한 결과 아래의 6가지 항목에서 효과가 있었다고 밝혔다(정기성, 2018; 현외성 외, 2024).

〈표 7-2〉 사회적 처방의 효과

| 항목 | 구체적 효과 |
|---|---|
| 정신적 · 육체적 건강 | • 회복탄력성, 자신감, 정신건강, 삶의 질 향상<br>• 생활습관 변화 촉진 |
| 행동의 변화 | • 자신을 돌볼 줄 아는 능력이 향상되고, 활력이 증진되는 등 라이프 스타일 변화 |
| 재정적 이득과 지속 가능성 | • 자주 받던 진료나 약물 처방이 줄어듦에 따라 의료비 절약 |
| 봉사와 사회활동 참여 | • 자원봉사활동이나 사회적 기반 활동에 더 많이 참여<br>• 아픈 이들의 요구 사항을 해결 |
| 지역공동체 활성화와 참여 강화 | • 자신이 할 수 있는 것을 인식하고, 공동체 이익 증진에 이바지<br>• 공동체의 회복탄력성 향상 |
| 사회적 결정 요인으로 비(非)건강 상태 극복 | • 취업능력 향상, 정신적 · 사회적 고립의 감소<br>• 사회복지 혜택 |

출처: 정기성, 2016.

또 다른 사회적 처방의 효과에 관한 조사연구에 따르면, 2016년 '사회적 처방 네트워크'(the Social Prescribing Netwok)에서, 자신들이 관여하고 있는 사회적 처방 프로그램이 거두어들인 효과가 어떤 것인지를 그 프로그램에 관여하고 있는 개인들에게 질문하여 알아보았나. 네트워크의 학술토론회 참여자들이 말한 사회적 처방의 효과를 정리해 보면 아래와 같다(Uni. of Westminster, 2017.). 즉, 신체적 · 정서적 건강과 웰빙, 비용효과와 지속 가능성, 지역사회 증진, 행동 변화, VCSE 증진을 위한 역량, 건강을 약화시키는 사회적 결정 요인 등으로 대답하였다.

〈표 7-3〉 사회적 처방 관계자들이 말하는 '사회적 처방'의 효과

| 신체적·정서적 건강과 웰빙 | 비용효과와 지속 가능성 | 지역사회 증진 | 행동 변화 | VCSE 증진을 위한 역량 | 건강을 약화시키는 사회적 결정 요인 |
|---|---|---|---|---|---|
| 회복탄력성 증진 | 예방 | 가능한 바를 인식하는 능력 증진 | 라이프스타일 | 자원봉사활동 증진 | 고용 가능성 증진 |
| 자기 확신감 | 빈번한 일차 케어 이용 감소 | VCSE와 HCP bodies와 강한 연계 | 지속적인 변화 | 자원봉사활동 지속 계획 수립 | 고립 감소 |
| 자아존중감 | 케어과정 축소 | 지역사회 회복탄력성 | 자기케어 능력 | 환자의 미충족 욕구 발견 | 사회복지법률 자문 |
| 수정 가능한 라이프스타일 요소의 개선 | 의약 처방 감소 | 지역사회 자원의 증식 | 자율(성) | 사회적 인프라 강화 | 주변부 집단에 관심을 가지고 포함시킴 |
| 정신건강 증진 | | | 활성화 | | 다양한 기술 증진 |
| 삶의 질 개선 | | | 동기화 | | |
| | | | 새로운 기술의 학습 | | |

출처: Uni. of Westminster, 2017.

# 제2절 미국, 독일, 일본 및 한국의 외로움문제 대응

## 1. 미국

### 1) 개요와 특성

외로움문제에 대응하기 위하여 미국은 다양한 입법과 정책, 그리고 공중보건과 지역사회에 기반을 둔 프로그램을 시행하고 있다. 외로움문제를 극복하려는 미국의 국가정책적 대응이 가지는 특징은 영국에 비해서 자유주의적인 국가의 특성과 복지국가적 정향을 잘 드러내고 있다는 점이다.

앞에서 영국의 경우를 살펴본 바와 같이, 중앙정부에서 『연결된 사회, 외로움 대응 전략』 보고서를 중심으로 지방정부, 민간부문, 기업 혹은 비즈니스업계, 자원봉사 및 시민사회단체 등이 파트너십을 가지고 체계적이고 지속적인 활동을 전개하고 있다. 첫 번째로 영국과의 차이점은, 미국의 경우도 유사한데 다만 미국의 경우는 연방정부가 중심이면서도 각 주의 활동을 자율적으로 수행하는 점이 차이가 있다.

두 번째로 영국과 다른 특성은 미국은 외로움문제의 중심축이 영국에 비하여 공중보건 부문 중심으로 외로움 대응책이 전개되고 있으면서 다른 영역, 즉 사회적인 영역을 포괄하고 있는 점이다. 외로움 대응책이 『우리의 유행병, 외로움과 고립』(Our Epidemic of Loneliness and Isolation, 2023)이라는 보고서를 기준으로 실행되고 있음에서, 이를 반영하고 있다고 보여진다. 물론 이 보고서를 출판한 부서는 미국 연방의 공중보건서비스국(United States Public Health Service)이며, 책임자는 미국 연방의 의무총감(Surgeon Genaral of the United States)이다. 이 부서는 미국 연방의 보건과휴먼서비스부(DHHS: Department of Health & Human Services)에 소속되어 있다.

세 번째로 미국의 외로움문제 대응책이 영국과 차이가 나는 점은, 미국의 경우는 외로움이나 고립과 같은 문제 중심의 용어를 사용하기보다는 연결(connection), 관계(relationship) 혹은 참여(participation)와 같은 긍정적인 부분을 부각시키는 쪽으로 정책이나 서비스, 프로그램을 시행하는 특성을 보인다.

미국의 외로움과 고립 관련 입법, 정책, 서비스, 프로그램 등을 찾아보면 다음과 같은 내용이 발견되는데, 이들 관련 개념들에서 그 특성이 드러나고 있다. 입법의 경우 「사회적 연결을 위한 국가전략법」, 「미국 노인 사회고립 및 외로움방지법」, 공중보건 개입과 관련한 입법에는 「사회적 연결증진을 위한 국가전략법」, 「보다 안전한 지역사회법」, 그리고 지역사회 기반 프로그램에 관해서는 '사회적 연결 증진을 위한 지역사회 기반 접근책', 마지막으로 그와의 활동과 관련해서는 '디지털공간의 개혁', '조사연구 증진' 등이 있다. 그리고 외로움문제 대응에 관한 중앙정부의 전략과 권고 중에서 가장 중요하다고 생각되는 보고서로서 『우리의 유행병, 외로움과 고립』(Our Epidemic of Loneliness and Isolation, 2023)이 있다.

### 2) 『우리의 유행병, 외로움과 고립』 보고서

이 보고서는 2023년에 제출되었는데, 전체 4개 장으로 구성되어 있다. 제1장은 개요로서 사회적 연결이 왜 중요한가, 사회적 연결이 무엇인가, 그리고 미국의 최근 동향에서 사회적 연결이 점차 줄어들고 있는 현상을 설명한다. 무엇이, 왜 미국 사회에

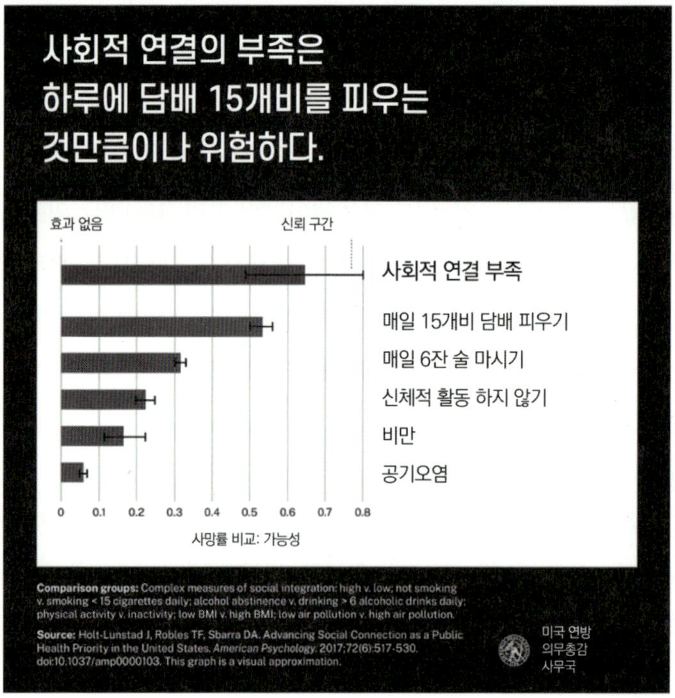


**[그림 7-4]** 사회적 연결의 부족은 하루에 담배 15개를 피우는 것만큼 위험하다

출처: Office of the U.S. Surgeon General, 2023.

서 연결이 줄어들고 있는지, 중요한 요인은 무엇인지를 설명한다.

제2장은 사회적 연결이 개인의 건강과 웰빙에 미치는 영향 혹은 결과에 대하여 설명한다. 여기서는 사회적 연결이 개인의 건강에 미치는 영향으로서, 사망, 심장병, 고혈압, 당뇨, 각종 전염병, 인지문제, 우울증과 불안, 자살 및 자기 스스로에 대한 해로움 등을 설명하고 있다.

제2장의 두 번째 절에서는 사회적 연결이 여러 가지 경로를 거쳐 결국에는 건강에 어떤 영향을 미치는지를 상세하게 설명하고 있다. 즉, 사회적 연결이라는 구성 요소가 생물학적, 심리학적, 그리고 행위의 과정을 거쳐, 결과적으로 개인의 여러 가지 측면에서 건강에 부정적인 영향을 미치는 것으로, 그림으로 요약하고 있다.

제3장에서는 사회적 연결이 지역사회에 미치는 영향에 대하여 설명하고 있다. 지역사회는 개인의 사회적 연결로 이루어져 있으므로 보다 잘 연결된 지역사회가 사람

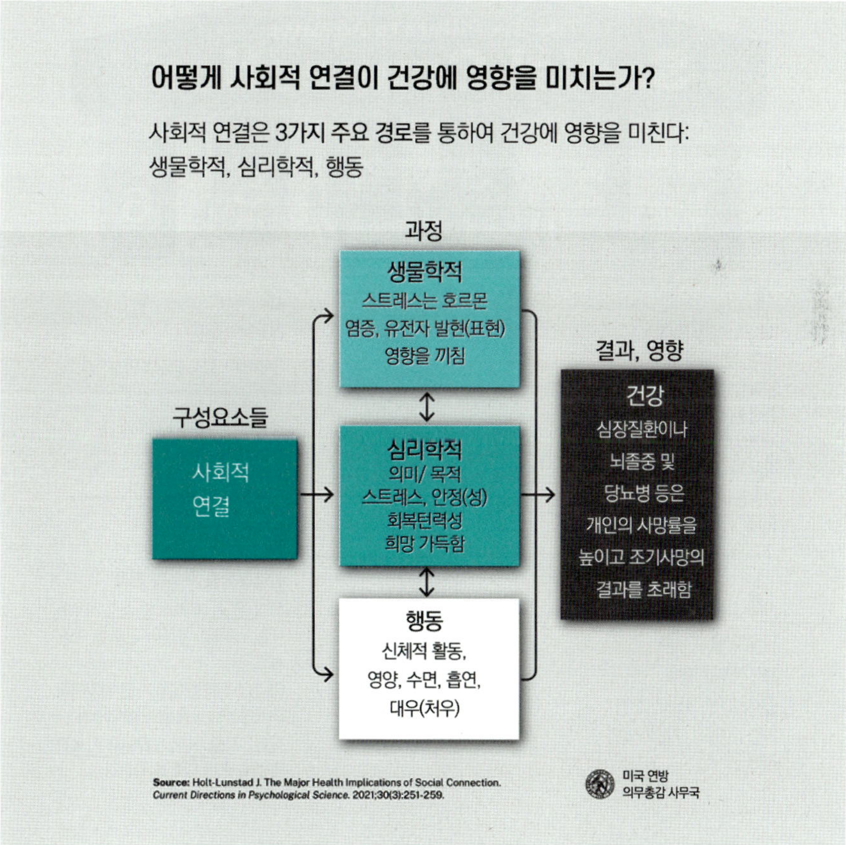


[그림 7-5] 어떻게 사회적 연결이 건강에 영향을 미치는가?

출처: Office of the U.S. Surgeon General, 2023.

들에게 더 많은 유익한 점을 제공한다. 건강, 자연적 재해와 회복탄력성(resilience), 지역사회의 안정성(범죄, 도둑 등), 경제적 번영, 시민의 참여와 대의 정부(높은 투표율 등) 등에 유익한 점을 제공한다. 반대로 잘못된 연결은 사회 전체에 부정적인 영향을 미치기도 한다. 예컨대 사회를 양극단으로 몰아갈 수 있다.

제4장은 사회적 연결을 증진시키 위한 국가 전략에 대한 설명이다. 여기에는 2가지 내용으로 구성되어 있는데, 첫 번째는 사회적 연결을 증진시키기 위한 6개의 기둥에 대하여 설명하고 있다. 제1기둥은 지방의 지역사회에서 사회 기반 시설을 강화하는 것, 제2기둥은 사회적 연결 친화적 공공정책을 시행하는 것, 제3기둥은 건강 영역을 동원하는 것, 제4기둥은 디지털 환경을 개혁하는 것, 제5기둥은 관련 지식을 심화

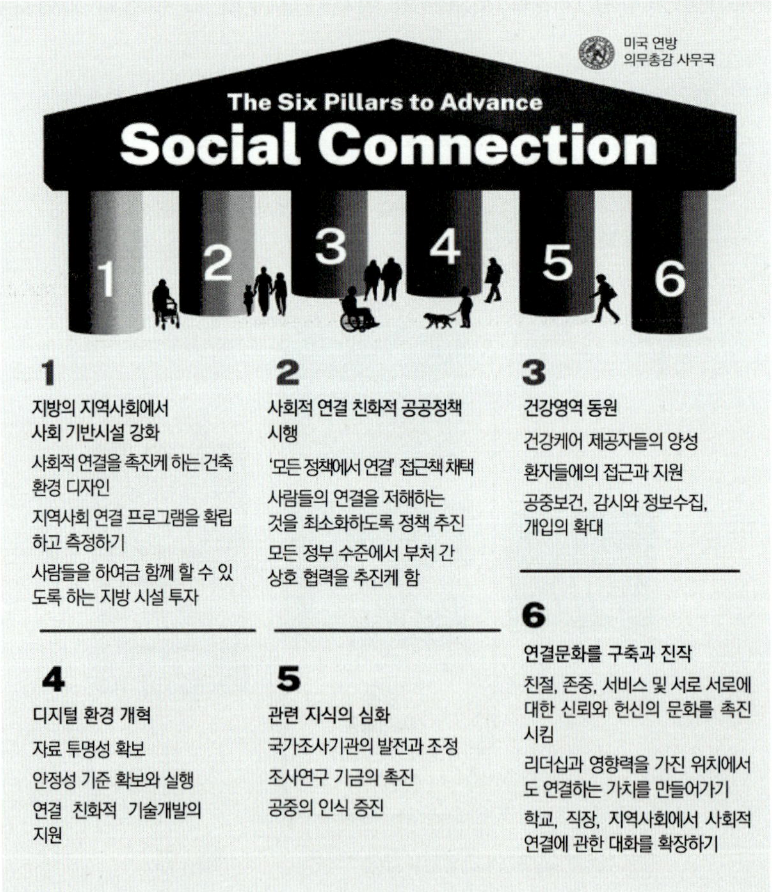


[그림 7-6] 사회적 연결을 증진시키기 위한 6개의 기둥

출처: Office of the U.S. Surgeon General, 2023.

시키는 것, 그리고 제6기둥은 연결문화를 진작시키는 것으로 이루어져 있다.

둘째 내용은 사회적 연결을 증진시키기 위한 이해관계자를 위한 권고를 제시하였다. 여기에는 중앙정부, 광역적 지역구, 주정부, 지방정부 등에 대한 권고를 위시하여 12개의 다양한 이해관계자 집단들에 대하여 상세하게 권고하고 있다. 민간건강부문과 공공건강부문, 조사연구기관, 자선단체, 교육기관, 일자리 분야, 지역단위를 기반으로 하는 조직, 기술 관련 기업, 미디어 및 엔터테인먼트 기업, 부모와 돌봄제공자들, 그리고 개인에 이르기까지 상세하게 부문별로 사회적 연결을 증진하기 위한 권고를 제시하고 있다. 이들 12개의 부문별 이해관계자들이 사회적 연결을 증진하기 위해 할 수 있는 역할을 세밀하게 권고하고 있다.

이 중에서 마지막으로 제시하고 있는 개인에 대해서 사회적 연결을 증진하기 위해 할 수 있는 일은 무엇인지를 권고하고 있는 내용을 설명하면 다음과 같다(Office of the U.S. Surgeo General, 2023).

- 사회적 연결의 힘과 사회적 연결이 잘 되지 않았을 때의 부정적인 결과를 이해하라.
- 여러분이 가진 관계를 증진시키기 위해 시간을 투자하라.
- 대화를 하는 동안 집중을 흐리게 하는 것을 최소화하라.
- 타인에게 봉사하고 그들을 지원하기 위한 기회를 가지도록 노력하라.
- 감사하는 일에 적극적이고 잘 반응하고 지지하라.
- 다른 배경과 경험을 가진 사람들과 적극적으로 교류하고 참여하라.
- 사회적 집단이나 지역집단에 참여하라.
- 다른 사람들과의 연결이 줄어든다는 느낌을 가지지 않도록 노력하라.
- 외로움이나 고립을 극복하는 시간에 다른 사람의 도움을 받도록 노력하라.
- 여러분의 건강을 보살피는 사람들에게 마음의 문을 개방하라.
- 시민 참여를 위해 시간을 내어놓아라.
- 연결의 핵심적인 가치를 성찰하라.

### 3) 「사회적 연결 정책실 설치, 사회적 연결에 관한 국가 전략 수립 및 그 밖의 목적을 위한 법률안」(약칭 「사회적 연결을 위한 국가전략법」)

외로움을 해소하고 사회적 연결을 강화하기 위하여 미국은 위 법률을 2023년 7월에 제정하였다. 이 법률안의 핵심적인 내용은 다음과 같다. "(미국)사회의 조직 구조가 마모되어 가는 현상은 외로움의 증가, 시민 참여 및 종교적 참여의 감소, 지역사회의 붕괴, 경제적 불평등 및 불안정성의 증가, 경제적 이동성의 하락, 우울증과 불안 및 중독 속도의 증가, 건강과 기대수명의 감소, 양극화와 급진화 수준의 상승과 직접적으로 얽혀 있다. 이러한 변화는 미국의 모든 국민에게 영향을 미치지만 특히 가난하고 소외된 사람, 어린이와 청소년, 경제적으로 낙후된 지역에 거주하는 사람, 퇴역군인들과 노인들 그리고 대학 학위가 없는 사람에게는 큰 영향을 준다." 이러한 외로움 관련 사회변화에 대응하여 사회적 연결을 강화하기 위한 (미국) 국가의 전담전문가 조직과 연방자금 지원이 요망된다는 것이다.

이러한 배경에서 대통령실 내에 사회적 연결 정책실을 마련하고, 외로움을 개선하고 사회적 단절의 진행을 늦추거나 멈추도록 하기 위하여 종합적인 국가 전략을 수립하고 유지하도록 정책적 노력을 실행하는 내용을 담은 법률을 제정한 것이다. 이를 위해 범정부적 부서를 참여시켜 외로움에 대한 정책을 수립하고 실행하고 매년 연차보고를 하는 등을 내용으로 하고 있다(「사회적 연결을 위한 국가전략법」 참조).

## 2. 독일, 일본 및 한국

### 1) 독일

독일 역시 코로나 팬데믹을 거치면서 외로움문제가 사회적 논의로 이어지고, 정치권과 전문가 집단을 통해 사회적 위험으로 인정하기 시작하였다. 2020년 12월에 자유민주당 소속의원들이 연방의회에 제안서를 제출하여, 연방정부 예산을 외로움문제를 다루는 전문위원회를 구성하고 다학제적 연구를 통해 외로움 예방 및 대응전략을 개발할 것을 제안하였다. 이 제안에 기반을 두어 2021년 4월 연방의회 내 가족 · 노인 · 여성 · 청소년위원회가 개최한 전문가 공청회에서 외로움 관련 연구와 연구결과에 기반한 전략적 대응을 강조하였다.

이러한 움직임에 따라 2022년 2월 연방 가족 · 노인 · 여성 · 청소년부에서 '외로움 전문지식 네트워크' 프로젝트를 시작하였고, 2022년 6월에는 '외로움 함께 벗어나기' 콘퍼런스에서 외로움 대응전략의 개발계획을 공식적으로 발표하였다. 이 계획에 따르면 연방 가족 · 노인 · 여성 · 청소년부가 이미 부분적으로 시행하고 있던 조치들에 추가하여 외로움 대응 전략의 완성을 위해 현재 20대 연방의회 회기가 종료되는 2025년까지 새로운 조치들이 마련될 예정이다. 대응전략 개발의 목표로는 첫째, 사회적 문제로서의 외로움에 대한 정치적 · 학문적 논의의 심화 둘째, 외로움에 대한 사회적 편견을 없애고, 외로움을 예방하고 완화하기 위한 사회적 토론의 촉진이 제시되었다. 이러한 목표하에 연방 가족 · 노인 · 여성 · 청소년부는 홈페이지를 통해 외로움 대응 전략의 구체적 조치들을 연구사업 지원, 시범사업 지원, 공익 캠페인 추진의 세 가지 카테고리로 나누어 제시하고 있다(BMFSF, 2023c; 정다은, 2023 재인용).

## 2) 일본

일본에서도 유사하게 외로움의 문제가 사회문제로 대두되었다. 사실 일본은 '은둔형 외톨이'(히키코모리) 문제가 세계에서 가장 먼저 발생하고, 이 문제에 대한 연구가 상당하게 진척되고 제도적 장치와 프로그램 활동 역시 활발하게 전개되어 왔다. 외로움문제는 은둔형 외톨이 문제, 그리고 고독 · 고립의 문제로 통합적으로 다루어지고 있는 추세이다.

일본 역시 사회구조의 변화에 따라 가족과 지역, 회사 등에 있어서 사람 간의 연결이 약화되고 누구라도 고독 또는 고립 상태에 처할 수 있다는 점에 주목하였고, 코로나 발생 이후 환경 변화로 인해 이러한 고독 · 고립 상태가 더욱 심각해질 수 있다는 인식에서, 정부 차원의 고독 · 고립 대책을 추진하게 되었다. 2021년 2월에 고독 · 고립 담당대신을 임명하고, 내각관방에 고독 · 고립 대책 담당 부서를 설치하였고, 이를 중심으로 각종 대책을 마련하고 발표하였다. 같은 해 3월에는 정부 각 부처에 부대신을 구성원으로 하는 회의체를 만들었고, 같은 해 12월에는 최초로 고독 · 고립 실태 파악을 위한 전국조사를 실시하였다. 이를 바탕으로 2021년 12월에 고독 · 고립대책 중점계획을 수립하였다고 발표한 바 있다(장민선, 2024).

2023년에는 「고독 · 고립대책추진법」을 제정하여 2024년 6월부터 시행하였다. 이 법을 통하여 고독 · 고립 대책의 전체를 수립하고 구체적인 시책을 추진하는 기본 골격을 마련하였다. 중앙정부에는 고독 · 고립 대책 추진본부를 내각부에 두고, 지방에는 고독 · 고립대책지역협의회를 둔다. 지역의 고독 · 고립대책지역협의회에서 관련되는 다양한 관계자 네트워크를 결성하여 정보 공유와 협력을 기반으로 당사자에게 개별 지원을 원활하게 하도록 법제화하였다.

### 3) 한국

우리나라의 경우는 중앙정부 차원에서 외로움 관련 법이나 정책이 없다. 다만 지방자치단체에서 외로움 관련 조례를 제정하고 정책을 시행하는 사례가 있다. 외로움 법률은 아니지만 연관된 법률인 「고독사 예방 및 관리에 관한 법률」(약칭 고독사예방법)이 2020년 3월 31일 제정되고 2021년 4월 1일부터 시행되고 있다. 중앙정부에서는 외로움문제보다는 고독사문제나 고립청년이나 은둔형 외톨이 청년문제에 상대적으로 집중하는 경향이다. 향후 중앙정부에서는 고독사문제와 고립 · 은둔청년문제를 대응하면서 점진적으로 외로움문제로 관심이 확대되거나 이행하는 방향으로 정책적 대응이 이행할 것으로 보여진다. 2025년 4월 현재는 오히려 지방자치단체에서 외로움 조례를 제정하여 자체적으로 정책을 시행하고 있다. 아래는 2025년 4월 현재 지방자치단체에서 외로움 조례를 제정 시행하는 자치단체의 현황을 정리한 것이다.

〈표 7-4〉 지방자치단체의 외로움 조례 제정 · 시행 현황(2025년 4월 현재)

| | | | |
|---|---|---|---|
| 경상북도 | 경상북도 외로움 극복 및 예방 지원 조례 | 2022. 9. 22. | 제정 |
| 전북 군산시 | 군산시 청소년 외로움 치유와 행복을 위한 조례 | 2021. 12. 15. | 제정 |
| 대구광역시 수성구 | 대구광역시 수성구 사회적 고립 및 외로움 방지 조례 | 2024. 9. 20 | 일부개정 |
| 전남 무안군 | 무안군 외로움 및 사회적 고립 극복 지원에 관한 조례 | 2024. 9. 9. | 제정 |
| 부산광역시 연제구 | 부산광역시 연제구 외로움 및 사회적 고립 극복 지원에 관한 조례 | 2023. 12. 22. | 제정 |
| 부산광역시 | 부산시민 외로움 치유와 행복 증진을 위한 조례 | 2019. 5. 29. | 재정 |
| 경남 통영시 | 통영시 사회적 고립 및 외로움 방지 조례 | 2024. 12. 31. | 일부개정 |
| 강원도 횡성군 | 횡성군 외로움 공감과 치유를 위한 조례 | 2020. 12. 30. | 제정 |

출처: 법제처 자치법규, 2025.

이 중에서 부산광역시의 「부산시민 외로움 치유와 행복 증진을 위한 조례」(이하 '부산시민 외로움 조례')를 조금만 살펴보자. 이 조례의 제정 이유를 "부산시민이 사회 속에서 느끼는 외로움과 이로 인해 받는 고통을 치유하고 행복을 증진하기 위하여 필요한 사항을 규정함으로써 인간의 존엄성 회복과 건전한 공동체적 삶을 실현하는 데 이바지하고자 함"이라고 천명하였다. 그리고 그 주요 내용에는 다음과 같은 사항이 포함되어 있다.

① 외로움 치유와 행복 증진을 위한 시의 책무 규정
② 외로움 치유 및 행복 증진을 위한 계획 수립 · 시행
③ 외로움의 원인과 사회적 병리현상 등에 관한 실태조사 실시
④ 외로움 정도 측정을 위한 지표를 개발하고 시책의 추진 등에 활용할 수 있도록 규정함
⑤ 외로움 치유와 행복 증진을 위해 추진할 수 있는 지원 사업을 명시함
⑥ 부산광역시 외로움 치유센터 설치 · 운영에 관한 사항을 규정함
⑦ 외로움 치유 및 행복 증진 위원회의 설치와 구성 · 운영에 대해 규정함

이 조례에서 말하는 외로움을 다음과 같이 규정하고 있다. "외로움"이란 부산광역시에 거주하는 사람이 물리적으로 단절되거나 스스로의 의사와 상관없이 사회적 관계 속에서 느끼는 고독한 감정 또는 이로 인한 고통을 말한다.

외로움문제를 해결하고 치유하기 위하여, 부산시장이 책임을 지고 시행해야 하는 계획을 아래와 같이 규정하고 있다.

① 외로움 치유 및 행복 증진을 위한 기본 방향 및 목표
② 외로움 치유 및 행복 증진을 위한 분야별 주요 시책 및 추진체계
③ 실태조사에 관한 사항
④ 주요 시책 추진에 필요한 재원조달 방안에 관한 사항
⑤ 외로움 치유 및 행복 증진을 위한 교육 및 연구 지원에 관한 사항
⑥ 사회통합 및 더불어 사는 사회 환경 조성에 관한 사항
⑦ 그 밖에 외로움 치유 및 행복 증진을 위하여 시장이 필요하다고 인정하는 사항

부산시장은 위 계획에 의거하여 부산시민의 외로움 치유와 행복 증진을 위하여 다음의 사업을 추진할 수 있다.

① 외로움의 원인 및 치유 등에 관한 연구 및 조사 지원
② 외로움과 관련한 문제 해결을 위한 아이디어 공모사업
③ 외로움 치유 전문가 양성 교육 및 홍보
④ 위 공모사업 결과 선정된 사업
⑤ 그 밖에 부산시민의 외로움 치유와 행복 증진을 위하여 시장이 필요하다고 인정하는 사업

중요한 점은 이 조례에 따라 부산시장은 부산시민의 외로움을 치유하기 위하여 다음의 기능을 수행하는 부산광역시 외로움 치유센터를 설치·운영할 수 있도록 규정하였다.

① 외로움 치유를 위한 전문가 상담
② 생활·취미 등의 공유를 위한 공간 및 프로그램의 제공
③ 부산시장이 이 조례에 따른 사업의 추진
④ 그 밖에 부산시민의 외로움 치유를 위하여 필요한 사항

서울시는 2024년 7월에 '고독고립 컨트롤타워'인 돌봄고독기획관과 고독대응과를 신설하고, 10월에는 '외로움 고립은둔 종합대책'인 '외로움 없는 서울'을 선포하였다. 이 종합대책을 통해 2025년 현재 다양하고 포괄적인 외로움, 고립은둔에 대응하기 위한 사업과 프로그램을 실행하고 있다. 아마도 현재 중앙정부 차원에서 이러한 외로움과 고립은둔문제에 대응하는 종합대책이 마련되어 있지 않은 상황에서, 서울시의 사례는 전국의 시·군·구에 좋은 모범 사례가 될 것으로 보인다(https://news.seoul.go.kr/welfare/archives/569468, 접속일, 2025. 7. 10).

서울시 외로움 대응책은 외로움 예방부터 재고립·재은둔 방지까지 정책 대상을 확대하여 대응하는 한편 기존의 사회복지실 중심에서 서울시청 내 전 실국 간 유기적 협력을 통해서, 시민들의 생애주기별 분야별로 종합적인 지원체계를 구축하는 방향으로 정책을 실행하고 있다. 추진 과제는 '함께·연결·소통' 있는 서울 만들기로 3대 전략과 7대 핵심 과제로 이루어져 있다.

추진 과제 중 '함께잇다'는 '외로움 없는 서울'을 위해 ① 똑똑24, ② 마음챙김, ③ 365마음챌린지 등으로 '함께 활력넘치는 서울'을 목표로 하고 있다.

두 번째 추진 과제인 '연결잇다'는 '고립은둔없는 서울'을 위해 ④ 고립은둔 발굴·

진단, ⑤ 서울 연결처방 등으로 '촘촘한 연결 든든한 서울'을 목표로 하고 있다.

마지막 추진 과제인 '소통잇다'는 '단절 · 편견없는 서울'을 위해 ⑥ 하트 웨어 조성, ⑦ 공감×연대 서울 등으로 '모두에게 열린공간 서울'을 목표로 하고 있다.

추진 과제를 실제로 사업이나 프로그램으로 만들어 수행하기 위하여 서울시에서는 '서울시고립예방센터'를 2025년 1월 1일에 개설하였다. 고립예방센터는 4개 팀 30여 명이 활동하고 있는데, 팀에 따라 핵심 기능과 주요 사업을 요약하여 제시하면 아래와 같다.

〈표 7-5〉 서울시 고립예방센터의 팀별 주요 핵심 기능 및 주요 사업

| 팀명 | 핵심 기능 | 주요 사업 |
|---|---|---|
| 외로움 예방팀 | 외로움 게이트 웨이, 사업 홍보 | 외로움 안녕 120, 챗봇 운영 |
| 고립은둔대응팀 | 서울형 고립은둔대응사업 모델화 | 서울연결처방, 은둔거부가구지원 |
| 지역협력팀 | 연결서울 민간참여 활성화 | 아름다운 이웃 2.0, 지역밀착복지관 |
| 스마트 복지팀 | 24시간 스마트돌봄, 시민인식 개선 | 고위험군 야간관제운영, 인식 개선 |

출처: https://opengov.seoul.go.kr/press/32714610

서울시고립예방센터의 2025년 주요 사업내용을 요약하여 알아보면 다음과 같다.

- 외로움예방 게이트웨이: 외로움 안녕 120, 챗봇(외로움 · 고립 · 은둔 서비스 연계), 고립예방 플랫폼 고도화(365 서울챌린지 지원) 등
- 서울형 고립은둔대응사업 모델화: 서울연결처방, 은둔 거부가구 맞춤형 지원, 고립당사자 참여형 일자리 지원, 현장대응 지원 및 연계, 민관현장 역량강화 등
- 연결서울 민간 참여 활성화: 아름다운 이웃 2.0, 배달앱 · 모임앱 등 민간기업 협력, 지역사회보장협의체 · 고립예방협의체 지원, 지역밀착형복지관 운영 등
- 24시간 고립예방 스마트복지 대응: 스마트돌봄서비스(5종) 관제 · 출동, 위기 시민 지원, 현장 모니터링, 스마트돌봄 우수사례집 발간 등
- 외로움 · 고립 · 은둔 인식 개선 및 홍보: 외로움 · 고립 · 은둔 대응 홍보, 고립가구 인식 개선, 연결 포럼, 슬로건 및 콘텐츠 공모전 운영 등

'외로움 없는 서울'의 '외로움 고립은둔 종합대책'에서 밝힌 내용을 보면, 실제 상황에서 지역사회 내 고립은둔가구를 발굴하고 지원하는 체계를 아래와 같이 구축하고

있다. 서울시 고립예방센터가 총괄지휘하며, 초기 접촉은 자치구의 동주민센터, 복지관, 고립예방협의체 등에서 이루어진다. 발굴된 가구를 지역 단위의 사례관리팀에서 전담하게 의뢰하며, 필요시 각종 특화 서비스를 제공하고 있는 관련 복지관이나 복지단체 등에 연계하여 지원하도록 체계화되어 있다.

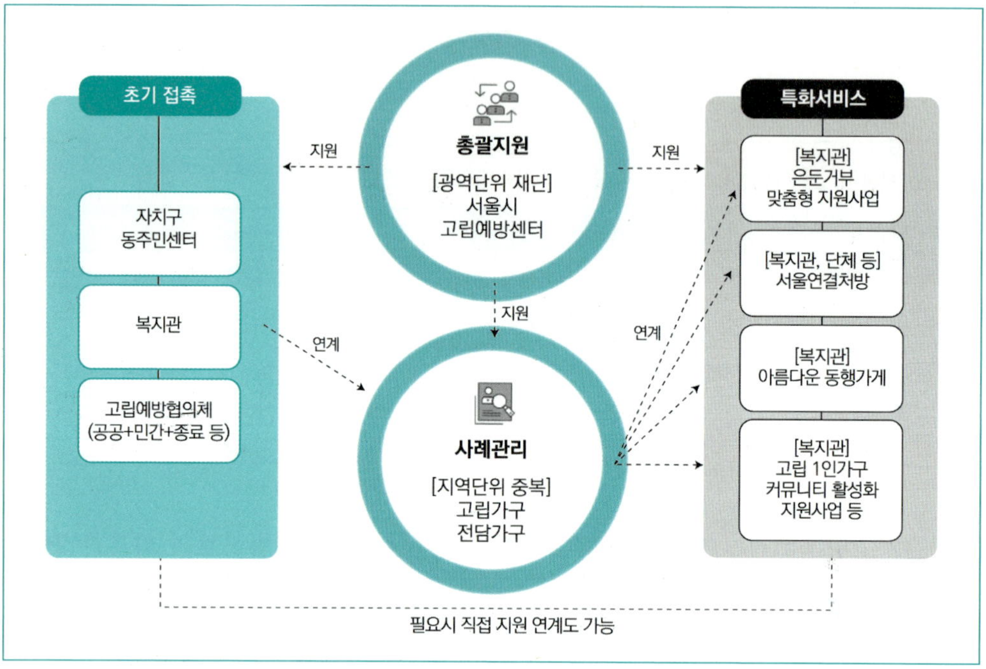


**[그림 7-7]** 서울시 고립 · 은둔가구 발굴-지원체계도

출처: https://sihsc.welfare.seoul.kr/knockseoul

서울시의 외로움 대응 사업 중 또 중요한 내용은 서울시 내의 '자치구별 고립예방협의체 운영'을 지원하고 활성화하는 사업이다. 이는 외로움과 고립 등의 예방과 해결이 결코 관 중심에서 가능하기보다는 시민들이 살아가고 있는 지역사회 내에서 민관자원봉사단체 등 전체 지역주민들이 함께 참여하여 공동체적인 활동과 노력이 중요함을 의미하는데, 이를 위해서는 지역사회 내의 외로움고립예방 활동이 필수적이다. 이러한 배경에서 서울시가 추진하는 '자치구별 고립예방협의체 운영' 지원사업은 매우 바람직하다 할 수 있다.

아래는 서울시에서 '자치구별 고립예방협의체 운영' 지원사업에 관하여 협의체를 구성할 경우, 자치구 내의 지역사회에 산재되어 있는 공공, 시설, 유관, 및 주민 등의 영역을 가능하면 망라하여 참여하도록 예시하는 내용이다.

**자치구 고립예방협의체 구성 예시**

- 공공: 자치구, 동주민센터, 지역사회보장협의체, 보건소 등
- 시설: 복지기관, 1인가구지원센터, 지역자활시설, 정신건강복지센터 등
- 유관: 경찰서, 소방서, 우체국, 주거복지센터 등
- 주민: 통·반장, 주민자치위원, 임대아파트 관리소장 등

※ 협의체는 자치구 실정에 맞게 자체 구성하되, 자치구, 동, 복지관은 필수참여 권고

서울시는 2024년부터 서울시평생교육진흥원이 주관으로 중장년층을 위한 대표 평생직업교육 프로그램인 '서울마이칼리지'를 운영하는 사업을 수행해오고 있다. 2025년도 운영대학으로 서울시립대, 한양대, 동국대 등 17개교를 선정하여, 총 2,100여 명의 중장년 시민에게 재취업, 전직, 창업 등 인생 2막을 위한 실질적인 교육 기회를 제공할 예정이라고 한다. 즉, '서울마이칼리지'는 "서울(Seoul) 중장년 시민(Middle Year)을 위한 나의 대학(My College)"이라는 의미로 중장년층이 캠퍼스에서 새로운 배움과 커리어를 설계할 수 있도록 돕는 사업이다.

특히 이 사업은 2025년에는 외로움과 고립감과 같은 도시 문제에 대응하기 위해, 교육 기회가 부족한 지역과 학습 소외계층을 대상으로 맞춤형 프로그램이 운영되는 점이 중요하다. 예를 들어, 서일대학교는 1인 가구가 함께 식사하며 정서적 지지와 공동체를 나눌 수 있는 '커뮤니티 식사 프로그램'을 마련하는 등, 다양한 대학에서 개성 있는 사업들을 선보일 예정이다. 향후 이 사업이 얼 쇼리스 교수가 실행하고 있는 클레멘트 코스와 같이, 외로움과 고립문제에 처한 사람들을 위한 인문학 학습 프로그램으로 다양하게 확대 발전되기를 기대한다.

'외로움 없는 서울' 사업 중 하나는 서울시민의 다양한 활동을 촉진하는 '365 서울 챌린지'로서, 서울시가 교보문고와 함께 기획한 책을 통해 나를 돌아보고 주변과 소통하며 외로움을 극복하는 독서챌린지사업이다. 이 사업은 저자와 함께 책을 읽고 기록하며, 나의 감정과 생각을 발견하고 나에 대해 알아보며, 이를 통해서 다른 사람

과 공감하고 소통하여, 외로움과 고립문제를 해소해 나아가는 방안이다. 이 방법은 본 서에서 제시하고 있는 인문학 학습과 유사한 외로움, 고립문제 해소의 중요한 한 방안이 될 수 있다고 생각한다. 이미 미국, 영국, 우리나라에서도 시행되고 있는 이러한 인문학 학습 방법은 다른 문제 해결에도 탁월한 방안이 되지만, 외로움과 고립문제 예방과 해결에도 중요한 방책이 될 수 있다고 생각하여, 서울시의 '365 서울 챌린지' 독서챌린지사업은 바람직한 사업이라 판단한다. 이러한 활동이 전국의 지역도서관과 대학의 도서관에서 시민사회단체와 협력하여 활발하게 추진되기를 기대한다.

제 8 장

# 외로움문제의 개인적 예방과 대응방안

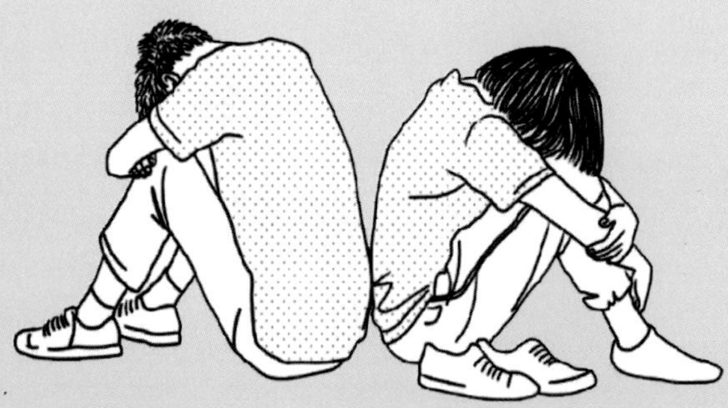

# 제1절 외로움문제의 개인적 예방과 대응 관련 제안들

## 1. 미국 연방정부의 권고

2023년 미국 연방정부의 의무총감(The U.S. Surgeon General)의 권고인 '사회연결과 지역사회의 치료효과'(Healing Effect of Social Connection and Community)인 『우리들의 전염병, 외로움과 고립』(Our Epidemic of Loneliness and Isolation, 2023)에서, 이미 전염병처럼 확산되어 만연한 외로움과 고립의 문제를 해결하기 위하여 개인이 수행해야 하는 '사회적 연결을 발전시키기 위한 권고'를 다음과 같이 제안하였다.

아래의 내용을 살펴보면, 개인이 사회생활을 하면서 다른 사람들과 연결되며 좋은 관계를 맺는 데 유익한 권고라고 판단된다. 평소에 일상생활 중에 우리는 이러한 권고사항을 숙지하고 다른 사람들과의 접촉과 관계형성에 있어서 실천하면 한층 좋은 연결과 관계형성을 만들어 갈 수 있다고 생각한다. 결과적으로는 외로움과 고립이란 발생할 수도 없고 건강한 일상생활을 영위할 수 있을 것이다.

① 사회적 연결의 힘과 사회적 연결 해체의 의미를 이해하라.
사회적 연결의 중요한 구성 요인인 구조, 기능, 그리고 질적 측면이 어떻게 여러분의 관계, 건강, 그리고 웰빙에 영향을 미치는지를 알아야 한다.

② 여러분의 관계(성)을 건강하게 하기 위하여 시간을 투자하라.
다른 사람들과의 지속적이고, 일관성 있게, 자주 그리고 높은 실석 수준의 참여를 통하여 여러분이 가진 관계(성)을 견고하게 하기 위하여 시간을 투자하여야 한다.

③ 대화 중에 집중에 방해되는 생각이나 행동을 최소화하라.
다른 사람들과 함께 하는 동안 여러분은 시간의 질적 수준을 높이기 위하여, 대화 때 집중을 방해하는 생각이나 행동을 최소화하여야 한다.

④ 다른 사람들을 섬기고 지원하기 위한 기회를 찾아라.
지역사회에 거주하거나 혹은 지역사회 서비스에 참여함으로써, 여러분의 가족들, 일하는 동료들, 친구들 혹은 외부인들과 같은, 다른 사람들을 섬기고 지원

하기 위한 기회를 찾아야 한다.

⑤ **고마움(감사)에 대해 반응하고, 고마움을 지원하고, 고마움을 실행하라.**

우리들은 이러한 행위를 실행함으로써, 다른 사람들이 우리들에게 상호 보완적인 모습을 보이며, 우리들의 사회적 결속력을 강화토록 하며, 관계를 보다 만족스럽도록 증진하게 하며, 사회적 자원을 견고하게 한다.

⑥ **서로 다른 배경과 경험에 대해 적극적으로 관여하라.**

다양한 연결과 관련된 주어진 이점 속에서, 다른 사람들에 대한 이해를 확장시키기 위하여, 다른 사람들과의 관계(성)을 확장시키기 위하여, 서로 다른 배경과 경험에 대하여 적극적으로 참여하고 관여해야 한다.

⑦ **사회와 지역사회 내의 여러 집단에 참여하라.**

소속감과 의미, 그리고 목적의식 등을 조성하고 발전시키기 위하여, 피트니스, 종교, 취미, 전문직업, 그리고 지역사회 서비스 조직 등과 같은 사회 및 지역사회 내에 존재하는 여러 가지 집단에 참여하여야 한다.

⑧ **다른 사람들로부터 연결 해체 느낌을 갖게 하는 행동을 줄여라.**

이러한 행동은 해롭고 과도한 사회적 미디어 이용, 건강하지 못한 관계에 시간을 소모하는 것, 사람들보다는 영상물 앞에서 과도하게 시간을 보내는 것 등을 말한다.

⑨ **외로움과 고립을 극복하기 위해 노력하는 동안 도움을 구하라.**

외로움과 고립을 극복하기 위하여 노력하는 동안 가족구성원들, 친구들, 상담원들, 건강 서비스 공급자들, 혹은 988 위기전화(미국) 등에 도움을 요청하여야 한다.

⑩ **여러분의 건강 서비스 공급자와 숨김없이 진실하게 이야기하라.**

여러분의 삶에서 중요한 사회적 변화가 발생하였을 때, 이것에 대하여 여러분의 건강 서비스 공급자와 숨김없이 진실하게 이야기하여야 한다. 이것은 그들로 하여금 여러분의 잠재적인 건강상의 영향력을 이해하도록 도울 수 있으며, 향후 발생할지 모르는 여러분의 건강상의 위험을 약화시키기 위한 권고사항을 제공할 수 있도록 인도할 수 있기 때문이다.

⑪ **시민적(시민사회단체) 관여에 시간을 할애하라.**

이것은 정치적 토론과 모임에 긍정적이고 건설적인 참여를 포함한다(예컨대,

타운홀모임, 학교이사회모임, 지방정부공청회 등).

⑫ **연결의 핵심적인 가치를 숙고하라.**

여러분은 다른 사람들과의 대화에 어떤 방식으로 그리고 어떤 행동을 취하면서 대화에 참여하는지 등에 대하여 생각하면서 연결의 핵심적인 가치를 깊이 숙고해야 한다. 여러분이 다른 사람들과 상호작용과 상호 접촉을 생각할 때, 여러분 자신에게 스스로 질문해야 하는 것은 다음과 같은 것을 포함한다. 상황을 변화시키는 데 나는 어느 정도로 친절한가? 나는 다른 사람들을 존중하는가? 어느 정도로 나는 봉사하는가? 다른 사람에 대하여 어느 정도로 내가 관심과 헌신을 가지는지에 대하여 숙고하는가?

## 2. 관련 전문가들의 제안

수많은 외로움과 고립 관련 자료들을 살펴보면, 외로움과 고립을 예방하고 대응하는 데 유용한 제안들이 있다. 특히 개인 차원에서 스스로 외로움과 고립, 소외 등의 문제를 예방하고 해결하기 위한 임상전문가들의 제안도 있고 학자들의 연구문헌에서도 찾을 수 있다.

### 1) Wigfield의 외로움 해소를 위한 10가지 팁

여기서는 특히 세 가지 측면인 다른 사람, 장소와 공간, 그리고 자기 자신과 관련하여 행동을 취함으로써 외로움문제를 예방하고 대응할 수 있는 팁을 제공하였다 (Wigfield, 2024).

① **외로움을 인정하고 수용하라.**

외로움을 느끼면, 그것을 인정하라. 외로움을 느낀다는 것은 보다 의미있는 관계를 하고 그러한 관계를 발전시키려는 계획을 실행해야 하는 징후임을 스스로 생각해야 한다. 그 관계란 다른 사람들, 여러분에게 소속감을 주는 장소, 그리고 여러분 자신과의 관계를 말한다.

② 삶의 이행기(전환기)를 준비하라.

인생 여정에서 삶의 전환기는 외로움을 촉발시킬 수 있다. 전환기란 학교 입학, 대학 진학을 위한 이사, 부모가 되는 것, 여러분의 자녀들이 집을 떠나는 것, 돌봄 제공자가 되는 것, 돌봄 제공자의 역할을 끝내는 것, 새로운 직업을 시작함, 퇴직, 어떤 사람을 여의는 일 등이 포함된다. 일생에서 전환기란 늘 있기 마련이고 그에 수반되는 외로움이 발생하고, 그것에 대한 대비를 해야 한다.

여러분은 이러한 전환기에 대비하여 늘 준비하여야 하고, 이러한 전환기에 수반되는 외로움에 대비할 수 있는 회복탄력성을 갖추어야 한다. 그래서 외로움이 일시적인 것이 되어야 하며 만성적인 외로움으로 변화되지 않도록 해야 한다. 이것은 그러한 변화를 수용하고 감싸는 것을 말하며, 다른 사람들과의 관계를 만들며, 여러분 자신에게 긍정적인 감정을 가지며, 여러분이 소속감을 갖는 장소에 연결되는 것을 포용하는 계획 수립을 말한다.

③ 여러분의 사회적 네트워크를 구축하라.

가족이나 친구들과의 의미있는 관계를 형성하는 사회적 네트워크는 상당한 노력이 필요하다. 살아가는 가운데 여러분의 삶의 여정에 다른 사람들이 들어오고 나간다. 여러분은 이러한 관계는 자연스런 과정이며, 여러분은 이러한 변화와 네트워크에 상응하게 적응해야 한다.

여러분은 이러한 과정에서 의미있는 관계를 형성하고 유지하기 위해 노력해야 한다. 당장에는 외롭지 않다고 하더라도 여러분의 사회적 네트워크의 총량과 자산을 확장하는 일이 바람직하다. 적절한 때에 정기적으로 여러분의 네트워크를 조정하고 적응해야 한다.

경우에 따라서는 사회적 매체에 의한 집단에 합류하기도 하고 친구만들기 앱에 가입하기도 할 수 있다. 그리고 마음이 맞는 사람들이 있는 집단에 참여하고 같이 활동하기도 하여야 한다.

④ 일을 통해 다른 사람들과 연결하라.

오늘날 일의 형태에 있어서 원격근무나 재택근무 등 홀로 일을 하는 상황이 많다. 물론 하루 중 일을 하면서 보내는 시간이 많으므로 일을 통하여 사회적 연결을 확장하고 강화하는 것이 좋은 전략이 될 수 있다. 함께 일하는 동료 직원들과 소통하고 점심 식사, 커피 등을 같이하여 나누고 여가시간을 함께 보내거나 다른 활동에 합류하는 것이 좋다.

⑤ 의미있는 활동에 참여하라.

여러분에게 의미있고 즐거운 활동에 참여하는 것은 외로움을 떨쳐내고, 집 밖에서 활동하게 하며, 여러분과 마음이 통하는 사람들과 만나는 좋은 기회가 된다. 여러분이 관심을 갖는 활동이라면 무엇이든지 좋다. 예컨대, DIY활동, 요가, 명상, 춤, 노래, 악기연주, 예술 창작작업, 뜨게질 등 열거하면 끝없이 많이 있는데, 이와 같은 활동에 참여하라. 이러한 취미활동에 참여함으로써 외로움을 감소시키고, 집단활동에 참여하여 그 활동과정을 통하여 여러분과 마음이 통하는 사람들을 만나고 연결할 수 있는 유익이 있기 때문이다.

⑥ 친숙한 장소를 방문하라.

여러분에게 친숙한 공간이나 장소를 방문하여 시간을 보내라. 그곳에서 여러분은 소속감을 느낄 수 있고 세 가지 방식으로 외로움에 대항할 수 있다. 첫째는 여러분은 그곳에서 가끔은 홀로 시간을 보내는 것 같으나 외로움을 느끼지 않을 것이다. 그곳에서의 연결감은 여러분이 고독을 즐길 수 있다는 의미를 감지할 수 있을 것이다. 둘째는 친밀한 장소는 여러분으로 하여금 여러분 스스로를 보다 긍정적인 방식으로 연결하는 것을 도울 수 있다. 만일 여러분이 주위 상황과 환경에 대해서 안락하고 편안함을 느낀다면, 여러분은 웰빙의 느낌, 행복한 느낌, 안락한 느낌 등을 경험할 수 있다. 셋째는 친숙한 장소는 여러분들로 하여금 그와 유사한 지역에서 시간을 즐기는 다른 사람들과 연결할 수 있도록 한다.

여러분이 소속감을 느낄 수 있는 장소와 공간을 찾아보라. 그곳에서 어느 정도로 안락함과 친숙함을 느끼는지 평가해 보라. 그러한 곳이 있다면 정기적으로 방문하라. 그곳은 공원, 벤치, 산, 숲, 스포츠 경기장 등이 될 수 있다. 그러한 곳에서 고독하게 시간을 즐길 때, 다른 사람을 만날 수 있고, 그 사람들과 의미있는 관계를 맺을 수 있다.

⑦ 여러분 스스로를 녹지공간에 흠뻑 빠지게 하라.

녹색공간을 방문하여 그곳에서 시간을 보내는 것은 여러분이 현재 외롭거나 외롭지 않거나 간에 여러분의 웰빙을 증가시킨다. 외로울 경우에는 녹지공간에서 시간을 보내는 것은 외로움을 줄인다. 외롭지 않을 경우에 녹지공간에 시간을 보내는 것은 미래의 외로움을 예방하는 일이 된다.

여러분이 사는 곳이거나 일하는 곳에 있는 녹지공간을 찾아서, 그곳에서 하루 20분 정도 시간을 보내라. 여러분의 웰빙의 유익을 극대화할 것이다. 녹지공간이 없다면 여러분의 정원을 걷는 것조차 도움이 될 수 있다.

⑧ **운동하고 활발하게 활동하라.**

신체적인 운동은 외로움을 줄일 수 있도록 한다. 신체적인 운동은 컨디션을 좋게 하며 건강과 웰빙을 증진시켜 준다. 운동하는 공간이나 환경은 여러분에게 소속감을 제공하며, 사람들과 소통하고 연결할 수 있는 기회가 된다. 비록 운동은 혼자 할 수 있으나, 집단 속에서 다른 사람들과 대화할 수 있는 촉진제가 될 수 있다.

운동은 사람들과 의미있는 관계를 형성하거나 연결할 수 있는 기회를 제공한다. 항상 정해진 시간, 정해진 날짜, 정해진 운동 장소에 홀로 참여하지만, 친밀한 얼굴을 볼 수 있어 그들과 사회적 연결을 가능하게 한다. 자신이 좋아하는 운동을 선택하여 정규적으로 참여하라.

⑨ **다른 사람을 도우라.**

다른 사람을 돕는 것은 하나의 목적 있는 활동이며, 다른 사람들과 연결할 수 있으며, 여러분 자신에 대하여 좋은 인상과 느낌을 갖게 하는 바람직한 참여 방식이다. 다른 사람을 돕는 일은 집안에서 밖으로 나가게 하는 것이며, 새로운 기술을 학습하게 하는 기회가 되기도 한다. 다른 사람을 돕는 것은 외로움을 줄이는 활동의 특성이다.

다른 사람을 돕는 활동은 다양하다. 자원봉사활동의 가장 중요한 요소는 여러분에게 중요하다고 생각되는 활동, 의미있다고 생각되는 활동, 여러분의 열정을 발휘하는 데에 참여하는 것이다. 자원봉사활동에 참여하여 의미있는 일을 수행하는 과정을 통하여, 여러분은 스스로 자신에 대하여 긍정적인 감정을 가지며, 여러분이 연결하고 싶은 마음이 비슷한 사람들을 만날 수 있는 기회가 되기도 한다.

⑩ **치료적인 지원을 받아라.**

외로움이 만성적일 때 상담이나 치료를 받는 것이 유익하다. 만성적인 외로움은 경우에 따라 우울이나 불안과 같은 징후를 수반하며, 또 다른 사회적 위협이 높은 감정을 경험하는 출발이 될 수 있다. 이러한 현상은, 여러분이 거부당할 수 있는 두려움으로 인하여, 여러분으로 하여금 스스로 고립하게 하며, 여러분이 생각하기를 그들이 여러분에 대하여 부정적인 인식을 가지고 있다고 판단하기 때문에, 여러분이 다른 사람과 연결하려는 시도를 두려워하게 할 수도 있다. 그 결과로 인하여 더욱 나쁜 건강상의 조건으로 이르게 되는 외로움의 하향 나선형을 초래할 수도 있다.

### 2) Reynolds의 사회적 연결을 만들고 고립을 종결하기 위한 안내

Reynolds는 『외로움문제』라는 책에서 외로움을 하나의 문제로 간주하고 개인적인 측면에서 외로움문제를 해결하기 위하여 다양한 제안을 하고 있다. 그 내용 중에서 Reynolds가 제안한 '사회적 연결을 만들고 고립을 종결하기 위한 안내' 몇 가지를 추출하여, 본 서에서 관심을 가지고 있는 개인적인 외로움문제 해소방법에 대하여 정리하고자 한다(Reynolds, 2024).

① 여러분의 디지털 강박(증)(digital obsession)을 길들이라.

오늘날 많은 사람이 사회적 매체(social-media)에 과도하게 많은 시간을 보내고 있다. 사회적 매체는 진실한 사회적 연결을 가로막는 것은 아니라고 하더라도, 여러분이 사회적 서클(social circle)을 확장시키고 여러분의 개인적인 관계를 깊게 하려면, 여러분의 디지털 강박을 길들이고 조정하는 것이 핵심적인 출발선이 된다.

많은 전문가들이 디지털 기기를 과도하게 사용하는 것은 행동상의 중독이 될 수 있고, 이 중독은 신체적 · 심리적 · 사회적 문제를 야기시킨다고 생각하고 있다.

② 여러분의 자존감을 증진시켜라.

자존감은 여러분이 여러분 자신을 어떻게 바라보는가, 여러분은 여러분의 삶을 어떻게 영위하는가 등을 결정하는 데 매우 중요한 역할을 한다. 자존감이 낮은 경우에 가져오는 결과는 사람들로 하여금 소외되고 동떨어진 존재감과 감정을 가지게 하며, 제한적인 삶을 살게 하며, 깊은 수준의 연결을 어렵게 한다. 반면에 건강한 자존감은 사회적 연결과 친밀한 관계를 형성하도록 여러분의 능력을 발휘하게 한다.

**여러분의 자존감을 북돋우는 방법**

여러분이 외로움을 이야기하기 전에, 여러분의 자존감을 북돋울 필요가 있다면, 여러분은 여러분 자신에게 기분이 나아질 수 있도록 하는(스스로 자존감을 높일 수 있는) 방식은 아래와 같다.

- 여러분이 가지고 있는 모든 좋은 자질을 밝히라.
  여러분을 가치있는 사람으로, 호감이 가는 사람으로 만들어 주는 것으로서, 여러분이 가진 모든 좋은 자질을 밝히라.
- 여러분이 가지고 있는 어떤 부정적이고 왜곡된 생각을 밝히라.
  여러분의 자아 존중감에 영향을 미치는, 여러분이 가지고 있는 어떤 부정적이고 왜곡된 생각을 밝히라. 이러한 생각이 어느 정도 타당한지 타당하지 않는지를 평가하라. 전형적으로 자아 왜곡은 여러분을 저지하고 억제하는 경향이 있다.
- 부정적인 사고 방식을 저지하라.
  이와 같은 생각들에 대하여 보다 실제적이고 긍정적인 생각을 가지고 대항함으로써, 부정적인 사고 방식을 저지하라. 여러분은 여러분의 생각이 부정적이라는 것을 알아차릴 때는 언제든지 스위치를 뒤집어서 긍정적인 해석을 하라.
- 긍정적인 자기대화(self-talk)를 활용하라.
  여러분을 지원하는 긍정적인 동의를 만들고 활용하라. 여러분 자신에게 정서적으로 지원하는 것과 마찬가지로, 여러분은 여러분이 사랑하는 누군가에게도 그렇게 하라.
- 자기 연민을 실천하라.
  과거에 잘못에 대하여 여러분 자신을 용서하는 것을 실천하고 여러분 자신의 모든 부분을 수용함으로써 앞으로 나아감을 실천하라. 우리들은 모두 인간이며, 이해하고 용서하고 긍휼히 여길 만한 가치있는 존재이다.

③ **여러분의 편안함의 수준(comfort level)을 확장하라.**

여러분이 잘 모르는 사람들이나 혹은 알고 있는 사람들 중에 여러분을 힘들게 하는 사람들이라도 접촉하고 싶다면, 여러분이 사회적인 접촉을 좀 더 쉽게 할 수 있는 방법이 있는데, 그것은 아래와 같다.

- 일상생활 중에 만나는 사람들에게 말을 걸어라.
  식료품 상점의 계산하는 사람, 점심 시간에 식당에서 여러분에게 서빙하는 사람에게 간단한 말을 하고, 이들에게 단순히 손을 흔들거나 하는 제스처 대신에 이야기하라. 이웃들과 대화하라. 여러분은 사회적 존재임을 상기하라.

- 많은 사람들이 있는 곳인 커피숍, 도서관, 서점 등의 장소로 가라.
  그러한 일은 대면적 상호 관계가 일어나지 않는, 집에 혼자 있는 것보다 훨씬 낫다. 여러분의 주위에 다른 사람들이 있다는 사실만이라도 외로움을 경감시킬 수 있다.
- 여러분이 안락하고 편안함을 느낄 수 있고 시간을 한가로이 보낼 수 있는 곳이라면 어디든지 반복적 · 지속적으로 가라.
  결과적으로 그곳에서 누가 자주 오는지를 알게 되며, 그들과 함께 이야기할 수 있을 것이다. 그렇게 되면, 함께 머물 수 있고 모든 좋은 감정을 즐길 수 있게 될 것이다.
- 온라인 포럼에 합류하라.
  여러분이 관심을 가지는 주제를 선택하면, 그 대화 속으로 합류하는 일이 쉬울 것이다. 여러분이 이야기하는 것이 편안함을 느낄 때까지 그렇게 하라.
- 온라인 수업에 등록하라.
  여러분과 비슷한 사람이라고 느껴지는 사람들 사이에서 탐구하고 싶은 것을 선택하라. 여러분의 열광적인 관심으로 인하여 오히려 여러분은 편안해질 것이다.

여러분의 편암함 수준이 증가하면, 새로운 것을 시도하도록 여러분 자신을 전진시켜라.

### 사회적 기술(social skills)을 증진시키는 방법

정서적 지능(emotional intelligence)은 연결을 강화하는데 필수적인데, 이는 여러분이 개발할 수 있는 기술이다. 여러분의 정서적 지능을 강화하고, 사회적 기술을 증진시키며, 연결을 공고히 하게 하는 6가지 방법이 있다.

- 갈등에 대항하기보다는 반응하라.
  어떤 사람들의 통제 불능 정서와 행위에 대하여 대항하기보다는, 여러분 자신의 정서를 평정시키기 위한 시간을 가져라. 일단 여러분이 평정심을 회복한 후 해결책을 모색하고, 그 다음에는 분노를 거부하고 이해심을 강화하기 위한 여러분의 목표에 맞추어 여러분의 말과 행동을 취하라.
- 적극적인 경청 기술을 이용하라.
  다른 사람들이 느끼고 있는 바의 것에 대한 비언어적인 단서에 예의 주시하면서, 그들이 말하는 바의 것에 초점을 맞추어라. 여러분이 확신하지 못한다면, 그들이 말하는 바의 것에 반응하기 전에, 여러분은 다른 사람들이 말하는 바를 확실하게 하라. 이러한 노력은 오해를 막아주며, 경청하는 사람으로 하여금 적절하게 반응하도록 허락하며, 다른 사람에 대한 존경심을 나타내게 한다.

- **긍정적인 태도를 유지하라.**
  다른 사람들의 기분을 알고 민감해야 하지만, 여러분 자신의 기분을 확고하게 유지하라. 다른 사람들이 여러분의 행복한 공간에 부정적으로 침입하도록 허락해서는 안 된다. 긍정적인 태도를 표출하기 위하여 항상 최선을 다하라. 주위 사람들에게 행복감을 주기 위하여 최선을 다하라.
- **자기 인식을 실천하라.**
  자기 자신의 정서에 대한 인식을 유지하는 한편, 다른 사람의 정서와 바디 랭귀지를 관찰하고 직관하라. 그러고 나서 의사소통을 증진시키기 위한 정보를 활용하라. 여러분이 발송하는 언어적 단서를 잘 인식하고, 그들이 생각하는 여러분의 진실한 감정을 확실하게 하라.
- **다른 사람들에 공감하라.**
  여러분이 다른 사람을 싫어할지라도, 그 사람들의 입장에서 그들이 느끼고 보는 것을 공감하도록 최선을 다하라. 공감이란 상호 존중하고, 사람들 사이의 서로 다른 견해와 상황을 이해하기 위해 문을 여는 것이다.
- **접근이 쉽고 사회적인 모습을 유지하라.**
  미소짓고 긍정적인 모습을 드러내어라. 허용적이고 환영하는 태도를 유지하고 사람들이 당신에게 마음이 끌리도록 노력하라.

#### ④ 여러분의 관계(성)을 강화하라.

외로움을 가져오는 것은 결국 사회적 관계의 부족만이 아니다. 그것은 여러분이 삶의 가장 소리 없는 자질구레한 일상을 함께 나눌 수 있는, 신뢰할 만하고 상호 화답하고 친밀한 친구가 없는 느낌이다. 그것은 이 세상에서 홀로 남겨졌다는 감정을 가져다주는 내적인 친밀감의 부족을 의미한다. 여러분이 이미 유지하고 있는 개인적인 관계를 강화하는 일은, 내적인 외로움을 죽이고 보다 생산적이고 행복한 삶을 사는 데 필수적이다. 여러분의 관계를 깊게 하는 여러분의 역량을 강화시키는 '관계의 기술'에 대하여 살펴보자.

### 갈등을 다루는 방법의 학습

두 사람이 욕구, 원하는 것, 견해, 그리고 기대가 모든 시간에 동일할 수 없다. 인간관계에서 갈등과 불일치는 불가피하게 발생한다. 문제는 갈등을 어떻게 해결하느냐이다. 갈등을 잘못 해결하면, 회복 불능의 균열이 생기고 후회하고, 끝장날 수 있다. 그러나 갈등을 잘 해결하면, 다른 사람을 이해하는 폭이 넓어지고, 신뢰를 쌓고, 관계를 강화할 수 있다. 갈등을 위협이나 벌칙으로 인식하지 말고 관계를 보다 자유롭게 하고, 창의적으로 만들고, 보다 안정적으로 하는 메커니즘으로 수용하라. 갈등을 보다 잘 관리하려면 다음의 사항을 참고하라.

〈표 8-1〉 갈등관리의 2가지 방식

| 잘못된 갈등 관리 | 적절한 갈등 관리 |
|---|---|
| 다른 사람에게 중요한 것이 무엇인지 인식하거나 반응할 수 있는 능력 부족 | 다른 사람의 입장에 대한 공감능력 |
| 촉발적이고, 분노하며, 상처주며, 분개하는 반응 | 조용하며, 비방어적인, 존중하는 반응 |
| 사랑의 철회, 결과적인 거부, 고립, 창피스러움, 그리고 버려짐의 두려움 | 용서와 잊어버림이 준비됨, 분함과 분노를 가지지 않고 갈등을 지나칠 태세 |
| 절충하거나 다른 사람의 입장에서 바라볼 수 있는 역량 부족 | 절충을 탐색할 수 있고 벌칙을 피할 수 있는 역량 |
| 두려움 혹은 갈등을 회피함, 나쁜 결과를 예견함 | 갈등을 정면으로 마주하는 것이 양쪽을 위해 최선이라는 신념 |

출처: Reynolds, 2024.

㉠ 관계를 한층 깊게 하는 3가지 방법

- 주파수가 같은 사람들을 선택하라.

  여러분이 발전시키를 원하는 품격과 자질을 가진 사람들을 선택하라. 같이 재미를 추구하고, 보다 영적인 특성을 가진 사람들, 예술적인 역량이 있는, 여러분 스스로를 학습하여 증진시킬 수 있는 사람들을 선택하라. 서로 비슷한 관심을 가진 사람들이 서로 서로를 좋아하고 함께 많은 시간을 공유하기 쉽다.

- 여러분 자신이 가진 약간의 취약점을 노출시켜라. 너무 완벽하지 마라.

  여러분이 완벽한 사람이라는 이미지 대신에, 다른 사람에게 부담이 되지 않다면, 그들은 여러분과 보다 쉽게 함께 할 수 있으며, 여러분과 함께 삶의 일상적인 자질구레한 것들을 공유할 수 있을 것이다.

- 사람들이 여러분을 필요로 할 경우 당신을 드러내 보여라.
  다른 사람이 정서적·신체적 지지를 진실로 필요로 할 때 그곳에 있는 것보다 사람들을 연결하게 하는 것은 없다. 만일 새로운 친구가 어려운 상황과 환경에 처하였을 경우, 그들이 필요로 하는 것들을 공급하라. 아동 돌봄, 음식물 제공, 심부름 하기부터 시작하여 이야기 들어주기, 진정한 돌봄에 이르기까지.

㉡ 관계(성)의 질적 수준을 증진하기

관계(성)를 좀 더 깊게 개선하려면 즐겁고 친밀한 관계를 강화하는 것이 중요하다. 여러분이 진실한 자아를 가진 것과 다른 사람의 도움이 필요함을 보이는 것이 친밀성을 개선하는 데 중요하다. 하지만 이것 이외에 현재의 관계(성)의 질적 수준을 증진하기 위한 다른 방법들이 있다.

- 다른 사람들과 함께 있을 동안, 일상적인 대화를 넘어서 여러분에게 중요한 현재의 주제들에 대하여 대화하라. 다른 사람의 견해와 감정에 대하여 존중하고 묻고, 관심을 표명하라.
- 좋아하는 사람들과 전화하고 그들을 방문하라. 직접적인 대면상의 만남과 상호작용은 디지털 상호작용을 능가한다.
- 현재의 친구 혹은 미래의 잠재적인 친구들과 여러 활동에 참여하라. 그들과 스포츠를 즐기고, 함께 하이킹을 가고, 어떤 특정 일이나 프로젝트도 함께 하라. 함께 하는 것은 인간관계를 깊게 한다.
- 친절을 베풀고, 친구들이 좋아하는 책이나 선물을 하라. 어려울 때 친구를 방문하여 저녁을 대접하라.

**⑤ 여러분의 사회적 원(social circles)을 확장하라.**

㉠ 지역사회 모임을 찾아라.

오랜 동안 종교단체나 신념이나 가치를 공유하는 집단에 참여하는 일은 정규적인 사회적 관계, 지역사회의 지지, 삶의 의미와 목적을 제공해 주었다. 근년에 오면서 이러한 사회적 여러 집단에 참여하거나 소속하는 사람들이 줄어들고 있는데, 이는 사회 전체 속의 지역사회의 해체를 드러내는 징후이며 사람들 사이의 관계와 연결이 약화됨을 말한다.

우리들이 외로움을 느끼지 않으려면 마음이 맞는 사람들의 모임을 찾아야 하며,

깊이 있는 친교를 유지할 수 있는 잠재적인 사람들 모임을 가꾸어야 한다.

- 여러분의 배경이나 경험을 넘어서 다양한 친구관계를 추구하라.
- 여러 새로운 사람들을 초대하고 친교적인 이벤트를 계획하라.
- 새로운 학습 강좌에 신청하고 참가자들과 함께 이야기하고 친교를 나누어라.
- 소속감, 의미와 목적의식 등을 증진시키기 위하여 시민집단 혹은 지역사회집단(피트니스, 종교, 취미, 전문집단, 지역사회모임 등)에 참여하라.
- 관련 자원을 찾기 위하여 지역사회에 있는 도서관에 문의하라. 도서관에서는 여러분이 집 밖에서 활동할 수 있는 북클럽 등을 제안할 수 있을 것이다.

ⓛ 사람을 끌어들이는 자석처럼 재미있는 사람이 되는 법

낙관적이고 긍정적이고 재미있는 사람은 다른 사람들을 끌어들이고 그들을 다시 돌아오게 하는 매력이 있다. 자석처럼 재미있는 사람이 되는 5가지 방법은 다음과 같다.

- 새로운 아이디에 문을 열고 있어라.
  다른 사람에 대해서 부정적인 생각은 떨쳐버리라. 사람들이 터무니없는 말을 할지라도 그들의 아이디어를 무시하지 말라. 그들과 대화할 문을 열어 놓고 진행할 길을 모색하라.
- 스스로 자신을 비하하지 말라.
  여러분의 약점을 지적하고 변명하기보다는 여러분은 인간적이고 여전히 괜찮은 사람이라는 측면에서 자신을 바라보는 것을 배워라.
- 주목받는 것을 피하라.
  여러분 자신을 주목받게 하려고 유머나 스토리를 사용하여 다른 사람에게 말하려 한다면, 그것을 멈추어라. 대신에 다른 사람에게 초점을 맞추고 그들을 수용하고 반응하는 사람이 되어라.
- 격려하여 사람들로 하여금 말하게 하라.
  여러분이 좋은 질문으로 사람들을 고무시켜 말하게 하면 할수록, 사람들은 고무되어 낙관적이 되며, 그들과 함께 따라서 웃게 되며, 그들은 여러분을 다시 만나고 싶어할 것이다.
- 사람들에게 충분한 관심을 쏟아라.
  여러분이 전화를 끄고, 사람들의 눈을 똑바로 응시하며, 그들이 말하는 바를 좀

더 이해하려 경청하면, 그리고 적절하게 반응하면, 그들과의 친밀감은 깊어질 것이다. 그것은 보다 깊은 종류의 관계를 만들어갈 것이다.

**⑥ 외로움을 극복하려고 할 때 도움을 구하라.**

외로움을 극복하는 데는 첫걸음이 중요하다. 앞에서 언급한 여러 가지 내용을 참고하고, 여러분이 도움을 받을 수 있는 사람, 사회적 자원 및 기관을 찾아라. 온라인 및 오프라인을 통하여 관련 도움을 구하라. 필요한 경우 상담이나 전문기관을 찾아라.

## 제2절 외로움문제의 개인적 예방과 대응방안

### 1. 외로움문제의 개인적 예방과 대응의 관점

#### 1) 외로움문제의 원인, 영향 요인에 따른 예방과 대응 관점

이 책에서 외로움문제의 원인 혹은 영향 요인을 여러 학자들과 임상전문가의 견해를 바탕으로 4가지로 대별하였다. ① 거시적 측면: 사회문화적 영향 요인, ② 중범위적 측면: 상호작용적·상황적 영향 요인, ③ 미시적 측면; 개인적 영향 요인, 그리고 ④ 촉발적 영향 요인 등이다.

외로움문제를 개인 차원에서 예방하고 대응하기 위한 방안을 논의하는 이 장에서는 논리적으로 각각의 외로움문제 영향 요인에 상응하여 예방하고 대응하는 내용이 될 것이다. 아래에서 논의하려는 외로움문제의 예방과 대응방안은 결국 이러한 논리와 내용을 참고해서 이루어질 것이다.

#### 2) 인간에 대한 전인적 관점

인간은 신체적·심리적·정신적·영적·사회적 존재이므로 이러한 특성을 반영하는 외로움문제의 예방과 대응책이 제안되어야 할 것이다. Allen은 『외로움 치유』(The Loneliness Cure, 2014)에서, 외로움의 치유 모형을 구축하면서 인간을 정신적·정서적·

신체적 · 영적 · 사회적 존재로 보고, 치유 모형 역시 5가지 측면을 반영한 '전인적 모형'(Holistic Model, Comprehensive Model)을 제시하였다. 저자는 이 책에서 이와 마찬가지로 인간을 신체적 · 심리적 · 정신적 · 영적 · 사회적 존재로 간주하고 외로움문제를 해결하는 데 있어서도 이러한 5가지의 전인적 관점을 바탕으로 한다.

### 3) 예방과 대응을 위한 통합적 관점

외로움문제는 이론적인 모형도 중요하지만 이 이론을 실천하여 일상생활에서 외로움문제를 예방하고 대응하는 실제적인 내용이어야 한다. 따라서 외로움문제에 대한 각종 학문적 · 이론적 근거를 바탕으로 하여 만들어진 예방책과 대응책을 적용하여 외로움문제가 해결되어야 한다. 이런 맥락에서 이론과 실천을 통합하는 '통합적 관점'(Integrated Perspective)을 본 서에서는 선택한다. 물론 개인의 삶의 여정에서, 혹은 '삶의 주기'에서 직면하는 삶의 과제나 사건, 사고, 문제, 상황 등이 외로움문제를 발생시키는 촉발적 요인으로서 작용한다는 생각도 포괄적으로 포함되어 있다. 따라서 외로움문제는 삶의 여정에서 발생하는 과정적 · 누적적 특성(processing, cumulative)도 인정하고 있다.

또한 외로움문제는 삶의 여정에서 모든 사람에게 발생 가능한 보편적인 문제인 동시에 특수한 문제이기도 하다. 외로움문제가 삶의 외부에서, 즉 사회 · 문화적 측면에서 영향 요인으로 작용하여 발생하는 경우, 개인이 처한 상황과 여건, 그리고 개인이 가진 역량 즉, 회복탄력성이라고 할 수 있는 개인의 특성 등이 통합적으로 작동되는 것으로 간주한다. 그러므로 외로움문제의 복잡성과 복합성, 누적성이 여기에 특성으로 보여지며, 따라서 외로움문제의 예방과 대응 역시 간단하지 않다.

이상과 같은 맥락을 기반으로 외로움문제의 개인적 예방과 대응방안을 생각해 보면 다음과 같다.

## 2. 개인의 외로움문제의 예방과 대응

사람들이 살아가는 동안 누구든지 외로움문제, 고립·은둔문제에 직면할 수 있다. 이 문제는 눈에 보이지도 않고 최근까지 구체적인 지표나 해결방안 또한 애매하다. 학문적이거나 임상적인 결과물 또한 명쾌하지 않다. 국가 사회적인 측면에서 제도적·정책적 프로그램상의 예방이나 대응책이 적절하게 마련되어 있지도 않은 것 같다.

그럼에도 불구하고 본 서의 앞에서 논의한 바와 같이, 21세기 현대사회의 특성으로 그리고 치열한 삶의 현장에서 외로움문제, 고립·은둔문제는 새로운 사회문제로서 출현하고 있다. 그러므로 본 서에서는 개인적 측면에서 외로움문제, 고립·은둔문제를 어떻게 대처해야 할 것인지를 논의해 보고자 한다.

앞 절에서 여러 가지 측면에서 제시되었던 외로움문제의 예방과 대응방안을 좀 더 체계적으로 정리하면서, 외로움문제와 고립·은둔문제에 직면해 있는 개인이나 그 가족에게 예방과 해결에 유익한 도움이 되었으면 한다.

결국 이 예방과 대응방안은 본 서에서 논의되어 온 내용을 바탕으로, 외로움문제의 영향 요인(원인), 특성, 유형 등을 반영하면서 논리적이고 체계적이며 과정적인 제안이 될 것이다. 그래서 여기서는 대략 다음과 같이 4가지 부문으로 구분하여 정리해 보고자 한다. 즉, ① 개인의 일반적인 외로움문제 예방과 대응과정, ② 삶의 여정, 삶의 주기에 따른 외로움문제의 예방과 대응, ③ 상황적 특성에 따른 외로움문제의 예방과 대응, 그리고 ④ 성격적·내면적 특성에 따른 외로움문제의 예방과 대응 등이다.

여기서 논의되고 제안되는 예방과 대응방안은 앞에서 제시되었던 내용을 바탕으로 하여 단지 논리적·체계적·과정적으로 정리한 것에 지나지 않는다. 현실 사회에서 외로움문제와 고립·은둔문제에 직면한 사람들은, 그들이 살아가는 사회의 특성도 다양하고 그들 역시 살아온 배경과 경험이 특수하고, 자신들의 내면적·성격적 특성 역시 사람마다 독특하며, 현재 겪고 있는 문제도 저마다 다르다. 이러한 점을 고려한다면, 본 서에서는 위의 4가지로 논의의 틀을 기준 삼아서, 저자가 생각해 본 예방과 대응방안을 정리한 것에 불과하다. 여기서 논의되는 내용은 무수하게 존재할 수 있는 예방과 대응방안 몇 가지일 뿐이다. 또한 외로움문제와 고립·은둔문제에 대한 학문적·임상적 해결책이 어느 정도 완성되고 검증된 것을, 아직은 찾기 어렵다는 점도 유념해야 할 것이다. 앞으로 우리들은 아래에서 제안된 예방과 대응방안을 기반으로 하면서 더 발전되고 정교한 예방과 대응방안을 만들어가야 한다.

### 1) 개인의 일반적인 외로움문제 예방과 대응과정

#### (1) 외로움, 고립·은둔 상태 인지와 해결 요청

일상생활을 영위하는 가운데 누구나 외로움문제, 고립·은둔문제에 직면할 수 있다. 혼자이거나 여러 집단 속에 있다 할지라도 외로움문제, 고립·은둔문제는 발생할 수 있다. 대부분 일시적으로 경험하다가 사라지는 '일시적 외로움' 혹은 '상황적 외로움'일 수도 있다. 하지만 외로움문제가 어느 정도 지속되고 그 심각성 정도가 감지될 경우도 있다.

여러 학자들이 언급하였듯이, 외로움문제는 마치 배고픔과 같이, 혹은 신체적 통증과 같이, 우리들의 관심을 끌고 그 욕구를 해결하여야 하는 특성을 가지고 있다. 그렇지 못할 때 심각한 개인적 웰빙이 훼손되고 삶이 무너질 수 있다. 물론 그 가족 역시 평화가 깨지고 고통받을 수 있다.

외로움문제나 고립·은둔문제가 인지되면 자신이 직접 관련 기관에 접촉하여 상담을 받고 그 정도를 측정해 보는 노력이 중요하다. 가족에게 이 사실을 의논하고 함께 문제해결을 위한 노력을 시도하는 작업이 중요하고, 이는 문제 해결의 첫 출발이 된다.

관련 기관은 아직은 외로움문제나 고립·은둔문제를 독자적으로 취급하는 기관은 찾기 어렵지만, 유관기관은 많다. 주민센터, 보건소의 정신보건복지센터, 각종 가족센터 혹은 가정센터, 가정상담소, 정신과의원, 그리고 지역사회복지관 등이 있다. 물론 각종 전화상담소 등도 지역에 따라 다양하게 설치되어 있는데 이를 활용하면 좋을 것 같다.

#### (2) 외로움문제, 고립·은둔문제의 측정과 진단

일단 관련 기관과 접촉하여 외로움문제, 고립·은둔문제에 대한 상담을 하고, 문제의 상태와 정도를 알아보기 위하여 질문지 등을 통해 측정하고 결과에 따른 진단을 받는 것이 바람직하다. 이와 관련한 한국형 외로움문제, 고립·은둔문제 측정 질문지가 어느 정도 개발되어 있다.

### (3) 외로움, 고립·은둔 상태에 따른 처방

개괄적으로 말하면, 외로움과 고립·은둔문제를 해결하기 위한 처방은 그것의 유형, 정도, 지속성 등에 따라 각각 다른 처방이 주어질 것이다. 바로 앞에서 말한 문제의 측정과 진단의 결과에 따라 적절한 처방이 주어질 것이다. 처방은 아래에서 논의하는 바와 같다.

### (4) 전인적 통합적 처방: 예방과 대응

만성적이고 지속적인 외로움문제, 고립·은둔문제는 전문가의 인도에 따라 처방을 받고 적절한 대응책이 요구된다. 예컨대 약물치료를 중심으로 다양한 처방이 이루어질 수 있다.

일시적이고 상황적인 문제인 경우에는 다음과 같은 측면에서 생활방식을 변경하고 새롭게 하는 노력이 필요할 것이다. 문제의 예방적 차원에서 개인적인 노력이 중요할 것이다.

#### ① 신체적인 예방과 대응방안: 신체적 활동과 운동요법

신체적인 측면에서는 운동요법이 매우 중요하다고 생각한다. 신체적인 활력을 가져다주는 운동은 외로움문제, 고립·은둔문제를 예방하고 해결하는 데 매우 중요하다(Allen, 2014 참조). 개인운동도 중요하지만 단체로 집단적으로 이루어지는 운동에 참여함으로써 소속감도 느낄 수 있고 여러 사람들과 함께 운동함으로써 신체활동을 지속적으로 실천할 수 있어 유익하다.

집단적으로 운동하는 경우, 자신이 좋아하거나 자신의 체력과 성향에 맞는 운동종류를 선택하는 것이 중요하다. 음악에 맞추어서 춤을 추거나 각종 피트니스를 하는 운동이라든지, 조용한 가운데 태극권이나 요가 등의 운동도 외로움을 해소하는데 훌륭한 운동요법이 될 수 있다. 처음에는 저강도 훈련을 하다가 점차로 고강도 훈련을 하게 되면, 우리의 신체도 강력해지고 동시에 정신과 마음이 강해진다. 따라서 외로움문제 역시 사라질 수 있다. 신체적 운동을 통해 땀을 흘리고 피와 기의 순환이 원활해짐으로써 신체적인 새로움뿐만 아니라 정신적·심리적 쇄신도 이루어질 수 있다. 자신감과 집중력이 강해지고 삶에 의욕이 생기고 호기심도 생긴다. 활력과 생기도 발생할 수 있다. 외로움문제, 고립·은둔문제는 사라지게 된다. 운동을 규칙적이고 지속적으로 유지하는 것이 중요하다.

숲속이나 바닷가 걷기, 필요시 맨발 걷기 등이 중요하다. 초록이 뒤덮인 숲속이나 산의 트레킹이나 걷기는 우리의 신체와 정신을 새롭게 하는 효과가 있다. 걷는 것 자체를 통한 신체적 활력을 얻기도 하거니와 숲이 주는 치유력은 신체적 · 정신적으로 매우 탁월함이 검증되고 있다. 또한 바다와 해안길을 걷는 것 역시 숲길 못지않게 신체적 · 정신적 건강을 회복하게 하는 효력을 지니고 있다. 요즘 유행인 맨발걷기에서 해안 모래밭을 맨발로 바닷물을 적시면서 걷는 것은 질병의 치유력을 최대로 높이는 효과가 있음이 여러 책에서 사례로 이야기되고 있다. 이른바 '자연치유'라고 하는데, 이는 외로움문제, 고립 · 은둔문제를 해결하는 데 탁월할 것이라 생각한다. 다만 혼자 걷기보다는 마음이 통하는 가족이나 친구와 함께 대화하면서 걸으면 더욱 효과적일 것으로 생각한다.

이와 함께 식이요법이나 음식 조절이 중요하다. 신체적 · 정신적 측면에서 유익한 식사가 필수적이다. 몸에 유익한 영양소가 포함되고 인공조미료가 포함되지 않은 식단이 중요하다. 물론 신체와 정신에 유익한 식사방법, 영양관리가 필요하다.

#### ② 심리적 · 정신적 예방과 대응방안

외로움문제에 직면한 사람들은 심리적 · 정신적 스트레스나 문제를 내면에 가지고 있는 경우가 있다. 단순히 다른 사람들과 연결되지 못하거나 집단에 참여하고 소통하지 못함으로써 생기는 외로움문제도 있지만, 홀로 남겨져 있는 내적인 원인이 존재할 수 있다는 것이다. 주위 사람들은 생각하지 않지만, 자기 스스로 자신을 다른 사람들이 어떻게 바라보고 판단하는지를 생각하거나 혹은 자신에 대한 생각과 인식을 부정적이고 비관적으로 가짐으로써 대인관계 형성에 어려움을 가지고 있다.

이러한 경우는 자기 스스로에 대하여 자신의 의식적 · 무의식적 생각의 특성을 성찰하고 숙고할 필요가 있다. 하지만 사람들은 스스로 자기 생각을 객관화하고 이를 평가하여 자기 생각을 변화시키고 자기 생각에서 빠져나오는 일이 쉽지 않다. 이러한 경우에는 이 문제를 가지고 관련 전문가에게 상담과 치료를 받는 것이 바람직하다.

##### ㉠ 철학상담

요즘 '철학상담'이라는 분야가 발전하고 있는데, 경우에 따라서는 철학치료, 철학실천이라고도 불린다. 철학상담은 철학적 기반 위에서 삶의 의미 상실이나 자신의 정체성에서 고통을 느끼는 사람들이 스스로 생각하고 자신의 문제를 극복할 수 있도록 돕는 실천적 분야이다(현외성, 2024). 철학상담은 인생관, 세계관, 가치관과 관련된 인간의 모든 문제와 고민을 내담자 스스로가 풀어 나가도록 도와주는 대화의 과정이다. 이는 진단하고 처방함으로써 병을 고친다는 전통적 의학의 기준이 아니라 내담자 스스로 자신의 조건을 향상한다는 의미에서 정신적 질병을 치료하는 과정이기도 하다. 외로움문제나 고립·은둔문제를 가진 일반인으로 하여금 철학상담을 통하여 자신의 외로움문제나 고립·은둔문제의 근원이 어디에 있는가를 스스로 성찰하고 숙고할 수 있도록 돕는 데 강력한 효과를 지닌다고 저자는 생각한다.

흔히 '심리적 함정'(mental trap)에 빠진 사람이 외로움문제나 고립·은둔문제에 봉착할 가능성이 있다. 심리적 함정이란 생각의 오류나 왜곡된 사고방식 때문에 현실을 제대로 인식하지 못하고, 부정적인 영향을 받는 상황을 말하는데, 특히 자기 자신이나 타인에 대하여 감정적 사고, 책임을 덮어두기, 지나치게 비판적인 생각, 부정적이고 비관적인 생각 등이 대표적인 예이다. 그중에서 비판적이고 비관적인 사고란 자신이나 다른 사람을 지나치게 비판적이고 비관적으로 평가하는 경우이다. 예를 들어, "나는 항상 실패할 거야"와 같이 자신을 비판적·비관적으로 생각하는 것을 말한다. 심리적 함정에 빠질 경우 인간관계가 어렵고 사회적 연결이 무너지고 스스로 홀로 남겨져 집이나 안전한 공간으로 회피하게 된다. 그 결과 외로움문제, 고립·은둔문제에 직면하게 된다.

심리적 함정에서 벗어남으로써 외로움문제를 해결할 수 있다. 심리적 함정에서 헤쳐나오기 위한 방법으로는, 자신이 심리적 함정에 빠져 있음을 인식할 수 있어야 하며, 새로운 관점에서 사물을 바라보는 관점의 변화가 필요하며, 자신이 생각하는 그 밑바탕에 깔려 있는 기본 가치나 관점의 기원, 본질을 알아야 하고, 새로운 생각과 판단을 할 수 있는 대안을 찾을 수 있어야 한다(Howatt, 2021 참조).

이러한 해결책은 개인 스스로의 노력도 중요하지만, 철학상담과 같은 전문가의 지원을 받는 것이 바람직하다. 이 책의 제10장에서는 외로움문제와 고립·은둔문제를 다양한 인문학적 개입을 통해 해결하는 방안을 제시하려는데, 보다 자세한 내용은 제10장을 참고하기 바란다.

㉡ 로고테라피

외로움문제와 고립·은둔문제를 예방하고 대응하기 위한 방안 중의 하나로 로고테라피를 제안하고자 한다. 로고테라피는 의미요법이라고도 하는데, 이는 문제를 가진 환자 스스로 삶의 의미를 찾도록 도와주는 것을 과제로 삼고 있다. 삶의 의미를 찾는 방법은 ① 무엇인가 창조하거나 어떤 일을 함으로써(창조적인 일), ② 어떤 일을 경험하거나 어떤 사람을 만남으로써(사랑), 그리고 ③ 피할 수 없는 시련에 대해 어떤 태도를 취하기로 결정함으로써(시련) 가능하다고 한다.

로고테라피의 창시자인 빅터 프랭클은 말한다. 아무리 절망스러운 상황에서도, 도저히 피할 수 없는 운명과 마주쳤을 때에도 삶의 의미를 찾을 수 있다는 사실을 잊어서는 안 된다. 왜냐하면 그것을 통해 유일한 인간의 잠재력이 최고조에 달하는 것을 볼 수 있기 때문이다. 그 잠재력은 한 개인의 비극을 승리로 만들고, 곤경을 인간적 성취로 바꾸어 놓는다. 상황을 더 이상 바꿀 수 없을 때—수술이 불가능한 암 같은 불치병에 걸렸다고 생각해 보자—우리는 우리 자신을 변화시켜야 한다. 어떤 의미에서 시련은 그것의 의미—희생의 의미같은—를 알게 되는 순간 시련이기를 멈춘다고 할 수 있다(빅터 프랭클, 2017. 참조).

외로움문제나 고립 · 은둔문제를 가진 사람이 의미요법을 치료받거나 의미요법의 핵심적인 과정을 이해하게 된다면, 자신의 시련과 고통의 의미를 새롭고 깊이 있게 바라볼 수 있으며, 그로 인하여 자신이 가진 책임감과 사명, 존재의 의미를 이해하게 될 것이며, 더 나아가 자신의 미래의 인생 목표를 새롭게 바라볼 수 있을 것이다. 이러한 과정에서 결과적으로 또 자연스럽게 외로움문제는 사라지고 사람들과 새로운 연결이 이루어질 것이다.

ⓒ 외상치료

의미요법과 유사하게 근년에 '외상'(trauma)이 인간을 어떻게 변화시키고 인간이 삶과 자아감에 기여하는지에 대한 학문적 · 임상적 사례가 획기적으로 진전되고 있다. 그동안 외상사건을 경험한 사람들은 대부분 다양한 문제를 겪는다고 알려져 왔다. 악몽을 꾸거나 수면장애를 겪으며, 계속 떠오르는 외상 장면으로 괴로워한다. 그들은 뇌의 공포 반응이 활성화되어 심한 경계 상태에 있다. 그래서 그들은 대부분 불안이나 우울을 겪는다. 이러한 내용은 외상후 스트레스 장애문제를 말하는 것이다. 외상사건이 가져다 준 부정적인 결과를 말한다.

그러나 지난 수십년간 더 많은 연구를 통하여 외상사건이 극복해야 할 고난만은 아닌 것으로 밝혀진 것이다. 오히려 외상은 변혁적(transformative)이어서 생존자의 삶에 기로가 된다. 외상 후 생존자들은 달라진다. 때로는 그 변화가 부정적일 수도 있지만, 그게 전부는 아니다. 외상 생존자들은 종종 자신이 죽을 뻔하였던 경험, 심한 고통, 심지어 타인의 고통을 통해 자신이 어떤 사람이며 어떤 삶을 원하는지를 더 의미있고 충만하게 바라본다. 그들은 악전고투하지만, 더 바람직하게 변화한다.

어떤 면에서 보면, 외상이 긍정적 변화를 가져온다는 사실은 놀라울 게 없다. 외상 경험을 극복한 사람들의 이야기는 전 세계의 문화에서 발견된다. 우리의 오랜 영웅 신화부터 신성한 종교인들의 일대기, 자기 부모가 살해되는 장면을 목격한 후 범죄와의 전쟁에 일생을 바친 배트맨 같은 슈퍼히어로의 이야기를 통해 우리는 외상사건이 우리를 더 나은 사람으로 만들고 우리의 삶을 더 의미있게 만드는 힘이 있음을 거듭 확인하게 되었다(Jim Rendon, 2018).

현재 외로움문제나 고립 · 은둔문제를 가진 사람들 중에서 과거에 원하지 않았던 어려움과 고통, 시련을 경험하였을 수도 있어, 그 외상사건이 보이지 않는 부정적인 영향력을 끼치고 있을지도 모른다. 그러나 그 외상 사건을 극복함으로써 오히려 외로움문제로 인하여 어려움을 겪는 사람들이 새롭게 자신의 삶을 바라보고 더 의미있는 삶을 살아갈 수 있는 기회가 될 수도 있다고 생각한다. 좋은 상담가나 인생의 조언자를 만나거나 선생님을 만나거나 혹은 관련된 책을 통해 자신과 유사한 외상사건을 겪고 승리한 사람들의 사례를 알게 됨으로써 말이다. 삶에 대하여 감사하고 더 기쁘고 낙관론적인 시각을 가지고 사람들을 만나고 교제하고 연결할 수 있기 때문이다.

㉣ 회복탄력성 향상

외로움문제나 고립 · 은둔의 문제를 예방하고 대응하는 방안 중에서 또 한 가지 제안하고 싶은 것은 '회복탄력성'(resilience)과 관련된 것이다. 회복탄력성은 자신에게 닥치는 온갖 역경과 어려움을 오히려 도약의 발판으로 삼는 힘이다. 성공은 어려움이나 실패가 없는 상태가 아니라 역경과 시련을 극복해 낸 상태를 말한다. 회복탄력성은 마음의 근력과도 같다. 몸이 힘을 발휘하려면 강한 근육이 필요한 것처럼, 마음이 강한 힘을 발휘하기 위해서는 튼튼한 마음의 근육이 필요하다. 마음의 근육 역시 훈련에 의하여 키울 수 있다(김주환, 2018).

회복탄력성의 구성 요소는 자기조절능력, 대인관계능력, 긍정성 등이 핵심 요소를 이루고 있다고 한다. 이 중에서 대인관계능력은 다시 소통능력, 공감능력, 그리고 자아확장력으로 이루어진다고 한다. 역경과 위기가 닥쳤을 때, 회복탄력성이 높은 사람은 주위 사람들로부터 많은 도움을 받게 되는데, 이는 평소에도 대인관계를 잘 유지해왔기 때문에 어려울 때 자신을 도와줄 사람을 여럿 확보하고 있었다고 보는 것이 옳다. 결국 소통능력, 공감능력, 자아확장력 등을 가진 사람은 인간관계에서 다른 사람의 마음과 감정 상태를 잘 파악하고, 깊이 이해하고, 공감함으로써 원만한 인간관계를 유지하고 연결하게 된다. 결과적으로 이는 회복탄력성에 기여하게 되는 것이다.

결국 다른 사람과의 소통능력, 공감능력을 증진시키는 일은 대인관계를 증진시키고 회복탄력성을 높이는 길이기도 하거니와 동시에 외로움문제를 예방하고 대응방안을 마련하는 데도 기여한다. 그리고 자아확장력이란 자기 자신이 다른 사람과 연결되어 있다고 스스로 생각하고 느끼는 정도를 말하는데, 이러한 긍정적 정서를 향상시키는 노력 역시 대인관계를 증진시킬 뿐만 아니라 외로움문제나 고립 · 은둔문제를 해결하는 데 직접적으로 중요한 영향을 미친다. 따라서 평소에 회복탄력성을 높이려고 학습하고 노력한다면 결과적으로 자연스럽게 인간관계를 강화시키며, 동시에 외로움문제를 예방하고 해결할 수 있는 사회적 연결이 가능하다.

### ③ 영적 예방과 대응방안

영적 예방과 대응방안이다. 영성(spirituality)이란 여러 가지 관점에서 풀이되는 언어로서, 자연과 우주를 이루는 궁극적인 원리나 실체(또는 신이나 절대자)를 감지하거나 소통하는 인간의 내적인 특성을 의미한다. 영적 수행이라고 하는 기도, 묵상, 명상, 관조 등을 통해서 인간의 내적인 생명(힘)을 발전시켜서 자신을 둘러싼 세계를 이루는 실재와 연결 또는 합일을 체험하게 된다. 이를 기반으로 절대진리를 경험하고 국가 사회 공동체와 연결되며, 모든 생명체와 연관되어 사랑, 자비, 긍휼의 마음을 갖게 되고, 참자유를 얻고 영원으로 연결되는 길이 열리게 된다. 반면에 종교란 신이나 초자연적인 절대자 또는 힘에 대한 믿음을 통하여 인간생활의 고뇌를 해결하고 삶의 궁극적인 의미를 추구하는 문화체계라고 할 수 있다.

영적 수행과 관련된 책을 읽고 건전한 영성 수행단체에 가입하거나 영적 지도자를 만나면, 영적 능력이 확대되어 일상의 문제나 고민을 극복할 수 있으며, 자신의 삶의 의미, 목적을 알게 되고, 자신의 존재가 얼마나 존귀한지를 인식하게 됨으로써 보다 성숙한 인격과 성격에 도달할 수 있다. 이를 통해 결국에서는 외로움문제나 고립 · 은둔문제의 원인과 배경, 영향 요인을 이해하게 되고 예방과 대응이 가능하다.

영성 수련이나 영성 상담을 통해 자신이 누구인지, 자신의 삶의 의미와 가치를 이해하고 수용함으로써 외로움문제를 보다 깊이 다룰 수 있어 예방과 대응이 가능하다. 다르게 말하자면 자아에 대한 깊은 이해, 자아의 성장을 통해 문제 해결 능력이 확대되고 삶에 대한 긍정적이고 낙관적인 관점을 가지게 되어 사회적 연결, 소외, 외로움문제 등은 자연스럽게 예방되고 해결될 수 있다. 영적인 활동은 인생을 보다 활력있게 해주고 긍정적이고 적극적인 관점을 가지게 되어, 기쁘고 재미있고 의미있는 삶을 살게 한다. 오히려 외로움문제나 고립·은둔문제를 가진 사람을 돕는 데까지 성장할 수 있다.

#### ④ 사회적 활동과 외로움문제 예방과 대응방안

사회적 활동, 연결, 참여를 통한 외로움문제의 예방과 대응방안이다. 인간은 사회적 동물이기 때문에 다른 사람과의 연결과 소통이 중요하다. 아무리 다른 사람의 말과 시야를 무시하고 살아간다고 해도 그 말은 쉽지 않고 현실적이지 않다. 우리들은 날마다 다른 사람들과 접촉하고 소통하고 부대끼며 살아갈 수밖에 없기 때문이다. 이런 점에서 외로움문제는 개인적인 특성도 중요하지만, 외로운 사람을 둘러싸고 있는 사회적 환경과 여건이 어떠하냐도 중요하다.

일본과 한국에서 선풍적인 관심을 끈 저서 『미움받을 용기』(2016) 역시 사람들 사이에서 관계를 어떻게 하며, 사람들을 대할 때 어떤 자세를 가져야 할 것인가를 알려주는 책이다. 심리학자인 아들러는 타인에게 '인정받기를 원하는' 사람의 마음을 분석한다. 다른 사람들로부터 인정받고, 칭찬받는 것이 '가치있는 삶'이라고 생각하기 때문이라고 설명한다. 이는 우리들이 자라면서 받은 상벌교육의 영향이라고 한다.

우리는 타인의 기대를 만족시키기 위해서 사는 사람이 아니다. 타인의 기대에 맞추어 사는 인생은 진정한 자신의 삶을 사는 자유의 삶을 살 수 없기 때문에 행복하지 못하다. 언제나 타인의 기대와 인정, 칭찬에 부응하여 삶을 살게 되어 괴로워하고 불행하게 된다.

자신의 진정한 삶을 살기 위해서는 이러한 '타인의 과제'를 분리하고 '자신의 과제'를 찾아서 선택하고 삶을 사는 '용기'를 가져야 한다. 이러한 선택과 결단은 현재 나를 중심으로 삶을 계획하고 목적지향의 삶을 살아갈 수 있는 선택과 용기를 가질 수 있을 때 가능하다는 것이 아들러 심리학의 핵심이다. 즉 인정 욕구, 정확하게는 누구에게도 미움받지 않은 삶을 사는 것을 거부하고 '미움받을 용기'의 삶을 선택하는 것을 말한다.

이러한 삶을 선택하는 용기를 가질 때, 새로운 인간관계의 출발점이 생긴다. 기존의 인간관계가 경쟁과 투쟁이라면 '미움받을 용기'의 삶을 선택하면, 인간관계의 목표는 '공동체 감각'으로 향한다. 이것은 타인을 친구로 여기고, 거기에 내가 있을 곳은 '여기'라고 느낄 수 있는 '공동체 감각'을 가지게 된다(기시미 이찌로 · 고가 후미타케 지음, 2016). 이러한 인간관계는 이 사람들을 위해 무엇을 줄 수 있을까?를 생각하는 '공동체 공헌'을 하는 길로 나아간다.

이러한 생각을 가지게 되면, 인간관계가 풍성해지고 사회적 관계와 연결이 한층 견고해지며, 결과적으로 외로움문제이나 고립 · 소외문제, 은둔문제 등이 파고들어올 여지가 없다. 공동체 공헌은 사회적 연결과 소통이 활발하고 단단한 특성을 지닌다.

문제는 어떻게 외로움문제나 고립문제를 가진 사람들을 아들러 심리학을 적용한 상담과 학습을 통해 '미움받을 용기'를 가지게 할 수 있느냐 하는 것이다. 이는 여러 가지 유형의 상담기법을 통해 사람들과 연결과 관계를 두려워하는 '열등감'을 가진 사람들을 용기를 가진 사람으로 변화시키느냐 하는 문제와 연결되어 있기도 하다.

한편 자원봉사활동은 사회적 연결과 관계를 활발하게 하는 매개수단이 될 수 있다. 이른바 '봉사학습'(service learning)이란 자원봉사 혹은 사회봉사활동이라는 체험활동, 경험을 통해 봉사자가 학습하고 성장하는 방법으로, 시민으로서의 책임의식을 증진시키고 지역사회를 이해하며, 자신을 성찰할 수 있도록 하는 실험학습의 한 방법이라고 할 수 있다(현외성, 2017). 잘 인도되고 정교하게 계획된 자원봉사활동은 봉사활동 대상자에게도 유익하지만, 동시에 봉사활동을 하는 봉사자 역시 하나의 학습의 연장선상에서 유익한 경험을 할 수 있어, 내적 성장과 성숙에 이를 수 있다는 말이다. 이런 맥락에서 외로움문제를 가지고 있거나 고립 · 소외문제를 가진 사람들에게 자원봉사활동은 새로운 경험을 제공하여, 결과적으로는 사회적 연결과 관계를 확장하고 심화하는 데 매우 유익한 방법으로 활용될 수 있다.

앞에서 제안되었던 내용이었는데, 지역사회에 있는 여러 가지 모임에 참여하는 방법으로 취미, 운동, 독서 등의 모임에 참여하여 함께 활동하는 방법이다. 특히 독서모임은 자신을 돌아보고 자신의 약점, 특히 인간관계에 있어서 발생할 수 있는 취약점을 성찰하고 해결함으로써 다른 사람들과 관계를 강화하고 연결하는 좋은 길이 열릴 수 있다. 인문학 독서모임에 참여할 것을 권유하고자 한다. 지역사회 내 도서관, 평생교육원, 지역사회복지관, 자원봉사센터 등은 물론 지역사회 내 독서클럽 동호인들이 무수히 활동하고 있는데, 이러한 곳 중에서 자신에게 적절한 독서모임에 참여하면 된다.

### 2) 삶의 여정, 삶의 주기에 따른 외로움문제의 예방과 대응

사람들은 살아가면서 다양한 경험을 하게 된다. 삶의 여정은 곧 인생의 각각의 시기에 따른 발달과업이 있고 이 과업을 잘 수행할 때 다음 단계로 성장, 발달하는 데 기여하게 된다. 다르게 말하자면, 삶의 주기에 따라 완수해야 할 과제가 있는데 이를 적절하게 수행해야 한다는 것이다. 삶의 주기는 학자들마다 다르게 분류하는데, 대략 영유아기, 아동기, 학령기, 청년기, 중년기, 장년기, 노년기 등으로 구분하여 각각의 시기에 따라 완수해야 할 과제가 있다는 것이다. 이러한 시기에서 과제를 해결하기 어려움과 관련하여 발달하는 다양한 문제 중에서, 바로 외로움문제, 고립·은둔문제가 그 중심에서 혹은 그 근저에 자리잡고 있음을 알아야 한다. 각각의 삶의 주기에서 직면하는 사회관계, 연결과 접촉, 소통문제는 모든 문제의 내면에 위치하고 있음을 생각해야 한다. 이 문제가 외로움문제로 연관되어 삶의 주기 각각에 과업, 과제 수행에 문제를 발생시키는 데 영향을 미칠 뿐만 아니라 그 문제로 인하여 다시 외로움문제를 야기케 하는 악순환 고리를 가지고 있음을 인식해야 할 것이다. 그러므로 삶의 주기에 따른 외로움문제를 잘 헤아려보는 통찰력을 가져야 하고 다양한 형태와 모습으로 발현하는 문제를 분석하고 통찰하는 능력을 가져야 할 것이다. 이러한 문제는 다음에서 논의하는 '상황적 특성에 따른 외로움문제의 예방과 대응'과도 긴밀하게 연관되어 있다.

에릭슨이 말한 인생의 8단계 중 마지막 단계인 노년기의 과제는 자아완성, 통합성 대 절망, 경멸이다. 노년기에 이르면 신체적 약화, 자율성의 약화, 잃어버린 주도성, 사라진 친밀성, 홀대받는 생산력 등을 경험한다. 현실적으로는 직장에서 퇴직하고 사회적 존재로서 역할과 책임에서 물러난다. 이 과정에서 박탈과 정체성 혼란도 경험하게 된다. 그럼에도 불구하고 노년은 가족과 지역사회에서 어른으로서 삶의 자세를 유지해야 하는 존재이다. 동시에 점차 다가오는 질병, 노쇠로 인한 장애와 죽음 앞에서 세련되고 초연하게 삶을 바라보고 지나간 삶의 여정을 관조할 수 있는 존재이다. 이러한 양면적 측면에서 노년기의 과제는 자아완성, 통합 대 절망, 경멸이다.

물론 에릭슨은 인생의 만년에 다시 『인생의 아홉 단계』(2020)를 집필하여 인생의 최후의 과제는 '초월'이라는 주제를 이야기하였다. 본 서에서 저자는 '초월'에 더하여, '영성, 불멸, 영원'을 덧붙여서 21세기 장수시대에서, 인생의 최후의 단계에서 수행해야 할 '삶의 주기'상의 과제로 보고자 한다.

한편 인생의 8단계 중 부정적인 측면에서, 노년기 과제의 특성은 '절망과 경멸'로 나타나는데, 특히 이로 인하여 노년기는 한층 심리적 · 사회적으로 외롭고 소외되는 경우가 많다. 최근에는 1인가족이 늘어나고 그중에서도 독거노인이 차지하는 비중이 점차 높아짐으로써 1인 노인가구가 겪는 외로움문제와 고립 · 은둔문제, 즉 고독사문제가 심각해지고 있다. 따라서 노년기를 맞이한 노인들의 외로움문제와 고립 · 은둔문제, 고독사문제를 예방하고 대응하는 방안이 중요한 사회복지정책과 제도의 쟁점이 되고 있다.

### 3) 상황적 특성에 따른 외로움문제의 예방과 대응

외로움문제는 우리들이 살아가는 가운데 누구든지 때에 따라서 직면할 수 있는 문제이기도 하다. 특히 삶의 상황이 바뀌면서 외로움문제가 엄습할 수도 있다. 예컨대, 성장해 가면서 학교 진학을 위해 거주지를 옮김에 따라 새로운 환경과 인간관계가 바뀌고 새롭게 시작해야 하는 경우가 있다. 고등학교, 대학교 진학은 말할 것도 없고 다른 나라에 유학을 가야 할 경우 상황이 완전히 변함에 따라 외로움문제가 당연히 발생한다.

또한 새로운 곳으로 이사를 하거나, 질병이나 사고로 인하여 입원할 경우도 마찬가지이다. 새로운 환경과 물리적 여건 속에서 맞이하게 되는 외로움이 문제가 될 수 있다. 요즘 지구촌 시대에 세계인들이 상호 국가를 이동하면서 자유롭게 살아가고 있다. 직업상 해외로 이주하거나 결혼으로 인해 이주하게 되는 이주민들은 공통적으로 언어는 물론 인종과 종교, 기후, 식생활 그리고 문화적 이질감으로 외로움문제가 발생하고 어려움에 직면할 수 있다.

현대사회는 디지털사회가 가지는 특성으로 인하여 원격근무, 재택근무가 많아지고, 플랫폼 비즈니스로 말미암아 프리랜서, 플랫폼 근로자들이 발생하고 있다. 이들은 직업상의 특성으로 인하여 새로운 환경과 근로조건으로 외로움문제가 발생한다.

더구나 지식정보사회가 가져오는 급속한 사회변동은 실직, 구조조정으로 인한 전직을 일상화시키고 있고 동시에 명예퇴직이나 조기퇴직 역시 상시적으로 일어나고 있는 새로운 사회 현상이다. 이러한 특성은 결국 외로움문제를 발생시키는 요인이 되고 있다. 더욱이 예상하지 못한 갑작스러운 경기변동으로 파산이나 경제적 어려움을 당하는 사람들이 늘어가고 있고, 어려움에 직면한 사람들이 그 어려움으로 인하여 외로움문제가 부가적으로 발생하게 되는 사회문제로 간주되고 있다.

이상과 같은 문제들은 삶의 여정에서 누구나 언제든지 보편적이고 무작위적으로 직면할 수 있는 일시적 · 상황적 문제이고, 이로 인하여 부차적으로 외로움문제가 발생할 수 있다. 우리는 개인이 먼저 상황적 외로움문제에 대응해야 하며, 국가 사회적으로도 개인이 각자의 능력에 따라 최선을 다해 이러한 삶의 고비에서 오는 문제와 외로움문제를 잘 해결하고 대응할 수 있도록 지원하는 정책과 제도적 장치를 마련해야 할 것이다. 개인은 물론 국가 사회는 개인이 직면하는 외로움문제가 상황적으로 발생하여 일시적으로 해결 가능하도록 지원해야 할 것이며, 이로 인하여 만성적이고 장기적인 문제로 악화되지 않도록 최선을 다해 노력해야 할 것이다.

### 4) 성격적 · 내면적 특성에 따른 외로움문제의 예방과 대응

개인이 가진 내면의 성격적 특성으로 인하여 외로움문제가 종종 발생하기도 한다. 소심하거나 부끄러움을 잘 탄다든지, 혼자 지내는 것을 좋아하는 성격적 특성을 지니고 있는 사람들은 홀로 있는 것이 편하고 좋을지도 모른다. 그럼에도 불구하고 사람들과 함께 어울리고 연결되어 집단적으로 활동하는 삶이 필요하고 또 중요하다. 특히 여러 가지 종류의 상처를 내면에 가지고 있는 사람들, 그리고 특별한 신념이나 영적 특성을 가진 사람들도 사람들과 섞이지 않고 홀로 있기를 좋아할 수 있다.

이러한 성격적 특성이나 내면적 특성을 가진 사람들이 오히려 고독을 선택하고 홀로 지내는 편이 좋을 수도 있으나, 필연적으로 사람들과 함께 지내야 하거나 집단적 · 조직적인 모임에서 지내는 경우에 발생할 수 있는 외로움문제가 있다. 개인적으로 자신의 성향과 특성을 알고 신중하게 인간관계를 하고 적절한 연결과 접촉을 시도해야 할 것이다.

## 제 9 장

# 외로움문제의 국가의 예방과 대응방안

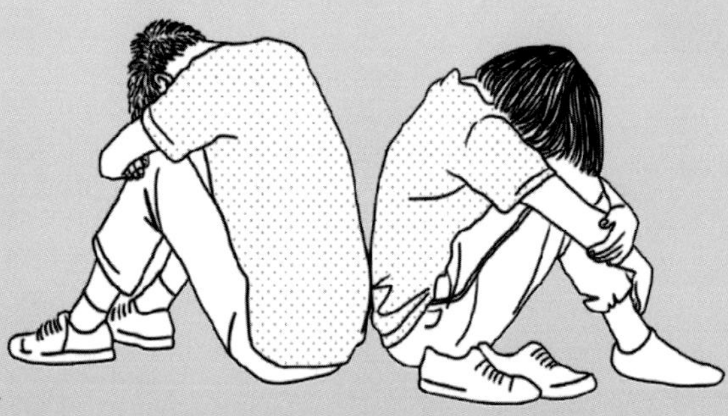

# 제1절 국가의 외로움 정책 수립과 입법화

## 1. 국가의 '외로움 정책 종합보고서' 작성

### 1) '외로움 정책 종합보고서' 작성의 방향

앞에서 영국, 미국, 독일, 일본 등의 해외 외로움문제 예방과 대응을 위한 정부의 대응책을 살펴보았다. 우리나라에서도 외로움문제의 예방과 대응을 위한 정부 대응책을 마련해야 할 때이다. 그러면 어떤 방향과 내용으로 대응책을 수립하고 실행할 것인가? 외로움문제를 사회문제로 인식하고 국가 사회적으로 대응책을 마련해야 한다는 국가의 사례를 참고하여, 우리나라의 실정에 맞는 정책방안을 마련해야 할 때이다.

우리나라에서도 외로움문제를 정부에서 관심을 가지고 개입해야 시점에 이르렀다고 생각하는데, 어떻게 접근해야 할 것인지가 관건이다. 외로움문제의 심각성을 먼저 인식하여 연구하고 사회문제로 수용한 영국과 미국, 일본 등의 정책 대응 사례를 참고하면서, 우리나라의 실정에 적절하게 정책방안을 마련해야 할 것이다.

우리나라의 외로움문제를 예방하고 해결하기 위한 정책를 만들고 추진하기 위해서는 다른 국가에서처럼 우선 외로움문제 해결을 위한 일종의 청사진과 같은 전략보고서를 작성하는 것이 순서이다. 즉 이는 국가에서 외로움문제를 예방하고 대응하기 위한 전체적인 방향과 내용을 포함한 계획서와 같은 보고서이다. 예컨대 '외로움 정책 종합보고서'라고 하는 보고서를 말하는데, 영국의 『연결된 사회: 외로움 대응 전략』과 같은 정책보고서를 의미한다. 우리나라도 이와 같이 '외로움 정책 종합보고서'를 작성할 때, 이 보고서에는 비전, 목표, 추진전략, 추진체계, 핵심과제 등으로 구분하여 외로움 대응책이 체계적으로 정리, 작성되어야 할 것이다.

### 2) 비전과 목표

#### (1) 비전

우리나라의 '외로움 정책 종합보고서'가 가지는 비전은 21세기의 사회가 급속하고 획기적으로 변화하고 있는데, 이 디지털사회로의 변화는 개인과 사회를 과거와는 전혀 다른 형식과 내용으로 변화시키고 있다. 이에 따라 발생하는 외로움문제는 신사회문제 중의 하나로서 모든 연령의 사람들에게 무차별 보편적으로 직면하게 하는 사회문제인 동시에 가족, 지역사회, 학교, 직장 등 사회의 전 영역에서, 그리고 국가에 대해서 부정적인 영향을 미치고 있으므로 개인은 물론 국가와 사회 전체가 외로움문제에 대응하는 노력이 필요하다.

외로움문제에 대응하는 정책은 정부를 중심으로 하면서 민간, 자원봉사, 제3섹터, 종교, 매스컴, 학교, 지역사회 등 모든 사회 영역이 참여하는 가운데 상호 연결과 작용을 강화하여 해체되어 가는 사회를 연결사회와 공동체의 회복을 비전으로 한다. 또한 디지털사회의 특성을 반영하는 인터넷, SNS 등의 정보통신기술(ICT)을 활용한 연결사회와 공동체 회복도 비전으로 담는 것이 바람직하다.

물론 이 비전은 단기적으로 달성하기보다는 중장기적 · 지속적이고 일관성 있는 전략을 가지고 접근해야 한다. 외로움문제는 개인의 신체적 · 심리적 · 정신적 · 영적 · 사회적 측면에서 전인적이고 통합적인 정책의 구상과 실천이 필요하다. 또한 외로움문제는 삶의 여정에서 경험할 수 있는 삶의 주기에 따른 과제와 과업의 실행은 물론 각종 사고, 질병, 환경 여건 등으로 인하여 발생할 수 있으므로 외로움문제의 정책적 대응에 있어서 이러한 특성을 종합적으로 검토, 반영하여야 한다. 마지막으로 외로움문제는 고립 · 은둔문제, 고독사문제, 소외문제 등을 단계적으로 포괄하는 정책대안 마련이 요청되고 있다.

### (2) 목표

외로움문제에 대응하는 정부의 정책적 노력에는 다음과 같은 3가지 목표를 설정함이 이상적일 것이다.

첫째는 외로움문제로 인하여 고통받고 있는 개인과 가족에 대하여 적절한 사회서비스를 통해 외로움문제의 해결과 예방이 가능하도록 국가의 정책적 · 제도적 장치를 마련한다.

둘째는 외로움문제의 영향 요인 혹은 원인, 문제의 유형과 정도, 실태 혹은 상황 등에 대한 조사연구 및 실태분석 등을 통하여 과학적 근거에 바탕을 둔 문제의 해결 방안을 모색한다. 또한 실행된 정책과 사회서비스를 지속적으로 평가하고 모니터링하여 문제 해결과 예방에 기여하도록 한다.

셋째는 외로움문제에 대한 지속적인 국가의 논의를 진행하고 국민적 관심을 촉진하고 인식을 개선하여 외로움문제 해결과 예방에 국민들이 함께 참여하고 연결된 사회와 공동체 증진을 위해 노력한다. 외로움문제는 결국 개인의 웰빙과 행복에 연계되며, 국민 전체의 복지증진에 연관되며 국가의 성장 발전에도 관여되는 중요한 사회문제임을 인식해야 한다.

### 3) 추진전략

■ **전략 1: 정부주도의 파트너십**

현재 외로움문제는 신사회문제로 인식 수용됨이 전 세계적인 추세이므로 국가는 사회복지정책으로 대응함이 마땅하다. 고독사문제, 고립 · 은둔문제에 정책적 대응을 실행하고 있는 것을 넘어서 외로움문제에 대응하는 보다 포괄적인 정부주도의 외로움정책을 수립하고 실행해야 할 것이다.

외로움문제는 각국의 정책사례에서 보는 바와 같이, 정부가 정책을 주도하면서 민간, 제3섹터 등 다양한 부문과 파트너십을 형성하여, 외로움문제에 직면한 개인과 가족은 물론 국가 사회 전체가 문제 해결과 예방에 참여하고, 연결된 사회, 공동체 회복에 노력해야 한다.

영국의 경우, 외로움문제 대응책을 밝힌 정책보고서에 제시한 주요 정책 주체들의 역할분담과 협력에 대한 사례는 참고할 만하다. 중앙정부, 지방정부, 보건복지 등 사회서비스 기관, 기업 및 고용주, 자원봉사 및 시민단체, 그리고 친구, 가족, 공동체 등에 대한 역할분담 내용은 우리나라의 외로움정책 수립에 유용한 자료가 된다.

■ **전략 2: 정부 부서의 협력**

외로움문제는 그 영향 요인 혹은 원인이 다양하고 복합적이며, 누진적 · 과정적이며, 개인적 특성에서부터 지역사회와 국가 전체에 걸쳐 있으므로 정부의 관련 부서가 상호 협력하고 각각의 역할을 수행함이 바람직하다. 외로움문제는 건강과 복지문제를 넘어서 경제, 정치, 문화, 사회 전반적 영역에 걸친 문제이므로 효과적으로 대응하기 위해서는 범정부 부서 간 협력과 소통, 연결이 중요하다.

### ▪ 전략 3: 중앙정부와 지방정부의 역할분담

외로움문제는 중앙정부와 지방정부의 역할분담이 중요하다. 외로움문제는 지역적 특성에 따라 발생하는 문제라기보다는 국가 사회 전체의 구조적 · 환경적 상황에서 발생하고 형성되는 신사회문제이니 만큼, 중앙정부의 통일적 정책수립을 기반으로 하여, 지방정부의 지역 여건을 적절하게 반영하는 정책추진, 지역사회 주민단체의 협력과 참여, 프로그램과 사회서비스 실행 등을 위해 중앙정부와 지방정부의 역할분담이 중요하다.

### ▪ 전략 4: 조사연구에 기반한 과학적 정책과 사회서비스 구축과 추진

외로움문제에 대한 조사연구를 근거로 한 과학적 · 체계적인 정책 수립과 사회서비스 구축이 필요하다. 검증된 조사자료에 입각하여 외로움문제에 직면한 사람들이 가진 특성과 유형을 밝히고, 그 기반 위에서 정책대응이 이루어져야 한다. 그리고 외로움 정책과 사회서비스의 추진실적을 객관적으로 평가하고 모니터링하여 지속적으로 정책을 효과적이고 효율적으로 정교화하여, 지속적으로 외로움문제 해결과 예방에 나서야 한다.

외로움문제 측정도구 개발, 실태조사와 분석, 정책개발과 실행, 그리고 정책평가와 모니터링, 연차적인 정책 실행보고와 피드백, 장단기 정책계획 수립과 연차적 실행계획 수립, 그리고 관련 통계의 수립 등이 과학적 정책 개발과 실행을 위해 필요한 작업이 될 수 있다.

### ▪ 전략 5: 디지털사회의 특성을 반영한 정보통신기술의 활용

현대사회는 디지털사회를 특성으로 하고 있어 정보통신기술(ICT)을 활용하여 외로움문제 예방과 해결을 위한 정책과 프로그램을 수립해야 한다. 인터넷, 각종 SNS 등의 디지털매체는 외로움문제를 발생시키는 영향 요인이기도 하지만 적절하게 활용하면 외로움문제를 해결하고 예방하는 데 효과적인 매체가 되기도 한다. 현재 건강의료 사회복지 분야에서 활용되고 있는 정보통신기술을 외로움문제 해결을 위해 확대 적용할 필요가 있다. 외로움 정책의 통합 플랫폼을 만들어, 여기서 각종 정보를 공유하고 개발하는 센터로 활용할 필요가 있다.

■ 전략 6: 개인과 사회 전체의 참여, 연결사회문화 촉진

외로움문제는 21세기 사회변동과 무관하지 않다. 개인, 가족은 물론 국가, 지역사회, 직장, 학교 등 사회 전체의 영역이 참여하여, 해체되어 가는 인간관계와 사회공동체를 회복하고 연결사회문화를 촉진하는 노력이 요구된다. 사회적 약자와 이웃, 외국인, 다문화 가족에 대한 환대, 친절, 연결이 사회문화로 자리 잡도록 사회구성원 모두가 함께 노력해야 한다. 특히 외로움문제 예방과 해결을 위해 자원봉사활동이 사회전반에서 이루어지도록 국가정책적 추진이 필요하다.

■ 전략 7: 인력양성, 재정확보, 법제도화

외로움문제 해결과 예방을 위해 사회 관련 영역이 협력하고 참여해야 하지만, 보다 전문적이고 중심적인 역할은 외로움문제를 전담하는 인력을 양성해야 한다. 외로움문제 전담인력 양성을 위한 교육훈련과 관리에 대한 정책적 노력이 요구된다.

또한 외로움문제 대응을 위한 제반 정책추진은 장·단기적인 계획을 기반으로 지속적으로 추진되는 만큼, 이에 소요되는 재정확보가 중요하다.

마지막으로 정부의 정책 수립과 실행은 법률적 장치를 통해 실행의지를 확고히 해야 한다. 미국, 일본 등에서 볼 수 있는 외로움문제 대응 관련 입법 예와 같이, 우리나라에서도 외로움문제 해결과 예방을 위한 법률 제정이 시급하다. 이 경우에는 기존의 「고독사 예방 및 관리에 관한 법률」과 고립·은둔문제에 관하여는 「청소년복지지원법」, 「청년기본법」 등을 검토하면서 동시에 현재 지방자치단체에서 규정하고 시행하고 있는 각종 은둔형 외톨이, 고립, 외로움문제 관련 조례 등을 참고하면서(현외성 외, 2023. 11.), 중앙정부 차원에서 '외로움문제 대응 법안'을 입법화하여 정책과 제도 수립은 물론 관련 프로그램과 사회서비스 제공에 법적 근거를 마련해야 한다.

## 4) 추진 주체와 추진체계

### (1) 추진 주체

외로움문제를 해결하고 예방하는 추진 주체는 국가 사회를 구성하는 모든 영역이 함께 참여하고 협력해야 한다. 국가 정부가 주도하면서 다른 국가 사회의 전 영역을 파트너로서 정책과 서비스를 구축하고 실행해야 한다. 중앙정부 및 지방정부–민간부

문(학교, 종교기관, 사회단체 등)-제3섹터-직장(고용주)-자원봉사기관-매스 미디어 등이 통합적 · 체계적으로 연계되도록 해야 한다.

추진 주체는 국가 정부의 공공부문과 민간부문, 그리고 제3섹터 등의 제반 참여기관들의 협력과 연계를 위해, 참여기관들의 협의체(가칭 '외로움 대응 민관협의회')를 구성하는 것이 바람직하다.

공공부문에서 정부는 중앙부서 중 국무총리 산하에 조직을 신설하고, 보건복지부가 주무부서로 역할을 수행하면서 정부의 관련 부서들이 참여하여 협력하는 방식으로 정책을 추진한다. 지방자치단체는 보건복지부가 마련한 '외로움 정책 종합보고서'에 기반하여 지역에서 실행 가능한 프로그램과 사회서비스를 추진한다. 이때 민관합동의 '외로움 대응 민관협의회' 역시 중앙조직에 따른 지방조직으로 조직을 구성하여 협력하는 방안이 바람직하다.

### (2) 추진체계

추진체계를 간략하게 도식적으로 정리하면 아래와 같다. 그리고 각각의 추진주체별 관계, 역할, 기능을 간략하게 설명하면 [그림 9-1]과 같다.

국가의 외로움정책은 국무총리가 총괄 책임과 정부의 부서 간, 민관조직 간 전체적인 조정책임을 맡는다. 다만 외로움정책의 주무부서는 보건복지부로 하고, 보건복지부에서 실무적인 정책기획, 운영 그리고 재정지원 등의 기능을 수행한다. 정부의 관련 부서는 외로움정책 실행을 함에 있어 부서 간 협력과 지원을 한다.

한국사회보장정보원은 외로움정책 관련 프로그램과 사회서비스를 집행하는 과정에 필요한 운영 지원과 사업 홍보 등을 수행하는데, 특히 정보통신기술 등을 통해서 측면에서 지원한다.

중앙정부의 보건복지부가 전체적인 정책을 수립하고 집행하는 책임을 맡고, 광역자치단체인 시 · 도는 보건복지부가 기획하고 입안한 정책을 실행하는 데 지원하고 관리하는 기능을 수행한다. 기초자치단체인 시 · 군 · 구에서 외로움정책을 직접 집행하고 프로그램을 짜고 사회서비스를 제공하는 역할을 수행한다. 광역자치단체 수준에서 외로움정책 관련 민관협의체를 구성하고 이를 기초자치단체에서도 결성하여 외로움정책 추진에 협력하는 기능을 수행한다. 읍 · 면 · 동 단위에서는 지역사회 내 외로움문제 대상자들을 대상으로 프로그램과 사회서비스를 제공하는 한편 외로움문제 대상자를 발굴하고 이들을 지역사회로 연결할 수 있는 활동을 수행한다.

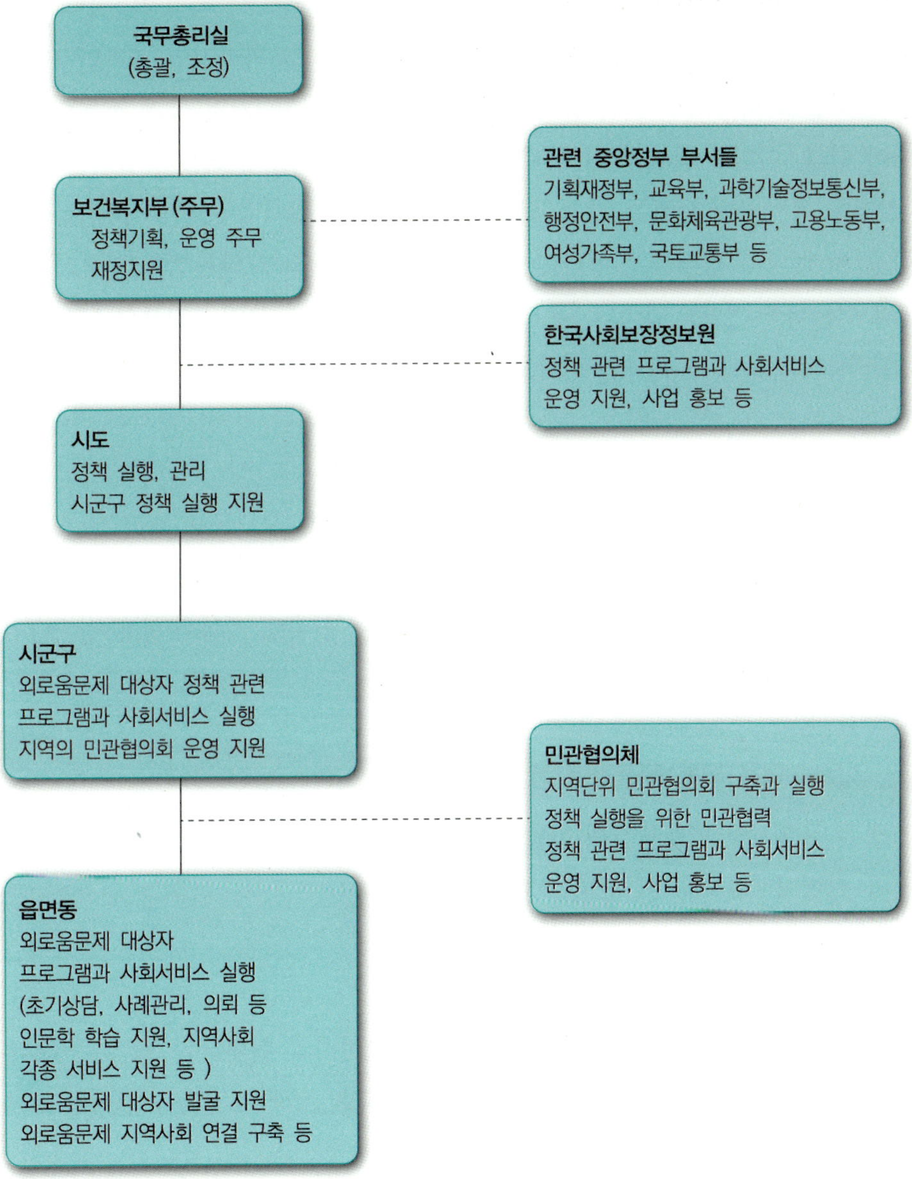


[그림 9-1] 추진체계

### 5) 핵심과제

#### (1) 외로움 정책 종합보고서 작성 발표

외로움문제를 해결하고 예방하기 위해서는 체계적이고 과학적인 조사연구를 거쳐 얻은 결과물을 바탕으로 관련 당사자 및 전문가의 검토를 거쳐 국가 정책으로 수립되어야 한다. 이러한 작업을 거치는 과정에서 외로움 대응 정책을 종합적·통합적으로 설계한 청사진에 속하는 가칭 '외로움 정책 종합보고서'를 만들어 국민들에게 공표하고 이에 따라 정책을 실행하면 좋을 것이다. 앞에서 보았던 영국의『연결된 사회: 외로움 대응 전략』, 미국의『우리의 유행병, 외로움과 고립』, 일본의『고독·고립 중점대책보고서』등과 유사한 전략보고서를 만들자는 것이다. 우리나라도 외로움문제를 해결하고 예방하기 위한 국가의 정책적 대응을 위한 정책보고서를 작성하여야 한다.

외로움 정책 종합보고서에는 비전과 철학, 정책방향, 정책목표, 추진전략, 핵심과제, 추진체계, 인력 및 재정, 입법화 등 외로움문제를 해결하는 데 필요한 중요 내용이 포함되어야 한다. 여기에 더하여 조사연구, 연차적 실행 계획을 담은 장·단기 실행계획 등도 포함되어야 한다.

#### (2) 외로움 대응 법률 제정과 시행

정책은 구체적인 법률규정을 바탕으로 추진되므로, 외로움정책 실행을 위한 법률 제정과 시행이 이루어져야 한다.

#### (3) 외로움 정책 추진단 결성과 실행

외로움정책은 국가 사회의 전체적인 영역이 참여하고 협력하는 노력이 중요하므로 외로움정책 추진을 실행할 공공과 민간을 포함한 정책 추진단을 결성하고, 실행방안을 그 내용으로 포함시켜야 한다.

#### (4) 외로움문제 실태조사 실행

외로움문제 해결은 외로움문제에 고통받고 있는 사람들이 누구인지, 그 심각성의 정도, 원인 혹은 영향 요인, 구체적인 해결방안, 실행 프로그램 및 사회서비스 등에 관하여 실태조사는 물론 다양한 부문에 대한 조사연구를 통해 얻어진 결과물을 근거로 하여 정책이 수립되어야 한다.

#### (5) 외로움문제 측정도구 표준화

외로움문제를 측정하는 도구를 개발하거나 외국에서 사용하는 측정도구를 우리나라에 맞도록 표준화하는 학술적 노력이 필요하다. 외로움문제는 다양한 인구집단이 여러 가지 형태와 내용으로 고통받고 있으므로 그 구체적인 측정도구를 마련하고 표준화하는 작업이 필요하다.

#### (6) 외로움 대응 민관협의회 구성

외로움 대응은 국가만의 책임이 아니라 개인, 가족, 지역사회, 그리고 사회 각 영역이 책임을 지고 참여하고 서로 연합하여 대응하는 것이 필요하다. 이러한 측면에서 공공과 민간의 협의체가 정책 실행에 중요한 역할을 수행하게 된다.

#### (7) 외로움문제 대응 인재양성과 기금 마련

외로움정책 실행 관련 전문인력을 양성하고 필요한 재정 준비도 중요하다.

## 2. 국가의 외로움 정책의 입법화

### 1) 미국과 일본의 외로움 대책 법률

국가의 외로움정책을 추진할 법률제정이 필요하다. 해외 외로움문제 대응 관련 법률을 살펴보면, 미국의 경우 2023년 7월에 제정한 「사회적 연결 정책실 설치, 사회적 연결에 관한 국가 전략 수립 및 그 밖의 목적을 위한 법률안」(약칭 '사회적 연결을 위한 국가전략법')과 2023년에 제정한 일본의 「고독·고립대책추진법」 등이 있다.

이들 국가의 외로움문제 대책에 관한 접근책은 약간의 차이를 보인다. 첫째, 법률의 명칭에서 알 수 있듯이, 미국의 경우는 외로움문제의 대응을 '사회적 연결'이라는 측면을 강조하면서 제반 법률적 조치를 강화하는 방법을 선택하고 있다. 반면에 일본의 경우는 고독 · 고립대책이라는 용어를 사용하면서 외로움문제를 직접적으로 언급하면서 외로움문제 해결에 접근하고 있다.

영국과 미국은 정책보고서에서 알 수 있는 바와 같이, '사회적 연결'이라는 목표를 강화함으로써 외로움문제를 해결하려는 정책적인 특성을 보인다. 이는 연결이라는 사회 전체의 긍정적인 목표를 달성함으로써 외로움문제를 해결하고 예방하려는 전략을 구사하고 있다. 반면에 일본의 경우는 문제 중심의 해결을 선택하여, 고독 · 고립대책을 바로 법률화하고 있다.

〈표 9-1〉 미국의 「사회적 연결 정책실 설치, 사회적 연결에 관한 국가 전략 수립 및 그 밖의 목적을 위한 법률안」(약칭 '사회적 연결을 위한 국가전략법') 내용

| 조 구분 | 조문 내용(요약) |
|---|---|
| 제1조(약칭) | 사회적 연결을 위한 국가전략법 |
| 제2조<br>(의회의 확인) | (1) 국가의 건강<br>(2) 사회의 조직 구조가 마모되어 가는 현상, 외로움의 증가 등<br>(3) 이러한 변화의 영향<br>(4) 보건총감, 2023년 5월 외로움 및 고립 전염병 선포<br>(5) 사회적 고립과 외로움의 위험<br>(6) 사회적 고립과 외로움의 위험, 조기사망위험 증가<br>(7) 사회적 연결에 대한 새로운 관심을 기울여야 함<br>(8) 사회적 연결을 위한 전담전문가 조직 필요<br>(9) 사회적 연결을 위한 연구와 정책을 위한 연방자금의 지원 |
| 제3조<br>(사회적<br>연결정책실 및<br>사회적 연결에<br>관한 국가전략 | (a) 용어의 정의<br>(1) 자문위원회<br>(2) 실장<br>(3) 부적절, 외로움 관련<br>(4) 외로움 정의<br>(5) 정책실<br>(6) 사회적 연결 성취도<br>(7) 사회적 연결<br>(8) 사회적 단절<br>(9) 사회적 기반 정책, 사회적 연결 발전을 지원하는 지역사회의 프로그램 및 물리적 요소<br>(10) 사회적 고립<br>(b) 사회적 연결 정책실<br>(1) 일반사항, 대통령실 내에 사회적 연결 정책실 설치<br>(2) 목적<br>(3) 실장, (A) 일반사항, (B) 보수 |

| 조 구분 | 조문 내용(요약) |
|---|---|
| | (4) 부실장, (A) 일반사항, (B) 보수<br>(5) 직무, (A) 일반사항, (B) 국가전략<br>(c) 자문위원회<br>(1) 일반사항<br>(2) 활동<br>(3) 구성원<br>(4) 회의<br>(5) 연례평가<br>(6) 연차보고서 |

출처: 국회도서관, 2025. 주: 2023년 7월 18일 제정

둘째, 법률의 전통과 법률의 특성에서 흔히 대륙법과 영미법의 차이가 있는데, 외로움문제 대응에 있어서도 그 흐름의 차이를 보이고 있다. 영미법의 전통을 따르는 미국의 외로움문제 관련 법률인 약칭 '사회적 연결을 위한 국가전략법'은 조문 자체가 나열식으로 구성되어 있어, 우리들이 일견 보기에 덜 체계적으로 보인다. 그럼에도 불구하고 사회적 연결을 통해서 외로움과 고립문제에 적절하게 대응하고 있는 내용을 담고 있다. 독사들은 기회가 되면 미국의 관련 법을 좀 더 자세히 살펴보기 바란다. 우리나라 법률의 전통은 대륙법 계통을 따르고 있으므로, 대륙법 계통인 일본의 법체계가 우리에게 익숙하다. 그러므로 외로움문제 대응 관련 법률에 있어서도 일본의 '고독 · 고립대책추진법'이 한결 이해하기 쉽고, 구체적 · 체계적으로 다가온다.

〈표 9-2〉 일본의 「고독 · 고립대책추진법」의 내용

| 장 구분 | 소문 |
|---|---|
| 제1장 총칙 | 제1조(목적)<br>제2조(기본이념)<br>제3조(국가의 책무)<br>제4조(지방공공단체의 책무)<br>제5조(국민의 노력)<br>제6조(관계자 연계 및 협력)<br>제7조(법제상 조치) |
| 제2장 고독·고립대책에 관한 시책 | 제8조(고독·고립대책 중점 계획)<br>제9조(국민의 이해 증진 등)<br>제10조(상담 지원)<br>제11조(협의의 촉진)<br>제12조(인재의 확보 등)<br>제13조(지방공공단체 및 당사자 등에게 지원하는 자에 대한 지원) |

| | |
|---|---|
| | 第14조(조사연구의 추진)<br>第15조(고독·고립대책지역협의회)<br>第16조(협의회의 사무 등)<br>第17조(협의회의 고독·고립대책 조정기관)<br>第18조(비밀유지의 의무)<br>第19조(협의회가 정하는 사항) |
| 제3장 고독·고립대책 추진본부 | 第20조(설치)<br>第21조(소관 사무 등)<br>第22조(조직)<br>第23조(고독·고립대책추진본부장)<br>第24조(고독·고립대책추진부본부장)<br>第25조(고독·고립대책추진본부원)<br>第26조(자료제출의 요구 등)<br>第27조(정령에의 위임) |
| 제4장 벌칙 | 第28조 |

출처: 국회도서관, 2025.

주: 2023년 제정, 2024년 4월 시행

### 2) 외로움정책의 입법화

우리나라의 외로움문제를 해결하고 예방하는 정책을 수립하고 실행하는 법적 근거를 마련하기 위해서는 해외에서의 법률 사례를 참고해서 우리나라의 사정에 적절하도록 입법화해야 할 것이다. 우리나라의 법률은 대륙법 계통의 전통을 따르는 특성이 있고, 또 일본처럼 외로움문제 해결을 중심으로 정책을 입안하고 실행하는 방식이 타당하다고 생각하여, 가칭 「외로움대책법률」을 입법화하는 방안을 강구해야 한다.

일반적으로 법률안을 제정하기 위해서는 여러 단계와 과정을 거친다. 예를 들면 법률을 제정하려는 목적과 취지에 대응하는 사회문제가 선행하며, 그 사회문제가 국가 사회적으로 부정적인 파급 효과를 가져와서 개인이나 국가 전체에 관심과 쟁점이 될 경우에, 그 해결을 위해 입법화를 시도하게 된다. 따라서 법률을 제정한다는 것은 그 법률에 대응하는 문제가 사회문제로서 공공의 관심을 끌 만큼 중요하기 때문이다. 외로움문제가 사회문제로서 대두되고 부정적인 파급 효과를 가져오고 있고, 또 사회적 관심과 쟁점으로 떠올라 충분히 입법화의 필요성이 있다고 판단된다. 특히 여러 지방정부에서 이미 외로움문제에 대응하여 외로움 관련 조례를 제정하고 있음은, 중앙정부 차원에서 외로움 관련 법안을 제정해야 할 때가 되었음을 반증하고 있다.

다음으로 외로움 대책 관련법의 제정은 외로움문제에 대한 조사연구, 외로움문제로 인하여 고통받고 있는 사람들과 가족에 대한 조사연구 등 관련 전문가들의 학술적인 연구와 임상사례연구 발표 등이 선행되어야 한다. 이러한 학술토론회 및 임상사례발표 등을 기반으로 하면서, 그 자료를 바탕으로 외로움 대책 관련 법률의 제정을 위한 입법토론회, 법률제정토론회를 거치는 것이 일반적인 순서이다.

외로움문제 해결과 관련한 전문기관, 예컨대 상담소, 사회복지기관, 보건의료기관, 그리고 외로움문제로 인하여 어려움을 당하고 있는 당사자집단과 부모집단, 관련 사회단체 등이 연합하여 외로움문제의 심각성을 발표하고 그 대책을 수립하기 위하여 법률안을 제정하기를 주장하는 임상사례연구, 실태조사와 대안으로서 입법화 등과 같은 활동도 필요하다.

앞으로 입법화해야 하는 것으로 생각되는 우리나라의 「외로움대책법률」(안)(가칭)을 제안해 보았다. 아래의 표는 외로움문제의 예방과 대응을 위해 법적 조치가 필요한 내용을 간략하게 정리해 본 것이다. 이미 앞에서 언급한 내용을 법률의 체계에 맞추어 정리한 내용이다.

〈표 9-3〉 우리나라 「외로움대책법률」(안)의 주요 내용과 구성 제안

| 장 구분 | 조문 (내용) |
|---|---|
| 제1장 총칙 | • 목적<br>• 정의<br>• 기본이념<br>• 국민의 권리와 의무<br>• 국가 및 지방지치단체의 책무<br>• 관계자의 연계 및 협력<br>• 법률상의 조치와 다른 법률과의 관계 |
| 제2장 기본계획의 수립 등 | • 외로움 예방 및 대책 기본계획의 수립 등<br>• 연도별 시행계획 수립 · 시행<br>• 국회에 대한 보고<br>• 계획수립 등을 위한 협조 |
| 제3장 외로움 예방 및 대책 등 | • 외로움 실태조사<br>• 외로움 관련 형사사법정보의 제공 등<br>• 외로움 통계분석 및 조사 · 연구 등<br>• 외로움 예방 및 대책 전담 전문기관의 설치 · 운영<br>• 외로움위기대응시스템 구축 · 운영 등<br>• 외로움위험자 지원대책 |

| 장 구분 | 조문 (내용) |
| --- | --- |
| | • 외로움대책협의회<br>• 외로움대책협의회 조정기관<br>• 외로움 예방 및 대책 관련 교육·홍보 |
| 제4장 외로움 대책의 추진 전담기구 | • 설치<br>• 소관사무 등<br>• 조직<br>• 외로움 대책 추진 전담기구의 장<br>• 외로움 대책 추진 전담기구의 구성원<br>• 자료 제출의 요구 등<br>• 정부조직법 관련 사항 등 |
| 제5장 보칙 | • 명예 및 사생활의 평온에 대한 배려<br>• 전문인력의 양성<br>• 비용의 지원 등<br>• 비밀누설의 금지 |
| 제6장 벌칙 | • 벌칙 |

## 제2절 국가 외로움 정책의 실행

### 1. 국가 외로움 정책 실행체계

#### 1) 중앙정부

중앙정부의 실행체계는 앞서 언급한 바와 같이, 국무총리실이 총괄 책임을 맡고, 주무부서는 보건복지부가 되어 범정부 부서가 참여하는 실행체계를 구축해야 할 것이다. 보건복지부는 중앙정부의 부서들이 각각의 기능에 연관하여 외로움문제와 고립·은둔문제 등을 예방하고 해결하는 데 참여해야 한다. 예컨대, 문화체육관광부는 외로움문제와 고립은둔문제를 해결하기 위한 문화, 체육, 관광 프로그램을 수립하여 실행하며, 교육부는 초·중·고등학교 및 대학 교육과정에 맞추어서 적절한 외로움 대응 교육 프로그램을 개발하여 실행하도록 한다. 특히 평생교육 및 시민교육 차원에서 외로움문제와 고립 · 은둔문제를 해결할 수 있는 교육프로그램을 수립하여 실행하여야 할 것이다. 이때 문화체육관광부와 교육부는 인문학과 문화예술을 융합하여 외로움문제를 해결하고 사회적 연결과 참여를 촉진할 수 있는 각종 프로그램을 개발하여 실행함이 중요하다. 특히 이와 연관된 내용은 다음 장인 제10장에서 영국의 사례를 몇 가지 제시하고 있는데, 이를 참고하여 유용한 교육, 실천 프로그램을 수립하는 방안이 중요할 것이다.

최근에 문화체육관광부에서 시행해 오고 있는 인문학 프로그램 지원사업과 같은 사업을 외로움문제와 고립 · 은둔문제 예방과 해결에 연결시키는 것도 하나의 사례가 될 수 있다. 예컨대, 문화체육관광부는 한국문화예술위원회와 함께 국민이 전국 문화시설에서 인문으로 삶과 공동체를 위한 지혜와 통찰을 배울 수 있도록 공모를 통해 '길 위의 인문학' 프로그램 500개, '지혜학교' 프로그램 200개를 선정하였고, 또한 청년들이 사회적 문제에 대해 실천적 해결책을 모색하는 '청년인문실험'에 참여하는 100개 팀을 선정했다고 하는데, 이것은 이미 5월부터 실행에 들어갔다고 한다(https://www.mcst.go.kr/kor/s_notice/press, 접속일, 2025. 6. 20).

고용노동부 역시 외로움문제와 고립 · 은둔문제와 관련하여 실제적인 활동이 매우 중요한 부서이다. 이미 앞에서 언급하였듯이, 외로움문제와 고립 · 은둔문제를 가진 사람들은 결국은 직장에서 적응이 쉽지 않고, 특히 청년의 경우 아예 취업준비를 하지 않은 경우가 대부분이다. 이러한 배경에서 고용노동부는 취업준비에서부터 직장에서 정상적인 역할을 수행할 수 있도록 직장에서의 연결과 참여를 강화하는 방안, 즉 외로움문제를 예방하고 해결하고 또 고립 · 은둔을 미리 방지하는 각종 프로그램과 교육자료, 상담자료 등을 개발하고 실행하는 노력을 해야 할 것이다.

한편 21세기 현대사회의 속성상 구조조정과 전직이 일반적이고 또 조기퇴직과 퇴직 후 '제3의 인생'을 살아가는 과정에 직면하는 외로움문제와 고립 · 은둔문제를 예방하고 해결하기 위하여 고용노동부는 특별한 노력을 경주해야 할 것이다. 구조조정을 당하고 전직을 해야 하는 사람들은 대부분 적응과정에서 외로움과 고립문제에 직면하게 될 것은 명확하다. 이러한 과정에서 어떻게 외로움문제와 고립문제를 해결하여 건강한 직장인으로서 직장과 지역사회에서 연결과 참여를 활발하게 할 수 있을 것인가를 고용노동부는 깊이 있게 고민하고 문제 해결과 예방을 위해 노력해야 할 것이다. 더욱이 퇴직은 일종의 상실로 인한 쇼크—이를 흔히 '은퇴쇼크'라고 부르는데

—이는 곧 외로움과 고립문제에 직면함을 의미하는 바, 퇴직자들이 겪는 상실과 외로움의 문제를 적절하게 대응하여, 행복한 노후, 건강한 제3의 인생을 살아갈 수 있도록 지원하는 프로그램이 절실하게 요청되고 있다.

이러한 배경에서 국무총리실을 총괄 책임으로 하면서 주무부서인 보건복지부를 중심으로 범정부 부서가 연합하고 연계하여, 각각의 부서별 역할을 설정하고, 또 부서별 기능에 맞는 프로그램을 만들어 활발하게 활동해야 할 것이다. 정기적으로 중앙정부의 부처들이 합동하여 외로움대응정책 실행을 점검하고 평가하며 향후 실행계획을 검토하는 정부연석회의를 개최하여야 할 것이다. 이른바 정부의 '외로움대응범정부정책협의회'를 구성하고 정기적인 정부연석회의를 개최하고 이를 공개하여야 할 것이다. 특히 매년 연차회의는 물론 중·장기적인 계획을 위한 회의도 지속적이고 일관되게 실행하여야 한다.

### 2) 지방정부

실제적인 실행은 지방정부 차원에서 이루어지므로 광역자치단체의 역할이 중요하다. 광역자치단체 수준에서 외로움대응정책이 실제로 추진되므로, 여기서 '외로움대응센터'를 설치하고, 이 센터를 중심으로 각종 프로그램이 실행된다. 그리고 이 외로움대응센터는 기초자치단체와 연결하여 동일한 외로움대응센터를 설치하여 운영하게 된다. 시·군·구 단위에서 실제로 실행되는데, 광역자치단체에서 그 산하에 있는 기초자치단체의 외로움대응센터를 통일성과 일관성을 가지고 운영하도록 지방정부에서 연합하여야 할 것이다.

광역자치단체는 외로움대응센터 광역자치단체협의회를 결성하고 기초자치단체는 외로움대응센터 기초자치단체협의회를 결성하여, 상호 정보교환과 프로그램에 관한 실천 경험을 나누는 조직을 만들어야 할 것이다.

한편 물론 광역자치단체 수준에서 외로움문제를 예방하고 해결하는 데 있어, 공공과 민간이 상호 협력하는 조직인 가칭 '외로움대응민관협의체'를 조직하여, 외로움대응 실천에 지역단위로 함께 협력하고 연합하는 활동을 하게 한다.

### 3) 민간기관

외로움대응 정책 추진에 있어 민간의 노력이 매우 중요한데, 지역단위로 상담, 복지, 의료, 간호, 예술, 건강체육, 인문학, 교육, 자원봉사, 기업, 매스컴 등 전체 영역이 가능한 한 참여하는 것이 바람직할 것이다.

물론 디지털 시대에 맞게 플랫폼을 만들어, 민관이 협력하고 지역의 전체 영역이 참여하도록 한다. 여기서 외로움문제를 해결하고 사회적 연결과 참여를 활성화하는, 홍보 및 일종의 사회운동, 캠페인 활동 등을 전개하는 플랫폼을 만든다. 경우에 따라서는 시민들이 직접 플랫폼에 외로움문제로 위험에 노출된 사람들을 발굴하고 이를 해결하는 센터나 플랫폼에 알리는 역할을 할 수 있게 한다.

## 2. 국가 외로움 정책의 전담 추진기관

### 1) 가칭 '외로움대응센터'의 설립과 운영

정부의 추진체계에 따라 외로움 정책의 전담 추진기관으로서, 광역자치단체와 기초단체 수준에서 가칭 '외로움대응센터'(광역외로움대응센터와 기초외로움대응센터)를 단계적으로 설립 · 운영한다. 이 센터의 설립 · 운영은 공공부문이 설립 · 운영, 감독을 하고 운영은 민간에게 위탁하는 방안이 바람직하다고 생각한다. 민간위탁은 기존의 지역사회복지관이나 건강가정지원센터 등이 적절하지만, 여러 가지 상황을 고려하여 적절하게 위탁하는 방안이 좋겠다고 생각한다.

#### (1) '광역외로움대응센터' 설립·운영 방향

광역자치단체 수준에서 '광역외로움대응센터'를 설립 · 운영할 경우 전체적인 방향은 다음과 같은 사항을 참고하여야 할 것이다.

- 중앙정부의 관련 부서와 연계
- 광역자치단체의 보건복지국 산하에 설립 · 운영
- 기초자치단체인 시 · 군 · 구에 기초외로움대응센터를 설치 · 운영

- 광역자치단체의 관련 기관과 연계하여 상담, 고용, 복지, 교육 등 사회서비스 지원

### (2) 광역외로움대응센터의 기능 예시

광역외로움대응센터에서 수행할 수 있는 기능을 예시해 보면 다음과 같은 프로그램과 서비스 등이 있을 수 있다.

- 외로움문제 대상자 지원사업 계획수립 및 수행
- 외로움문제 대상자 지원 당사자, 가족상담 및 교육
- 외로움문제 대상자 상담, 고용, 복지 통합사업
- 외로움문제 대상자, 당사자 및 가족을 위한 심리상담 및 인문학 강좌 설치·운영사업
- 지역사회 자원의 발굴 및 연계, 협력 계획 및 수행
- 체계적인 조사, 통계 및 관련 연구 수행
- 외로움문제 대상자 지원을 위한 전문인력 양성 및 관리
- 외로움문제 대상자 일자리 지원

### (3) 광역외로움대응센터의 비대면 플랫폼 구축을 통한 종합지원체계 예시

광역외로움대응센터에서 디지털시대의 특성을 살려서 비대면 플랫폼 구축을 통해서 외로움문제 대상자와 그 가족 등에 제공할 수 있는 종합지원체계를 예시해 보면 다음과 같은 내용이 있을 수 있다.

- 외로움문제 대상자 발굴과 홍보 강화, 온라인 실태조사를 통한 외로움문제 대상자 발굴
- 외로움문제 대상자의 복합 커뮤니티로 활용하여, 그들에 관한 정보교환 및 공유, 자조모임 참여 등을 통한 교류 강화
- 외로움문제 대상자의 특성을 고려하여 초기 단계의 상담 및 서비스 지원에 활용
- 욕구조사를 통한 다양한 교육과정 개설 및 운영

### (4) 외로움문제 대상자의 사회복귀를 위한 기반 구축 마련

- 사회성 증진을 통한 사회성 역량강화 지원

- 활동공간 지원
- 공공기관 및 지역사회서비스 등 관련 일자리 발굴
- 철학상담 및 인문학 교육 지원

### 2) 광역외로움문제대응센터의 개입 체계도

광역외로움대응센터는 외로움문제 대상자의 발굴 · 방문 → 접수 · 사정 → 치료 · 개입 → 회복 · 정상화의 과정으로 치료 · 개입이 이루어질 수 있다.

- 발굴 · 방문
  - 발굴은 행정복지센터, 상담센터, 보건소, 정신건강복지센터, 학교, 복지기관 등을 통해 이루어짐
  - 방문은 가정방문을 중심으로 한 아웃리치형 지원
- 접수 · 사정
  - 접수 상담과 사정 평가, 의뢰로 이루어짐
  - 행정복지센디, 전문상담기관, 정신건강의학과 등에서 실시
- 치료 · 개입
  - 상담, 취업, 복지, 교육, 가족 및 자조집단 지원 서비스, 전문인력양성사업, 온라인 플랫폼 설치 운영, 인식개선 활동, 홍보활동 등
  - 행정복지센터, 전문상담기관, 고용노동센터, 평생교육기관, 정신건강의학과, 공공 · 민간 지정기관, 복지기관 등 적절한 자원 연계
- 회복 · 정상화
  - 취업, 창업, 학업 등의 시작
  - 사례관리자 및 서포터들의 지속적인 관리

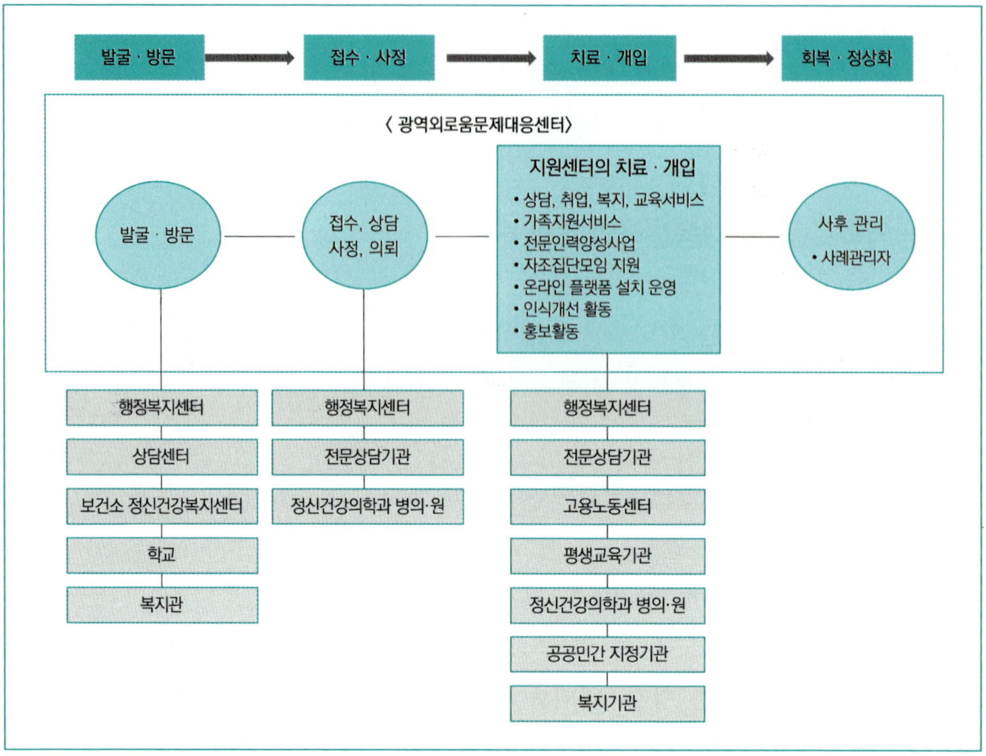


[그림 9-2] 광역외로움문제대응센터와 관련기관의 치료 · 개입 체계도

### 3) 광역외로움문제대응센터의 단계별 지원과정과 서비스

광역외로움문제대응센터의 외로움문제 대상자와 가족을 위한 치료·개입의 단계별 과정과 지원 서비스는 다음과 같이 예시할 수 있다.

- 접수, 내방 면접 상담
  - 외로움문제 대상자와 가족과 대면 · 비대면으로 만남이 이루어짐
  - 가족상담 실시
  - 기관 의뢰
  - 사회적 처방사의 역할 중요함
- 초기 단계(시작 단계): 초기 지원
  - 당사자 상담
  - 부모상담 및 교육
  - 철학상담과 인문학 교육

  – 부모와의 소통 매개 역할 및 다양한 삶의 가능성 제시
- 중기 단계: 중간 지원
  – 낮은 수준의 사회관계 시작
  – 건강한 생활방식 유지
  – 부모의 자조모임 참석
- 종결 단계: 종결 지원
  – 공동체 환경에 대한 안정감 확보
  – 안전한 공동체 속에서 자신이 맡은 역할 수행
  – 자존감, 자신감, 협동심, 자기 표현력 향상
  – 부모는 자녀의 의사결정을 존중함
- 사후 관리 단계: 사후 돌봄 단계
  – 취업, 창업, 학업 등을 꾸준히 함
  – 공동체와 사람에 대한 신뢰감 형성
  – 사례관리자에 의한 지속적인 관리

[그림 9-3] 광역외로움문제대응센터의 치료 · 개입 단계별 과정과 지원 서비스 예시

### 4) 외로움문제 당사자 및 가족 지원서비스

광역외로움문제대응센터에서 외로움문제를 가진 당사자와 가족들을 위하여 제공할 수 있는 지원 프로그램과 서비스 등을 예시해 보면 아래와 같다.

#### (1) 경제적 지원

외로움문제를 가진 대상자의 의존적인 삶에서 취업교육 및 직업훈련을 통해 취업에 대한 의욕을 고취시키고 자립할 수 있는 기반을 구축하고 매월 지급받는 복지 지원 형태가 아닌 직업훈련을 통한 수준별 맞춤형 일자리 제공 등의 지원방안이 바람직할 것이다.

- 취업지원 프로그램 지원
  - 외로움문제를 가지고 있는 대상자가 사회적 연결과 접촉이 사라진 기간 동안의 사회활동의 부재가 취업지원에 걸림돌로 작용할 수 있으므로 지속적인 취업교육과 직업전문학교 및 학원과 연계하여 프로그램을 진행하는 것이 필요할 것이다.
- 일경험 및 일체험 프로그램 지원
  - 낮은 노동 강도의 일경험에서 점진적으로 노동 강도를 높여가는 프로그램으로 진행
  - 공동체 일터 제공을 통한 일 역량 키우기
- 맞춤형 일자리 제공 프로그램 지원
  - 다양한 일자리 개발 및 확보로 외로움문제를 가진 대상자들의 욕구와 수준에 맞는 맞춤형 일자리 제공
  - 직장 적응력을 위한 징검다리 일터 제공, 맞춤형 취·창업 활동지원 프로그램 운영 등

#### (2) 상담 및 심리적 지원

외로움문제를 가진 대상자와 부모 및 가족들의 스트레스 감소와 가족관계 개선 및 외로움문제 대상자들의 사회회복력 강화를 위한 체계적이고 통합적인 맞춤형 전문 상담 제도를 운영하며, 온라인과 오프라인 방법을 적절하게 활용한다.

- 개인상담
  - 정서적 지지로 스트레스 감소 및 자존감 향상
  - 정체성 재확립과 문제인식 제고로 문제 해결에 대한 접근성을 높임
  - 온라인 상담으로 e-mentor와 연결하여 정서적 지지를 얻고 사회적 자원과 연계될 수 있도록 함
- 가족상담
  - 외로움문제를 가진 당사자와 부모 및 가족 간의 효율적인 의사소통 능력을 향상시켜 가족관계 개선을 도모하고 가족의 기능을 회복함
- 집단상담
  - 자기 성장 프로그램을 통해 자신의 가치와 잠재력을 발견하고 문제상황에 유연하게 대처할 수 있도록 함
  - 대인관계기술 향상 프로그램을 통해 인간관계에서 발생하는 문제를 극복할 수 있도록 함
  - 사회적응기술 훈련 프로그램을 통해 다양한 경험으로 사회적응력을 향상시켜 사회적인 자립을 촉진할 수 있도록 함
- 방문상담
  - 가정방문을 통해 본인과 가족의 생활 상황을 살펴보고, 상담을 통하여 적합한 지원을 제공함
  - 초기의 과도한 개입보다 단계적인 접근이 효과적일 것으로 기대됨(이영식 외, 2022)
- 자조모임
  - 비슷한 문제를 공유한 외로움문제 대상자들 혹은 그 부모 및 가족들이 모임에 참여하여 서로 간의 정서적 지지와 유익한 지식 및 정보 공유와 교환을 통해 문제 해결의 새로운 가능성과 커뮤니케이션 능력 향상의 효과를 가져올 수 있을 것이다.
- 철학상담과 인문학 학습

### (3) 교육 및 활동지원

외로움문제를 가진 대상자들의 흥미와 관심있는 분야에 대한 교육과 활동지원으

로 전문기술 습득 및 자격증 취득 등을 통하여 생활의 변화에 대한 동기 유발과 자립의 기반을 마련하고, 부모와 가족들을 위한 교육 지원도 필요하다.

- 외로움문제를 가진 대상자들의 흥미와 활동 욕구에 맞춘 다양한 프로그램 개발 및 운영
  - 취미, 문화, 예술 등 다양한 흥미 분야의 활동 프로그램 개발 및 지원
  - 여행, 캠프 등 집단활동 지원
  - 온라인 동아리 활동 지원
  - 인문학 학습 지원
- 외로움문제를 가진 대상자들과 부모 및 가족들을 위한 교육 프로그램
  - 학습 등 대안교육 프로그램
  - 부모교육 프로그램
  - 의사소통기술 증진 프로그램
  - 인문교양 학습 프로그램

### (4) 공간 지원

외로움문제를 가진 대상자들이 집 밖으로 외출하여 사람들을 만나며 편하게 활동할 수 있는 공간 지원이 필요하다.

- 카페
  - 외로움문제를 가진 대상자들이 편하게 차를 마시며 담소도 나눌 수 있는 만남의 장소 제공 및 다양한 활동 공간 지원
- 운동 공간
  - 낮에 운동할 수 있는 공간 지원
- 공동 주거생활 공간 지원
  - 공동으로 주거생활을 하면서 가사 역할 분담과 함께 식사하기, 규칙적인 수면 등을 통해 생활습관 개선과 생활 기술 습득에 도움이 되는 공간 지원

### 5) 외로움문제 대응 지원 상담-고용-복지-교육 통합사업 실행

#### (1) 배경 및 개요

- 통합적 · 지속적 서비스 제공

  외로움문제를 가진 대상자와 그 가족에게 필요한 지원사업이 다양하지만, 그 핵심에 상담-고용-복지-교육서비스를 통합적이고 지속적으로 제공하고 관리해야 함이 요망된다.

  – 대상자들의 문제와 욕구에 대응한 지원방안 역시 단순하지 않고 복합적이며, 시간의 흐름에 따라 변화함을 전제로 하고 있다.

- 사례관리 서비스 제공

  대상자 및 그 가족이 대면 혹은 비대면으로 지원에 관하여 상담하거나 혹은 지원 실무자들이 발굴하여 상담하는 초기 개입부터 시작하여 그들이 필요로 하는 문제 해결 욕구와 지원 서비스를 맞춤형으로 제공하여, 그들이 회복하여 정상적인 생활이 이루어질 때까지 통합적이며 지속적인 서비스를 제공한다.

- 사후 관리 서비스 제공

  외로움문제를 가진 대상자와 그 가족이 회복과 정상화가 이루어지더라도 사후에도 일정 기간 관심을 가지고 돌보는 활동이 필요하다.

- 오프라인 및 온라인 플랫폼으로서 조직체계

  이러한 통합사업체계는 오프라인 및 온라인 플랫폼으로 양방향으로 설립되고 운영됨이 필요하다.

  – 외로움문제를 가진 대상자들은 그 특성상 오히려 온라인 플랫폼을 통한 나양한 지원방식이 유용하고 강점일 수 있다.

#### (2) 외로움문제 대상자 및 가족의 통합지원사업기관(외로움대응센터 내) 방문 및 발굴

① 방문

대상자 및 가족이 온라인 또는 오프라인 센터로 직접 방문하여, 상담을 신청하고 자신들이 필요한 서비스를 요청할 수 있음

- 접수상담에서 시작하여 그들이 직면하고 있는 문제의 해결을 위해 필요한 욕구나 서비스를 맞춤형으로 제공하기 위하여 고용, 복지, 교육 등을 연결하는 한편 사례관리 서비스에 들어감

- 그들이 서비스를 이용하면서 변화하는 욕구와 서비스를 적절하게 지속적이면서 통합적으로 문제를 해결하고 회복하고 정상적인 생활이 이루어질 때까지 지원함

* 사례관리의 과정: 접수-사정-계획-연결-점검-평가

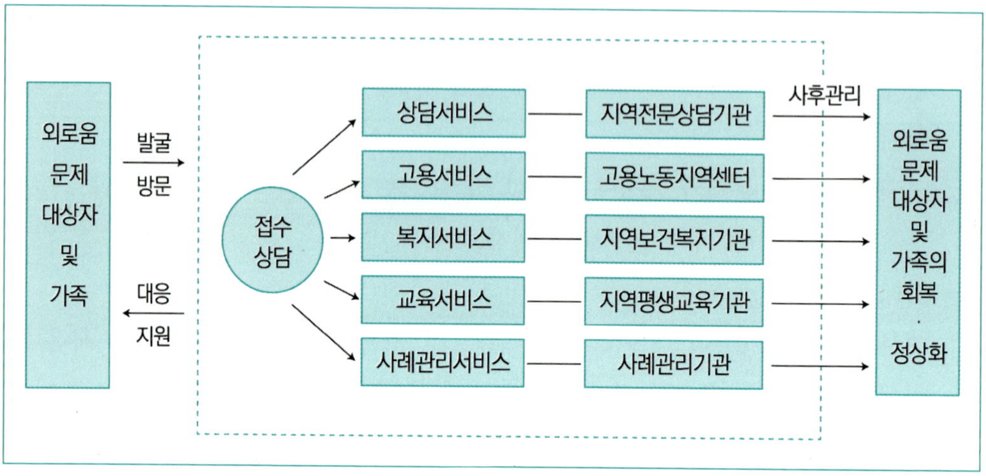


[그림 9-4] 외로움문제 대상자 지원 상담-고용-복지-교육 통합사업 체계도(플랫폼)

② **발굴**

통합지원센터의 실무자들이 온라인 및 오프라인으로 정기적 혹은 지속적으로 외로움문제 대상자 및 그 가족을 발굴하기 위하여 현장 아웃리치 및 관련 기관과 협조하여 활동을 수행한다.

③ **접수 상담과 지원서비스 연결과 통합, 사례관리**

- 전문 상담서비스
  - 초기 만남에서부터 문제를 분석하고 욕구를 사정하여, 그들이 필요로 하는 다양한 서비스를 연결하는 과정의 서비스를 제공한다.
  - 일반적으로 그들은 심리사회적 문제를 지니고 있어, 이와 관련하여 지역의 전문상담기관과 연계하여 적절한 서비스를 제공받게 한다.
  - 특히 청소년의 경우 초·중·고등학교 상담교사 및 Wee 센터 내의 상담실, 지역의 청소년상담실, 그리고 다양한 민간상담소 및 청소년과 청년관련기관들과 연계가 가능하다.
  - 사회적 처방사의 역할이 중요하다.

- 고용서비스
  - 취업 관련 서비스를 제공하되 다양한 업종은 물론 대상자의 직장 적응 능력에 적절하게 맞추어 단계적으로 서비스를 지원함이 요망된다.
  - 지역에 산재해 있는 고용 및 취업 관련 공공 및 민간센터를 연계
- 복지서비스
  - 기존의 복지서비스 중에서 외로움문제를 가진 대상자와 가족이 지원받을 수 있는 서비스를 선정하고 필요시 민간자원도 연계할 수 있다.
  - 복지전달체계 중 읍 · 면 · 동 행정복지센터, 지역의 종합사회복지관, 지역보건소의 정신건강복지센터 등 유관기관과 연계한다.
- 교육서비스
  - 취업교육은 물론 의사소통 교육훈련, 기타 심리·사회적 인간관계 증진에 대한 다양한 인문학적 교육서비스를 통해 회복과 정상화를 가능하게 함
  - 다양한 목적으로 이루어지는 인문학 교육은 인문학 강좌 학습에서 설명함
  - 지역사회에 있는 직업훈련 교육기관은 물론 공공 및 민간평생교육기관과 연계
- 사례관리서비스

  방문상담이나 접수 상담에서부터 대상자와 그 가족이 문제 해결로 회복과 정상적인 생활에 이를 때까지, 그리고 사후 서비스 제공까지, 일련의 연속적이고 통합적인 서비스를 제공할 수 있도록 돌본다.

**④ 대상자 및 가족의 회복과 정상화, 사후 관리(follow up) 서비스**

- 대상자와 그 가족이 회복되고 정상적인 생활이 이루어진다고 하더라도 일정 기간동안 사후 관리를 하면서 필요한 서비스를 제공함이 바람직할 것이다.
  - 비슷한 경험을 가진 청년과 그 가족모임에 참여하여 활동할 수 있다.

    (회복 자조모임: 리스타트(restart) 모임, 청년 및 그 가족)

## 3. 인력양성

### 1) 사회적 처방사(social prescriber) 혹은 링크워커(linkworker)의 출현

#### (1) 개념과 의미

영국에서 외로움문제에 국가 사회에서 관심을 가지고 사회문제로서 대응하려는 본격적인 시도는 2018년 『연결된 사회』라는 일종의 '외로움문제 해결을 위한 전략'적인 정책보고서를 제출하면서, 동시에 정부에서 외로움 담당부서 장관을 임명하면서부터이다. 외로움 대응 정책에서 '사회적 처방' 서비스를 모든 일반의(GP) 실천에서 제공하도록 제도 도입을 하면서부터, 사회적 처방이 외로움 대책의 중요한 역할을 하게 되었다(DDCMS, 2018).

사회적 처방이 1960년대에 처음으로 영국에서 시작되어 현재는 전 세계적으로 활용되는 제도적 장치인데, 의료 전문가들이 환자의 사회적 · 정서적 욕구를 해결하기 위하여 비의료적 개입을 처방하는 개념으로 발전해 왔다. 영국에서 NHS를 중심으로 확산되었으며, 초기에는 사회적 요인과 정신건강문제를 다루기 위한 도구로 시작되었다. 사회적 처방의 개념이 본격적으로 정리되기 시작한 것은 2008년으로, Grayer 외(2008)의 연구에서 심리사회적 문제를 가진 환자들에게 자발적 및 지역사회 서비스를 제공하는 'Community Link' 프로그램의 효과에 대한 평가를 수행하고 난 이후이다. 현재는 사회적 처방이란 의료진의 의료적 개입뿐만 아니라 지역사회의 사회적 · 문화적 · 자연적 활동 등의 비의료적 개입을 통해 개인의 정신적 · 신체적 · 사회적 건강증진을 위한 보건의료시스템을 의미한다(정민아, 2024).

전 세계에서 활용되고 있는 사회적 처방에 대한 보고서를 발행한 WHO의 자료에 따르면, 사회적 처방이란 국가마다 다르지만 다음과 같은 특성을 지닌다고 한다(WHO, 2024).

- 개인의 욕구에 초점을 맞추면서 수행되는 전인적이고 개별화된 접근책이다.
- 지역사회 세팅에서 건강과 웰빙 증진을 위함이다.
- 건강을 증진시키고 지역사회 기반의 지원과 서비스에로의 외뢰이다.
- 건강에 대한 개인의 통제력을 강화함이다.

### (2) 해외 현황

정민아의 연구에 따르면, 2008년부터 2023년까지 발표된 사회적 처방 관련 연구 264개를 통해서 본 해외 국가들의 사회적 처방 활용방식을 살펴보면 다음과 같다(정민아, 2024).

첫째, 국가별로 사회적 처방의 접근방식이 조금씩 다르다. 접근방식에 있어서, 영국은 네 가지의 사회적 처방 접근방식으로 상황에 맞게 사회적 처방 활동을 대상자에게 전달하고 있지만, 다른 국가는 전달 방식이 구체화되어 있지 않음을 확인하였다.

둘째. 영국, 캐나다, 미국, 호주와 같은 국가들은 노인이나 정신건강 질환 환자뿐만 아니라 청소년, 의료취약계층 등 다양한 대상에게 사회적 처방을 적용하고 있으며, 그 효과를 다각도로 평가하고 있다. 이는 사회적 처방이 다양한 인구집단에 맞춤형으로 적용될 수 있음을 시사하며, 그 효과를 폭넓게 분석하는 연구들이 활발히 진행되고 있음을 반영한다.

셋째, 사회적 처방의 중재 프로그램은 각 나라마다 명칭은 다르지만, 국가 모두 지역사회와의 협력을 기반으로 대상자에게 다양한 맞춤형 프로그램을 제공하기 위해 노력하고 있음을 확인하였다. 이러한 협력은 각국의 보건 시스템이 지역사회 자원과 긴밀히 연계되어, 대상자들에게 맞춤형 지원을 제공할 수 있도록 한다는 점에서 중요한 역할을 하고 있다.

넷째, 각 국가에서 사회적 처방의 재원 조달 메커니즘을 살펴보면, 영국은 NHS에서 부담하고 있으나, 다른 국가는 아직 지역사회 기관, 지방 보건부, 대학교 등 다양한 지역 자원에서 이루어지고 있음을 확인하였다. 이는 지역사회와 연계된 자원의 중요성을 반영하며, 이러한 구조는 사회적 처방 프로그램이 각 지역의 특성에 맞춰 유연하게 운영될 수 있도록 지원한다.

다섯째, WHO의 국제질병분류 제10차 개정판을 통해 사회적 처방 활동이 정신건강(Mental Health)과 만성질환과 같이 장기적으로 관리가 필요한 장기건강관리(Long Term Condition)에 중요한 역할을 하고 있음을 확인하였다. 이에 이와 같은 질병군을 대상으로 사회적 처방 활동을 확대하고, 이를 위한 구체적인 실행방안과 효과를 심층적으로 연구할 필요가 있다.

여섯째, 사회적 처방의 핵심 키워드는 'health' , 'community', 'wellbeing', 'mental' 등임을 확인하여 사회적 결정 요인을 개선하고 지역사회의 협력과 연계를 통해 환자들에게 다양한 비의료적 서비스를 제공하는 데 초점을 맞추고 있음을 확인하였다. 지역사회 기반의 협력이 중요한 역할을 한다는 점에서 'GP', 'linkworker'와 같은 전문가의 중요성도 부각되었다.

이상과 같은 해외에서 사회적 처방의 활용을 통해서 알 수 있는 사항은, 외로움문제 역시 보건의료 영역에서 하나의 중요한 문제로 취급되고 있으며, 외로움문제의 예방과 해결을 위해 사회적 처방이 활용되고 있음을 알 수 있다. 특히 264개의 동일한 논문을 WHO의 국제질병분류 제10차 개정판에 따른 사회적 처방과 관련된 것을 분석하였는데, 정신건강과 장기 건강 상태와 관련된 질병들이 사회적 처방 연구의 주요 대상임을 확인하였다. 또한 정신건강 중 치매, 우울, 불안, 사회적 고립과 고독 등과 같은 정신적 문제를 가진 환자에게 사회적 처방이 긍정적 영향을 미치는 중요한 요소로 판정되었다. 한편 2024년 Scarpetti 등의 연구(2024)에 의하면, 12개의 유럽 고소득 국가를 대상으로 사회적 처방에 대한 비교연구를 시도하였는데, 여기서는 사회적 처방이 보건의료적인 세팅에서와 동시에 사회적 돌봄(social care) 세팅에서 활용되고 있으며, 국가에 따라 유연하게 활용되고 있음을 발견하였다(Scarpetti et al., 2024).

물론 외로움문제의 정도에 따라, 외로움문제를 가진 대상에 따라, 외로움문제의 유형에 따라 사회적 처방은 달라지고 그 긍정적 효과 역시 차이가 나겠지만, 사회적 처방은 비의료적 개입으로서 중요한 의미를 지니고 있음을 짐작할 수 있다. 향후 외로움문제에 대응하는 사회적 처방에 대한 조사연구, 실증연구, 임상연구가 더 전문적으로 체계적으로 진전되면서, 사회적 처방에 대한 관심이 높아질 것으로 보인다. 그리고 사회적 처방을 전문적으로 수행하는 '사회적 처방사'인 '링크워커'와 같은 새로운 직업이 해외 여러 나라와 비슷한 사례로 우리나라에도 출현할 것으로 판단된다.

이러한 추세로 보아 외로움정책 대안을 제시하는 이 부분에서 외로움문제를 예방하고 해결하는 전문가로서 사회적 처방사 혹은 링크워커에 대해서 몇 가지 사항을 논의하고, 우리나라의 경우에 생각해 볼 수 있는 정책방안을 제안하고자 한다.

### (3) 교육 기준

최근까지 사회적 처방사인 링크워커와 같은 역할을 하는 사람들은 영국에서 활발하게 전문직업군으로서 자리를 잡아가고 있다. 사회적 처방사의 교육 기준을 아래에서 알아본다.

### 2) 우리나라에서 '사회적 처방사'의 도입과 인력양성

#### (1) 사회적 처방사, 혹은 링크워커의 자격 요건과 교육훈련: 영국의 사례

향후 우리나라에서 외로움문제를 전담하는 사회적 처방사 혹은 링크워커가 필요할 것으로 생각한다. 이 분야에서 가장 앞선 영국의 경우는 2018년 영국에서 '링크워커전국협회'(National Association of Link Workers, NALW)를 설립하였다. 여기서 전문직업군으로서 역할을 지원하기 위해 여러 가지 기능을 수행하고 있다(https://www.nalw.org.uk/about-us, 접속일 2025. 5. 7).

사회적 처방사는 지역전문의 진료소, 병원, 지역사회단체, 지방당국, 자원봉사단체 등에서 근무한다(https://inst.org/social-prescriber, 접속일 2025. 5. 7).

현재 사회적 처방사 혹은 링크워커가 될 수 있는 자격 요건이 특별하게 명시된 근거는 보이지 않는다. 다만 레벨 3 자격을 요구하는 고용주가 있기도 하고, 영국의 대학 등에서는 레벨 4로 설정한 디플로마(diploma)를 제공하는 곳도 있다.

'링크워커전국협회'는 링크워커의 주요 역할을 5가지로 요약하고 있다.

① 개인과 돌봄제공자(carers)의 전인적 웰빙, 권리 그리고 이해관계의 증진을 지원한다.
② 부정의와 불평등의 제거에 기여하고 다른 사람들의 권리를 옹호한다.
③ 서비스와 돌봄을 이용하는 사람들의 신뢰와 확신을 쌓고 유지하는 것을 돕는다.
④ 서비스 이용자들의 독립을 증진하는 한편 가능한 한 그들을 위험과 위해로부터 보호한다.
⑤ 직업규약 혹은 실천강령(code of practice) 내에서 기준을 수립하도록 활동한다.
⑥ 활동상의 품질에 관하여 보증하며 지식과 기술을 유지하고 개선하도록 책임진다.

'링크워커전국협회'는 위에서 말한 링크워커의 주요한 역할을 전제로 하면서, 협회가 제시하고 있는 '사회적 처방을 수행하는 링크워커를 위한 교육기준'(Education Standards)을 알아보면 다음과 같다. 5가지 영역의 교과과정으로 구성되어 있는데, 이 기준은 링크워커 자격 확보를 위한 최소한의 교육기준을 포함하고 있다고 한다(NALW, 2022).

① 인구 및 지역사회의 건강과 웰빙의 증진과 이해, 그리하여 이 활동을 통해 불평등을 약화시키기 위하여 건강에 대한 사회적이고 보다 넓은 결정 요인을 밝히는 데 기여한다.

개인과 링크워커(LW) 사이의 상호작용의 본질은, 그들이 가진 질병의 신체적 측면뿐만 아니라 그들의 건강과 웰빙에 대한 개인의 관점, 그리고 건강에 대한 보다 넓고 사회적인 결정 요인들에 초점을 두고 있다. 이러한 관점의 넓고 깊은 맥락을 탐구함으로써, 링크워커는 건강에 해로운 영향을 끼치는 추가적인 요인을 밝힐 수 있고, 질병이 발생하는 개인적인 맥락을 이해할 수 있다. 이것은 건강이 나빠지는 것을 막는 데 있어서, 그리고 링크워커로 하여금 적절한 건강과 사회적 돌봄에로 접근하여 사람들을 지원할 수 있도록 허용하는 데 중요하다.

② 다른 사람들을 연계하고 연결하기

링크워커의 중요한 역할은 사람들이 건강과 웰빙을 스스로 통제할 수 있도록 개인을 촉진하는 일이다. 이러한 일은 다양한 접근책과 면접기술을 활용하여 타인들을 연계하고 연결하는 것과 연관된다. 즉, 이러한 일은 개인, 그리고 그들이 가진 동기와 장려책 등의 측면에서 건강에 영향을 미치는 요인들과, 개인에게 중요한 것에 바탕을 둔 개인화된 돌봄계획(care plan)의 공동 제작을 밝히기 위한 접근책과 면접기술을 활용하여 타인들을 연계하고 연결하는 것과 연관된다. 이것은 또한 그들이 함께 일하는 사람들과 연결하는 데 도움이 되는 개인적인 특성을 끌어내는 능력을 배양하는 것과 연관된다.

링크워커는 관계를 통하여 획득된 정보를 사용하여, 개인이 목표를 설정하고 그 목표를 달성하기 위한 여러 선택을 탐색함으로써, 건강과 웰빙을 위해 그들이 지역사회와 연결할 수 있도록 개인들을 돕고 지원하는 역량을 입증해야 한다. 이러한 접근책을 통해서, 링크워커는 시간이 흐름에 따라 개인의 행동변화가 일어나도록 지원한다.

링크워커 접근책의 본질적인 부분은 언어적 · 비언어적 의사소통 기술(적극적인 경청을 포함)의 개발과 링크워커가 가지고 있고 또한 상호작용에 적용하는 개인적인 가치를 개발하는 것이다.

③ 지역사회 개발과 통합

효과적인 사회적 처방 링크워커의 실천은 사람들을 지역사회에 의뢰하는, 그리하여 지역사회에 잘 뿌리를 내린 사람들이 어떤 느낌을 가지고 있는지에 대해서 이해하는, 다양한 활동과 지원에 의존한다. 활력있고 힘있는 지역사회란 전체적으로 보다 나은 건강상의 결과를 성취하는 데 지속가능한 방식을 가진 지역사회를 말한다. 링크워커는 사람들로 하여금 스스로를 옹호하도록 지원하고, 사람들이 사는 특수한 지방과 사회의 맥락에서 사회적 부정의와 불평등에 대하여 사람들이 더 많은 관심을 가지도록 하는 데 있어서 중요한 역할을 수행한다.

링크워커는 지역사회가 기존에 가지고 있던 강점과 자산을 개발하는, 기초 솔루션을 촉진하는 지역사회에 대한 독특한 이해를 소유하고 있다. 이러한 링크워커가 가진 능력은 지역사회가 필요로 하는 올바른 서비스와 지원, 공급상의 격차, 접근상의 장애물을 밝힐 수 있도록 도움을 준다. 또한 이러한 지적 역량은 증거기반을 개발하고 지방이나 전국 단위의 전략과 정책에 영향을 미칠 수 있다. 이러한 내용과 연관된 학습결과는 지역사회 자원의 개발을 밝히고 지원하는 것을 포함하는, 지역사회 개발에 있어서 링크워커의 역할과 관련이 있다.

④ 안전하고 효과적인 실천기술의 수행

링크워커는 복합적인 건강이나 혹은 돌봄 욕구를 가진 사람들과 함께 일한다. 링크워커는 안전하게 실천하고 증거기반 개입을 활용하여 실천하며, 그들의 실천활동으로부터 결과를 기록하는 일이 본질적으로 중요하다. 이러한 링크워커의 활동은 NHS에서 표준활동 세트를 확립하며, 링크워커와 전문적인 관계 내에서 안전하게 함께 일하는 개인 양자 모두에게 유익한, 공인된 모형과 틀 내에서 링크워커가 활동하는 것을 포함한다.

⑤ 전문적인 기준과 윤리를 지키고 전문가로서 완전함을 유지함

개인, 이해관계자, 다른 전문직과의 관계를 쌓는 일은 링크워커의 활동에 있어서 기초이다. 그러므로 투명성, 솔직함, 윤리, 신뢰, 완전함 등은 핵심적인 요소이다. 링크워커는 적절한 전문가적인 가치를 개발하고 유지하며, 링크워커전국협회(NALW)의 직업규약(code of practice) 한계 내에서 실천을 개발하고 유지하기를 기대한다. 이러한 일은 그들의 성과, 실천행위, 건강 혹은 타인의 건강이 또 다른 사람들의 건강을 위험에 빠뜨릴 수 있는 때에 대한 통찰력을 가지고 취약한 개인들을 보호하기 위한 조치를 강구할 수 있는 능력을 포함한다. 고용주는 직업규약에 구체화되어 있는 바와

같이 성실성, 전문적인 기준, 그리고 윤리적 약속(헌신)을 충족시키고 유지할 수 있도록 링크워커를 지원하는 인프라와 시스템을 가지고 이러한 책임성을 공유하여야 한다.

### (2) 우리나라에서 '사회적 처방사'의 도입과 인력양성

이상과 같이 영국의 링크워커전국협회(NALW)에서 개발한 영국의 사회적 처방 링크워커의 교육과정상의 핵심적인 영역 5가지를 알아보았다. 이 내용은 상당한 정도의 전문직인 내용을 담고 있다. 이 정도의 내용을 담은 교육과정을 한국의 현실에서 어떻게 개발할지는 아직까지 연구되고 논의되지 않고 있다. 향후 이러한 논의는 머지않아 활발하게 이루어질 것으로 기대된다.

우리나라의 경우 사회적 처방사로서 링크워커와 같은 인력은 사회변화에 따라 발생하는 새로운 사회문제인 외로움문제와 연관하여 논의되어야 하는 인력이라고 생각한다. 물론 외로움문제와의 연장선상에서 고립·은둔문제에 직면한 사람들, 그리고 고독사문제 등과 같은 대상과 그 가족들이 함께 고려되어야 한다. 이러한 문제집단이나 잠재적 집단의 문제 해결뿐만 아니라 예방을 위해 사회적 처방으로서 링크워커는 앞으로 우리나라에서도 검토되어야 할 인력이라고 생각한다.

명칭을 어떻게 붙일지 모르지만, 앞으로 관련 전문가 집단이나 관련 학과 연구자들이 이러한 인력을 새롭게 도입하려면 어떤 방향으로 논의를 진전시켜야 하는가? 저자는 단계적으로 사회적 처방사 혹은 링크워커와 관련된 인력을 도입하기를 제안한다. 첫 단계는 기존의 유사 관련 직업군에 속하는 의료사회사업가 혹은 정신의료사회사업가 등이 주요한 역할을 수행해야 함이 적절하지 않을까 한다. 이들과 함께 외연을 좀 넓혀보면, 일반 사회복지사, 간호사, 상담사, 국민건강보험공단의 사례관리담당자, 지역사회복지관의 사례관리담당자, 임상심리사 등이 관련 직업군에 속하고, 이들은 현재 우리나라에서 영국의 사회적 처방 링크워커보다 높은 학력과 실습경력, 실무경력을 가지고 있으므로 링크워커로서 역할이 가능하리라 생각한다.

물론 두 번째 단계는 사회적 처방사인 링크워커의 자격 요건과 교육훈련 교과과정을 개발하여, 어느 정도 자격 요건을 가진 교육훈련기관에 교육과정을 개설하여 교육과정을 이수한 사람들에게 자격증을 제공하여 활동하는 방안을 제안한다.

동시에 외로움문제, 고립·은둔문제, 고독사문제 등을 가진 대상자들의 문제해결과 예방을 위해서는 어떤 기관이 그 역할을 맡아야 하는지는 이미 앞에서 언급하였다. 향후 이들 문제에 대하여 국가 사회의 여러 영역에서 관련 정책토론회, 입법화를 위한 토론회 등을 개최하여 전담기관과 제도적 장치를 강구하는 가운데 인력양성도 함께 논의할 수 있고 혹은 독립적으로 인력양성문제와 교육훈련 과정 개발도 논의할 수 있다고 생각한다.

제 10 장

# 외로움문제에 대응하는 인문학과 사회복지

# 제1절 외로움문제의 인문학적 대응방향

## 1. 외로움문제의 예방과 치료를 위한 인문치료 방안

### 1) 인문치료의 의미

인문치료학은 인문학과 치유의 관계를 연구하는 학문으로서 인문치료의 이론과 방법에 관한 체계적 연구라고 할 수 있다. 인문치료란 마음의 건강과 행복한 삶을 추구하기 위해 인문 정신과 인문학적 방법으로 관련 학문의 치료적 힘과 원리를 학제적으로 활용하여 사람들의 인지적 · 정서적 · 사회적 고통과 문제를 예방하고 치유하는 일체의 활동이다. 이러한 인문치료의 정의를 더욱 깊이 이해하기 위해서는 '인문치료'라는 복합어를 구성하는 두 요소인 '인문학'과 '치료/치유'라는 각각의 개념을 이해하는 것이 필요하다.

우선 인문학(humanities)은 한마디로 '인간이란?'이라는 질문에 답하는 학문을 총칭하는 용어이다. 좀 더 상세히 말하면, 인문학은 인간성(humanity) 또는 인간다움을 탐구하는 학문으로서 인간다움의 속성과 가치를 연구하는 학문이다. '인문치료'에서 '인문'의 의미는 인문학적 가치를 실현하여 마음의 문제를 치료하는 데 필요한 인문학을 중심으로 뻗어나간 문학 · 언어학 · 사학 · 철학 · 종교학 · 미학 등을 기반으로 하고, 인문학과 발생론적으로 한 뿌리였던 예술, 심리학, 의료인문학 등의 관련 학문과도 긴밀한 관련이 있다. 현대사회의 다변화와 복잡성에 기인한 현대인의 고통을 해결하기 위해 인문학을 원용한 것은 사실 인문학이 일찍이 인간 마음의 건강과 삶의 행복을 중심에 놓고 시작되었기 때문이다. 신화를 노래하며 인간의 고통을 신과의 소통으로 풀어 주려던 사제들이나, 신전 앞에서 분장을 한 채 시를 읊고 춤추며 연극을 하던 예술가들, 그리고 삶의 지혜를 찾아내어 사람들의 고통을 어루만져 얘기해 주던 고대의 철학자들에게서 우리는 고대부터 인문학이 우리 인간들의 마음을 치유하려고 노력했다는 사실을 확인할 수 있다(강원대학교 인문과학연구소, 2017).

### 2) 인문치료 사례

1995년 미국 뉴욕에서 얼 쇼리스 교수가 사회복지 대상자들인 노숙인, 교도소 재소자 등 가난하고 소외된 사람들 31명을 대상으로 철학, 예술, 논리학, 시, 역사 등 '인문학 학습'을 1년 동안 시행하여 절반 이상의 사람들이 성찰적 사고를 통해 새로운 삶을 살게 되었던, '클레멘트 코스'는 인문학 학습의 놀라운 가능성을 보여 준 사례로 기록되었다(Shorris, 2000). 그 이후 우리나라를 포함하여 수많은 국가에 인문학 학습 프로그램이 확산되어 오늘에 이르고 있다.

인문학 학습 프로그램인 클레멘트 코스가 제시하는 시사점은 사회적 취약계층이나 사회복지 대상자들이 인문학 학습을 통해 자신의 정체성을 회복하고 자존감을 향상시켜, 사회적 의존자인 사회복지 대상자로부터 탈피하여 귀중한 존재로서 자기 스스로 자신의 삶을 살고자 하였다는 점이다. 이러한 사실이 사회복지에 중요한 함의를 던져 주고 있으며, 사회복지계는 이러한 측면을 사회복지의 변화를 요청하는 오늘의 시점에서 적절하게 활용할 필요성이 있다는 점을 지적하고자 한다. 외로움문제도 21세기 신사회문제의 하나로서 파악할 수 있으며, 특히 사회복지의 한 영역으로 수용하여, 기존의 사회복지 대응에 더하여 인문치료를 융합하여 적용하는 방안이 필요하고 중요하다고 생각한다.

### 3) 인문치료 분야

우리나라에서는 2007년 강원대학교 인문대학을 주도로 하여 인문치료 연구와 실천 활동이 활발하게 진행되면서 '인문치료'가 새로운 분야로 대두되기 시작하였다. 최근에는 인문치료가 한층 진전되어, 문학 중심의 인문치료, 철학 중심의 인문치료, 언어 중심의 인문치료, 예술 중심의 인문치료, 역사 중심의 인문치료로 구분할 수 있고, 세부적으로 시를 활용한 인문치료, 내러티브를 활용한 인문치료, 연극을 활용한 인문치료, 영화를 활용한 인문치료, 역사를 활용한 인문치료, 대화를 활용한 인문치료, 글쓰기를 활용한 인문치료, 문학작품을 활용한 인문치료 등으로(강원대학교 인문과학연구소, 2017) 확대되어 가고 있다.

〈표 10-1〉 인문치료의 종류와 내용

| |
|---|
| • 문학 중심의 인문치료: 시를 활용한 인문치료, 내러티브를 활용한 인문치료, 문학작품을 활용한 인문치료<br>• 철학 중심의 인문치료: 반성적 대화를 활용한 인문치료, 삶에 대한 해석을 활용한 인문치료<br>• 역사 중심의 인문치료: 역사를 활용한 인문치료<br>• 언어 중심의 인문치료: 말하기와 글쓰기를 활용한 인문치료<br>• 예술 중심의 인문치료: 연극을 활용한 인문치료, 영화를 활용한 인문치료 |

출처: 강원대학교 인문과학연구소, 2017.

인문치료가 이루어지는 장소는 학교, 교도소, 군부대, 상담실, 청소년센터, 복지센터, 자활센터, 탈북민센터, 다문화센터, 병원, 재활원, 요양원 등이다. 그리고 인문치료는 일반적인 치유에 가까운 인문치료 이외에도 예방적 인문치료, 발달적 인문치료도 포괄하고 있다. 또 치료 대상별로 개인, 집단, 사회치료 등으로 나누어진다(강원대학교 인문과학연구소, 2017; 현외성, 2024).

## 2. 외로움문제의 예방과 치료를 위한 인문학 고전 독서치료

### 1) 개념과 의미

인문치료와 더불어 '순수 인문학 고전작품'을 활용하여 외로움문제를 예방하고 치료하는 방안을 제안하고자 한다. 이 방안은 '인문학 고전 독서치료'라고 할 수 있는데, 역량 있는 지도자의 인도에 따라, 순수 인문학 고전작품을 집단으로 함께 읽고, 외로움문제와 관련하여 어떤 함의를 가지고 있으며, 외로움문제에 직면한 사람들이 읽은 작품과 연관하여 외로움문제를 어떻게 대처해야 할 것인지를 토의하는 방식으로 진행한다. 이러한 방법은 일명 '인문 독서치료'라고도 하는데, 이것을 외로움문제에 적용하여 사회복지 방법론과 함께 융합하여 외로움문제 예방과 해결에 대처하자는 제안이다.

### 2) 유용성

인문학 고전작품을 함께 읽고 토론하는 과정을 통해 여러 가지 유용성 혹은 효과가 검증되고 있는데, 그중에서 특정 '문제해결과 예방' 기능도 있다. 인문학 관련 고전들을 읽고 소화하게 되면, 다양한 분야에서 필요한 다음과 같은 유용성을 가져다 주고 있다(현외성, 2022).

첫째, 인문 고전을 통해 우리가 살아가는 데 필요한 '통찰과 지혜'를 얻을 수 있기 때문이다. 현대인은 시간과 공간의 차이를 넘어 고전을 읽음으로써, 한 시대를 살면서 당면하였던 문제와 해결책을 이해하여 우리 시대의 고민을 풀어갈 수 있는 상상력과 이해력, 관점, 지혜를 얻을 수 있다. 예컨대, 플라톤의 『소크라테스의 변론』은 기원전 399년 그리스 아테네의 시민과 정치가들의 잘못된 지식과 정치를 '통찰력과 지혜'로 바로잡으려는, 참된 지식인이요 양심적인 철학자인 소크라테스의 법정변론이다.

둘째, '감동과 기쁨'이다. 고전은 시대를 넘어 삶의 고비와 위기 속에서 어떻게 그것을 넘어가는지를 알게 되므로 독자들은 깊은 감동과 기쁨을 누릴 수 있다. 경우에 따라서는 그 위기와 어려움을 넘어 승리하는 사례도 있고, 비록 위기와 고비에도 의연하게 대처하면서 정의롭고 바른 길을 가는 불굴의 용기를 발견하므로 후세 사람들은 고전을 읽음으로써 감동과 즐거움을 느끼게 된다. 아테네를 사랑하므로 바른 윤리적 · 사회적 생활과 참된 진리를 찾고 아테네 청년들에게 철학적 · 성찰적 삶을 가르침으로써, 오히려 사형을 선고받고 의연하게 독배를 마시는 소크라테스를 보면서, 과연 시대와 지역을 넘어 정의롭고 용기 있는 삶과 죽음은 무엇인지를 진지하게 생각하게 된다.

약육강식의 춘추전국시대에 전쟁으로 생명을 잃고 고달픈 백성들의 삶을 생각하면서 평화롭고 살기 좋은 국가를 만들기 위해 동분서주하였던 공자, 자신의 정치철학을 인정받지 못하였으나 생의 마지막까지 자신의 이상과 꿈을 펼치기 위해 자기 스스로 학습하고 제자들을 인도하는 공자의 사상과 삶을 담은 『논어』는 오늘을 사는 우리를 돌아보게 하는 감동적인 내용으로 충만한 고전이다.

셋째, 인문학 관련 고전 독서를 통해 우리는 자신의 직업과 삶 전체에 '탁월성과 창의력'을 발휘할 수 있는 역량을 갖추게 된다. 직업적인 측면에서, 조직의 혁신적 측면에서 창의적이고 탁월한 아이디어나 생각은 수많은 시행착오 과정과 한 분야의 축적된 전문지식과 경험을 바탕으로 출현한다. 200년 전 독일의 『칼 비테의 자녀교육법』에 나타난 바와 같이 평범하거나 모자라게 태어난 아이를 영재로, 탁월한 사람으로 교육시킨 역사적 사례에서, 그 비결의 배경에는 고전 인문학 독서를 일찍부터 시작한 데서 찾을 수 있다. 20세기 하버드 대학교수였던 레오 위너도 자녀교육을 칼 비테 방식을 응용하여 그 자녀들을 탁월하게 성장시킴으로써, 칼 비테의 인문 고전 독서법을 통한 교육은 현대에서도 여전히 유효하다는 사실을 입증하게 되었다.

넷째, 고전 인문학 독서는 '지도력'과 '선한 영향력'을 가질 수 있게 해 준다. 기원전 356년에 마케도니아에서 태어난 알렉산더 대왕이 그리스와 페르시아를 복속시키고 동서양의 광대한 영토를 정복할 수 있었던 지도력은 16세 때 아리스토텔레스의 가르침으로 호메로스의 『일리아드』와 『오디세이아』를 읽으며 인문학적 소양을 쌓았던 지식과 지혜가 그 기반이 되었음은 잘 알려진 사실이다. 조지 소로스는 자신의 투자 성공 비결을 '철학하는 것'이라 밝혔으며, 빌 게이츠 역시 유명한 독서광이다. 지금도 인터넷을 검색하면 코로나 사태로 전 세계가 어려움에 처해 있는 현실을 반영하여 2020년 겨울을 보내며 2021년 새해를 '희망'으로 맞이하기 위해 빌 게이츠는 5권의 책을 추천하고 있는 것을 발견할 수 있다.

다섯째, 고전 인문학 독서를 통해 '희망'을 가지고 '변화된 새 삶'을 살 수 있다. 빅터 프랭클은 제2차 세계대전 때 수많은 유태인이 학살당하던 처참한 참상을 담은 『죽음의 수용소에서』에서 '희망과 의미'를 가지고 살아남아 '로고테라피(의미요법, 『삶의 의미를 찾아서』)'를 창설하였다. 빅터 프랭클의 저작을 읽으면서 우리는 어떠한 삶의 고난 속에서도 의미와 희망을 찾게 되면 그것을 이길 수 있음을 알게 된다. 가난한 사람들에게 사회복지 급여와 함께 그들에게 인문학 독서와 학습을 경험하게 하여, 성찰적 사고능력을 길러줌으로써 민주적 시민으로서 자립심과 긍지를 갖게 하고, 그리하여 삶에 대한 '희망'을 가지고 '변화된 새 삶'을 살도록 돕는 『희망의 인문학』 공부는 얼마나 가치 있는 일인가?

외로움문제 대처방안 중 인문학 독서치료는 아마도 위의 다섯째 내용과 관련되는 유용성과 연관될 수 있을 것이다. 인문학 고전 독서를 역량 있는 지도자의 인도를 받아, 미리 계획된 독서치료 프로그램의 단계별 과정을 따라, 인문 고전작품을 읽고 토의한다. 경우에 따라서는 그림 그리기, 노래부르기, 연극 공연 함께 참여하기, 영화 관람 등의 다양한 인문 고전 작품에 집단적으로 참여하여 활동함으로써, 외로움문제를 예방하고 해결하도록 경험있고 역량있는 인도자에 의해서 프로그램에 따라 단계별로 실행한다. 구체적인 사례는 다음 절에서 예시하면서 설명할 것이다.

### 3) 인문학 고전 독서치료의 사례

일반적으로 독서치료는 하나의 임상치료로서, 전문 영역으로 자리 잡고 있는데, Hynes와 Hynes-Berry는 독서치료의 목적으로 아래와 같이 정리하고 있다(김수경 편저, 2018 재인용).

① 참여자가 독서치료를 위한 자료와 자신의 삶에 대하여 반응하는 능력을 향상시킨다. 예컨대, 자신이 가진 부정적인 감정을 인식하고 그것으로부터 벗어날 수 있도록 돕는다.

② 자신에 대한 이해를 증진시킨다. 참여자들이 스스로의 가치를 알고 더 정확하게 자신을 인식할 수 있도록 돕는다.

③ 자신과 개인적인 대인관계를 명료화한다. 자신의 생각을 다른 참여자와 공유하며, 타인에 대해 인식하고 배려할 수 있도록 돕는다. 타인의 감정을 이해할 수 있는 능력을 발전시키도록 돕는다.

④ 현실을 바라보는 관점을 넓혀준다. 구체적인 이미지나 정보와 적절하게 관련시키도록 돕는다. 사회 · 심리 · 정서적인 현실들과 관련시키도록 돕는다.

⑤ 목적 설정 시에는 다음과 같은 사항을 고려하여야 한다. 목적들은 세부적으로 계획되기 어려우며, 수량으로 측정되기 어려우며, 목적들은 지속적이며 무한할 수 있으며, 목적들은 진단이 아니라 치료이다.

이러한 내용을 감안한다면, 인문학 고전 독서치료는 외로움과 고립문제를 예방하고 치료하는 데 유용한 치료 대안이 될 수 있다. 또 이미 사회적 취약계층을 위한 독서치료가 유용하다는 연구결과들이 있다.

영국 Edindurgh의 남쪽에 있는 Midlothian 지역에서 주민들을 위해 '독서치료서비스'를 제공하였다. 이 지역 인구는 전체 88,000명 정도인데 도서관 카드를 가진 인구가 28,000명이다. 'Midlothian 도서관 독서치료 서비스'는 2014년 이래 진행되어 오고 있다. 이 중에서 어떤 독서치료서비스는 중독 대상자를 위한 '회복카페'의 독서치료서비스, 중등학교 대상 독서치료서비스, 그리고 공적교육제도에서 탈락한 청소년들을 지원하기 위한 연계 협력 독서치료서비스 등으로 진행되었다.

새로운 프로그램은, 기존 'Midlothian 도서관 독서치료 서비스'가 시행해 오던 프로그램과는 달리 참여자 수를 제한하지도 않고 일반적인 주민들도 참여하게 하며, 여기에 더 중요한 것은 '글쓰기' 프로그램을 포함시킨 것이다. 여러 독서치료집단 중 Dalkeith 도서관모임과 Penicuik 도서관모임이 있는데, 이 독서치료모임은 매주 정기적으로 진행되었다. 더욱이 이 프로그램은 심리치료사와 아동 · 청소년 정신건강서비스부서와 사회복지협회로부터 프로그램 진행 관련 임상 슈퍼비전을 지원받게 되었으며, 지방정부의 정신건강부서와도 연계하여 서비스를 진행하였다는 점이다. 이러한 연합 연계된 서비스를 부가하여, Midlothian 도서관 독서치료 서비스를 정규적으로 사람들에게 제공하였다.

서비스 제공 3년차에 독서치료 서비스가 프로그램 참여들에게 어떤 영향을 주었는지에 대하여 위 2개의 독서치료집단(Dalkeith 도서관모임과 Penicuik 도서관모임) 평가조사연구를 시행하였다. 아래의 평가는 영국의 지방정부와 Kirklees 협회에서 사용되었던 조사연구방법에 따른 결과표('The Outcome Star')를 요약 정리한 그림이다.

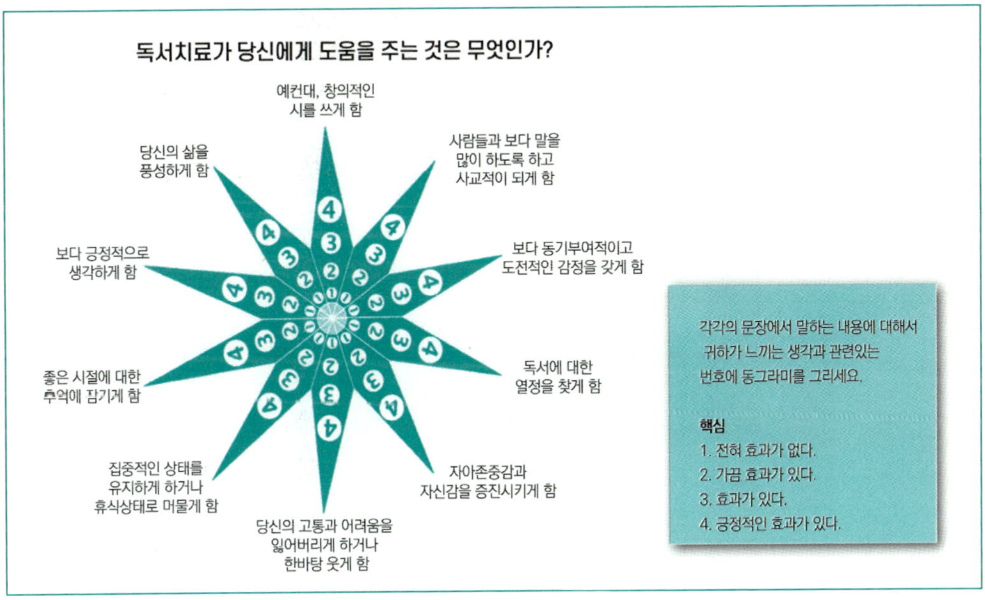


[그림 10-1] 독서치료가 당신에게 도움을 주는 것은 무엇인가?

출처: Sarah Mcicol & Liz Brewster, 2018.

위 그림에서 보는 바와 같이, "독서치료가 당신에게 어떤 도움이 되었습니까?"라는 데 대하여 다음과 같이 응답하는 내용이었다. "당신이 각각의 질문에 대하여 생각하는 것에 ○표를 하세요. 1. 전혀 효과가 없었다. 2. 가끔 효과가 있었다. 3. 효과가 있었다. 4. 긍정적인 효과가 있었다." 등으로 응답하는 프로그램 효과에 대한 평가였다.

이 질문을 하나의 별(Star) 모양의 결과표, 혹은 효과표를 형상화시키면서, 질문을 묻고 응답한 내용을 그린 그림이다.

"당신은 독서치료 프로그램을 통하여 어떤 도움을 받았다고 생각합니까?"

- 사람들과 보다 많이 이야기할 수 있게 되었고 보다 사교적이 되었다.
- 보다 더 동기화되고 자극받게 되었다.
- 독서를 위한 열정을 발견하게 되었다.
- 자아존중감과 자신감이 증진되었다.
- 나의 고통과 어려움을 잊어버리고 웃을 수 있다.
- 관심을 집중하고 휴식할 수 있게 되었다.
- 좋은 시간(추억)에 대하여 이야기할 수 있게 되었다.
- 보다 긍정적으로 생각하게 되었다.
- 나의 삶이 더욱 풍성하게 되었다.
- 예를 들면 보다 창의적인 시를 쓸 수 있게 되었다.

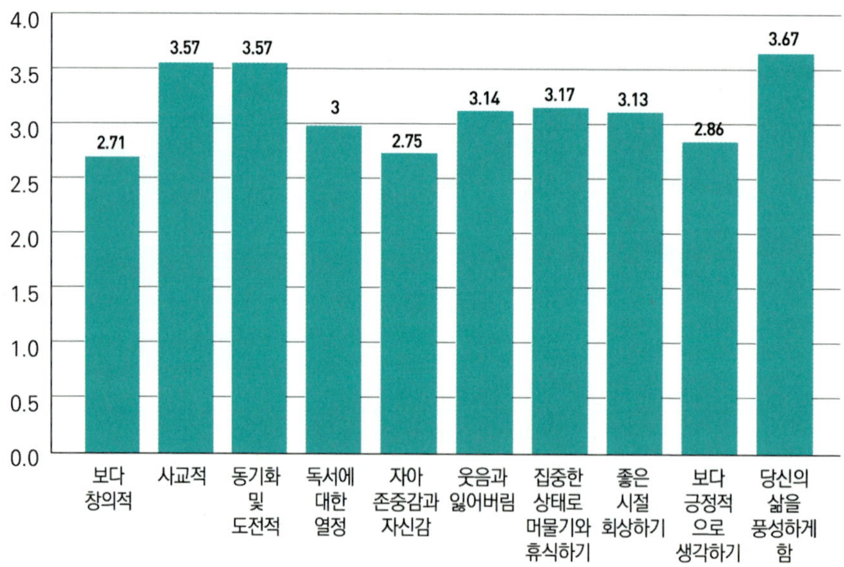


[그림 10-2] Dalkeith와 Peniculk 집단의 평균

출처: Sarah Mcnicol & Liz Brewster, 2018.

그 다음에 위 2개의 독서치료모임을 대상으로 측정한 질문들에 대한 평균점수를 나타낸 그림이다. 이 그림에서 알 수 있는 것은 질문에 대한 모든 응답이 평균치를 웃돌고 있고, 특히 "더욱 사교적이 되었다", "더욱 동기화되고 자극받게 되었다"와 "삶이 더욱 풍성하게 되었다" 등이 4점 만점에 3.57점과 3.67점으로 측정되었다. 이러한 측정을 통해 알 수 있는 것은 독서치료 또는 독서치료와 글쓰기 등이 프로그램에 참여한 사람들에게 유용한 도움을 제공하고 있음을 발견할 수 있다(Sarah Mcnicol & Liz Brewster, 2018).

이를 감안하여 인문학 고전 독서치료는 적절하게 인도된다면, 외로움과 고립문제 해결에도 긍정적인 파급 효과를 가져올 것으로 보여진다. 이 사례에서 알 수 있듯이, 사회복지, 심리학, 정신의학 등의 전문가들과 연계하고 연합한다면 훨씬 더 좋은 효과를 거둘 수 있다고 생각한다. 이 점은 얼 쇼리스 교수가 실행한 인문학 학습(독서 등의 다양한 학습내용)의 사례에서도 사회복지사의 도움이 매우 중요했음은 잘 알려진 사실이다.

## 제2절 외로움문제에 대응하는 인문학과 사회복지의 융합 프로그램

### 1. 인문학과 사회복지 융합 프로그램

#### 1) 융합 프로그램의 전제

외로움문제 예방과 해결을 위한 인문학과 사회복지 융합 프로그램은 본 서에서 논의하였던 내용을 감안하면서 아래와 같은 몇 가지 전제를 기본 바탕으로 한다.

첫째, 융합 프로그램의 실행 주체에 대한 전제이다. 외로움문제의 예방과 해결을 위한 인문학과 사회복지의 융합 프로그램은 자격 있고 역량 있는 인도자에 의해서 실행되어야 한다. 외로움문제의 원인과 해결에 대한 학문적 지식을 가지고 있을 뿐만 아니라 인문학과 사회복지학의 융합적 이해와 실천능력을 가진 역량 있는 사람이어야 한다. 혹은 이 프로그램을 실행하기 위해서는 인문학, 사회복지학, 심리학, 정신의학 등 분야의 전문가들이나 임상 경험이 있는 실무자들의 연합과 협력으로 융합 프로그램이 만들어지고 실행되어져야 한다.

둘째는 융합 프로그램의 대상과 연관된 전제이다. 외로움문제를 가진 사람들은 다양한 특성을 지니고 있는데, 예컨대 문제의 원인, 문제의 특성과 유형, 그리고 각종 인구사회학적 특성 등에 따라서 외로움문제 예방과 해결 대상자들이 적절하게 선택되고 집단을 구성해야 될 것이다. 중 · 고등학생들 중에서 외로움, 고립문제에 직면하고 있는 대상들 모임, 다문화 가족이나 외국인 근로자들 중에서 외로움과 고립문제에 직면하고 있는 대상들 모임, 퇴직 이후의 외로움과 상실감으로 인해 어려움을 당하는 대상들의 모임, 청년들 중에 외로움, 고립, 은둔형 외톨이 등의 문제에 직면한 대상들의 모임, 장애인이나 빈곤가족들이 직면하고 있는 외로움, 소외, 배제의 문제에 직면하고 있는 대상들의 모임 등 다양한 집단을 구성하여 인문학과 사회복지 융합 프로그램이 단계별로 구상되고 수립되고 실행되어야 한다.

셋째, 융합 프로그램 실행의 공간, 환경, 재정, 지원 등이 세밀하고 체계적이고 지속적으로 뒷받침되어야 한다는 부분에 대한 전제이다. 특히 프로그램의 실행과정 중 처음에서부터 종료, 그리고 이후 팔로우 서비스에 이르기까지 세밀하고 일관성 있는 개인적 서비스가 필요하다는 전제를 말한다. '클레멘트 코스'의 성공 사례는 그것을 주도한 얼 쇼리스 교수의 열정적인 철학과 역할도 중요하였지만, 프로그램 진행과 관련하여 사회복지사의 매개적인 역할이 매우 중요하였다. 즉, 클레멘트 코스의 프로그램 참여자에 대한 세심한 배려에 바탕을 둔 상담, 프로그램 중 참여자 자녀 돌보기, 경제적 지원 매개, 지속적인 심리적인 응원과 독려, 기타 다양한 지원과 매개가 프로그램을 지속시키고 프로그램 참여자가 탈락하지 않고 참여하여 소기의 목적을 달성하고 자립에 성공할 수 있었다. 이런 맥락에서 인문학과 사회복지, 그리고 경우에 따라서는 상담심리의 융합이 중요하고 필수적이란 사실을 알 수 있다.

넷째, 융합 프로그램의 실행 기관에 대한 전제이다. 아무래도 외로움문제는 아직 사회문제로 수용되지 않고 있어, 처음에는 시범사업이나 민간 주도의 '외로움문제 대응' 관련 기관에서 시도해야 할 것이다. 앞에서도 논의한 바와 같이, 지역사회복지관이나 건강가정지원센터 등 지역에 따라 다양한 유관기관에서 시범사업이나 민간 주도의 시험적인 사업으로서 프로그램을 실행할 수 있을 것이다. 물론 인문학과 사회복지복지의 융합이니만큼, 지역사회복지관과 대학, 혹은 평생교육원 등과 연합하여

이 프로그램을 만들고 실행할 수도 있을 것이다. 따라서 프로그램의 실행 주체는 지역사회의 특성에 따라 다양할 수 있다. 고립 · 은둔문제에 관심을 가지고 실행하고 있는, 기존의 유사한 프로그램을 실행하고 있는 민간기관도 가능하리라 생각한다. 광주광역시 은둔형외톨이지원센터가 이에 해당된다.

[그림 10-3] 얼 쇼리스 교수의 저서와 '클레멘트 코스'가 받은 '국가인문학메달'

출처: https://www.clementecourse.org/history

### 2) 융합 프로그램의 목적

융합 프로그램의 최종적이고 궁극적인 목적은 외로움문제의 예방과 해결, 이를 통해 개인과 그 가족의 복지증진, 그리고 웰빙이다. 더 나아가 당해 지역사회의 복지증진에 있다. 중단기 목표 혹은 직접적인 세부목표는 외로움문제에 직면하고 있는 개인이나 가족이 가진 심리사회적인 문제, 즉 개인의 내면적 문제와 인간관계의 문제에 관련된 것이다.

융합 프로그램에 있어서 인문학 학습은 외로움문제를 지닌 개인과 그 가족이 가진 핵심적인 문제를 해결하거나 경감시키기 위한 데에 그 목적을 두고 있다. 예컨대, 다음과 같은 내용이다(현외성 외, 2023).

- 자존감 향상
- 사회성 증진
- 공감능력 향상

- 의사소통 능력 향상
- 인간관계 증진
- 정체성 문제 해소
- 무망감에서 희망감으로
- 회복탄력성 증진 등

### 3) 융합 프로그램의 대상

인문학 학습의 대상은 외로움문제에 직면한 사람들이나 관련 대상들이 될 것이다. 외로움문제를 가진 개인과 가족(여기에는 경미한 문제를 포함하여 중증이나 만성적인 외로움문제를 지닌 사람 포함), 외로움문제 대응기관 및 유관기관 종사자(상담, 고용, 복지, 교육 등), 그리고 유관 봉사자(서포터, 멘토, 자원봉사자), 예방 차원에서 일반학생 및 교사 등도 포함될 것이다.

### 4) 융합 프로그램 예시

<인문학 학습 교과과정: 자존감 향상 인문학 학습 교과과정과 실행(예시)>

#### (1) 인문학 학습을 통한 자존감 향상 프로그램 선행 사례들

많은 연구자료에서 인문학 학습을 수행함으로써 자존감을 향상시킬 수 있다는 사례들이 보고되고 있다(김근곤 외, 2015; 이명희, 2017; 최은실 · 변호승, 2020 등). 특히 중학생을 대상으로 한 인문학 학습(김영욱, 2013; 최은실 · 변호승, 2020), 비행 청소년을 대상으로 한 인문학 학습(민순덕, 2009), 시설아동을 대상으로 한 인문학 학습(김종성 · 이희숙, 2009), 저소득층 아동을 대상으로 한 인문학 학습(조효숙 · 이진숙, 2008) 등의 연구보고서에서 인문학 학습이 자존감 향상의 효과를 가져올 수 있다는 사례들을 제시하고 있다.

이상과 같은 선행 실행 사례들로부터 외로움문제에 직면한 대상자들이 일반적인 특성으로 가지는 자존감 상실 혹은 약화 현상으로부터 탈피하여, 외로움문제 예방과 해결에 근본 바탕이 되는 자존감 향상을 위한 프로그램으로서 인문학 학습을 단계별로 진행하려는 것이다.

### (2) 인문학 학습의 특징

자존감 향상을 위한 인문학 학습의 특징은 여러 가지가 있으나, 중요한 사항은 학습을 주도하는 교수의 역할과 학습방법, 학습내용 및 과정이 세밀하게 계획되고 실행되어야 한다. 앞에서 언급하였듯이, 여기에 더하여 이 프로그램을 지원하는 사회복지 및 상담 전문가들의 협력과 연계가 필수적이고 중요하다.

### (3) 외로움 · 고립청년의 자존감 향상을 위한 인문학 학습의 기본 방향

자존감 향상을 위한 인문학 학습은 다양하게 시도할 수 있으나, 기본 방향을 제안하면 다음과 같다.

〈표 10-2〉 외로움문제에 직면한 집단을 위한 자존감 향상 인문학 학습의 기본 방향

| 지도교수의 역할 | 인도자: 코칭, 퍼실리테이터, 튜터 | 학습문제 제시, 발제, 해설, 질문, 피드백 |
|---|---|---|
| 학습자의 역할 | 참여자, 주도자, 학습의 주체 | 미리 제시된 관련 자료를 읽고, 지도교수의 발제와 해설 등을 듣고, 자신의 견해를 토론하고 실행함 |
| 학습내용 | 자존감 향상을 위한 인문학 관련 자료들: 철학, 문학, 역사, 예술 관련 도서, 영상, 매스 미디어 등과 현장 학습, 읽기 · 글쓰기 | 자존감 향상을 위한 관련 주제:<br>(주제1) 자기 자신과 타인, 다름과 차이, 친구, 삶의 과정과 여정, 개인의 특성(장점과 단점), 가족, 협동과 경쟁, 배려와 환대, 상처와 감정(두려움, 좌절감, 무망감, 우울, 분노, 중독, 용서, 희망 등)<br>(주제2) 인문학과 삶(삶의 의미와 가치), 삶의 여정과 딜레마, 나와 너(존재의 의미와 특별함, 귀중함), 가족의 역할과 중요성, 학교와 학습(배움), 일(직장)과 놀이, 현대사회의 특성(디지털사회와 세계화), 현대사회와 직업, 현대 자본주의 특성, 건강한 삶이란? 행복한 삶이란? |
| 학습방법 | 교수는 학습 내용을 미리 제시, 학습자는 내용을 읽고 생각하고 자신의 생각을 제시하고 토론할 준비 | 교수의 발제, 학습자의 토론, 교수와 다른 학습자의 토론과 피드백<br>인문 고전 도서 및 다양한 학습 매체를 활용한 학습<br>교수는 학습자의 적극적이고 주도적인 참여를 유도함 |
| 인지적 과정 | 교수는 관련 지식을 통합하고 재구성할 수 있도록 인도함 | 학습자는 교수의 인도에 따라 자유롭게 자신의 생각과 경험을 정리하고 공유할 수 있도록 참여.<br>이 과정을 통해 비슷한 경험을 가진 학습자들이 공감하고 유대감을 가질 수 있으며, 점차 자존감 회복과 정체성 발견, 사회성을 증진시키는 방향으로 움직임 |
| 초인지적 과정 | 학습자 주도로 자신의 문제를 인식하고 해결방안을 모색할 수 있도록 교수의 인도 | 교수는 피드백과 평가 등을 통해, 같은 학습자들의 유대감을 바탕으로 학습자들이 새로운 긍정적인 방향의 활동으로 이어가도록 인도함 |

출처: 신희선(2013)을 바탕으로 저자가 새롭게 작성.

## 2. 인문학과 사회복지 융합 프로그램 사례

### 1) 영국과 WHO의 인문학 및 문화예술치료 프로그램 사례

#### (1) 영국의 문화예술 프로젝트 사례

영국에서 2021년 1월부터 시작한 프로젝트로서, 영국 DCMS가 코로나19 대응 지역사회 내 외로움 및 사회적 고립 해소를 위해 50여 개의 문화예술 프로젝트를 실행하였다. 그 프로젝트의 실행 결과에 대하여 외로움과 고립감, 웰빙 관련 효과를 측정한 지표를 참고하면 아래와 같다. 이 프로젝트는 디지털, 문화, 대중매체 및 스포츠부서(the Department for Digital, Culture, Media and Sport: DCMS) 주관하에 영국예술협회(Arts Council England: ACE)가 실행한 것으로서, 문화예술의 다양한 프로그램을 활용하여 외로움, 사회적 고립 혹은 지지, 관계맺기, 그리고 웰빙과 관련한 지표에 대하여, 프로그램 참여자를 대상으로 질문한 결과를 가지고, 실행 프로젝트의 효과를 정리한 내용이다.

이 질문결과 내용을 보면 문화예술 프로그램이 외로움문제는 물론 관련 사항에 대하여 긍정적인 변화를 가져왔음을 알 수 있다. 즉, 문화예술 프로그램은 외로움문제 예방과 해결에 유용한 효과를 가지고 있음을 보여 주는 사례라고 생각한다(ACE, 2021; 정보람 외, 2022 참고).

〈표 10-3〉 문화예술 효과: 외로움, 사회적 고립, 웰빙에 대한 프로그램 결과 지표

| 구분 | 질문 문항 | 응답 결과 | 척도 특성 |
|---|---|---|---|
| 관계맺기 및 관심사항 일반적 변화 | 미래에 하고 싶은 것들에 대해 새로운 아이디어가 생겼다. | 57% | 해당사항 모두 선택 |
| | 새로운 것을 시도할 자신이 더 생겼다. | 52% | |
| | 새로운 기술을 배웠다. | 43% | |
| | 새로운 친구를 사귀었다(예 연락하는 사람). | 35% | |
| | 새로운 취미나 흥미를 가지게 되었다. | 27% | |
| | 새로운 방식으로 사람들과 소통하는 방법을 배웠다(예 비디오, 텍스트, 디지털). | 25% | |
| | 새로운 예술이나 문화를 기반으로 한 활동에 참여했다. | 21% | |
| | 새로운 그룹이나 클럽에 가입했다. | 16% | |
| | 자원봉사를 맡았다. | 7% | |

| 구분 | 질문 문항 | 응답 결과 | 척도 특성 |
|---|---|---|---|
| 사회적 지지 관련 변화 | 만약 내가 함께 있고 싶거나 사교를 원한다면, 더 많은 사람들을 만날 수 있다. | 65% | 동의도 5점 척도 |
| | 만약 내가 도움이 필요하다면, 나를 위해 있어 줄 사람이 더 많아졌다('도움'이란 예술활동을 돕는 것이 아니라 네트워크, 친구, 가족을 통한 일반적인 복지에 대한 사회적 지원을 의미). | 62% | |
| | 나는 이웃에 대한 소속감이 더 강하다고 느낀다. | 56% | |
| 외로움 관련 변화 | 나는 다른 사람들로부터 고립감을 덜 느낀다. | 73% | 동의도 5점 척도 |
| | 나는 소외감을 덜 느낀다. | 69% | |
| | 나는 외로움을 덜 느낀다. | 68% | |
| | 나는 스스로 동료애가 부족하다고 덜 느낀다. | 63% | |
| 웰빙 관련 변화 | 전반적으로 더 행복하다. | 7.66 | 행복감 10점 척도 (평균) |
| | 전반적으로, 나는 내 삶에 더 만족감을 느낀다. | 7.48 | |
| | 전반적으로, 나는 내 인생에서 내가 하는 일들이 더 가치있다고 느낀다. | 7.44 | |

출처: Arts Council England, 2021; 정보람 외, 2022. 참고

### (2) WHO의 문화예술활동 사례

WHO의 2019년 연구보고서에 의하면, 2019년 5월부터 2020년 1월까지 국제학술문헌 900개 이상에서 추출하여, 3,000개 이상의 연구에서 예술(문화 및 인문학 포함)이 신체적·정신적 건강에 긍정적인 영향을 줄 수 있다는 사실을 발견하였다. 이 주제는 크게 2개의 범주로 구분될 수 있는데, 그것은 ① 예방 및 증진, 그리고 ② 관리 및 치료이다.

우선 이 보고서에서 말하는 예술의 개념에는 다음과 같은 5가지 범주의 내용이 포함되는 넓은 개념의 정의로서 본 서에서 언급한 인문학도 포함되어 있다.

① 공연예술(performing arts: ㉠ 음악, 춤, 연극, 노래, 사진과 영상 등의 활동)
② 시각예술, 디자인 및 공예(visual arts, design and craft: 공예, 디자인, 미술, 사진, 조각, textiles 등의 활동)
③ 문학(㉠ 글쓰기, 읽기, 문학페스티벌 참여 등의 활동)
④ 문화(㉠ 박물관, 화랑, 예술품 전시회, 콘서트, 극장 혹은 공연장, 지역사회 이벤트, 문화 페스티벌 및 이벤트 등의 활동)
⑤ 온라인, 디지털 및 전자 예술(㉠ 애니메이션, film-making 및 computer graphics 등의 활동)

예술 · 문화활동과 건강을 연계하는 논리적 모형은 아래와 같이, 간략하게 도식화시킬 수 있다. 예컨대, 각종 예술활동에 참여하여 사회적 상호작용을 하게 되면, 외로움을 감소시키고, 사회적 지원의 부족을 해소하게 되어, 결과적으로 부정적인 생리적 반응, 인지적 쇠퇴, 신체 기능적인 약화, 정신적 질병 및 조기 사망 등을 줄이는 긍정적인 결과를 가져올 수 있다는 것이다. 서로 다른 사람들의 집단을 함께 연결하는 사회적 상호작용은 사회적 자원을 개선하며 차별을 약화시킬 수 있다. 그리하여 정신적 질환이나 여러 가지 종류의 건강 상황, 생각이상이나 질병으로 인한 통증, 두통과 같은 건강 상황으로 연결되어 이러한 상황에 긍정적인 영향을 미칠 수 있다. 또한 예술활동에 참여함으로써 발생하는 신체적인 활동으로 말미암아 만성 통증, 우울증 및 치매와 같은 상황에서 부수적으로 따라올 수 있는, 몸을 잘 움직이지 못한다거나 대체로 앉거나 누워 지내는 행동 등을 줄일 수 있다는 유용성이 있다(Fancourt & Finn (WHO), 2019).

그러므로 예술 · 문화활동은 외로움과 고립감을 해소함은 말할 것도 없고, 그 활동을 통해서 사회적 연결과 사회적 자원을 확대할 수 있다. 결과적으로는 외로움과 사회적 연결 확대는 우울증, 타인과의 상호작용에 대한 부정적인 감정과 오해 등의 악순환

**구성요소들**

- 심미적 활동 참여와 몰입
- 상상력을 작동시키는 활동에 관여함
- 감각적인 활성화 활동
- 정서적 환기와 소환
- 인지적 자극
- 사회적 상호작용
- 신체 활동
- 건강과 연관된 주제에 참여
- 건강케어시설에서의 상호작용

**대응과 대책**

- 심리적(예 자기 효능감, 대처능력 및 정서조절 향상)
- 생리적(예 낮은 스트레스 호르몬 대응, 면역기능 강화 및 고혈압 대응책 증진)
- 사회적(예 외로움과 고립 줄이기, 사회적 지지 향상 및 사회적 행동 개선)
- 행위적(예 운동량 늘이기, 건강한 활동 채택, 사회적 기술 개발과 증진)

**결과**

- 예방
- 증진
- 관리
- 치료

[그림 10-4] 예술과 건강을 연계하는 논리적 모형

출처: Fancourt, D. & S. Finn (WHO), 2019

의 고리를 잘라버림으로써 정신적 · 신체적 건강을 회복하는 효과를 가져올 수 있다.

이 보고서에 의하면, 결국 문화와 인문학 등을 포괄하는 예술활동이 결과적으로는 건강에 긍정적인 영향을 줄 수 있다는 임상연구 결과를 입증하였다고 한다. 그래서 앞에서 말한 바와 같이, 문화예술활동이 가져다주는 건강증진 결과 혹은 효과는 2가지 영역으로 구분하여 정리하고 있다.

〈표 10-4〉 문화예술적 활동을 통한 건강증진 영역(예방, 증진/ 관리, 치료)

| 예방, 증진 | 관리, 치료 |
|---|---|
| 사회적 결정 요인<br>사회적 결속(력)<br>사회적 불평등 | 정신질환<br>태아기 정신질환<br>경증-중증 정신질환<br>심각한 정신질환<br>트라우마 및 학대 |
| 아동발달<br>엄마와 아이의 유대감<br>말과 언어<br>교육이수 | 급성 질환<br>미숙아<br>입원치료<br>수술 및 침습적 시술<br>집중치료 |
| 간병<br>건강에 대한 이해<br>임상기술<br>웰빙 | 신경발달 및 신경계 장애<br>자폐증<br>뇌성마비<br>뇌졸중<br>기타 후천성 뇌손상<br>퇴행성 신경학<br>장애<br>치매 |
| 질병의 예방<br>웰빙<br>정신건강<br>트라우마<br>인지능력 저하<br>노쇠<br>조기사망 | 비전염성 질병<br>암<br>폐질환<br>당뇨병<br>CVD |
| 건강증진 행동<br>건강한 생활<br>건강관리 참여<br>건강 커뮤니케이션<br>건강 관련 낙인<br>접근하기 어려운 그룹과 교류 | 생애말기 돌봄<br>완화치료<br>사별 |

출처: Fancourt, D. & S. Finn (WHO), 2019

## 2) 영국의 비영리민간단체, 'The Reader'

### (1) 단체의 설립과 활동방향

The Reader는 일종의 비영리민간단체로서, 독서운동을 통하여 지역사회를 통합하고 책에 생명을 불어넣는 활동을 한다. 이 단체는 영국의 Liverpool의 Calderstones Park에 위치하고 있으며, 영국 전역과 유럽 등 해외 조직을 가지고 있다.

지난 20여 년 동안 The Reader는 '공동독서, 혹은 함께 읽기'(Shared Reading)운동을 영국 전역과 세계 곳곳에서 전개하여 왔다. 이 단체는 '스토리와 시'를 통하여 사람들을 연결시키고 경험을 공유하여 왔다. The Reader는 사람들이 있는 곳이면 어디에서건, 예컨대 도서관, 요양시설, 성당, 카페, 병원, 교도소, 그리고 가정 등에서 남녀노소를 막론하고 각계 각층의 사람들이 참여하여, 공동으로 독서를 하고 그 경험을 나누고 토의하는 활동을 하여왔다. 이 단체는 국제적으로도 함께읽기본부(the International Centre for Shared Reading)를 설립하여 활동하여 왔다. The Reader('함께읽기운동조직')은 문학이 사람들을 연결시키고, 사람들을 더욱 행복하게 하고, 잃어버렸던 사회적 연결을 회복시켜 주는 독특한 힘을 가지고 있다고 생각한다. 그들은 이러한 신념과 비전에 근거하여 책과 시를 함께 읽고 서로 공감하고 토의하면서, 서로가 연결되고 사회적 결속도가 증진된다고 생각하고 있다.

The Reader는 지역사회의 다양한 곳에서 사람들이 모여 함께 독서하고, 내용을 토의하고 공감함으로써 서로 연결되고 지역사회의 결속력이 공고해지는 것을 목표로 활동하고 있다. 이러한 독서운동은 외로움문제를 가진 사람들을 독서활동에 참여하게 하여 서로 연결하고 공감함으로써 외로움문제를 해소하고 건강한 시민, 지역주민으로 회복함을 목적으로 하고 있다.

출처: https://www.thereader.org.uk, 접속일, 2025. 7. 5.

그들이 제출한 2023~2024년도의 활동보고서(Impact Report 2023-2024)를 살펴보면 아래와 같다(https://www.thereader.org.uk, 접속일, 2025. 5. 16).

### (2) 2023~2024년도의 활동보고서

"독서의 힘은 우리들로 하여금 생존하게 하고 보다 행복하게 해준다"는 사실을 모든 사람이 경험하고 있고 또 그렇게 신뢰하고 있다.

#### ▶ Alison의 독서 이야기

Alison은 Liverpool의 Calderstones Park에 위치한 독서운동본부에 15년 전부터 매주 공동독서모임(Shared Reading Group)에 참여하여 왔다. 현재 이 모임은 최연소자가 23세이며 최고령자가 98세로 구성되어 있다. 그녀는 섬유근육통(Fibromyalgia) 진단을 받고 난 후, 그 협의회로부터 의학적인 문제로 인하여 퇴직하였다. 그녀는 통증으로 인한 장애에 그럭저럭 맞추어 살아가고 있었으며, 모든 자신감을 상실하였고, 그래서 밖으로 외출하고 싶지 않았다.

Alison은 어떠한 제안도 수용할 수 없었다. 자신의 친구가 '공동독서모임'에 간다고 해서, 자신도 홀로 가보았다. 처음에 그 모임에 참여하였을 때, 그녀는 매우 불편하였다. 책을 크게 읽을 수도 없어서 오직 듣기만 하였고, 읽기 모임이 끝나고 난 뒤의 커피타임에까지 머물러 있을 수 없었다.

하지만 나중에 그녀는 사람들과 이야기하기 시작하였고, 그들이 얼마나 흥미로운 사람들이었는지 알게 되었다. 그들은 Alison에게 영감을 불어넣어 주었다. 그들 모두는 흥미로운 삶을 살고 있었으며, 점점 더 그녀는 외향적이고 사교적인 사람이 되어갔다.

'공동독서모임'(함께 읽기모임)은 Alison에게는 하나의 새로운 여정이었으며, 그녀는 평범한 여성노인으로 돌아왔으며, 한층 더 자신감으로 차 있는 여성이 되었다.

#### ▶ 책은 누구에게 필요한가?

책은 모든 사람을 위해 존재하며 필요하지만, 특별히 나에게는 맞지 않고 필요없다고 생각하는 사람들에게 더욱 필요하다. 고대 그리스의 테베(Thebes)에 있었던 위대한 도서관 앞의 비문에는 다음과 같은 글이 적혀 있다. '영혼의 구급 상자'! 책을 읽는 것은 우리들을 더 나아지고 행복하게 한다는 생각은 전혀 새로운 말이 아니다. 위대한 책은 모든 공공도서관에 있지만, 많은 사람들 특히 꼭 필요한 사람들은, 위대한 책이 그와 같은 사람들을 위해 존재한다는 생각을 하지 못한다.

예를 들면, 김(Kim)—교도소의 '공동독서모임'에 참여하였던 젊은 여성—은 집단의 리더에게, 그녀는 시(詩)란 '지루하고 형편없는 것이며 쓰레기 같은 것'이라 말했다. 이야기들과 시 같은 것들은 말도 안 되는 것, 의미없는 것이라 했다. 한심하고 허튼 소리이며, 어리석은 것이라 하였다. 한 주 내내 그 집단은 Charles Bukowski가 쓴 '푸른 새'(Bluebird)를 읽었다.

김(kim)에 대한 파급 효과는 즉각적이었다. 그녀는 굉장한 감동을 받았다. 그 책은 내가 읽은 책 중의 최고였다. 진정으로 좋았다. 나를 새롭게 발견하였다.

책이 가진 본질적인 가치를 초월하여, 그와 같은 책을 함께 읽는 행동은, 쓸쓸하고 외롭게 소외되어 읽는 독자가 아니라 살아 있는 활동으로써, 함께 읽는 독자들에게 더 큰 힘과 가치를 가져다 준다. 위대한 책 혹은 문학은 우리들을 연결시켜 주며, 인생의 복잡하고 신비로운 부분이 탐구되어지는, 하나의 공간을 제공하여 준다. 그 책의 내적인 어떤 것들이 형태와 모습을 제공하며, 생각, 느낌 및 투쟁을 위해 새로운 언어를 공급해 준다.

우리들은 보다 많은 인간적인 연결, 느낌, 생각 그리고 보다 자유롭고 열린 대화가 필요하기 때문에, '공동독서모임'(함께읽기모임)이 모든 사람들에게 접근 가능하고 활용 가능하도록 힘써 노력하고 있다. 특히 어린 시절의 독서는 행복을 만드는 장치이므로 아동들이 책 읽기를 좋아하도록 격려되어야 한다.

### ▶ 책은 장애물들을 부수기 위해 존재한다.

지난 20년 동안 The Reader는 다양한 배경을 가진 사람들을 연결시켜 왔고, 서로 다른 경험과 관점을 보다 잘 이해할 수 있는 능력을 가져다주었다. The Reader 모형의 핵심은 '읽고 이야기하는 데 압력은 없다'이며, 여러분이 원한다면 단순히 와서 들으면 된다.

2024년에 독서모임에 참여하기 전에 비하여 참여한 후에, 참여자들에 대하여 여론조사를 시행하였다. 즉, 독서모임에 참여함으로써 참여자들은 긍정적 정서가 58%에서 74%로, 다른 사람들과 좀 더 깊은 연결을 경험한 것이 39%에서 51%로, 그리고 성취감이 45%에서 58%로 상승하였음이 조사결과 밝혀졌다.

**Paul의 공동독서모임 참여 이야기**

Paul은 Damien Jojn Kelly House—Liverpool에 있는 '남성회복생활센터', 즉 알코올 및 약물중독 지원센터로 옮겨왔다. 그는 매주 그곳에서 Calederstones의 공공독서모임에 매주 참여하였다.

"사실 첫 모임에서 나는 매우 고통스러운 감정을 가지고 있고, 과거의 농장에서의 삶을 뒤로 하고 이곳으로 왔다고 마음을 위로하였다.

매주 공동독서모임에 참여하는 것은 내 자신이 개인적으로 성장하고 있음을 의미하였다. 나의 사고방식은 항상 흑과 백이었으며, 이것이냐 저것이냐 확연히 구별된 것이었고 중간은 없었다. 공동독서모임에서 이야기들을 읽고 다른 사람들의 견해를 듣는 것은 이해하는 힘을 길러주었으며, 회색지대가 있으며, 전혀 다른 생각도 할 수 있음을 알았다.

매주 독서모임에 참여함이 나에게는 큰 축복이라는 것을 느꼈다. 이것은 앞으로 내가 이 센터를 나올 때 앞으로 전진할 수 있다는 사실을 알게 되었다. 이 독서모임에 참여함이 나를 선한 사람, 좋은 아빠가 되도록 도움을 제공하며, 주위 사람들에게도 좋은 사람이 되도록 도움을 제공하고 있음을 알았기 때문에, 앞으로도 계속 이 모임에 참여하고 싶다."

### 3) 영국의 비영리민간단체 'CREATE'

창의적인 예술을 통해 삶을 더욱 풍성하게 하며, 고립을 줄이고 웰빙을 증진시키는 영국의 민간자선단체이다. 이 단체는 다음과 같은 선언문 위에서 활동한다.

Sparking Creativity, Igniting Change
**창의성에 불을 붙이고, 변화를 촉발시키기.**

"우리 기관의 전문적인 예술가들은 창의적인 예술 프로젝트를 삶의 도전에 직면한 아동들 및 성인들과 함께 수행한다. 그들은 애니메이션, 춤, 드라마, 음악, 그림, 사진 촬영, 그리고 다양한 예술적 형태를 통해서, 자기 자신들을 표현하고, 기술들을 익히고, 다른 사람들과 만나고, 그들의 웰빙을 성장시키는 기회를 가지게 된다.

우리들은, 강력한 반응을 촉발시키는 창의성은 상상력을 불러일으키고, 자신감을 개발시키며, 인간관계를 튼튼하게 한다는 사실을 알고 있다. 우리들은 모든 사람들이 환경, 행동, 연령, 성별, 인종이나 장애와 관계없이, 창의성의 힘에 접근할 수 있어야 한다고, 믿는다."

CREATE라는 단체는, 이러한 창의적 예술활동 프로젝트를 통해서, 사회적 취약계층과 도움을 필요로 하는 사람들에게 다가가서, 그들과 함께 프로젝트를 수행함으로써, 그들이 가진 문제를 해결하고 연결을 강화하고 지역사회의 결속력을 높여, 개인과 지역사회 전체의 웰빙에 기여하는 민간봉사단체이다. 이 단체는 아래와 같은 정체성을 가지고 다양한 예술활동을 수행하게 되는데, 이 중에서 특히 외로움, 고립, 소외 등의 문제에도 관여하게 된다. 혹은 다양한 창의적인 예술활동 자체가 프로젝트에 참여한 개인과 집단의 문제와 특성에 적절하게 맞추어서 수행되기 때문에 각종 문제해결을 넘어 인간관계와 건강한 사회생활을 할 수 있는 역량을 가지게 하고 그 결과로 개인과 지역사회의 웰빙이 증진되는 활동이 된다.

### ▶ 비전

사람들이 누구든지 창의적인 예술을 통하여 교육적 · 사회적 풍성한 삶의 혜택을 누리는 사회

### ▶ 미션

사회의 가장 취약하고 어려운 사람들을 연결하고 능력을 부여하며 고취시키며 새로운 기술을 가르치는 일, 사람들에게 열망을 갖게 하는 일, 자아존중감을 증진시키는 일, 고립을 줄이고 웰빙을 향상케 하는 일 등을 위해 창의적인 예술을 활용하는 활동

### ▶ 목적

1. 사회에서 가장 취약하고 어려움을 겪는 사람들이 창의적인 예술이 가진 교육적 · 사회적 그리고 풍성한 삶의 혜택을 자유롭게 누릴 수 있게 함으로써 불평등을 극복하기
2. 전문적인 예술가들의 참여와 제공이 열악한 곳에서 특별한 전문 예술가들이 이끄는 맞춤형 프로젝트에 참여하기

3. 참여자들의 의견을 경청하고, 그들을 옹호하고, 그들이 목소리를 낼 수 있도록 하기
4. 참여자들이 가진 창의성을 개발하고, 자아존중감을 높이며, 삶을 풍성하게 하며, 고립을 줄이고, 웰빙을 증진시킴으로써, 참여자들을 연결하고, 역량을 높이고, 고취하며, 새로운 기술을 가르치기
5. 사회적 결과를 성취함에 있어 창의적인 예술의 관여라는 가치를 증진하기
6. 전문 예술가들이 함께 모여 있는 곳에 높은 품질의 작업과 훈련을 공급하기
7. 보다 공정하고, 보다 타인을 잘 보살피며, 보다 덜 배제적이며 그리고 보다 지속 가능한 사회를 창조하기 위하여 지원하는 곳에서 적극적인 역할을 수행하기

### 대상자

- 돌보아야 하는 아동과 돌보아야 할 사람이 없는 아동
- 장애 아동과 장애인
- 젊은 환자들
- 청소년, 청년 및 성인 돌봄이들
- 취약계층의 노인들
- 청년 및 성인 재소자들
- 빈곤지역의 학령기 아동들
- 소외된 아동들과 성인들

출처: https://createarts.org.uk/about-us, 접속일, 2025. 7. 5.

### 활동 효과, 결과

도움이 가장 절실하게 필요한 곳에서 가장 강력한 결과와 효과를 가져올 수 있도록 활동함

'Create' 단체는 예술의 공급이 열악하고 배제된 곳에서, 영감을 주고 지속 가능한 프로그램에, 영국에서 가장 소외된 참여자들이 관여하는 데 초점을 두고 있다.

'Create'는 가장 도움이 필요한 곳에 사는 가장 취약하고 어려운 참여자들에게 다가가고, 다른 예술 공급자들로부터는 전혀 지원을 받지 못하는 파트너 조직들에 최우선을 두고 있다.

'Create'는 빈곤과 박탈지역과 관련된 자료를 활용하는 데 있어서, 빈곤지표와 정부 통계자료, 장애, 무료급식 아동, 그리고 이주민 등과 같은 자료를 활용하여 이러한 대상 지역 및 대상자들을 선택하고 있다.

'Create'가 2023년에서 2024년도에 영국에서 수행한 활동을 간략하게 정리한 보고서가 출간되었다. 2023~2024년도의 활동보고서(Impact Report 2023/24)에는 많은 활동 내용과 상세한 감동적인 결과들이 담겨 있다. 이 중에서 몇 가지만 발췌해서 살펴보면 아래와 같다(Impact Report 2023/24).

### 활동 결과 요약

- 영국에서 수행한 프로젝트 91개
- 창의적인 예술 워크숍(creative arts workshops) 1,175개소
- 취약하고 어려운 참여자들 2,097명
- 활동시간 21,596시간
- 참여한 예술가들 54명
- 참여한 자원봉사자들 109명, 668시간

- 2003년 이래 동참한 젊은 예술가들
  - 참여 예술가들 45,774명
  - 워크숍 373,398회

– 참여 활동 시간 168시간
– 전문예술가들로 인한 단체 수입 11,622,490파운드

**돌봄이 필요한 아동, 돌보아야 할 보호자가 없는 아동: 새로운 기술과 친구관계를 증진시키고 웰빙을 향상하기**

영국에는 현재 10만 명의 아동들이 자신이 태어난 가정에서 떠나서 돌봄을 받고 있다. 매년 36,000명의 아동 및 청소년들이 돌봄시설에 들어오고 있다. 매년 1만 명의 아동들이 18세 이상이 되어 돌봄시설에서 나오고 있다. 돌보아야 할 보호자가 떠난 아동들 중의 약 25%가 영국의 노숙자로 전락하고 있다.

돌보아야 할 보호자가 떠난 아동들 중 19~21세의 청소년 중의 41%가 NEET(not in education, employment or training: 니트족)으로 전락하며, 이 비율은 19~21세의 청소년 중의 12%에 해당한다. 아동 추적조사보고서는 지역사회에서 전개하는 즐거운 활동 프로그램('Create'와 같은 창의적 예술활동 프로젝트)을 경험한 참여자들에게는, 이 프로그램이 중요한 의미를 지니고 있는데, 그것은 동일한 연령대의 청소년들에게 똑같은 기회를 제공하기 때문인 것으로 알려졌다.

'Create'에서 이들 50여 명의 이러한 특성을 가진 아동 및 청소년들에게 London Boroughst에서 음악을 만들고, 노래를 창작하고, 영화 창작에 참여하게 하는 워크숍을 개최하였다.

참여자들은 다음과 같이 소감을 발표하였다.

> "나는 바로 오늘 이 시간부터 우울과 불안을 떨쳐버렸다 라고 생각한다."
> "나는 노래를 다시 부르게 되었다. 학교를 떠난 이후, 노래를 부르지 못하였었는데."
> "모든 스탭들이 나를 진정으로 환영하였는데, 그들에게 진심으로 감사드린다. 나를 환영해 준 데 대해 정말 감사드린다."

**정신질환을 가진 성인**: 사회적이고 창의적인 생각과 에너지를 발산할 수 있는 수단 제공하기

4명의 성인 중 1명이 매년 영국에서 다양한 형태의 정신건강상의 문제를 경험하고

있다. 친구, 가족들과 거의 대면 접촉이 없는 노인들에게 우울 위험이 증가하고 있다.

각종 예술활동은 사회적 고립을 줄이고, 자아존중감을 증대시키고, 자기 수용과 신뢰를 증진시킨다.

우리 'Create' 기관에서 수행한 '창의적인 도서관 연계 프로젝트'는 Chichester 도서관에서 11명의 성인들이 3가지 종류의 정신건강 서비스에 참여하도록 연계지원사업을 실행하였다. 이들은 Chichester 도서관의 도서 수집 등과 관련된 작품들에 영감을 받으면서, 'Create' 기관 소속의 전문 사진작가와 저작가와 함께 2주 동안 작업하여 인상적인 작품들을 만들었다.

그 프로젝트는 Chichester 도서관에서 만들어 놓은 귀중한 유산들 덕택에 가능하였다. 그 프로젝트는 전시회를 개최하였고 시작 낭송도 하게 되었다.

참여자들은 다음과 같이 말했다.

> "모든 사람들이 다음과 같은 이야기에 동의하였다. 즉 그 작업공간이 얼마나 인상적이었는지, 그리고 그 도서관이 지역사회에 제공하였던 기회들이 얼마나 다양했는지를."
>
> "각각의 프로젝트 시간과 회기는 일종의 작은 휴양-연수기간으로 느껴졌다. 휴식하고, 안식하며, 집중하고 창의적일 수 있는 기회를 제공하였다."
>
> "그녀는 우리들에게 무언가를 할 수 있도록 도움을 제공하였고, 나는 무언가 할 수 있으리라고는 생각할 수도 없었는데도."

- **재소자들**: 재소자들이 자녀들을 위하여 이야기를 쓰게 하고 재정적 기술을 갖게 하기

영국과 웨일즈에서 재범으로 인한 경제적 · 사회적 비용은 연간 180억 파운드로 추산되었다. 가족과의 유대를 유지하는 것은 재범 가능성을 39% 정도 낮출 수 있다. 예술 프로젝트에 참여하는 것은 교도소 내에서 재소자들 사이의 관계를 개선하고 가족과의 관계도 증진함은 물론 자아존중감을 증진시키고 교육적 성취 수준을 높일 수 있다.

'Create' 기관은 교도소에서 진행되었던 4가지 종류의 프로젝트인 Free Inside, Inside Change, Inside Stories, 그리고 My Dad's in Prison 등을 통하여, 104명의 남성과 여성

재소자들이, 춤을 추게 하며 사진을 촬영하게 하고 그들의 자녀를 위해 이야기를 쓰게 하고, 그들의 재정적 능력을 향상시키는 기술을 전수받게 하였다(https://createarts.org.uk, 접속일 2025. 5. 16.).

### 4) 여러 단체들

외로움과 고립문제만을 해결하기 위한 활동은 아니지만, 인문학과 예술 본래의 활동을 전개함으로써 개인과 지역사회에 선한 영향력과 결과를 가져오며, 각종 문제해결과 웰빙의 증진 효과를 가져오는, 다양한 인문학 단체와 예술단체—이들 영역도 넓은 범위의 인문학 영역으로 포괄되지만—들이 있다. 이들 단체는 본질적 기능을 통해서 결과적으로는 외로움문제나 고립문제에 대처하는 기능도 수행하고 있다. 본 서에서는 이러한 제반 활동들이 외로움문제와 고립문제 예방과 해결에 기여할 수 있다고 생각하며, 또 필요에 따라 외로움문제와 고립문제 등에 초점을 맞추어 프로그램을 실행할 수 있다고 생각한다.

#### (1) 삶의 학교: School of Life

영국 런던에 본부를 두고 있으며, 여러 나라에 걸쳐 있는 기관이다. 철학자 알랭드 보통이 설립한 기관으로, 철학 · 심리학 · 예술을 일상에 접목하여 삶의 의미, 감정조절, 인간관계 등을 주제로 다양한 워크숍과 강좌를 제공한다.

이 기관에서 자신들의 기능과 목적, 핵심적인 8가지 규칙 등을 알아보면 다음과 같다(https://www.theschooloflife.com, 접속일, 2025. 5. 18).

> "School of Life는 여러분이 배우고, 치유하고, 성장할 수 있도록 돕기 위해 존재합니다. 우리는 당신에게 평온함, 자기 이해, 더 나은 관계, 더 깊은 우정, 직장에서의 더 큰 효율성 및 여가 시간에 더 많은 성취감을 제공하기 위해 최선을 다하고 있습니다. 우리는 기사, 책, 앱, 팟캐스트, 영화, 치료 서비스 및 기업 제안을 통해 이를 수행합니다.
>
> 우리는 치유, 성장, 평온, 자기 이해를 가져오는 사명을 가진 열정적인 사람들입니다. 우리는 심리학, 심리치료, 철학, 예술 및 문화에서 아이디어를 얻습니다. 우리의 이름인 '삶의 학교'에서 알 수 있듯이, 우리는 사람들에게 삶을 어떻게 살아갈 수 있는지, 그리고 무엇이 삶을 진정으로 가치 있고, 효과적이며, 성취감 있게 만들 수 있는지 가르치기 위

해 이곳에 있습니다."

이 기관에서 핵심적인 규칙이라고 하는 8가지 내용은 ① 불완전함을 받아들인다, ② 취약점 공유, ③ 당신의 광기를 아십시오, ④ 당신의 어리석음을 받아들이십시오, ⑤ 당신은 충분히 좋습니다, ⑥ 낭만주의를 극복하라, ⑦ 유쾌하게 절망, ⑧ 자신을 초월하라 등이다.

이 기관에서 제공하는 인문학과 예술 등과 관련된 다양한 교육과 서비스는 우리들이 살아가는 데 유익한 내용이 될 수 있다고 생각한다. 마찬가지로 오늘날 외로움과 고립문제로 어려움을 겪는 사람들에게 '삶의 학교'(School of Life)는 유용한 대처방안을 제공할 수 있다고 판단한다.

우리나라에서도 이와 유사한 인문학과 예술 관련 교육과 서비스가 사회복지와 융합하여 제공되기를 소망한다. 서울이나 일부 지역에서는 이와 유사한 활동이 수행되고 있음은 고무적이라 할 수 있다. 우리나라에서도 청년센터, 지역사회복지관, 건강가정지원센터, 보건소의 정신건강복지센터, 평생교육원, 대학교 등 다양한 기관과 단체에서 이와 유사한 프로그램이 수립되고 실행되기를 소망한다.

본 서는 이러한 측면에서 외로움과 고립문제 등에 대하여 인문학과 사회복지의 융합 프로그램이 활발하게 연구되고 실험적으로 실행되며, 그리하여 전국에서 다양한 집단을 대상으로 인문학과 사회복지 융합 프로그램이 실행되도록 길을 여는 작업의 하나가 되고 싶다.

### (2) Lapidus International

영국에 있는 글쓰기를 통한 변화를 도모하는 국제기관이다. 특히 문학치료(Literary Arts for Personal Development)를 활용하는 국제적 네트워크로, 영국을 중심으로 시, 수필, 창작 글쓰기를 통해 심리적 치유와 자아 표현을 돕는 프로젝트를 운영한다.

글의 힘을 사용하여 변화를 만드는 것을 믿는 커뮤니티를 개발하는 데 열정을 쏟고 있는 단체이다. 그들의 주된 역할에 대하여 다음과 같이 설명하고 있다(https://lapidus.org.uk, 접속일, 2025. 5. 18).

"Lapidus 커뮤니티에는 교육, 건강, 지역 사회, 자원봉사, 공공 및 민간 부문에서 일하는 실무자들이 포함됩니다. Lapidus Magazine과 LIRIC 저널은 학교, 병원, 교도소 및 지역사회와 같은 다양한 환경에서 일하는 작가, 시인 및 촉진자의 활동에 대한 통찰력을 제공합니다. 그들은 또한 글쓰기가 개인, 그룹 및 지역사회의 웰빙에 기여하는 방식을 강조합니다."

이 단체는 청년, 난민, 정신질환자, 트라우마 경험자 등을 대상으로 글쓰기 워크숍을 제공하고, 시치료(poetry therapy), 생애서사 쓰기 등 다양한 형식 이벤트를 지속적으로 개최하고 있다. 특히 '자기 서사 회복'을 통해 자존감과 생의 통제감을 회복하며, 이 단체의 글쓰기 이벤트는 철학적 · 심리학적 접근이 혼합되어 있다.

외로움 · 고립문제에 대응하여 글쓰기와 문학치료는 이미 오래전부터 연구되고 실행되어 온 실제적인 치료활동의 하나이다. 이런 맥락에서 'Lapidus International'은 좋은 예가 되고 있으며, 이들이 지금까지 실행해 온 문학치료와 시치료 등의 이벤트와 프로그램은 우리나라에 유용한 시사점을 제공할 수 있다고 생각한다.

### (3) 42nd 스트리트(42nd Street): 창의적 역사 탐색을 통한 치유

영국 맨체스터에 위치한 '42nd 스트리트'는 주로 11~25세 청소년을 위한 정신건강 지원 단체로, 창의적 예술 활동을 통해 외로움과 고립을 해소하기 위해 활동한다. 이 단체는 역사적 사건과 개인의 경험을 연결하여 청소년들이 자신의 이야기를 표현하고 공유할 수 있도록 지원한다.

42nd Street는 40년 이상 젊은이들의 정신건강과 웰빙을 지원해 온 경험을 가지고 있으며, 2016년 창작 공간인 'The Horsfall'을 시작한 이래로 창의성과 예술이 정신건강을 지원하는 데 어떤 역할을 하는지 조사해 왔으며 답을 찾았다고 생각한다.

'Horsfall'은 청소년 정신건강 자선 단체인 42nd Street의 일부이다. 예술과 자연을 중심으로 한 활동 프로그램은 젊은이들의 긍정적인 정신건강과 웰빙을 개발하는 데 있어, 이 단체의 역할을 지원하기 위해 고안된 창의적인 참여를 위한 갤러리이자 공간이다(https://www.thehorsfall.org.uk, 접속일, 2025. 5. 18).

#### ▶ 역사와 영향

'The Horsfall'이라는 이름은 어디서 왔는지, 그리고 왜 우리 단체가 창의적이고 자연을 즐기는 것을 중요하게 생각하는지 궁금해 한 적이 있는가요? 1884년 Thomas

Horsfall은 이 지역에 살았던 가난한 사람들의 삶을 개선하기 위해 Ancoats Art Museum을 열었다. 그는 자신의 공간을 예술과 조각으로 가득 채우고, 음악 연주회와 공개 강연을 열고, 지역 시골(당시에는 위센쇼)로 여행을 가고, 주변 빈민가에 살며 일주일에 6일 일하는 사람들을 예술, 자연, 아름다움과 연결해 주기 위해 살아 있는 새와 토끼를 키우기도 했다.

그것은 우리가 지금 웰빙이라고 부르는 것에 대한 매우 초기적 시도였기 때문에 Thomas Horsfall은 시대를 훨씬 앞서갔다. 42번 스트리트는 토마스 호스폴(Thomas Horsfall)에서 영감을 받아 크라우드 펀딩 캠페인이 성공한 후 2016년 18세기 건물을 개조하고 다시 문을 열었다. 그 이후로 예술과 자연이 정신건강에 미치는 이점을 기반으로 한 그룹 작업, 신진 및 기성 예술가의 전시회, 공연, 팝업 상점, 특별 이벤트 등의 본거지가 되었다.

1967년과 2016년 Great Ancoats Street 1884년 Ancoats 미술관

출처: https://www.thehorsfall.org.uk, 접속일, 2025. 5. 18

이 단체에서 수행하는 이벤트와 프로그램의 참가자들은 연극, 음악, 미술 등 다양한 예술활동을 통해 자신의 감정을 표현하고, 과거의 경험을 재해석한다. 이러한 과정은 청소년들이 자신의 역사적 맥락을 이해하고, 공동체 내에서의 소속감을 느끼는 데 도움을 준다. 결과적으로 역사적 탐색과 창의적 표현을 결합한 이 프로그램은 청소년들의 자아정체성 형성과 사회적 연결을 촉진하는 것으로 이해되고 있다.

이 단체의 활동 프로그램이 우리나라에 시사하는 점은, 일종의 역사, 예술, 인문학 및 사회복지학의 융합적 프로그램을 통해서 청소년들이나 청년들에게 자신의 정체성과 삶의 의미와 목적, 그리고 미래의 계획을 성찰하도록 기회를 제공한다는 점이다. 우리나라 역시 일제 강점기와 독립운동 관련 역사자료와 현장, 6.25 전쟁, 산업화와 민주화의 역사 관련 자료와 현장 경험, 그리고 이와 관련한 예술과 인문학, 사회복지의 융합은 청소년, 청년들에게 의미있는 파급 효과를 제공할 수 있다는 점이다. 이와 함께 외로움과 고립의 문제를 가지고 있는 청소년과 청년들을 위해서 이와 관련된 역사, 예술, 인문학 및 사회복지 프로그램이 활성화될 필요성이 있음을 시사하고 있다. 물론 초·중·고등학교 및 대학교육에서도 이러한 내용이 반영되는 것도 중요하다고 생각한다.

이러한 단체나 기관 이외에도 많은 단체들이 고유의 기능을 활용하여 인간과 사회에 다양한 활동을 통하여 기여하고 있다. 열린 철학모임(Philosophy in Pubs), 청년을 주 대상으로 하는 철학적 사고훈련기관(The Philosophy Foundation), 시를 통한 치유와 문제해결을 하는 단체(Poetry Pharmacy, 시 처방약국), 아동과 청소년의 공감능력, 문해력, 사회적 행동을 향상시키기 위해 문학을 체계적으로 활용하는 조직인 공감연구소(Empathy Lab), 유니버시티 칼리지 런던(UCL)에서, 9~13세 청소년들의 사회적 고립과 외로움을 줄이고 사회적 지원을 강화하기 위해 설계된 사회적 처방(social prescribing) 프로그램을 실행하는 'INACT 프로젝트'(INcreasing Adolescent social and Community suppor'T') 등 많은 단체와 기관들이 활동하고 있다. 이들은 철학, 문학, 역사 및 예술(본서에서는 넓은 범위의 인문치료, 인문학 실천 영역에 언어, 예술까지 포함하고 있다)을 통하여 개인적 치유와 웰빙을 목표로 하여 궁극적으로는 지역주민들의 삶의 질을 높이고 지역사회 전체에 복지증진을 도모하고자 활동하고 있다. 이들 단체와 조직은 외로움과 고립문제 예방과 해결을 위한 유용한 기능을 하고 있고, 우리나라에도 유익한 시사점을 제공하고 있다.

## 3. 인문학과 사회복지 융합 프로그램 제안

외로움·고립문제는 모든 사람들이 삶의 여정에서 겪는 문제이지만, 특별히 청소년, 청년 그리고 퇴직 이후의 노후생활을 하는 노인들에게 두드러진다는 사실은, 지구촌 대다수의 국가에서 발견되고 있다. 우리나라도 예외는 아니다. 여기서는 이들 집단에 대하여 적용 가능한 프로그램을 제안하고자 한다.

### 1) 중·고등학교에서 외로움·고립문제에 대처하는 인문학과 사회복지 융합 프로그램

우리나라에서 중·고등학생들을 대상으로 한 인문치료 실천사례는 여러 문헌에서 발견할 수 있다. 저자의 최근 저서인 『인문학과 사회복지』에서 세 가지 정도의 사례가 소개되었다. '철학적 독서토론의 중학생 자기효능감 및 학교 적응 효과', '위기청소년을 위한 인문치료', 그리고 중학생을 대상으로 한 '철학상담' 등이 그것이다.

중·고등학생들에게서 나타나는 외로움과 고립문제는 이 문제 자체로 출현하는 경우도 있겠지만, 흔히 발생하는 왕따, 학교폭력 등과 연관되어 나타나기도 한다. 또 중·고등학생들은 사춘기와 질풍노도의 시기를 겪고 있기 때문에, 이 시기에 외로움과 고립문제의 발생 가능성이 높을 수 있다. 부끄러움이 많거나 내성적인 성격, 성적 문제, 경제적 문제, 기타 다양한 문제로 인하여 부가적으로 외로움과 고립문제가 발생할 수 있다.

요즈음은 상급학교 진학에 매달리는 학교의 풍토로 인하여 동급생들 간의 치열한 경쟁과 개인주의 문화의 만연, 특히 SNS, 인터넷, 휴대폰 등으로 인한 디지털 시대의 한계로 인한 외로움과 고립문제가 발생하는 것으로 분석되고 있다. 이러한 환경으로 공동체 의식이나 친구들 사이의 우정 등과 같은 정서적인 연결과 소통이 부족한 시대에 살고 있다. 이상과 같은 배경에서 중·고등학생들을 대상으로 하는 융합 프로그램을 구상하는 기본 틀을 다음과 같이 생각할 수 있다.

#### (1) 목표(예시)

##### ▶ 일반학생(기초공통)

일반학생의 경우에는 외로움은 학교생활과 사회생활 중에 자연스럽게 일시적으로 외로움을 느낄 수 있다. 그것은 모든 사람들이 인생여정에서 혼자일 때 경험할 수 있는 존재론적인 혹은 실존적인 외로움으로서 일시적으로 지나가는 외로움으로 치부할 수 있다. 이러한 경우는 외로움이 문제상황으로 변화되는 심각하고 만성적인 외로움과는 차별화된다.

중·고등학교 시기는 인생에서 자신의 정체성을 찾아서 고민하고 인생이란 무엇인가를 생각하는 시기이다. 나는 누구이며, 나는 앞으로 어떻게 무엇을 향해 살아야 할 것인지를 탐색하고 고민하는 시기이기도 한다. 또한 친구들과 좋은 관계를 맺고 지역사회나 국가에 대해 영향력 있는 인물로 살고 싶은 소망도 갖게 된다.

따라서 일반학생들에 대해서는 외로움의 문제 해결적인 접근보다는 외로움의 예방 차원에서, 혹은 일반학생들이 직면하는 일시적인 외로움, 실존적인 외로움문제와 관련하여 인문학과 사회복지 융합 프로그램의 목표를 설정하는 것이 바람직하다. 이러한 배경에서 저자는 다음과 같은 몇 가지 일반 중·고등학생에 대한 인문학과 사회복지 융합 프로그램의 목표를 설정하여 보았다.

**목 표**

- 자아의 발견, 자아정체성 확립
- 타인, 친구의 의미
- 다른 사람과의 의사소통 능력 증진: 자기 표현 능력, 경청, 공감능력 향상
- 삶의 여정, 주기, 목적
- 고통과 고난의 의미, 성장
- 지역사회 공동체와 연결되고 함께 나누는 삶
- 자원봉사
- 애향심, 애국심, 민족애의 정신

### 외로움·고립문제를 가진 학생

#### 기초공통 과정 수료 후

중·고등학생 중에서 현재 외로움·고립문제에 직면한 학생—넓은 의미에서, 이들은 주고 고립·은둔 경향의 학생, 왕따 및 괴롭힘을 당한 학생, 학교 내 폭력을 당한 학생들, 기타 빈곤과 결손가정 학생과 학교 생활에 적응하지 못하거나 자주 결석을 하는 학생 등을 포함함—에 대해서는 기본적으로 일반학생들에 대한 외로움 예방 인문학과 사회복지 융합 프로그램을 실행한 후에 이들을 대상으로 새롭게 적용하는 것이 바람직하다.

즉 이들은 현재 외로움 및 고립문제에 직면하고 있는데, 이 문제는 개인적인 성향으로 인한 것이라기보다는 외부 환경이나 상황으로 인하여 발생한 것으로 판단한다. 특히 학교생활에서 발생한 문제로 인하여 외로움과 고립·은둔문제가 발생하거나 혹은 빈곤이나 가정결손 등의 환경문제로 인하여 학교생활상에 어려움을 가져와서 외로움과 고립문제가 발생한 것으로 수용될 수도 있다.

이들 현재 외로움과 고립문제에 고통당하는 중·고등학생들을 대상으로, 외로움문제 해결을 위한 인문학과 사회복지 융합 프로그램의 목표를 몇 가지 설정해 보면 다음과 같다.

**목 표**

- 연결의 의미와 외로움
- 인간의 존엄성
- 자아 존중감 증진
- 다른 사람과의 차이, 다양성 존중
- 상처 치유
- 회복탄력성 증진
- 문제해결 역량 강화
- 빈곤과 가정의 의미, 기능

### (2) 인문학과 사회복지 융합 프로그램(예시)

#### ① 인문학(철학·문학) 독서토론

**일반학생(기초공통)**

앞에서 언급한 일반 중·고등학생들의 외로움 예방을 위한 인문학과 사회복지 융합 프로그램의 목표를 달성하기 위하여 선택할 수 있는 중요한 고전들은 다음과 같이 예시할 수 있다. 문제는 이러한 고전을, 어떤 목적을 향하여 어떻게 프로그램으로 응용하여, 외로움을 치료할 수 있도록 지도하느냐 하는 것이다. 그것은 앞서 제시하였던 인문학 학습의 기본 방향을 활용하는 방법이다.

**일반 중·고등학생의 외로움 예방을 위한**
**인문학과 사회복지 융합 프로그램 선택교재(예시)**

- 강영계, 『청소년을 위한 철학 에세이』
- J. S. 밀, 『자유론』
- 빅터 프랭클, 『죽음의 수용소에서』
- 헤르만 헤세, 『데미안』
- 파울로 코엘료, 『순례자』
- 기욤 뮈소, 『종이여자』

위에 제시된 고전 중에서 빅터 프랭클의 『죽음의 수용소에서』를 선택하여, 앞에서 제시되었던 인문학 학습 프로그램을 외로움문제 해결과 연결시켜 적용해 보면 아래와 같다. 즉 자아존중감을 증진시킴으로써 외로움문제를 해결하는 데 활용하려고 빅터 프랭클의 『죽음의 수용소에서』를 활용한다. 그 구체적인 과정은 다음과 같다.

〈표 10-5〉 외로움 · 고립문제 예방을 위한 자아 존중감 향상 인문학 학습의 기본 방향

| 지도교수의 역할 | 인도자: 코칭, 퍼실리테이터, 튜터 | 학습문제 제시, 발제, 해설, 질문, 피드백 |
|---|---|---|
| 학습자의 역할 | 참여자, 주도자, 학습의 주체 | 미리 제시된 관련 자료(빅터 프랭클의 『죽음의 수용소에서』)를 읽고, 지도교수의 발제와 해설 등을 듣고, 자신의 견해를 토론하고 실행함 |
| 학습내용 | 자아 존중감 향상을 위한 인문학 관련 자료들: 철학, 문학, 역사, 예술 관련 도서, 영상, 매스 미디어 등과 현장 학습, 읽기·글쓰기<br>------------------------<br>빅터 프랭클, 『죽음의 수용소에서』를 개인별로 읽고 토론함 | 자아 존중감 향상을 위한 관련 주제:<br><br>(주제1) 자기 자신과 타인, 다름과 차이, 친구, 삶의 과정과 여정, 개인의 특성(장점과 단점), 가족, 협동과 경쟁, 배려와 환대, 상처와 감정(두려움, 좌절감, 무망감, 우울, 분노, 중독, 용서, 희망 등)<br><br>(주제2) 인문학과 삶(삶의 의미와 가치), 삶의 여정과 딜레마, 나와 너(존재의 의미와 특별함, 귀중함), 가족의 역할과 중요성, 학교와 학습(배움), 일(직장)과 놀이, 현대사회의 특성(디지털사회와 세계화), 현대사회와 직업, 현대 자본주의 특성, 건강한 삶이란? 행복한 삶이란? |
| 학습방법 | 교수는 학습 내용을 미리 제시, 학습자는 내용을 읽고 생각하고 자신의 생각을 제시하고 토론할 준비<br>------------------------<br>빅터 프랭클, 『죽음의 수용소에서』 책 및 관련 영상, 및 비디오 자료 등을 활용함 | 교수의 발제, 학습자의 토론, 교수와 다른 학습자의 토론과 피드백<br>인문 고전 도서 및 다양한 학습 매체를 활용한 학습<br>교수는 학습자의 적극적이고 주도적인 참여를 유도함 |
| 인지적 과정 | 교수는 관련 지식을 통합하고 재구성할 수 있도록 인도함<br>------------------------<br>다양한 관련 자료를 보여 줌: 영상, 통계, 재판과정(나치전범), 관련 역사자료 등 | 학습자는 교수의 인도에 따라 자유롭게 자신의 생각과 경험을 정리하고 공유할 수 있도록 참여.<br>이 과정을 통해 비슷한 경험을 가진 학습자들이 공감하고 유대감을 가질 수 있으며, 점차 자아 존중감 회복과 정체성 발견, 사회성을 증진시키는 방향으로 움직임 |

| 지도교수의 역할 | 인도자: 코칭, 퍼실리테이터, 튜터 | 학습문제 제시, 발제, 해설, 질문, 피드백 |
|---|---|---|
| 초인지적 과정 | 학습자 주도로 자신의 문제를 인식하고 해결방안을 모색할 수 있도록 교수의 인도<br>------------------------<br>'죽음의 수용소'에서 일어났던 사실과 그곳에서 살아난 빅터 프랭클의 감동적인 일화, 의미요법의 창안, 인생에 있어서 의미와 목적의 중요성 강조, 외로움에의 적용 등을 활용함 | 교수는 피드백과 평가 등을 통해, 같은 학습자들의 유대감을 바탕으로 학습자들이 새로운 긍정적인 방향의 활동으로 이어가도록 인도함 |

출처: 신희선(2013)을 바탕으로 새롭게 저자가 인문학 학습에 활용함

### 외로움 · 고립문제를 가진 학생

외로움 · 고립문제를 가진 중 · 고등학생들의 문제 해결을 위해 인문학 학습 프로그램을 적용하는 데 유용한 고전 몇 편을 제시하면 아래와 같다. 이 고전들은 외로움 · 고립문제를 가진 중 · 고등학생들의 문제 해결을 위해 제안하였던 몇 가지 목표를 달성하는 데 유용하게 활용될 수 있는 고전 작품들이다. 예컨대, 데보라 노빌의 『감사의 힘』과 플라톤의 『소크라테스의 변론』 등을 함께 읽고, 억울하게 고통과 고난을 당하는 사람들에 대하여 공감하며, 현재의 학생 자신들의 삶을 감사할 수 있다면, 외로움과 고립의 문제는 해결될 수 있으리라 생각한다. 물론 이것은 쉽게 해결될 문제는 아니지만, 외로움문제와 고립문제를 가진 중 · 고등학생들을 대상으로 집단적인 독서치료 프로그램을 잘 적용하면 충분하게 공감하며 문제해결에 이를 수 있다고 생각한다.

**외로움 · 고립문제를 가진 중 · 고등학생의 외로움 해결을 위한 인문학과 사회복지 융합 프로그램 선택교재(예시)**

- 데보라 노빌, 『감사의 힘』
- 플라톤, 『소크라테스의 변론』
- 리처드 바크 『갈메기의 꿈』
- 김주환, 『회복탄력성』
- 짐 렌던, 『아픔에서 선물을 찾다』
- 기시미 이찌로·고가 후미타케, 『미움받을 용기』

〈표 10-6〉 외로움 · 고립문제에 직면한 중 · 고등학생을 위한 인간의 존엄성과 향상 인문학 학습의 기본 방향

| 지도교수의 역할 | 인도자: 코칭, 퍼실리테이터, 튜터 | 학습문제 제시, 발제, 해설, 질문, 피드백 |
|---|---|---|
| 학습자의 역할 | 참여자, 주도자, 학습의 주체 | 미리 제시된 관련 자료(데보라 노빌, 『감사의 힘』)를 읽고, 지도교수의 발제와 해설 등을 듣고, 자신의 견해를 토론하고 실행함 |
| 학습내용 | 인간의 존엄성 향상을 위한 인문학 관련 자료들: 철학, 문학, 역사, 예술 관련 도서, 영상, 매스 미디어 등과 현장 학습, 읽기·글쓰기<br>------------------------<br>데보라 노빌, 『감사의 힘』을 개인별로 읽고 토론함 | 인간의 존엄성 향상을 위한 관련 주제:<br>(주제1) 한 인간의 귀중함과 타인의 존중, 다름과 차이, 친구, 삶의 과정과 여정, 개인의 특성(장점과 단점), 가족, 협동과 경쟁, 배려와 환대, 상처와 감정(두려움, 좌절감, 무망감, 우울, 분노, 중독, 용서, 희망 등)<br><br>(주제2) 인문학과 삶(삶의 의미와 가치), 삶의 여정과 딜레마, 나와 너(존재의 의미와 특별함, 귀중함), 가족의 역할과 중요성, 학교와 학습(배움), 일(직장)과 놀이, 현대사회의 특성(디지털사회와 세계화), 현대사회와 직업, 현대자본주의 특성, 건강한 삶이란? 행복한 삶이란? |
| 학습방법 | 교수는 학습 내용을 미리 제시, 학습자는 내용을 읽고 생각하고 자신의 생각을 제시하고 토론할 준비<br>------------------------<br>데보라 노빌, 『감사의 힘』 책 및 '감사의 영향력' 관련<br>영상, 미 비디오 자료 등을 활용함 | 교수의 발제, 학습자의 토론, 교수와 다른 학습자의 토론과 피드백<br>인문 고전 도서 및 다양한 학습 매체를 활용한 학습<br>교수는 학습자의 적극적이고 주도적인 참여를 유도함 |
| 인지적 과정 | 교수는 관련 지식을 통합하고 재구성할 수 있도록 인도함<br>------------------------<br>다양한 관련 자료를 보여줌:<br>영상, 통계, 감사와 호르몬 관계 등 | 학습자는 교수의 인도에 따라 자유롭게 자신의 생각과 경험을 정리하고 공유할 수 있도록 참여.<br>이 과정을 통해 비슷한 경험을 가진 학습자들이 공감하고 유대감을 가질 수 있으며, 점차 인간의 존엄성으로서, 자신의 귀중함, 자아 존중감 회복과 정체성 발견, 사회성을 증진시키는 방향으로 움직임 |
| 초인지적 과정 | 학습자 주도로 자신의 문제를 인식하고 해결방안을 모색할 수 있도록 교수의 인도<br>------------------------<br>'감사를 표현'하였을 때 일어났던 일 중에서 사실과 '감사의 표현'으로 발생하였던 감동적인 일화를 학습에 참여하였던 학생들의 경험 발표,그리고 외로움과 고립문제에의 적용 등을 논의함 | 교수는 피드백과 평가 등을 통해, 같은 학습자들의 유대감을 바탕으로 학습자들이 새로운 긍정적인 방향의 활동으로 이어가도록 인도함, 사회적 연결과 외로움·고립 해소방안 논의 |

출처: 신희선(2013)을 바탕으로 새롭게 저자가 인문학 학습에 활용함

여기서 지적해야 할 사항은 왜 인문학과 사회복지의 융합 프로그램인가? 하는 점이다. 특히 인문학에 사회복지를 융합하는가이다. 이 논의는 이미 저자의 책 『인문학과 사회복지』(2024)에서 어느 정도 소상하게 설명하였다. 하지만 이 시점에서, 외로움과 고립문제를 해결하는 한 방안으로서, 인문학 학습을 실행하는 과정에 사회복지를 융합하는 이유는 충분하다. 이미 여러 문헌에서 나와 있듯이, 문제를 가진 대상 집단들이 적절하게 인문학 학습 프로그램에 참여하도록 돕는 역할, 그리고 인문학 학습의 실행과정의 구상과 단계별 학습활동에서 문제 집단의 특성을 잘 반영하여, 그들의 심리사회적 특성들이 인문학 학습과정 혹은 학습단계에 따라 적절하게 반영될 수 있도록, 협력하는 역할은 결국 사회복지의 영역이라는 말이다.

물론 인문학 학습 진행자가 모든 것을 잘 이해하고 이를 실행할 수 있다면 더욱 좋겠지만, 현실적으로는 문제집단이 인문학 학습 프로그램에 참여하도록 하는 과정이 만만하지 않다는 사실이다. 이러한 내용에 대한 사례는 『희망의 인문학』(2006)에서도 잘 드러나 있다. 재소자, 노숙자, 빈곤자, 다문화 가족 등이 인문학 프로그램에 참여할 수 있도록 경제적 지원, 가족 돌봄 지원, 심리정서적 상담과 사회복지 급여 지원, 운송 및 교통지원 등은 물론 이러한 활동과 관련된 사회복지 행정적 지원 등은 결국 사회복지 영역의 지원과 협력 등의 융합이 절실하게 필요하다는 사실이다.

그러므로 외로움과 고립문제 해결을 위한 인문학과 사회복지 융합 프로그램의 구상과 실행에 있어서도 사회복지와의 융합이 중요하게 부각되어야 함은 명백하다.

### ② 예술활동, 글쓰기 통합 프로그램

다음으로 인문학과 사회복지 융합 프로그램으로서 예술활동과 글쓰기를 통합하는 프로그램을 알아보자.

목표는 인문학 독서토론과 동일하다고 생각한다.

실천 프로그램이 예술활동---음악, 미술, 체육, 춤, 영상 혹은 복합활동 등—을 활용하여 다양하게 실행될 수 있고, 또 그것을 본 서의 앞부분에서 살펴보았다. 영국의 CREATE 사례가 시사하는 바가 크다.

여기서는 미술치료 프로그램을 적용하여 외로움과 고립문제에 직면한 중 · 고등학생들이 문제를 해결하는 방향으로 집단 프로그램을 구상해 보고자 한다.

**외로움과 고립문제를 가진 중·고등학생들을 위한**
**미술치료기법과 글쓰기 통합 프로그램(예시)**

- 워밍업: 집단의 구성원들 사이에 서먹함을 없애고 친밀감을 갖도록 유도함
  간단한 게임을 사용함
- 미술치료기법을 이용한 자기-타인 이해: 체계집단법(침묵/ 말하기) 시도
- 나의 어린 시절, 회상과 글쓰기: 행복하고 좋았던 시절을 회상하고 글쓰기
- 부모와 형제 이야기
- 학교생활 이야기
- 나의 꿈과 비전 글쓰기
- 마무리

## 2) 청년들의 외로움·고립문제에 대처하는 인문학과 사회복지 융합 프로그램(예시)

### (1) 목표(예시)

대학 시절을 거쳐 성인으로서 직업을 가지고 결혼과 함께 새로운 가정을 이루어야 하는 막중한 과제를 안고 있는 청년시기는, 그 어느 인생의 시기보다도 신체적·정신적·사회적 스트레스와 부담이 많은 시기이다. 그렇기 때문에 이 시기에는 오히려 외로움문제나 고립·은둔문제가 개인적 차원에서 뿐만 아니라 사회적·국가적 차원에서 대두되고 있다. 특히 21세기의 디지털사회, 초연결사회가 가지는 특성은 청년들로 하여금 더욱 고립과 외로움문제가 중요한 문제로 쟁점화될 수 있도록 하는 환경 요소가 되고 있다.

이러한 맥락에서 외로움과 고립문제에 직면한 청년들에게 문제 해결을 위한 인문학과 사회복지 융합 프로그램의 목표로서 제시할 수 있는 몇 가지 목표를 예시하면 아래와 같다.

**청년들의 외로움·고립문제에 대처하는**
**인문학과 사회복지 융합 프로그램의 목표 (예시)**

- 삶의 목적과 의미
- 직업과 소명

- 결혼과 가족
- 친구와 우정
- 사회적 책임
- 취미와 여가
- 지역사회 공동체의 소속과 연결

### (2) 인문학과 사회복지 융합 프로그램

#### ① 인문학 독서토론

위에서 제시한 목표를 달성함으로써 청년들이 외로움과 고립문제 등을 해결하도록 도움을 줄 수 있는 독서토론 학습으로서 인문학과 사회복지 융합 프로그램에 선택할 수 있는 몇 가지 고전 도서를 제시하면 다음과 같다.

이 중에서 호메로스의 『오디세이아』를 중심으로, 인문학과 사회복지 융합 프로그램 실행을 예시해 보자.

**청년들의 외로움·고립문제에 대처하는**
**인문학과 사회복지 융합 프로그램의 선택교재 (예시)**

- 빅터 프랭클, 『죽음의 수용소에서』
- 칙센트미하이, 『몰입』
- 플라톤, 『소크라테스의 변론』
- E. H. 카, 『역사란 무엇인가?』
- 생택쥐베리, 『인간의 대지』
- 호메로스, 『오디세이아』
- 김주환, 『회복탄력성』
- 기시미 이치로, 『미움받을 용기』
- 공자, 『대학』
- 자로, 『중용』
- 정약용, 『목민심서』

〈표 10-7〉 외로움·고립문제에 직면한 청년들을 위한 '삶의 목적과 의미', '결혼과 가족' 등과 관련한 인문학 학습의 기본 방향

| 지도교수의 역할 | 인도자: 코칭, 퍼실리테이터, 튜터 | 학습문제 제시, 발제, 해설, 질문, 피드백 |
|---|---|---|
| 학습자의 역할 | 참여자, 주도자, 학습의 주체 | 미리 제시된 관련 자료(호메로스, 『오디세이아』)를 읽고, 지도교수의 발제와 해설 등을 듣고, 자신의 견해를 토론하고 실행함 |
| 학습내용 | '삶의 목적과 의미', '결혼과 가족' 등과 관련 자료들: 철학, 문학, 역사, 예술 관련 도서, 영상, 매스 미디어 등과 현장 학습, 읽기·글쓰기<br>-----------------------<br>호메로스, 『오디세이아』를 개인별로 읽고 토론함 | '삶의 목적과 의미', '결혼과 가족' 등과 관련 주제:<br><br>(주제1) 한 인간의 귀중함과 타인의 존중, 다름과 차이, 친구, 삶의 과정과 여정, 삶의 목적과 의미, 개인의 특성(장점과 단점), 결혼과 가족, 협동과 경쟁, 배려와 환대, 상처와 감정(두려움, 좌절감, 무망감, 우울, 분노, 중독, 용서, 희망 등)<br><br>(주제2) 인문학과 삶(삶의 의미와 가치), 삶의 여정과 딜레마, 나와 너(존재의 의미와 특별함, 귀중함), 결혼과 가족의 역할과 중요성, 학교와 학습(배움), 일(직장)과 놀이, 현대사회의 특성(디지털사회와 세계화), 현대사회와 직업, 현대자본주의 특성, 건강한 삶이란? 행복한 삶이란? |
| 학습방법 | 교수는 학습 내용을 미리 제시, 학습자는 내용을 읽고 생각하고 자신의 생각을 제시하고 토론할 준비<br>-----------------------<br>호메로스, 『오디세이아』 및 관련 영상, 비디오 자료 등을 활용함 | 호메로스, 『오디세이아』, 교수의 발제, 학습자의 토론, 교수와 다른 학습자의 토론과 피드백<br>및 다양한 학습 매체를 활용한 학습<br>교수는 학습자의 적극적이고 주도적인 참여를 유도함 |
| 인지적 과정 | 교수는 관련 지식을 통합하고 재구성할 수 있도록 인도함<br>-----------------------<br>호메로스, 『오디세이아』와 관련된 다양한 관련 자료를 보여줌:<br>그림, 영상, 특히 현대사회에서 활용한 영화, 애니메이션, 뮤지컬, 오페라, 음악, 미술 등 | 학습자는 교수의 인도에 따라 자유롭게 자신의 생각과 경험을 정리하고 공유할 수 있도록 참여.<br>이 과정을 통해 비슷한 경험을 가진 학습자들이 공감하고 유대감을 가질 수 있으며, 점차 '삶의 목적과 의미', '결혼과 가족' 등에 관련된 논의를 거쳐, 자신의 정체성을 회복하고 진정한 고립과 외로움을 극복하는 길은 어떠한 고난이 오더라도 자신의 가족과 고향에로 돌아가야 함을 강조함(오디세우스처럼) |

| 지도교수의 역할 | 인도자: 코칭, 퍼실리테이터, 튜터 | 학습문제 제시, 발제, 해설, 질문, 피드백 |
|---|---|---|
| 초인지적 과정 | 학습자 주도로 자신의 문제를 인식하고 해결방안을 모색할 수 있도록 교수의 인도<br>------------------------<br>호메로스, 『오디세이아』를 읽고, 고난과 어려움을 극복하고 마침내 20년만에 가족과 고향에 돌아간 오디세우스의 이야기를 통해 학습에 참여하였던 학생들의 경험 발표, 그리고 그것을 학습자 자신의 외로움과 고립문제에의 적용 등을 논의함 | 교수는 피드백과 평가 등을 통해, 같은 학습자들의 유대감을 바탕으로 학습자들이 새로운 긍정적인 방향의 활동으로 이어가도록 인도함, 사회적 연결과 외로움·고립 해소방안 논의 |

출처: 신희선(2013)을 바탕으로 새롭게 저자가 인문학 학습에 활용함

### ② 예술활동, 글쓰기 통합 프로그램

이번에는 미술치료 기법과 글쓰기를 활용하여 외로움과 고립문제를 해결하는 프로그램을 제안하고자 한다

**청년들의 외로움과 고립문제 해결을 위한**
**미술치료 기법과 글쓰기 통합 프로그램(예시)**

- 워밍업: 집단 구성원들 사이의 서먹함을 없애고 친밀감을 유도하기 위함
- 미술치료기법을 이용한 자기-타인 이해: '돌려 그리기' 기법을 활용한, 자신의 행동양식 발견 및 구성원으로부터 지지받기
- 행복하였던 학창시절 글쓰기
- 친구와 우정 글쓰기
- 직업의 길 글쓰기
- 나의 꿈과 비전 글쓰기와 발표회
- 마무리

### 3) 노인들의 외로움·고립문제에 대처하는 인문학과 사회복지 융합 프로그램(예시)

퇴직과 함께 이어지는 노인들의 생활은 '은퇴쇼크'란 말이 있듯이, 역할의 상실, 박탈감, 소외감, 그리고 이로 인하여 발생할 수 있는 외로움, 고립, 우울, 무망감, 좌절감, 존재의 의미에 대한 회의 등이 흔히 볼 수 있는 부정적인 현상이다. 반면에 퇴직으로 인한 자유, 제3의 새로운 인생의 시작, 취미를 살린 여가 및 레저활동, 자신이 하고 싶은 일에 대한 진정한 몰입, 인생의 마무리와 초월, 영성, 그리고 웰다잉 등이 노인이 갖는 긍정적인 현상이다. 이러한 현상을 배경으로 한 노인의 외로움과 고립문제에 대처하는 인문학과 사회복지 융합 프로그램을 구상하는 기본틀을 생각해 보면 다음과 같다.

이러한 맥락에서 노인들의 외로움·고립문제에 대처하는 인문학과 사회복지 융합 프로그램의 목표를 몇 가지 예시하면 다음과 같다.

#### (1) 목표(예시)

**노인들의 외로움·고립문제에 대처하는**
**인문학과 사회복지 융합 프로그램 목표 (예시)**

- 퇴직과 노후생활, '은퇴쇼크'
- 은퇴와 가족 및 사회관계
- 에릭슨의 삶의 주기, 8단계와 9단계: '좌절 대 통합', '초월과 영성'
- 일과 여가의 의미: 삶에 보람과 활력을 주는 일과 여가
- 제3의 인생(the 3th Age): 진정한 몰입과 '긍정적인 중독'
- 건강과 장수
- 죽음의 의미: 삶의 의미있는 마무리, 웰다잉
- 종교와 영성, '초월과 영성'

#### (2) 인문학과 사회복지 융합 프로그램(예시)

노인들이 지닌 고립과 외로움문제를 해결하기 위하여 위에서 제시되었던 몇 가지 목표 달성으로 활용할 수 있는 인문학 독서토론에 사용할 수 있는 고전 작품들을 예시해 보면 다음과 같다. 많은 고전 작품들이 선택될 수 있지만 저자가 생각하기에 아래의 고전 도서들이 유용한 자료가 될 수 있을 것으로 판단된다.

이 중에서 셰익스피어의 『리어왕』을 선택해서 인문학과 사회복지 융합 프로그램을 실행해 보고자 한다.

### ① 인문학 독서토론

**노인들의 외로움 · 고립문제에 대처하는 인문학과 사회복지 융합 프로그램 선택교재 (예시)**

- 데릭 밀른, 『은퇴의 심리학』: 은퇴쇼크와 행복한 노후생활을 위한 은퇴심리학
- 에릭슨, '삶의 주기이론'과 『인생의 9단계』
- 장영희, 『살아온 기적 살아갈 기적』
- 셰익스피어, 『리어왕』
- 단테, 『신곡』
- 괴테, 『파우스트』
- 안셀름 그륀, 『황혼의 미학』
- 오강남, 『장자』

〈표 10-8〉 외로움·고립문제에 직면한 노인들을 위한 '은퇴와 가족 및 사회관계' 관련 인문학 학습의 기본 방향

| 지도교수의 역할 | 인도자: 코칭, 퍼실리테이터, 튜터 | 학습문제 제시, 발제, 해설, 질문, 피드백 |
|---|---|---|
| 학습자의 역할 | 참여자, 주도자, 학습의 주체 | 미리 제시된 관련 자료(셰익스피어, 『리어왕』)를 읽고, 지도교수의 발제와 해설 등을 듣고, 자신의 견해를 토론하고 실행함 |
| 학습내용 | '은퇴와 가족 및 사회관계' 관련 자료들: 철학, 문학, 역사, 예술 관련 도서, 영상, 매스 미디어 등과 현장 학습, 읽기·글쓰기<br>---------------------------<br>셰익스피어, 『리어왕』을 개인별로 읽고 토론함 | '은퇴와 가족 및 사회관계' 관련 주제:<br>(주제1) 한 인간의 귀중함과 타인의 존중, 다름과 차이, 친구, 삶의 과정과 여정, '은퇴와 가족 및 사회관계', 개인의 특성(장점과 단점), 가족, 협동과 경쟁, 배려와 환대, 상처와 감정(두려움, 좌절감, 무망감, 우울, 분노, 중독, 용서, 희망 등)<br><br>(주제2) 인문학과 삶, 삶의 여정과 딜레마, 은퇴와 가족 및 사회관계, 나와 너(존재의 의미와 특별함, 귀중함), 학습(배움), 일(직장)과 놀이, 현대사회의 특성(디지털사회와 세계화), 현대사회와 직업, 현대자본주의 특성, 건강한 삶이란? 행복한 삶이란? |

| 지도교수의 역할 | 인도자: 코칭, 퍼실리테이터, 튜터 | 학습문제 제시, 발제, 해설, 질문, 피드백 |
| --- | --- | --- |
| 학습방법 | 교수는 학습 내용을 미리 제시, 학습자는 내용을 읽고 생각하고 자신의 생각을 제시하고 토론할 준비<br>-----------------------------<br>셰익스피어, 『리어왕』 및 관련 영상, 미술, 음악, 영화, 뮤지컬, 오페라, 비디오 자료 등을 활용함 | 교수의 발제, 학습자의 토론, 교수와 다른 학습자의 토론과 피드백<br>인문 고전 도서 및 다양한 학습 매체를 활용한 학습<br>교수는 학습자의 적극적이고 주도적인 참여를 유도함 |
| 인지적 과정 | 교수는 관련 지식을 통합하고 재구성할 수 있도록 인도함<br>-----------------------------<br>다양한 관련 자료를 보여줌:<br>셰익스피어, 『리어왕』 관련 영상, 미술, 음악, 영화, 뮤지컬, 오페라, 비디오 자료 등을 활용함 | 학습자는 교수의 인도에 따라 자유롭게 자신의 생각과 경험을 정리하고 공유할 수 있도록 참여.<br>이 과정을 통해 비슷한 경험을 가진 학습자들이 공감하고 유대감을 가질 수 있으며, 점차 은퇴와 가족 및 사회관계 증진, 자아 존중감 회복과 정체성 발견, 사회성을 증진시키는 방향으로 움직임 |
| 초인지적 과정 | 학습자 주도로 자신의 문제를 인식하고 해결방안을 모색할 수 있도록 교수의 인도<br>-----------------------------<br>셰익스피어, 『리어왕』을 읽고 토론하면서 발생하였던 감동적인 일화를 학습에 참여하였던 학생들의 경험 발표, 그리고 외로움과 고립문제에의 적용 등을 논의함 | 교수는 피드백과 평가 등을 통해, 같은 학습자들의 유대감을 바탕으로 학습자들이 새로운 긍정적인 방향의 활동으로 이어가도록 인도함, 사회적 연결과 외로움·고립 해소방안 논의 |

출처: 신희선(2013)을 바탕으로 새롭게 저자가 인문학 학습에 활용함

**② 예술활동, 글쓰기 통합 프로그램**

인문 독서지료와 연관된 인문학 학습을 통한 외로움과 고립문제를 해결하는 방법 이외에 다양한 예술활동을 통하여 외로움과 고립문제를 해결하는 방법도 있다. 이 장의 앞부분에서 영국의 CREATE 단체 활동 사례가 바로 그것이다.

여기서는 미술치료 기법과 글쓰기를 통합하는 프로그램을 실행하는 사례를 제안해 보고자 한다. 미술치료나 글쓰기 자체만으로도 외로움과 고립문제를 해결하는데 유용한 결과를 도출할 수 있다고 생각한다. 하지만 여기서는 이들 두 가지 방법을 통합적으로 사용함으로써 프로그램의 효과성을 높이고자 한다.

대략 프로그램의 진행은 다양한 방법을 적용하여 여러 단계로 이루어질 수 있으나, 여기서는 다음과 같은 내용으로 진행하는 프로그램을 제안하고자 한다.

**외로움·고립문제에 직면한 노인들을 위한**
**미술치료와 글쓰기 통합 프로그램(예시)**

- 워밍업: 간단한 게임을 통해 집단 구성원들 사이에 서먹함을 없애고 친밀감을 불어일으키도록 유도함
- 참가자 자기소개: "나에 대한 별명 소개", "나를 표현하는 한 단어", "가장 즐거웠던 일, 힘들었던 일"
- 미술치료 기법 도입: 물체, 식물 등을 이용하여, 자기 이미지 그려보기
- 아동, 청소년: 어린 시절, "따뜻한 하루" 글쓰기

- 청년 시절: 열정과 사랑, "청춘의 봄날" 글쓰기
  친구, 직장 등에 대한 글쓰기
  도전과 실패, 성공의 이야기 글쓰기
- 성인 시절: 삶의 여정 되돌아 보기(회상), 결혼, 가정, 직장, 자녀
  삶의 굴곡, 기쁨과 고난의 서사 글쓰기
  상실과 좌절, 극복의 서사
- 미술치료기법 도입: 인생곡선 그려보기(분기점마다 사건, 이야기), 옛 집 그리기(회상, 좋은 자기 이미지 그리기 등)
- 장년 시절: '살아온 날의 기적과 살아갈 날의 기적' 감사 에세이
  고마운 사람들에 대한 감사편지 쓰기
  삶의 교훈과 전하고 싶은 이야기
  나의 명언 만들기
  마음의 자서전 발표회
- 마무리

제 11 장

# 은둔문제의 예방과 대응방안

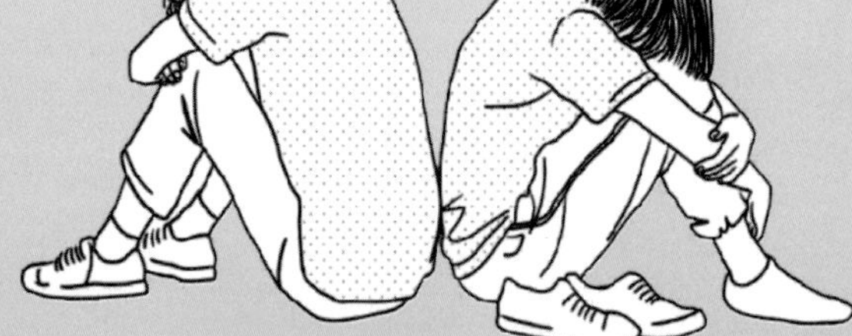

# 제1절 은둔문제의 의미, 현황 및 원인

## 1. 은둔문제의 의미

### 1) 전제

최근 일본, 한국 등을 중심으로 하여 세계 여러 나라에서 은둔문제에 관심을 가지고 사회문제로서 인식하며, 문제 해결을 위해 다양한 대응책을 제시하고 또 사업을 수행해 오고 있다. 여러 나라의 공통점은 은둔문제가 일차적으로 청년을 대상으로 한 은둔청년, 고립·은둔청년문제로 파악하여 정책적·실천적으로 대응하고 있다는 점이다. 이는 개인적으로 생애주기에서 교육을 받고 사회생활인으로서 사회에서 활발하게 활동해야 하는 시기에 직면하는 문제로서 은둔문제는 개인적·가정적으로 불행할 뿐만 아니라 사회적으로도 부담을 가지는 문제이다. 한 사람의 청년이 은둔형 외톨이가 된 경우 나머지 생애 전체가 문제가 되며, 이는 사회적으로도 상당한 부담으로 영향을 미치게 되어 은둔 청년, 은둔형 외톨이 청년, 혹은 고립·은둔청년 문제가 개인, 가족문제를 넘어 전체 사회에 중대하고 지속적인 영향을 미칠 수 있는 문제로 파악하여 국가 사회적으로 개입하여 예방하고 해결해야 하는 21세기 신사회문제로 받아들여지고 있다.

이런 맥락에서 이 장에서는 외로움문제와 연관하여 발생할 수 있는, 혹은 외로움 문제와 직접·간접으로 연결되는 은둔문제를 주로 은둔청년문제, 고립·은둔청년문제 중심으로 알아보고자 한다.

### 2) '은둔형 외톨이' 용어의 시작

은둔하는 사람을 우리말로 '은둔형 외톨이'라고 하는데, 이 말은 일본의 '히키코모리'를 우리말로 번역한 용어이다. 은둔형 외톨이(히키코모리)라는 용어를 최초로 소개한 정신건강의학과 의사 사이토 다마키(2002)는 은둔형 외톨이를 '(자택에 틀어박혀) 사회참여를 하지 않은 상태가 6개월 이상 지속되고 정신장애를 그 원인으로 생각하기 어려운 경우'로 정의하고 있다(김혜원 외, 2021: 23 재인용).

2010년 영국의 옥스퍼드 영어사전 제3판에 'Hikikomori'라는 단어가 새로운 단어로 등재되었으며, 그 의미는 '주로 젊은 남성이 사회로부터 완전히 탈피해 소외되고 있으며, 흔히 자신들 집에서만 칩거하는 일본의 현상'으로 정의하였다. 일본 후생노동성이 발간한 '히키코모리의 평가 · 지원에 관한 가이드라인'에 의하면 '다양한 요인의 결과로서 사회적 참가(의무교육을 포함한 취학, 비상근직을 포함한 노동, 가정 외에서의 교류 등)를 회피하며, 원칙적으로 6개월 이상 가정 내에서 계속 머물고 있는 상태(타인과 교류하지 않는 형태로 외출을 할 수도 있음)를 가리키는 현상 개념'이라고 정의하고 있다(현외성 외, 2023).

### 3) 한국의 은둔형 외톨이와 은둔형 외톨이 청년

여인중(2005)이 우리나라에 히키코모리 개념을 최초로 소개하였으며 '은둔형 외톨이'로 번역하여 사용하였는데, 그 의미는 다음과 같다. '친구가 하나밖에 없거나 혹은 한 명도 없고 사회참여를 하지 않는 사람이며, 가족 이외의 사람과 친밀한 인간관계가 없으면서 3개월 이상 사회참여를 하지 않는 사람'으로 정의하였다.

청소년위원회(2005)는 한국의 사회문화적 배경을 토대로 다섯 가지 기준으로 은둔형 외톨이를 정의하였다.

① 최소한의 사회적 접촉 없이 3개월 이상 집 안에 머물러 있는 사람
② 진학 · 취업 등의 사회참여 활동을 할 수 없거나 하지 않고 있는 사람
③ 친구가 하나밖에 없거나 혹은 한 명도 없는 사람
④ 자신의 은둔 상태에 대한 불안감이나 초조감을 느끼고 있는 사람
⑤ 정신병적장애 또는 중등도 이상의 지적장애(IQ 50~55)가 있을 경우는 제외함

청년재단(2020)은 '은둔형 외톨이'라는 용어의 부정적 의미를 순화하기 위하여 '고립 청년으로 대체하여 사용하며 다음과 같이 정의하였다. 20대 이상이면서 자발적으로 3개월 이상 사회참여를 하지 않고 철수하거나 회피하는 성향이 있는 사람, 생물학적으로 청소년이 아닌 성인의 연령에서 비교적 초반기에 해당하는 20대 이후의 사람이 심리 · 경제적 독립 측면에서 또는 사회적 관계 형성 및 유지 측면에서 지속적으로

어려움을 겪으며 개인적으로 소통하지 않는 사람 등이다.

모세종(2020)은 은둔형 외톨이를 다음 다섯 가지 기준 중 하나에 해당하고, 그 기간이 6개월 이상 유지되고 있거나 그러한 적이 있던 사람으로 정의하였다.

① 방에서 거의 나가지 않는 경우
② 방에서는 나가지만 집 밖으로는 나가지 않는 경우
③ 필수적인 필요로 근처 편의점 등 제한적으로만 외출하는 경우
④ 혼자 하는 취미활동, 최소한의 가족모임 등을 할 때만 외출하는 경우
⑤ 은둔 상태를 극복하기 위해 심리치유, 자조모임 등을 할 때만 외출하는 경우

이상과 같은 연구자들의 견해를 감안하여, 본 서에서는 은둔형 외톨이 청년이란 다음과 같은 사람들을 말한다(현외성 외, 2023).

① 사회·경제·문화 등 여러 가지 이유로 일정 기간(3개월 혹은 6개월) 이상 사회적 접촉 없이 자신의 집이나 자신만의 제한된 공간에 머무는 청년
② 진학, 취업 등 사회참여 활동을 할 수 없거나 하지 않는 청년
② 연령은 만 19~39세에 해당하는 청년
③ 정신병적 장애 또는 중등도 이상의 지적장애(IQ 50~55)는 포함되지 않음

### 4) 관련 명칭

#### (1) 고립청년, 사히적 고립자

은둔형 외톨이 개념과 유사한 용어로서 '고립청년'과 '사회적 고립자'가 있다. 이 용어는 은둔형 외톨이라는 말이 가진 부정적인 의미를 피하여, 외부로부터 단절되었다는 의미를 강조하여 고립청년, 사회적 고립자(인)란 용어를 사용하고 있다(파이교육그룹, 2020; 윤철경·서보람, 2020). 하지만 고립청년과 사회적 고립자란 용어를 사용하면, 여기에 다양한 고립계층이 포함되는 문제가 있다. 예컨대, 독거노인, 사회관계가 없는 1인가구 등 여러 집단을 지칭하기도 한다.

은둔형 외톨이는 후술하겠지만, 그 원인이 개인적 원인과 사회적 원인 등 복합적인 원인으로 말미암아 발생하는데 비하여, 고립청년 혹은 사회적 고립자라는 용어는 다분히 그 원인이 사회적 원인을 강조하는 의미가 내포되는 경향이 있다. 물론 고립

청년과 사회적 고립자 역시 개인적·가정적 원인이 중요하기도 하지만 고립이라는 접두사가 가지는 의미상 사회적 배경과 원인을 강조하는 뉘앙스를 가지고 있다. 다른 한편 사회적 접촉과 홀로 지낸다는 그 정도 혹은 기간과 연관하여 보면, 고립청년보다는 은둔청년이 훨씬 고립의 정도가 강하고 지속기간도 긴 의미를 가지고 있음이 차이가 있다. 즉 고립청년의 단계를 거쳐 은둔청년으로 변화하는 경향이 있다는 것이다. 이런 점에서 은둔형 외톨이와 고립청년은 상이점이 존재한다.

그럼에도 불구하고 고립청년과 은둔청년을 병용하는 것은, 두 가지 용어의 그 차이점 혹은 경계를 구분하기가 쉽지 않다는 사실이고, 다른 한편에서는 고립청년의 범위 안에 은둔청년을 포함시켜 용어를 사용하자는 뜻도 있다. 이렇게 볼 때 은둔청년보다는 고립청년이 포괄범위도 넓고 단순화시켜서 은둔형 외톨이를 포함해서 고립청년으로 지칭하고자 하는 입장도 있다.

### (2) 니트(NEET)

NEET는 'Not in Education, Employment or Training'로 학교에 가지도 않고 일도 하지 않으며 직업훈련도 받지 않고 있는 청소년 청년들을 이르는 말로 사용되고 있다. 이 말은 1999년 영국에서 처음 사용되었던 용어이다. 당시 영국에서는 교육, 취업, 직업 훈련도 받지 않은 상황에 처해 있는 16세에서 18세의 청년을 의미하였다. 일본에서는 '니트'는 청년무업자라고 부르며, 2004년부터 15세에서 34세 연령층을 대상으로 공식적인 통계를 제시하고 있다. 우리나라에서는 2000년대 초반 일본을 통해서 이 용어가 들어왔고, 이 비율은 15세에서 29세 청년 중 18.9%로 OECD 평균(13.9%)보다 훨씬 높게 나타났다(김혜원 외, 2021).

니트라고 해서 모두 은둔형 외톨이, 고립청년은 아니다. 니트에는 다양한 유형이 있고 그 원인도 여러 가지이다. 다만 니트 기간이 길어지고 자신이 희망하는 일이 잘 이루어지지 않은 경우에 고립청년, 은둔형 외톨이로 전락하는 경우가 있다. 2025년 3월 통계청에서 발표한 자료에 의하면, '1년 동안 어떻게 지냈느냐'라는 질문에 대해서 그냥 '쉬었다'는 15세에서 29세 청년이 50만 3천 명으로 조사되었다. 전체 청년인구 대비 약 8.3%가 쉬었다라고 조사되었는데, 이는 구직활동, 직업훈련 등을 하지 않은 상태를 말한다. 아마도 이들은 취업은 하고 싶으나, 여러 가지 어려움으로 인하여 취업을 잠시 쉬거나, 단념하였거나, 취업 준비를 포기하였거나 시험 준비도 하지 않은 상태, 심리적 탈진 혹은 포기 상태 등을 포괄하고 있다고 생각된다. 이는 개인문제라기보다는 사회구조적·환경적 문제가 얽혀 있는 복잡한 문제인 것으로 보인다. 하지만 이러한 상태가 계속되어 상태가 더욱 악화된다면 니트에서 고립, 그리고 은둔청년으로 변화되는 것은 아닌지 의구심이 생긴다.

## 2. 현황

### 1) 조사연구 현황

우리나라에서 은둔형 외톨이 혹은 고립청년에 대한 규모 파악을 위해 여러 가지 조사연구를 실행하였다. 윤철경·서보람(2020)은 한국청소년정책연구원에서 발간한 청년사회·경제실태조사자료를 활용하여 고립·은둔청년의 규모를 조사하였다. 19세에서 39세를 대상으로 조사하였는데, 고립·은둔청년은 약 13만5천 명으로 추정되었으며 이는 전체의 0.9%에 해당하는 규모였다. 또한 비슷한 자료를 활용하여 유민상 외(2021)가 고립·은둔청년들의 현황을 조사연구하였는데, 이때 연령 대상은 18세에서 34세까지였으며, 고립·은둔청년들은 전체 청년 중 약 2.5% 정도였다.

PIE교육그룹(2020)에서 서울·경기지역 내의 은둔형 외톨이 실태조사가 문헌연구 및 은둔형 외톨이 온라인 카페 분석, 파일럿 조사로 진행되었고, 사단법인 오늘(2022)에서는 청년세대의 고립 경험과 문제 인식 조사를 위한 구조화된 설문지를 활용한 온라인 패널조사를 실시하였다.

어느 정도 규모 있는 조사로는 광주광역시에서 전국 최초의 은둔형 외톨이 실태조사(2020)가 실시되었으며, 서울시에서 실시한 청년 가구원 고립·은둔 성향, 생활실태, 가족 어려움과 필요사항 조사(2022), 한국보건사회연구원이 청년 가구원 포함 1만 5천 가구 대상 방문 면접조사로 이루어진 청년 삶 실태조사(2022) 등이 있다. 이상의 내용을 대상 연령, 조사결과 드러난 은둔청년의 규모 등을 간략하게 표로 제시하면 아래와 같다.

〈표 11-1〉 은둔형 외톨이 조사연구와 규모

| 연구자 | 주제 | 대상연령 | 추정숫자(%) | 근거(모집단) |
|---|---|---|---|---|
| 윤철경 · 서보람 (2020) | | 19~39세 | 13만5천 명 (0.9%) | 2017년 청년사회경제실태 조사자료 활용 |
| 유민상 외 (2021) | 청년의 사회적 고립 수준 측정 | 18~34세 | 전체 청년 중 2.5% | 2017년 청년사회경제실태조사에 부가조사 형태로 사회적 고립문항 추가 |
| 광주광역시 (2020) | 은둔형 외톨이 실태조사 | 65세 미만 | 1만2천(광주 인구의 0.9%) | 은둔형 외톨이 당자사 237명, 가족(보호자) 112명 |
| 파이교육그룹 (2020) | 서울경지역고립청년(은둔형 외톨이) 실태조사 2019.9.25.~2020.1.31. 문헌연구, 은둔형외톨이온라인 카페분석, 파일럿조사 등 | 17~37세 | | 청년 47명, 부모 34명 파일럿조사: 청년 4명, 부모 1명 |
| 사단법인 오늘은 (2022) | 청년세대의 고립경험과 문제 인식조사보고서 2022.4.4.~24. | 19~34세 | | 유효표본수 800명 구조화된 설문지를 활용한 온라인 패널조사 (고립청년 4명) |
| 서울시 (2022) | 청년가구원 고립 · 은둔 성향, 생활실태, 가족 어려움과 필요사항 조사 2022.8.22.~9.23. | 19~29세 | 고립 · 은둔청년 12만6천 명~12만9천 명 (4.5%) 추산, 은둔 3만3천 명 ~3만3천7백 명 (1.2%) | 청년거주가구의 가구주나 가구주의 배우자 6,926명 |
| 국모조정실 (2022) | 청년의 삶 실태조사 2022.7.25.~8.26 한국보건사회연구원과 한국통계진흥원 의뢰 | 19~34세 | 약 24만4천 명 (2.4%) | 청년가구원 포함 1만5천 가구 대상 방문 면접조사 |

출처: 현외성 · 김용환 · 박해경, 2023.

## 2) 은둔형 외톨이의 현황

일본의 경우에는 히키코모리(引き籠もり)의 심각성이 우리보다 30년 정도 앞서 나타났으며, 2016년 현재 15~39세 중 54만 명, 40~64세 중 61만 명이 은둔 상태인 '은둔형 외톨이 120만 명 시대'를 맞고 있으며, 장기 은둔자가 많아지면서 은둔형 외톨이의 중년화를 넘어 고령화에 대한 사회적 우려가 커지고 있다(日本内閣府, 현외성 외, 2023).

우리나라는 전국적으로 통일된 실태조사가 이루어지지 않고, 여러 기관과 지방자치단체가 주로 청년층 등 특정 연령을 대상으로 한 조사연구가 있다. 2000년대 초반 이후 고립 · 은둔청년에 대한 사회적 인식과 관심 수준이 증대되고 있지만 이들을 대상으로 구체적인 실태 파악은 부족한 상황에서 구체적이고 공통된 기준이 있는 은둔청년의 경우 일본 내각부에서 진행한 3회의 히키코모리 조사결과를 참조하여 파악한 우리나라의 은둔형 외톨이 인구는 약 10만 명으로 추산하였다(여인중, 2005). 윤철경 · 서보람(2020)은 한국청소년정책연구원에서 발간한 2017년 청년 사회 · 경제실태조사 자료를 활용하여 만 19~39세 청년 중 은둔형 외톨이의 발생률과 추정인구를 계산하였다. 이 연구에서 은둔형 외톨이를 '외출을 하지 않는 상태가 6개월 이상이며, 장애나 임신 · 출산이 고립의 원인이 아닌 사람'으로 정의하였고, 만 19~39세 청년의 0.9%인 약 13만5천 명이 은둔청년으로 추산되었다.

유민상 외(2021)는 2021년 청년사회 · 경제실태조사에 부가조사 형태로 사회적 고립 문항을 추가하여 만 18~34세 청년의 사회적 고립 수준을 측정하였다. 여기서 연구자들은 외부적 고립(연결망, 사회적 지지, 외출 정도)과 내부적 고립(주관적 고립감)을 다층적으로 측정하였다. 그 결과 전체 청년 중 2.5%가 9개의 사회적 고립 지표 중 5개 이상의 영역에서 취약한 것으로 나타났다. 또한 2019년 광주광역시에서 국내 최초로 은둔형 외톨이 실태조사를 실시하여 규모와 실태를 조사하였으며, 그 결과 349명의 유효 표본을 찾아내었다. 이 조사에서 전체 광주 인구에 대해 추산하여 0.9%인 1만2천 명이 은둔형 외톨이로 추산하였다. 윤일규(2019)는 2018년 건강보험 가입자 정보를 활용하여 20~49세의 은둔형 외톨이 규모를 21만 2,000여 명으로 추정하였다(현외성 외, 2023 참조).

2023년 6월에 경상남도의 만 19세에서 39세 미만의 경남지역 거주자를 대상으로 유효 표본수 600명을 대상으로 온라인 설문조사를 통한 은둔형 외톨이 실태조사를 시행하였다. 조사결과 은둔기간이 3개월 이상 기준으로 파악할 경우는 전체 청년인구의 4%인 28,538명으로 조사되었고, 은둔기간이 6개월 이상인 은둔형 외톨이 청년은 2.7%인 19,263명으로 조사되었다(현외성 외, 2023).

이상과 같은 여러 가지 실태조사 및 각종 조사연구를 통해서 알 수 있는 내용은 전국적인 규모나 연령별 세부 현황 등은 앞으로 조사연구해야 할 것으로 드러났다. 하지만 고립과 은둔청년에 대한 관심이 상대적으로 높아서 이들에 대한 실태조사 및 각종 조사연구에서 알 수 있는 내용은 청년인구의 대략 2.5%에서 4% 정도가 고립·은둔청년으로 파악되며, 잠재적 고립·은둔청년과 함께 어려움에 직면하고 있는 그 가족의 수효까지 생각하면, 상당수가 고립·은둔문제에 직면하고 있음을 짐작할 수 있다. 물론 청년을 넘어서 중년과 장년의 고립과 은둔인을 포함하면 그 규모가 상당하게 커질 것으로 판단된다. 만일 국가·사회적으로 고립·은둔문제를 긴급하게 개입하여 대응하지 않는다면, 고립·은둔문제는 향후 국가 사회적으로 중대한 새로운 사회문제로 출현할 것으로 전망된다. 그러므로 외로움문제와 함께 고립·은둔문제를 동시에 국가 사회가 관심을 가지고 예방과 대응에 나서야 할 것이다.

## 3. 원인

은둔형 외톨이의 발생 원인은 매우 복합적이고 다양한 요인들이 누적적으로 발생하는데, 그 원인을 개인적 요인, 가정 요인, 학교생활 요인, 취업·직업 요인, 사회문화적 요인으로 나누어 살펴보자.

### 1) 개인적인 요인

개인적 요인에는 출생순위, 성별, 기질과 성격 등이 포함된다. 은둔형 외톨이의 출생순위에서 맏이 비율이 높은데, 맏이는 다른 형제보다 부모의 높은 기대와 동생을 돌봐야 한다는 책임감으로 압박을 느낀다(Hartup, 1983; 권석만, 2017 재인용).

성별에서도 여자보다 남자의 은둔 비율이 높으며(김화정, 2010), 가정과 사회에서 요구받으며, 이러한 가정 및 사회적 요구는 원하지 않아도 부여되는 것들이다(김혜원·

조현주 외, 2023).

기질과 성격에 있어서 은둔형 외톨이는 어릴 때 부모 요구에 자신의 생각과 감정을 드러내지 못하는데, 은둔형 외톨이의 성향은 내향적이고 수줍음과 두려움을 잘 느껴 사회적 위축을 겪기 쉽다(박현숙, 2004; 오상빈, 2019; 황순길 외, 2005).

### 2) 가정생활 요인

은둔형 외톨이의 부모는 통제적, 억압 및 방임적인 양육 형태를 보이며, 자녀는 수용과 공감을 받은 경험이 부족하고, 다른 가족구성원과도 정서적 유대감이 낮아서 어릴 때부터 소외감을 경험하는 경향이 있다(윤여원, 2014). 아이의 성장에 좋지 않은 부모의 양육 태도는 지나친 간섭과 과보호, 과도한 기대심리이며, 반대로 방임과 무관심 등 의사소통 부재도 문제가 되며, 정서학대와 폭력, 부부 맞벌이로 자녀 양육 소홀 등이 은둔 요인이 되기도 한다. 또한 경제적 빈곤으로 주거지의 잦은 이동으로 학교와 사회에서 안정적 사회관계 형성 기회를 박탈당했으며, 고립 강화 요인으로 작용한다(노가빈 외, 2021).

부모의 자녀 과잉보호로 자녀가 이기적 · 자기 중심적으로 행동하지만, 쉽게 상처받는 등 심약해지고, 아이들의 사회성 발달에 지장을 초래하여 스트레스를 받거나, 공감능력이 부족하여 인간관계 형성에 문제가 생기면서 등교 거부, 방에서 온라인 게임에 빠져 은둔생활을 하기도 한다(Roe, 1957: 김경아, 2005 재인용).

### 3) 학교생활 요인

은둔형 외톨이에게 학교는 정서 교류와 소통 공간이 아닌 통제와 억압 공간으로 작용하며, 친구들과 동질감 형성이 어려운 상황에서 정서적 고립감, 외로움을 표현할 대상 부재로 소속감이 낮아지고 소외감이 증가한다. 잦은 전학, 등교 거부(김신아, 2019), 친구 부재(허경운, 2005), 또래의 거부(김유숙, 2012), 교사와의 갈등, 학교폭력(이시형, 2001) 등으로 인한 학업 중단은 은둔형 외톨이로 변화할 위험이 높다. 타인에 의해 결정된 진로(민경배 · 남기숙, 2019)나 진로 변경과 진학 실패 등 진로 관련 요인이 은둔형 외톨이에게 영향을 미치기도 한다.

### 4) 취업·직업생활 요인

한국 사회의 신자유주의 체제화로 정규직 취업이 어려워지게 된 배경도 중요한 요인이다. 노동유연화 심화, 장기불황, 산업구조 변화로 불안정 고용, 장기실업 등과 같은 '신사회적 위험'의 등장으로 고학력 청년들이 기대하는 일자리 감소와 치열한 취업경쟁에서 낙오된 청년들은 사회활동을 철회하고 집안에서 은둔하는 현상이 확산되고 있다(여인중, 2005).

### 5) 사회문화적 요인

은둔청년들은 인터넷과 스마트폰 보급으로 은둔 상태에서도 불편함 없이 생활할 수 있게 되었음이 중요한 사회문화적 요인이 되기도 한다. 세계에서 가장 빠른 인터넷망과 스마트폰 보급으로 사회참여나 상호작용이 감소하고 온라인에서의 의사소통이 증가하여 혼자 있지만 고립되지 않고, 사회활동 없이도 외부 세계와 소통할 수 있는 장이 확대되었다(김소연, 2013). MZ세대인 20~30대의 경우 디지털기기에 익숙함으로써 일상 업무를 인터넷으로 처리하며, 대면 교류가 활발하지 않더라도 생활의 불편함을 느끼지 않는 것으로 나타났는데 이것도 중요한 요인이 될 수 있다(과학기술정보통신부, 2019; 오상빈, 2020).

홀로 생존할 수 있는 인프라 구축과 청년층의 혼자되기(정근하 · 노영희, 2022)가 쉬운 사회문화적 현상 역시 은둔형 외톨이를 만드는 중요한 요인으로 작용할 수 있다. 24시간 편의점에서 가정간편식 음식을 쉽게 구매할 수 있게 된 상황, 방안에서 스마트폰으로 생필품을 구매할 수 있고 배송업체를 통해서 언제든지 받을 수 있는 체제이므로 집 밖으로 나갈 필요가 없게 된 상황(손은수, 2005) 등이 그것이다.

따라서 은둔형 외톨이 문제는 '개인의 병리'가 아닌 '가족과 사회시스템의 병리'로 바라보며, 은둔형 외톨이를 생각할 때는 반드시 사회적 배경을 고려해야 한다(사이토 타마키, 2012). 이런 점에서 은둔형 외톨이 문제는 청소년기에 시작, 청년기를 거쳐 생애 전 과정까지 그 범위가 넓어지고 있는 현실이다(현외성 외, 2023 참조).

# 제2절 은둔문제의 예방과 대응방안

## 1. 일본

일본의 경우는 1950년 후반 이래 '부등교' 문제로 시작되어 1970년대 처음으로 은둔형 외톨이(히키코모리)가 관찰되었고, 1990년 중반 이후 사회문제로 관심을 가지게 되었다(김성아 외, 2021; 정근하 · 노영희, 2011). 이에 따라 실태조사를 비롯한 학술적 · 정책적 연구가 이미 활발하게 이루어지고 있고, 중앙정부 및 지방자치단체에서 실행하는 정책적 · 법률적 장치도 어느 정도 세밀하게 이루어지고 있다.

아래의 표는 일본 정부 내 여러 부처에서 은둔형 외톨이 관련 제도와 사업이 이루어지고 있으며, 이에 따라 예산안을 예시한 내용이다. 여기서 알 수 있는 점은 중앙정부의 여러 부처에서 은둔형 외톨이 관련 사업을 정책적으로 수행하고 있으며, 이에 따라 구체적으로 예산이 배정되고 있다(김성아 외, 2021).

〈표 11-2〉 2022년도 예산 요구에서 '히키코모리 지원' 관련 시책 예산안

| 분야 | 주요 부처 | 사업명 | 예산 | 구분 |
|---|---|---|---|---|
| 히키코모리 지원 | 후생노동성 | 히키코모리 지원추진사업 | 29.8억 엔 | 직업 지원 |
| | | 히키코모리에 관한 지역사회 보급 계발 및 정보 발신 | 1.5억 엔 | |
| | | 히키코모리 지원실시기관지원력 향상 연수 | 0.4억 엔 | |
| 아동 · 청년지원 분야 연계 | 내각부 | 아동 · 청년종합조사 | 0.6억 엔 | 연계 지원 |
| | | 아동 · 청년지원체제 정비 추진 | 0.5억 엔 | |
| | | 아동 · 청년지원 관련 인재 육성 | 0.3억 엔 | |
| | | 아동 · 청년육성 지원을 위한 지역 연계 추진 | 0.2억 엔 | |
| 소비자 행정 분야 연계 | 소비자청 지방협력과 | 지방 소비자 행정 강화교부금 | 28.5억 엔 | |
| | | 고독 · 고립에 기인하는 소비자 피해 방지 · 회복추진사업 | 0.6억 엔 | |
| 부등교 지원 | 문부과학성 | 부등교 아동 · 학생에 대한 지원추진사업 | 2.4억 엔 | 연계 지원 |
| 정신보건복지 분야 연계 | 후생노동성 | 마음 건강 만들기 대책사업 | 0.2억 엔 | |

| 분야 | 주요 부처 | 사업명 | 예산 | 구분 |
|---|---|---|---|---|
| 취업지원 분야 연계 | 후생노동성 | 지역청년서포트스테이션 사업 | 46.7억 엔 | |
| 농림수산 분야 연계 | 농림수산성 | 농산어촌진흥교부금(농-복 연계대책)<br>(농업연계지원사업, 농-복 연계정비사업, 보급계발 등 추진내책사업, 유니버셜 농원도입사업) | 102.1억 엔 | |

출처: 김성아, 2021. 재인용

은둔형 외톨이 청년 관련 일본의 정책적 대응은 후생노동성이 중요한 위치를 차지하고 있는데, 다음에 제시하는 그림은 일본 후생노동성에서 시행하는 은둔형 외톨이 사업과 관련하여, 후생노동성과 중앙정부의 협조, 그리고 지방자치단체와 지역사회에서 실행할 수 있는 전달체계를 조감할 수 있도록 간략하게 그린 조직체계이다. 광역자치단체 수준에서 '히키코모리 지역지원센터'를 설치하여, 은둔형 외톨이가 거주하는 지역을 중심으로 하여, 중앙정부, 광역자치단체 및 기초자치단체 등에서 실행하는 은둔형 외톨이 사업을 서로 연계할 수 있도록 제시한 내용의 그림이다.

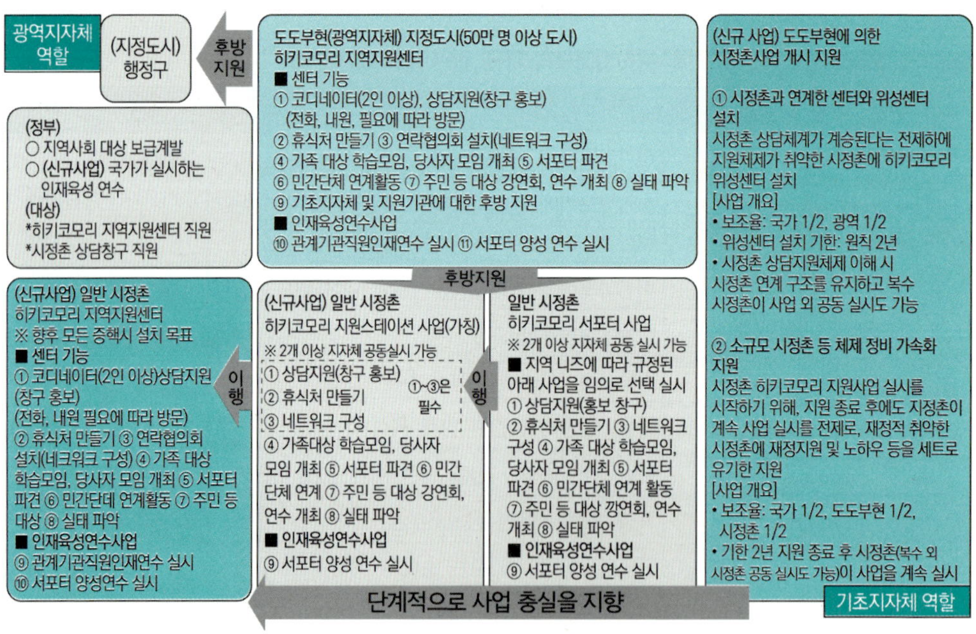


[그림 11-1] 히키코모리 지역 지원체제도

출처: 김성아, 2021. 재인용.

## 2. 한국

### 1) 공공부문

우리나라에서 은둔형 외톨이에 대한 중앙정부의 책임부서는 명확하지 않고 여러 부서에 분산되어 있다. 보건복지부, 여성가족부, 교육부, 고용노동부, 법무부 등 청소년 및 청년 관련 부처에서 은둔형 외톨이 청년 문제를 단편적으로 담당하고 있다.

은둔형 외톨이 청년문제가 2000년을 전후로 사회적 관심을 끌게 되고 점차 사회문제로 부각됨에 따라 정부 차원에서 공식적으로 대응책을 강구하기 시작하고 있다(이영식 · 최태영, 2022). 중앙정부 차원에서 정리된 통계자료도 존재하지 않고 단편적으로 간단한 실태조사를 통해 은둔형 청년문제를 파악하고 있다. 오히려 민간 차원에서 일찍부터 관심을 가지고 문제에 개입하고 있으나, 예산이나 인력 등 한계가 있다(여인중, 2005).

최근에는 광주광역시와 서울특별시 등의 지방자치단체에서 은둔형 외톨이에 대한 실태조사와 그 대응방안에 대하여 공적으로 대응하고 있다(광주광역시, 2020; 서울특별시, 2022). 뒤를 이어 2025년 4월 현재 약 65개의 지방자치단체 등에서 은둔형 외톨이 지원법 등의 조례를 정하여, 은둔형 외톨이 문제에 대응하고 있다(국가법령정보센터 현행자치법규, 2025 참조).

#### (1) 중앙정부: 국무조정실 청년정책조정실과 관계부처합동, '고립 · 은둔청년 지원방안'

중앙정부에서 고립 · 은둔청년을 위한 정책과 프로그램은 국무총리 산하에서 이루어지고 있다. 「청년기본법」 제13조에 의거하여, 국무총리 산하 국무조정실의 청년정책조정실에서 고립 · 은둔청년의 문제를 해결하고 지원하기 위하여, 정부의 관계부처 합동으로 '고립 · 은둔청년 지원방안'을 2023년 12월 13일에 발표하였다(관계부처 합동, 2023). 국무조정실의 청년정책조정실은 청년기본법 제13조에 근거하여 설치된 위원회다. 동위원회는 청년정책 강화를 위해 활동 · 참여 · 복지 · 안전 등 다양한 분야별 정책에 대해 총괄하고 조정한다. 또한 청년 정책에 대한 심의 · 조정 기능을 통하여 향후 여러 부처에서 추진되는 다양한 정책과 현안 사항에 대한 컨트롤타워(통제탑) 역할을 수행한다. 여기에서 발표한 지원방안을 살펴보면 아래와 같다.

① 검토 배경

㉠ 미래 불확실성 증가 및 현 세대 청년들의 주체적 자립 어려움이 가중되고 있다.

첫째, 부족한 양질의 일자리로서, 신기술 발전, 치열한 글로벌 산업경쟁하에서, 서비스 · 지식산업 등 '고용 없는 성장' 산업구조로 전환이 가속화되고 있다. 예컨대, 취업/고용유발계수(2019, 한국은행)의 경우 2015년에는 11.4/8.3이던 것이 2017년에는 10.6/7.7 그리고 2019년에는 10.1/7.4 등으로 점차 줄어드는 경향을 보이고 있다.

둘째, 노동시장의 이중 구조가 점점 심화되고 있다. 예를 들면 대-중소기업 간 근로환경의 격차가 확대되고 있으며, 소수의 양질의 일자리 경쟁에서 뒤처진 청년들이 노동시장의 이탈 유인으로 작동되고 있는 추세이다. 예컨대, 대기업 대비 중소기업 평균임금 비중(%)을 보면, 1999년에는 71.7에서 2007년에는 63.2 그리고 2019년에는 59.4였다(고용부, 2020). 또한 일도 구직활동도 하지 않는 '쉬었음'이라고 말하는 청년들이 2016년에는 24.9만 명, 2022년 7월에는 36만 명 그리고 2023년 7월에는 40.2만 명으로 점차로 증가하는 추세이다(통계청, 각 연도).

셋째, 대면소통이 어려운 청년이 증가하고 있다. 코로나19를 거치면서 사회적 관계, 안전망 부족, 학업 · 취업경쟁, 직장문화 등 위기 시 회복탄력성이 저하되고 있다. 예를 들면, 우울 · 낙심할 때 대화할 사람이 '없음'의 비율(%)이, 2019년 21.8에서 2021년에는 30.6 그리고 2023년에는 31.6였다(통계청, 각 연도).

㉡ 고립 · 은둔청년이 급증하고, 갈수록 다양한 사회문제화가 예상된다.

첫째, 증가하는 청년들의 고립 · 은둔으로, 최근 실태조사 결과 19~34세 중 고립 · 은둔 징후가 나타난 청년은 최대 약 54만 명 규모까지 추정되고 있다. 국무조사실 실태조사(2022) 및 인구총조사(2021, 통계청)의 결과에 따라 추정 적용해 보면, 2023년 온라인 심층조사 결과, 본인 스스로 문제를 인식하고, 적극적 극복의지를 보인 대상자는 약 2.1만 명 이상이었다.

둘째, 일종의 정책 사각지대로서 방치할 경우, 고립 · 은둔 심화로 향후 다양한 사회문제가 예상되나 기존 정책 틀로는 개입 · 지원에 한계가 있다. 최근에야 정부 차원의 심층조사가 실시되어(2023, 복지부), 정확한 시계열적 비교 · 분석에 어려움이 있으나 빠른 증가 속도가 우려된다. 여기에는 특히 코로나19 팬데믹에 따른 사회적 거리두기 영향을 받은 학령기 인구가 다수 포함된다.

② **고립 · 은둔청년 현황 및 문제점**(관계부처 합동, 2023 요약)

㉠ **개념**

타인과 인적 네트워크(사회관계) 보유 및 접촉(외부 외출) 정도에 따라 은둔 청년 〈 고립 청년 〈 고립고위험군 청년으로 구분이 가능하다.

| 구분 | 경제활동 | 사회관계 | 외부 외출 |
|---|---|---|---|
| 고위험군 | X<br>(미고려) | △<br>(사회관계자본 부족) | △<br>(외출 낮음) |
| 고립 | X<br>(미고려) | X<br>(사회관계자본 부족 · 결핍) | △<br>(외출 낮거나 없음) |
| 은둔 | X<br>(미고려) | X<br>(사회관계자본 결핍) | X<br>(외출 없음) |

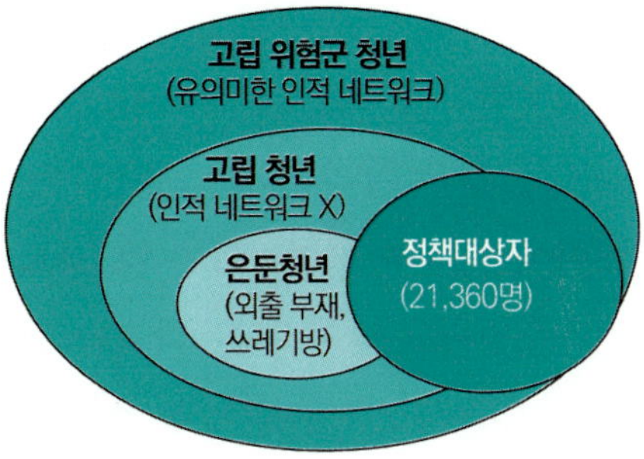


[그림 11-2] 청년의 고립 · 은둔 구분 지표 및 개념도

출처: 관계부처 합동(한국보건사회연구원), 2023

기존 전통적 저소득 복지지원 대상자와 달리 대인 접촉 기피, 외출 부재 등 외형적 특성으로 구분되는 특성을 지니고 있는 청년집단을 말한다.

㉡ **현황**

이 중에서 '고립청년'은 사회활동이 현저히 줄어(외부 외출 △) 취약한 상태지만, 긴급 시 도움을 요청할 수 있는 '인적 지지체계가 부재한 청년'을 말하며, 약 54만 명으로 추정된다. 또한 '은둔청년'은 사회활동을 하지 않고, 제한된 거주공간(방 또는 집 등)에 '스스로를 가둔 청년'(외부 외출 거의 ×)으로 약 24만 명으로 추정된다.

㉢ **특성**

성인으로서 직면하게 되는 다양한 사회적 어려움에 대한 '적응력', 실패 후 '회복탄력성'이 일반청년에 비해 특히 취약한 것으로 보인다. 이들은 학창 시절 가족 또는 학교에서 나쁜 관계 경험이 충분한 소통기술 학습에 악영향을 미쳐, 타인과 소통 기술이 부족하여 가족, 친구, 동료 등 축적된 인적 네트워크(사회관계자본)가 부재하고 이를 쌓아나갈 역량도 부족한 것으로 파악된다.

### ㉣ 문제점

- 평생 고립으로 연결

고립 · 은둔청년을 방치하면 평생 고립으로 연결되어 막대한 사회적 비용을 초래할 것으로 보인다. 2019년 기준으로 약 34만 명으로 추정되는 고립청년의 경제활동 포기로 인한 손실이 연간 6.7조 원으로 추정되고 있다. 이 경우 일반청년 대비 경제활동을 하지 않을 확률(2.6배)에 1인당 연평균 소득 약 37.4백만 원을 적용하였을 경우 그러하다는 것이다(청년재단, 2023).

이에 더하여 건강 · 복지 등 사회적 부양비용을 국가가 담당해야 하는데, 고립 · 은둔청년의 경우 높은 확률의 질병 발병 · 마음건강 문제에 따른 치료 등 복지비용이 연간 2천만 원으로 추정되고 있다.

- 다양한 사회문제 유발

고립 · 은둔청년문제는 사회 전반의 활력을 저하시키고, 가족 해체 등 다양한 사회문제를 유발하는 것으로 밝혀지고 있다. 예컨대, 사회시스템의 지속 가능성을 악화시킨다. 즉 국방 · 납세 · 교육 · 근로, 결혼 · 출산 등 청년기의 경제 · 사회활동 저하는 모든 사회시스템에 부정적 영향을 미친다. 또한 가족 해체를 촉진시키는 영향을 미친다. 일본의 '히키코모리(引きこもり, 은둔형 외톨이) 문제는 선례 등을 감안할 시 다른 가족구성원이 정상적 사회활동을 하는 데 장애가 되어 결과적으로는 가족 해체를 촉진시킨다. 일본은 최근 히키코모리의 고령화로 8050과 같은 새로운 문제를 발생시키고 있다(80대 노부모가 50대 히키코모리 자녀를 부양하는 문제).

고립 · 은둔청년문제는 정신건강 문제로 심화될 가능성이 높다. 이들에 대한 공적 지원이 낙인 효과로 작용할 수 있다는 우려로 인하여 자발적 도움 요청을 기피하여, 이들을 지속적으로 방치할 경우 일부는 지역사회에 은둔한 중증 정신문제로 심화할 가능성이 높다.

• 종합적 · 체계적 대응 긴요

현재 일부 지자체 차원에서 선제 대응 중이지만 한계가 있어 중앙정부 차원에서 종합적 · 체계적인 정책적 대응이 시급하다. 지자체 자체 사업만으로 부족한 지원, 지역 간 편차 문제 등 체계적인 대응에 한계를 지니고 있다. 전국인 측면에서 새로운 정책적 대응책이 긴요하다.

③ **지원의 비전과 방향**(관계부처 합동, 2023 요약)

㉠ **비전**

'고립 · 은둔청년 지원방안'이 가지고 있는 비전은 '청년의 건강한 사회참여를 통한 사회 전반 활력 제고'이다.

㉡ **방향**

• 조기개입 및 학령기 예방정책 강화

취약청년 전담 원스톱 지원체계 구축(2023년 심층조사결과 1,903명 우선대상 지원으로 시범사업과 연계하여 지원한다).

• 효율적 자원관리, 제노화 등 기반 조성

㉢ **주요 과제**

• 상시발굴

위기청년 조기 발굴 체계 마련으로서, 온라인, 129 콜 등 원스톱 접수/ 공식 요청자 1,903명 우선지원/ 자립준비청년 우신보호

• 전담지원체계

고립 · 은둔청(소)년 전담지원체계 마련인데, 여기에는 청소년은 학교밖 청소년센터/ 청년은 가칭 청년미래센터/ 청년1인가구 등은 일상돌봄, 공간조성 등의 지원체계를 마련한다.

그리고 이들에 대해서는 초기 심리상담→일상생활 · 가족관계 회복→대인관계 경험→일 경험 등으로 지원체계를 통해 지원한다.

• 예방

청년기 고립 · 은둔 일상 속 안전망 강화를 예방하는데, 여기에는 학교, 학교밖,

구직, 직장 적응 등 학업 · 취업 위기 상황을 예방한다.

- 관리제도화

관리제도화란 지역사회 내 자원 연계 및 법적 관리 근거 마련을 의미한다. 이를 달성하기 위해서는 정보시스템을 활용하는 것으로서 '희망e음' 활용, 표준 사례관리 매뉴얼 마련, 종사자 · 기관 역량 강화, 제도화를 위한 법적 근거 마련 등이 포함된다.

### (2) 지방자치단체

#### ① 광주광역시 은둔형 외톨이 지원 사례: 광주광역시 은둔형 외톨이 지원센터

광주광역시는 우리나라에서 처음으로 은둔형 외톨이 지원을 시작한 지방자치단체로서, 2019년 10월 15일 은둔형 외톨이 지원 조례가 제정되어 2020년 7월 1일부터 시행되었다. 이 조례에 의거하여 광주광역시 은둔형 외톨이 지원 기본계획('22~'26)이 2021년 12월에 마련되었고, 이어서 기본계획에 따라 '광주광역시 은둔형 외톨이 지원센터'가 설립 · 운영되고 있다.

광주시 은둔형 외톨이 지원센터는 은둔형 외톨이 지원 당사자 가족상담 및 교육/ 은둔형 외톨이 지원 당사자 가족치유 프로그램/ 지역사회 자원의 발굴 및 연계 협력 계획 및 수행/ 체계적인 조사, 통계 및 관련 연구 수행/ 은둔형 외톨이 지원을 위한 전문인력 양성 및 관리 등의 기능을 수행하고 있다. 그리고 이 센터에서 지원하는 내용에는 방문, 내방, 온라인 상담 및 교육/ 은둔 성향 단계별 치유 프로그램/ 당사자 집단상담 및 대화모임/ 방탈출 서비스를 통한 도전 프로그램/ 은둔고수되기 프로그램/ 부모교육 및 자조모임 지원 등이 있다(광주광역시 자료, 2025 참고).

#### ② 서울시 고립 · 은둔청년 지원사업

서울시에서 수행하는 고립 · 은둔청년 지원사업은 고립 · 은둔 상황에 처해 있는 청년들이 삶의 활력과 동기를 얻어, 사회로 안전하게 복귀할 수 있도록 심리상담 및 맞춤 프로그램 등을 제공하는 사업이다.

고립청년이란 다음의 2가지 기준을 모두 충족한 자로 정의된다. 즉, 현재 정서적 또는 물리적 고립 상태에 놓인 자로서 다음의 조건 중 1가지 이상 해당하는 경우이다.

- 정서적 고립 : 아래 4가지 상황에서 도움을 구할 수 있는 사람이 전혀 없을 경우이다.
  ① 중요하거나 어려운 일이 있을 때 조언을 구할 수 있는 사람
  ② 급한 일이 있을 때 부탁할 수 있는 사람
  ③ 개인적으로 돈을 빌려야 할 때 부탁할 수 있는 사람
  ④ 낙심하거나 우울할 때 속마음을 털어놓을 수 있는 사람
- 물리적 고립 : 아래의 가족/친척 외 사람들과 대면교류가 1년에 한두 번 이하 또는 전혀 없을 경우이다.
  ① 친한 친구나 친한 사람과의 대면교류
  ② 이외 직장, 학교, 동네에서 알고 지내는 사람들과 대면교류(업무상 교류 제외)

이상의 고립 상태가 최소 6개월 이상 유지될 경우에 해당하는 청년이다.

은둔청년이란 좀 더 심각한 경우인데, 다음의 3가지 기준을 모두 충족한 자로 정의된다. 현재 외출이 거의 없으며 본인의 방 또는 집 안에서만 생활하는 자로서 다음의 4가지 사항 중 하나에 해당하는 청년이다.

① 보통은 집에 있지만, 지신의 취미생활만을 위해 외출함
② 보통은 집에 있지만, 인근 편의점 등에는 외출함
③ 자기 방에서 나오지만, 집 밖으로는 나가지 않음
④ 자기 방에서 거의 나오지 않음

이상과 같은 청년으로서 은둔 상태가 최소 6개월 이상 유지되고, 지난 1주일간 경제활동이 없었고, 1개월 이내에 구지활동 및 학업을 전혀 하지 않은 청년이다.

이러한 고립·은둔청년들에게 서울시가 지원하는 내용에는 다음과 같은 것들이 있다.

① 개인 심리정서적 어려움에 대한 심리지원 및 마음건강 정책 연계 지원
② 사회복귀 지원을 위한 진로탐색/ 취업역량 강화 프로그램
③ 고립 상태 해소를 위한 대인관계역량 강화, 활동형 및 체험형 프로그램
④ 온라인 상호작용 프로그램, 생활습관 형성, 공동생활 및 방문상담(소규모 인원)
⑤ 부모교육 및 멘토 양성 교육(별도 모집 예정) (서울시청자료, 2025 참조)

## 2) 민간부문

다른 영역에 있어서도 그러하듯이 민간부문이 은둔형 외톨이 청년 문제가 사회문제로 쟁점화되기 이전부터, 민간 영역에서 문제의 심각성을 공공 영역보다 먼저 인지하고 그 해결을 위해, 어려운 가운데서도 다양하게 활동해 오고 있다. 그 내용을 간략하게 살펴보면 다음과 같다(현외성 외, 2023).

### (1) K2 인터내셔널 코리아

K2 인터내셔널 그룹은 1989년에 일본에서 당시 사회문제가 되기 시작한 '등교거부' 문제를 해결하기 위해 설립되어 요코하마, 이시노마키, 뉴질랜드-오크랜드, 호주-시드니, 그리고 한국-서울에서 등교 거부 · 히키코모리(은둔형 외톨이), 니트(NEET) 등 사는 데 어려움을 겪고 있는 청년들이 자립하여 일하면서 행복하게 살아갈 수 있도록 지원하고, 더불어 살아가는 장을 만들어왔다. 코로나19 등으로 인해 현재는 운영이 정지된 상태이다.

한국에서는 2012년부터 K2 인터내셔널 코리아를 설립해 활동을 시작했고, 사회에 적응이 어려운 한국과 일본의 청소년 · 청년들에게 고립을 벗어나 자립하기 위한 프로그램으로 공동생활 쉐어하우스와 견습 훈련소 '슬로 카페 달팽이X시시: 밥'을 운영하였다.

여기서 실행하였던 주요 프로그램은 3가지로 요약된다. 첫째는 공동생활 프로그램으로, 마음 맞는 친구, 동료, 스탭들과 함께 생활하면서 규칙적인 생활습관, 식사, 소통능력을 익히는 프로그램이다. 두 번째는 직업훈련 프로그램으로서, '슬로카페달팽이X시시: 밥'을 다같이 운영하면서 일을 할 때 필요한 스킬을 익히는 프로그램이다. 그리고 세 번째는 해외연수 프로그램으로서 일본, 호주, 뉴질랜드에서 언어를 배우면서 다른 문화를 가진 사람들과 소통을 익히는 특별 프로그램으로 요약된다.

### (2) 푸른고래 리커버리센터

2003년 설립된 법인으로서 자립준비청년(보호종료아동), 고립 · 은둔청년과 같이 사회적으로 고립위기에 놓여 있는 청년들의 문제를 사회문제로 여기며, 대안으로 공동체로 살아가며 공생과 나눔을 누리며 살 수 있도록 가르쳐, 건강하게 안착하여 살아갈 수 있도록 지원하는 기관이다.

주요 사업은 5가지로 구분되는데, 고립·은둔청년지원사업, 리커버리예술단, 동아리, 부모교육, 대학생교육비지원사업 등이 있다. 이 중에서 고립·은둔청년지원사업을 세부적으로 살펴보면 아래와 같다.

- 리커버리 프로그램: 무너진 관계와 일상의 회복을 위한 프로그램(기지개 모임, 쿠킹런치, 미술치료, 야구, 글쓰기, 심리상담, MBTI, 자립워크숍: 재정, 돌봄, 관계, 성, 진로 찾기 등)/ 리커버리 야구단/ 개별 회복 프로그램/ 고립·은둔청년 부모교육 등

### (3) PIE 나다운청년들

2015년 '학교밖·사회밖 청년들'이 배움과 다양한 활동을 통해 자신다운 모습을 찾고 삶을 준비할 수 있도록 각 영역 전문가들이 함께 법인을 설립하여, 최근에는 17~34세 고립·은둔청년을 대상으로 다양한 사업을 전개하고 있다. 주요 사업은 4가지로 요약된다.

- 제1사업(배움·활동 지원사업): 나다움과 삶의 의미 찾기/ 연 4회 계절별 특별 프로그램 운영/ 주제에 맞는 실내외 공간 최대 활용/ 배우기, 느끼기, 나답기, 함께 하기의 주제별 배움과 활동에 참여
- 제2사업(심리상담지원사업): 청소년, 청년, 가족들의 심리건강 향상 서비스 제공/ 고립·은둔 부모를 위한 워크숍 운영(연 4회, 온/오프라인 만남)/ 10~30년 경력 상담전문가의 상담지원/ 상담 전문가 양성과정 운영(인턴, 레지던트. 1년 과정)
- 제3사업(연구·학술): 파이상담연구소 운영/ 학교밖, 사회밖 청년 관련 문헌/ 국내외 정책연구 및 관련 프로그램/ 관련자 욕구 분석/ 청년들의 고립·은둔 예방과 대응책 마련/ 정책 제안/ 프로그램 개발/ 전문서적 출판
- 제4사업(관련 지원사업 수행): 파이나청 목적사업 수행에 필요한 재원 확보를 위한 관련 지원사업 수준/ 고립, 소외된 청소년, 청년 및 가족을 위한 지원사업 운영/ 이들을 돕는 교사, 사회복지사, 상담사 양성을 위한 상담지원사업 운영

### (4) (사)씨즈, 두더지땅굴

'두더지땅굴'은 2022년 서울사회복지공동모금회와 2022년 서울시 청년프로젝트 지

원사업의 지원을 받아 (사)씨즈가 은둔과 고립청년들을 위해 개발하여 운영하고 있는 온라인 소통 플랫폼이다.

'두더지땅굴'은 은둔과 고립에 지친 청년들이 서로를 인정하고 환대하며, 땅 위로 나갈 수 있도록 응원하는 온라인 플랫폼으로서, 나와 같은 '상태'의 청년들에게 근황과 안부를 묻고 함께 소소한 활동을 하면서 조금씩, 천천히 서로가 서로를 도울 수 있도록 연결하는 역할을 수행한다.

주요 사업은 두두아파트, 두두학당, 두더집 모임, 금요점심밥 모임, 두두자립생활 등이다.

## 3. 대상 및 분야별 지원방안

### 1) 은둔형 외톨이 청년 지원방안

고립 · 은둔청년을 대상으로 다양하게 문제예방 및 해결을 위한 지원방안을 요약하여 제시하면 다음과 같다(이순성 · 박지선, 2022; 김도형 · 박승규, 2021; 오오쿠사 미노루, 2021; 윤철경 외, 2022; 황순길 · 여인중 외, 2005; 유민상 · 신동훈, 2021; 광주광역시, 2021; 박애선, 2018).

- 상담지원: 전화상담, 가정방문상담, 내방상담, 집단상담, 또래상담, 인터넷 상담 등
- 교육지원: 학습 등 대안교육 프로그램, 인문교양 교육 프로그램(자아존중감 및 사회성 향상, 의사소통 증진, 정체성 훈련, 자신의 존재의미 및 실존의미 교육 등)
- 모임 및 활동지원: 놀이터 등 오프라인 활동 공간 제공, 취미 및 문화활동 지원, 캠프 등 집단활동 지원, 방 탈출 온라인 서비스 제공, 온라인 동아리 활동 제공, 자조모임
- 일 교육, 일 경험 공유 지원: 수준별 맞춤형 일 경험 제공, 공동체 일터 제공을 통한 일 역량 키우기, 직장 적응력을 위한 징검다리 일터 제공, 맞춤형 취 · 창업 활동지원, 일자리 개발
- 주거생활 지원: 일상생활 규칙 등 주거생활 지원, 온라인 공동생활 프로그램 지원, 숙박형 공동주거생활 지원, 일대일 맞춤형 자율생활 주거 공간 제공(이순성 ·

박지선, 2022; 김도형 · 박승규, 2021; 오오쿠사 미노루, 2021; 윤철경 외, 2022; 황순길 · 여인중 외, 2005; 유민상 · 신동훈, 2021; 광주광역시, 2021; 박애선, 2018)

### 2) 은둔형 외톨이 청년의 부모 지원방안

- 상담지원: 전화상담, 개별상담, 집단상담, 인터넷 상담
- 교육: 은둔형 외톨이 청년의 이해 및 부모교육
- 의사소통 교육모임 및 활동: 부모 자조 모임, 부모 캠프 등 집단활동 지원

### 3) 은둔형 외톨이 청년 관련 간접 지원방안

- 인력양성지원: 또래상담 인력 모집 및 양성, 재가방문 상담인력 모집 및 양성, 서비스 지원인력 모집 및 양성, 부모상담 · 자조활동 지원인력 모집 및 양성
- 연구 프로그램 개발 지원: 은둔형 청년 대상 프로그램 및 매뉴얼 개발, 부모, 상담사 대상 프로그램 및 매뉴얼 개발, 프로그램 효과성 평가, 은둔형 청년 실태조사, 지원기관 실태조사, 해외 관련 기관 조사
- 예방교육 지원: 학생 대상 예방교육 실시, 교사 및 상담사 대상 예방교육 실시, 학부모 대상 예방교육 실시
- 홍보 지원: 은둔형 외톨이 발굴 홍보, 은둔형 외톨이 인식 개선 홍보, 유튜브 제작 및 채널 운영, 웹툰 제작, 문화 공연, 푸드 트럭 등 이벤트 개최, 도서출판, 영화 드라마 연극 인형극 등 제작, 조례제정 촉구 등 직접 행동
- 연대협력 지원: 특정 기관과 업무 협력, 관련 기관 네트워크 참여(은둔형 외톨이 부모협회, 은둔형 외톨이 시설협회, 은둔형 외톨이 인터넷 커뮤니티 등)

## 4. 단계별 지원방안

은둔형 외톨이 청년문제는 갑자기 발생하는 문제라기보다는 개인적 · 가정적 요인에서부터 학교생활, 취업 실패 및 직장생활, 그리고 사회적 · 상황적 요인 등의 복합

적인 요인이 성장과정과 생활과정에서 연루되어 점진적으로 누적적으로 형성과정을 거쳐오다, 촉발적인 요인에 의해 결정적으로 은둔형 외톨이로 전환되는 것으로 판단된다.

은둔형 외톨이 청년의 문제를 해결하는 방안도 문제의 특성에 따라 어느 정도 몇 개의 단계와 과정을 거치면서 점진적으로 진행되어야 할 것이다. 아래의 그림은 이러한 은둔형 외톨이 청년의 자립과 정상적인 생활을 위해 단계별 지원방안을 적절하게 예시하고 있다.

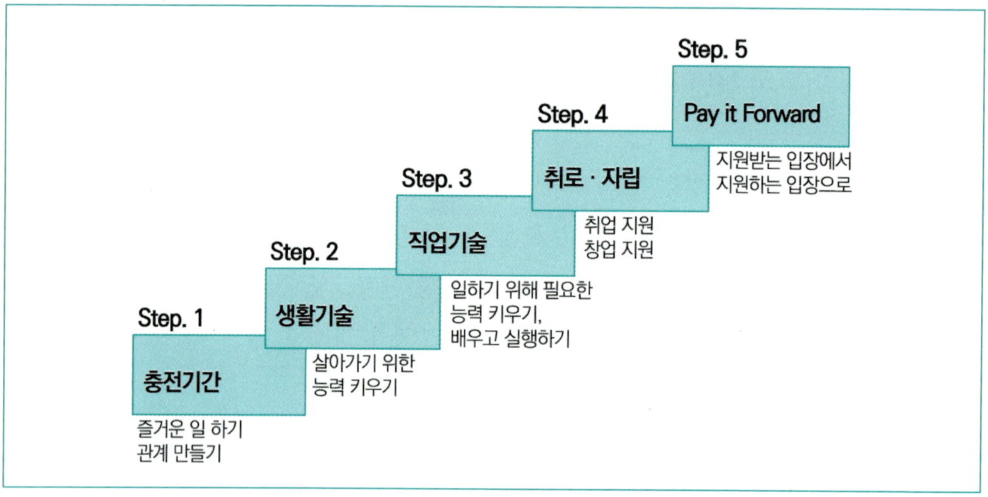


[그림 11-3] 인터내셔널의 자립지원 5단계

출처: 윤철경 · 서보람, 2020.

다음의 그림 내용은 은둔형 외톨이 청년이 점진적으로 형성되어 가는 과정 혹은 단계를 간단하게 예시하면서, 각각의 과정 및 단계에 대응하여 지원할 수 있는 방안을 체계적으로 제시하고 있다.

하지만 이 단계별 대응방안이 가진 장점에도 불구하고, 여기서는 주로 개인과 가족 차원에서 문제를 분석하고 대응책을 제안한 한계를 가지고 있다.

은둔형 외톨이 청년문제는 개인과 가정의 특성을 벗어나, 학교생활이나 취업 및 직장생활, 그리고 사회생활에서 오는 문제, 그리고 사회 전체적 환경과 문화에서 문제 요인을 부각시키고, 이를 각각의 문제 요인에 대응한 지원방안을 제시할 필요가 있다.

〈표 11-3〉 은둔형 외톨이의 진행과 지원과정

| 단계 | 당사자의 특징적 경향 | 가족의 특징적 경향 | 각 단계의 지원 대책 |
|---|---|---|---|
| 관계 형성 단계 | 부모로부터 충분한 인정을 받지 못한 애착결핍. 부모의 요구를 충족시키는 '착한 아이'로 지내다가 주어지는 요구와 자신의 욕구 사이에서 갈등함. 자존감 형성이 안 되고 불안해지며 자기표현을 잘 못함. 선/후천적 발달의 어려움이 배경이 되는 경우도 많음 | 자녀에 대한 엄격하고 권위적인 태도, 가치관 강요, 과도한 간섭, 일방적 소통, 방치, 잦은 잔소리, 폭언, 폭력, 경건한 신앙 등 자녀의 있는 그대로의 모습을 인정하지 않는 경우가 많음. 절대적 가치관으로 자녀의 사고와 진로를 무의식적으로 지배함. 부부간의 갈등이 있는 경우도 많음 | 부모에 대한 예방 교육, 가족간 소통 촉진, 자녀의 자존감 형성과 발달장애에 대한 교육, 차이를 인정하며 경쟁보다 다양성을 주요시하고 개성을 인정하는 사회 분위기 조성 |
| 전조 단계 | 학교, 직장 등 사회적 대인관계에서 왕따 등 어려움이나 심리적 갈등이 발생하여 신체적·심리적 증상으로 나타남. 학교/회사에 가려고 해도 몸이 움직이지 않게 되거나 등교거부, 대인공포, 우울감, 책임회피행동 등 | 자녀의 마땅치 않은 행동을 비난하고, 사회통념·상식으로 강압적으로 이야기하며 본인의 고민을 진지하게 들어주기 어려움. 문제를 본인의 노력으로 극복하기를 요구함 | 당사자에게는 휴식, 가족에는 여유기 필요함. 부모 상담 필요. 당사자의 말을 잘 들어줘야 하며 본인에게 지나치게 지시를 하지 말아야 함 |
| 은둔 진입 단계 | 등교거부, 학교 자퇴, 퇴사 등을 계기로 속마음과는 반대로 사회적 관계에서 멀어짐. 많은 경우 친구들과의 연락도 점차 끊게 됨. 자기부정감과 자기 합리화가 동거 부모에 대한 반발 또는 체념, 본심은 자신만의 삶을 인정받고 싶은 마음이 큼 | 사회통념에 따라 자녀들을 학교/사회로 다시 돌려보내기 위한 노력을 시도하며 응하지 않은 자녀와 충돌. 부모의 관념과 사회통념에 맞지 않는 자녀의 모습을 인정하기 어려워 함 | 부모 상담, 당사자에겐 쉽게 참여할 수 있는 공간 프로그램 제공. 성급한 사회 복귀시도는 피해야 함. 가족의 불안감을 이해하고 지원해줌, 적절한 지원자와의 만남이 중요 |
| 은둔 심화 단계 | 은둔이 지속되면서 정신적 이차 증상 발생. 강박증, 과식/거식증, 인터넷/게임중독, 공황장애, 사회불안장애, 우울증, 조현병 등 자신이 인정받지 못하는 사회를 미워하고 절망함 | 자녀의 아치 증상을 보고 정신과에 데려가지만 크게 효과가 없음. 심리상담을 하려고 해도 본인이 거부하여 앞길이 막막함 | 우울증, 조현병 증상이 있으면 정신과 대응도 필요할 수 있음. 기타 이차증상은 당사자에 대한 접근이 효과가 적고, 부모가 자녀를 인정하는 '대화의 길'을 여는 접근이 필요 |
| 은둔 고착 단계 | 은둔 생활이 오래되면서 소속이 없고 관계가 없는 생활에 익숙해짐. 삶에 대한 체념, 자포자기 경향, 부모에 대한 원망과 사랑, 포기와 집착이 혼재함. 자해, 자살충동, 우울감이 지속함. 씻지 않고 과식 또는 거식. 운동부족, 밤낮 바/뀐 생활로 거낭이 나빠짐 | 자녀에 대한 스트레스로 부모에게 정신적/신체적 증상이 나타남. 자식의 문제로 부부간 갈등이 심해짐. 부모가 자녀를 구출하는 것만이 삶의 소원이 됨 | 부모가 고착된 통념에서 벗어날 수 있게 지원. 자녀와 부모의 소통의 길을 열어주고, 부모가 아이에 대한 통제욕구를 내려놓고, 자녀와 있는 그대로의 존재를 수용하며 인정하는 것이 중요 |

↓

지원기관과의 만남

↓

| | | | |
|---|---|---|---|
| 지원초기·모색단계 | 지원자의 개입을 통한 부모의 변화를 느끼며 굳었던 마음이 조금 부드러워짐. 또 자신을 위해 생각하고 나름 상담을 통해 조금씩 자신을 인정하고 은둔 상태에 대해 성찰하고, 이를 극복하려는 의지가 조금씩 생기지만, 아직 겁이 많고 무엇을 어떻게 해야 할지 모름 | 지원전문가 및 같은 상황에 놓인 부모를 만나 부모가 고립에서 벗어나 위안을 받음. 자녀에 대한 통제욕구를 내려놓고 그대로 인정해야 함을 알게 되지만 아직 어려워함. 부모도 스스로를 인정하고 자녀를 칭찬하고 인정하는 연습을 하며 함께 걸어가는 마음으로 부모지원 프로그램을 시작 | 먼저 그동안 고독했던 부모와 당사자 쌍방의 삶을 그대로 인정함. 당사자가 자유로운 자기표현을 할 수 있도록 부모와의 소통을 매개해줌. 쌍방에 있는 가치관을 제거하여 다양한 삶의 가능성을 제시함. 어려운 경우, 일시적으로 부모와 거리를 두며 생활력을 키우면서 부모의 제어·영향력을 잊게 함 |
| 회복단계 | 지원기관 내에서 지원자 및 친구와의 작은 인간관계를 형성. 규칙적인 개인 생활, 모임 참석 등 낮은 수준의 사회관계를 시작. 남을 위해 자신이 할 수 있는 것이 있음을 알고, 자신을 도와주는 사람이 있다는 것을 앎. 스스로 '난 이래도 괜찮다'를 얻음 | 다시 시작된 자녀의 불안정한 걸음을 간섭하지 않고 뒤에서 따뜻하게 바라보는 영가 필요함. 부모자조모임을 통해 부모의 역할을 익힘. 지원자로부터 지속적으로 자녀에 대한 태도를 지도 받는 것이 필요 | 건강한 생활방식을 유지할 수 있게 곁에서 같이 걷는 동료와 선배 상담할 수 있는 사람 그리고 주어진 '역할'이 필요. 부모가 자녀에 대한 고민을 옆에 두고 부모 스스로의 인생을 살 수 있게 도와줌 |
| 자립준비단계 | 안전한 공동체에 소속하여 자신이 맡은 역할을 하면서 자존감이 향상됨. 서로 돕는 협조심, 실패해도 괜찮다는 여유와 안심감, 거부를 할 수 있는 자신감, 자기표현력을 얻음 | 자녀의 새로운 소속과 의사결정에 대해 판단하지 말고 존경으로 응원함. 부모가 자녀에 대한 고민에서 벗어나 부모 스스로의 인생인 삶 | 당사자가 새로운 환경 속에서 작은 좌절을 겪을 때마다 그것이 자기부정으로 이어지지 않도록 과거 경험이 주는 의미를 떼어내며 존재로 인정해줘야 할 자기만능감을 심어줌. 당사자가 속하는 공동체환경이 안전한 공간일 수 있도록 신경을 써야 함 |
| 자립단계 | 회복되면서 생기는 욕구에 따라 취업, 창업, 학업을 시작하여 꾸준히 함. 완벽을 추구하거나 모든 책임을 혼자 짊어지지 말고 부족함을 인정하며 남에게 부탁하고 의뢰하고 의존할 줄 알고 그런 관계를 지속적으로 유지함 | 자녀의 새로운 인생을 인정하고 응원하며 새로워진 부모와 자녀 간의 관계를 적극적으로 지지함. 자녀와 자유로운 자기표현을 하며 가볍게 또는 진지하게 소통할 수 있게 됨 | 당사자와 가족에게 열린 새로운 관계를 유지할 수 있도록 생활면/정서면 양쪽에서 서포트. 다시 좌절을 겪어도 언제든 다시 와서 의지해도 되는 사람과 공동체가 있다는 것을 본인과 부모가 실감하게 함 |

출처: 오오쿠사 미노루, 2021.

제 12 장

# 고독사문제의 예방과 대응방안

# 제1절 고독사문제의 의미, 현황 및 원인

## 1. 고독사문제의 의미

### 1) 고독사의 개념

고독사 용어는 일본에서 핵가족화가 진행된 1970년대부터 사용된 것으로 추정된다(최승호 외, 2017). 일본 아사히신문에서 '고독의 죽음(孤獨の死)'이라는 기사를 다루면서 이후 1988년 5월 요미우리신문 신문을 통해 고독사(孤獨死) 용어를 처음으로 사용하였다(정순둘 외, 2022: 45). 고독사와 유사한 의미를 지닌 단어로는 외로움, 독거사(獨居死), 고립사(孤立死), 무연사(無緣死), 비존엄사(非尊嚴死) 등이 있으며, 현재 일본 후생노동성에서는 '고립사(孤立死)'라는 용어를 사용하고 있다(정순둘, 2022: 13).

권중돈(2010)은 고독사를 임종을 맞이하고, 시신이 사망시점으로부터 일정 시간이 경과한 후에 발견되는 죽음의 사례라고 하였다. 정순둘 · 임효연(2010)은 고독사를 가족이나 이웃과 단절되어 외롭게 죽어가도 아무도 이를 인식하지 못하게 되는 죽음이라 하였다. 송인주(2016)는 고독사를 가족, 이웃, 친구 간의 왕래가 거의 없는 상태에서 혼자 살던 사람(독거인, 1인가구)이 홀로 임종기를 거치고 사망한 후 방치되었다가 발견된 죽음(통상 3일 이후)이며, 자살자 중 홀로 방치된 죽음을 포함한다고 하였다. 하석철 · 이선영(2019)은 가족과 이웃 등 주변으로부터 단절되어 돌봄과 보살핌을 받지 못한 채 혼자 사는 사람이 거주지 등에서 홀로 사망한 후 짧게는 수일, 길게는 수개월 후에 타인에 의해 발견되는 죽음을 말한다고 하였다. 고숙자 외(2021)는 가족, 지인으로부터 단절되고 사회적으로도 고립된 채 자살 또는 병사로 홀로 임종을 맞이하며, 통상적으로 시신이 사망한 후 3일 이상 방치되다가 발견된 죽음을 말한다.

일본의 고독사 개념을 살펴보면, 후생노동성(2008, 2013)은 사회로부터 고립한 결과 사후 장시간 방치된 죽음으로, 고독사란 표현을 쓰지 않고 고립사를 사용한다. 후생노동문제연구회(厚生労働問題研究会, 2004)는 고독사를 사회적으로 고립된 채 충분한 케어와 돌봄 없이 사망하는 것이라 한다.

우리나라의 경우 현행 법률인 「고독사 예방 및 관리에 관한 법률」(약칭: 고독사예방법)의 규정에 따라 “고독사”란 가족, 친척 등 주변 사람들과 단절된 채 사회적 고립 상태로 생활하던 사람이 자살·병사 등으로 임종하는 것을 말한다(동법 제2조).

### 2) 유사 개념

고독사와 유사한 의미를 지닌 단어로는 독거사(獨居死), 고립사(孤立死), 무연사(無緣死), 존엄사(非尊嚴死) 등이 있으며, 현재 일본 후생노동성에서는 ‘고립사(孤立死)’라는 용어를 사용하고 있다(정순둘, 2022: 13).

‘고립사’는 고립된 사람의 죽음을 의미하며, 고립은 사회적 관계가 단절되고 고립 상태에 있던 사람의 죽음을 말한다. 고립은 개인적인 측면의 단절보다는 사회적인 측면의 단절을 강조하는 의미를 내포하는 개념이다. 고립사한 사람의 사회로부터의 수동적인 고립의 측면을 강조하는 개념이다.

‘외로운 죽음’이란 임종이나 사망 시 외로움을 느끼면서 죽음을 맞이하였을 것으로 판단되는 죽음을 의미한다. 고립사와 차이점은 외로움 자체가 주관적인 감정 혹은 인지 상태를 말하므로 외로운 죽음은 개인적인 측면에서 단절 혹은 개인적인 주관적 감정으로서 외로움을 느끼면서 죽음을 맞이하는 것을 의미하는 개념이다. 외로움은 홀로된 상태이거나 여럿 속에 있거나 간에 느낄 수 있는 감정이다.

독거사(獨居死)란 혼자 취사, 취침 등의 생활을 하며 생계를 유지하는 가구나 생활 단위에 사망을 의미한다(이영철 외, 2021: 12).

무연(고)사는 시신을 인수할 연고자 존재 여부가 핵심으로, 가령 요양병원 치료·보호 중 사망 시 사회적 고립이 아니므로 고독사에는 해당하지 않으나, 시신 인수할 연고자가 없을 경우 무연고 사망에는 해당된다. 그러나 무연고 사망 중에서도 사회적 고립에 처해 있는 이들의 사망을 고독사로 분류할 수 있다(송인주, 2016).

비존엄사(非尊嚴死)란 의도적으로 자신의 목숨을 끊는 행위를 말하며 완결된 자살에 이르기까지의 폭넓은 스펙트럼을 가진 일련의 자기 파괴 행위의 일부를 말한다.

### 3) 고독사 의미에서 주요 범위와 논쟁

고독사 개념과 관련하여 주요 범위와 논쟁은 독거, 사망 장소, 사회적 고립, 입회자 없는 사망, 사후 방치 기간, 자살 포함 등이다. 이들의 포함 여부는 연구자들에 따라서 다양하게 나타나고 있다.

고숙자 외(2021)의 고독사 정의(안)을 예로 들면, 고독사는 "가족, 지인으로부터 단절되고 사회적으로도 고립된 채 자살 또는 병사로 홀로 임종을 맞이하며, 통상적으로 시신이 사망한 후 3일 이상 방치되다가 발견된 죽음"이다. 독거, 사망 장소는 제한 없음, 사회적 고립, 입회자 없는 사망, 사후 방치 기간은 3일, 자살 포함 등에 해당된다. 정순둘(2022)은 함께 생활하는 동거인이 다양한 이유로 임종을 알리지 못해 시신이 일정한 시간이 지난 후에 발견되는 동거 고독사 역시 고독사에 포함하는 개념으로 정의한다.

〈표 12-1〉 고독사 개념의 범위

| 구 분 | 독거 | 자택 | 경제적 소외 | 사회적 고립 | 입회자 없는 사망 | 시신 방치 | 자살 포함 |
|---|---|---|---|---|---|---|---|
| 이미애(2012) | | | ○ | ○ | ○ | ○ | |
| 권혁남(2014) | | ○ | ○ | ○ | ○ | ○ | |
| 최승호 외((2017) | ○ | ○ | ○ | ○ | ○ | ○ | |
| 고숙자 외(2021) | ○ | | | ○ | ○ | ○ | ○ |
| 정순둘(2022) | | | | ○ | ○ | | ○ |
| 후생노동문제연구회(2004) | | | ○ | ○ | ○ | | |
| 신주쿠고령자보건복지 추진협의회(2006) | ○ | | ○ | ○ | ○ | | |
| 사사키, NHK스페셜취재반(2007) | ○ | ○ | ○ | ○ | ○ | | |
| 다카오(2008) | | ○ | ○ | ○ | ○ | | |

출처: 현외성 외, 2024 재인용.

## 2. 현황

고독사 실태조사는 2021년 4월 1일 시행된 「고독사 예방 및 관리에 관한 법률」 제10조에 근거하여 우리나라에서 최초로 실시된 조사(5년 주기)이다(보건복지부, 2022). 전국의 고독사 사망자 수는 2017년 총 2,412명에서 2021년 총 3,378명으로 2019년을 제외하고는 대체로 지속적인 증가 추세이다.

〈표 12-2〉 우리나라의 고독사 현황

| 연도 / 시도별 | 2017 | | | 2019 | | | 2020 | | | 2021 | | |
|---|---|---|---|---|---|---|---|---|---|---|---|---|
| | 고독사 수 (명) | 인구 10만 명당 | 사망자 수 대비 (%) | 고독사 수 (명) | 인구 10만 명당 | 사망자 수 대비 (%) | 고독사 수 (명) | 인구 10만 명당 | 사망자 수 대비 (%) | 고독사 수 (명) | 인구 10만 명당 | 사망자 수 대비 (%) |
| 전국 | 2,412 | 4.7 | 0.8 | 2,949 | 5.7 | 1 | 3,279 | 6.4 | 1.1 | 3,378 | 6.6 | 1.1 |

출처: 통계청, 각 연도.

성별 고독사 현황을 보면, 매년 남성 고독사가 여성 고독사에 비해 4배 이상 많다. 2017년 이후 2021년까지 5년간 연평균 증가율은 남성이 10%, 여성이 5.5%이다.

연령별 고독사 현황을 보면, 가장 많은 비중을 차지하는 연령은 50~60대(매년 50% 이상)이다.

성별과 연령을 조합하여 40대, 50대, 60대의 남녀 고독사 실태를 살펴보면, 50대의 남자 고독사가 많다. 2017년 40대는 남자가 83.2%, 50대는 87.5%, 60대는 83.0%이다. 2021년은 82.8%, 50대는 89.9%, 60대는 87.6%이다.

〈표 12-3〉 성별 · 연령별 고독사 현황 (단위: 명)

| 연령 | 2017 | | | | 2019 | | | | 2021 | | | |
|---|---|---|---|---|---|---|---|---|---|---|---|---|
| | 계 | 남자 | 여자 | 미상 | 계 | 남자 | 여자 | 미상 | 계 | 남자 | 여자 | 미상 |
| 계 | 2,412 | 1,923 | 426 | 63 | 2,949 | 2,331 | 519 | 99 | 3,378 | 2,817 | 529 | 32 |
| 19세 이하 | 1 | 0 | 1 | 0 | 1 | 1 | 0 | 0 | 2 | 1 | 1 | 0 |
| 20대 | 54 | 35 | 18 | 1 | 54 | 33 | 18 | 3 | 53 | 37 | 16 | 0 |
| 30대 | 149 | 98 | 49 | 2 | 164 | 112 | 50 | 2 | 164 | 120 | 44 | 0 |
| 40대 | 435 | 362 | 63 | 10 | 520 | 408 | 96 | 16 | 526 | 436 | 88 | 2 |
| 50대 | 776 | 679 | 71 | 26 | 885 | 769 | 92 | 24 | 1,001 | 900 | 91 | 10 |
| 60대 | 497 | 413 | 74 | 10 | 702 | 587 | 92 | 23 | 981 | 860 | 114 | 7 |
| 70대 | 278 | 196 | 77 | 5 | 376 | 276 | 89 | 11 | 421 | 314 | 104 | 3 |
| 80대 이상 | 120 | 59 | 60 | 1 | 179 | 102 | 70 | 7 | 203 | 135 | 67 | 1 |
| 미상 | 102 | 81 | 13 | 8 | 68 | 43 | 12 | 13 | 27 | 14 | 4 | 9 |

출처: 통계청, 각 연도.

## 3. 원인

### 1) 고독사 위험 요인

최현수 외(2019)는 '고독사 위험 고립가구 특성과 지원모형 연구'에서 고독사 위험 요인을 가구 및 인구학적 특성, 주거 특성, 사회적 관계망, 특정 질환 및 건강행태, 경제활동 및 소득재산, 사회보장수혜 이력의 6가지 영역으로 구분, 구체적인 요건을 살펴보았다.

- 가구 및 인구학적 특성: 1인가구, 연령은 40~64세 중장년 위험집단, 성별은 남성
- 주거 취약성: 거주 유형이 다세대, 연립주택 또는 소규모 공공임대아파트, 주택 이외 거처 유형(숙박업소 객실, 고시원 등), 주거 점유 형태는 보증금 없는 월세 가구, 이동성이 높은 집단
- 사회적 관계망: 사회적 네트워크, 관계망 유지, 생애사적 전환(이혼, 사별, 가족 해체 및 분리 등), 외로움이나 관계 단절
- 특정 질환 및 건강행태: 당뇨 및 만성질환, 중증질환(암, 뇌출혈), 우울 등 정신건강, 건강행태(알코올 질환 또는 의존 · 중독 여부)
- 경제활동 및 소득재산: 경제활동 여부, 종사자 지위, 실직 및 불안정 근로, 실직, 실업급여 수급 · 중단 관련, 소득재산
- 사회보장수혜 이력: 기초생활보장 수급 등 공적 자원에 의한 급여 및 서비스 등 사회보장 수혜 여부

박선희 · 최영화(2019)는 '고독사 및 사회적 고립 예방을 위한 지역사회안전망 강화 방안 연구'에서 고독사 위험 요인을 사회적 고립도 영역과 가구 취약성 영역으로 나누어 살펴보았다.

- 사회적 고립도: 사회적 관계망, 가족 외 걱정거리 상담자 및 경제적 지원자 유무, 인간관계 만족도, 사회적 관계 지향 방향, 건강문제 상담자 여부
- 가구 취약성: 일 중단 및 소득 상실, 만성질환 및 질병, 자살시도, 공과금 등 미납, 영양불충분(식사 상태), 주거문제

안인숙 외(2019)의 '50+세대 고독사 증가에 영향을 미치는 요인 분석과 사회적 해법 방안 연구'에서는 50대 중장년(50~64세 미만)의 고독사 증가 요인을 설문조사를 통해

살펴보았다.

- 고독사 주요 요인: 조기퇴직(명예퇴직 · 희망퇴직), 1인가구 및 가족관계 단절, 이혼, 사별 및 가정문제, 정신과적 스트레스(사회경제적 변화 노출로 인한 심리적 좌절 및 사회 적응의 어려움), 비존엄사(자살)

송인주 · 고선규 · 박선영(2018)은 '고독사 위험 고립가구 특성과 지원모형 연구'에서 이동성, 정서적 차원, 개인 선택 차원의 고립적 일상 패턴화, 공적 서비스 접근 정도로 나누어 고독사 위험이 큰 사회적 고립문제 발생을 요인으로 살펴보았다.

- 부유하는 삶: 잦은 이직 및 이사, 가족관계의 잦은 변화
- 정서적 차원: 사업 실패, 이혼, 책과 텔레비전 시청하는 일상 지속, 직장과 학업을 위한 시험 준비
- 공적 서비스 정도: 공적 시스템에서의 파악 여부

## 2) 생애주기별 고독사 요인

김해성(2019)은 '고독사와 건강불평등에 대한 탐색적 연구'에서 연령대별 고독사 요인을 제시하였다. 20대는 자살 의심 사례, 40대는 음주문제, 50대는 음주문제, 간질환 · 당뇨 · 심장질환과 같은 만성질환, 60대는 자살의심 사례, 음주문제 및 정신건강 문제와 다양한 만성질환 문제가 복합적으로 발생하고, 70대는 자살, 대장암, 고혈압, 위질환 등의 만성질환으로 고독사에 이른다고 제시하였다.

신현주(2018)는 '한국사회의 변화하는 고독사 현상과 대책에 관한 연구'에서 생애주기별 고독사 요인으로 청년은 학업 · 취업문제, 장년층은 이혼 · 실업, 노인은 만성질환 · 사별 요인을 제시하였다.

이은영(2018)은 '외로움과 관계 단절로부터 야기되는 자살은 고독사로 지정될 수 있는가?'에서 생애주기별 고독사 요인을 제시하였다. 청년은 독립생활을 위한 원룸 및 고시텔에서의 생활, 취업난 문제, 생활고 문제, 이로 인한 정신건강 문제, 사회적 체념, 자살생각 및 자살행동을 유발하며, 중 · 장년층은 조기퇴직 · 실직 · 파산 등의 경제적 갈등, 가족 단절, 알코올 의존, 질병, 관계 단절로 인한 소외감 · 우울감, 자살 시도 등을 통해서 고독사에 이르고, 노인은 관계의 단절과 소외 등으로 인한 사회적 유대감 상실, 경제적 빈곤에 처하여 고독사에 이른다고 보았다.

## 3) 고독사의 환경적 요인

### (1) 저출산 · 고령화

우리나라의 출생아 수 합계 출산율은 2015년 이후 계속 하락세를 보이고 있으며, 2023년 합계 출산율은 0.72명으로 OECD 회원국 중 가장 낮게 나타났다(통계청. 2023). 또한, 2025년 초고령사회에 진입할 것으로 예상하고 있다(통계청, 2020). 저출산 · 고령화 현상은 1인가구의 증가로 이어지는데, 2024년 4월 기준 우리나라 1인가구는 1,002만 개로 전체 가구의 41.7%를 차지하여 5가구 중 홀로 거주하는 가구가 2곳이며, 이는 고독사 위험군의 증가를 의미한다.

### (2) COVID-19 등으로 인한 고립인의 증가

COVID-19, 사회 적응 실패로 타의로 고립된 사람들이 늘고 있는데, 이러한 사회적 고립인의 증가는 우울증 같은 정신질환을 일으킬 수 있다(전근배, 2020). 특히 사회적 고립 위험군의 경우 환경변화로 평소 유지하던 사회적 관계망이 약해지며 고립될 위험성이 커진다(신혜리 외, 2020).

청년층의 경우 니트(NEETs), 은둔형 외톨이 등 스스로 고립을 선택하는 사례가 증가하고 있다. 이는 사회적으로 요구하는 취업, 결혼 과업이나 부정적인 환경 등이 원인으로 언급되고 있다(유민상 · 신동훈, 2021). 이러한 현상이 사회문제가 된 일본의 경우 청년기에 은둔한 사람들이 중 · 장년기 및 노년기에 진입하며 고독사 위험이 커지고 있다(구효송 · 신승균, 2019). 자발적 은둔 청년의 증가는 고독사 위험군의 증가를 의미한다.

### (3) 생명 경시 현상

사회적 관계가 단절되고 물질만능주의로 인한 범죄와 사건들이 우리 사회에 만연하게 되면서 생명의 존엄성보다 물질이 우선시되는 사회로 변질하였다. 기본적인 도덕관념이 무너지면서 생명을 가볍게 여기는 인식이 확산하였고, 생명이 개인이 아닌 공동체에 맡겨진 책임의식의 부재로 이어졌고 이러한 이유로 사회적 관계망이 와해되어 고독사가 발생하게 된다.

### (4) 개인주의 팽배로 인한 공동체 의식 붕괴

최초의 사회공동체인 가정이 핵가족으로 변화, 외동 또는 두 자녀 가정이 많아지면서 부모-자녀 간, 형제 간 관계성이 상실되고 양보나 배려보다는 자기 중심적인 사고방식 보편화로 사회적인 관심이 저하되고 이기적인 사고방식에 문제의식이 없어지는 등 왜곡된 개인주의가 팽배하므로 주변에 외롭게 혼자 사는 이웃이 누구인지 관심을 두지 못하므로 고독사 발생 위험이 증가한다(최지연, 2018).

### (5) 독신도 편한 현대사회

현대사회에서는 식사와 반찬을 조리하지 않아도 편의점과 마트에서 쉽게 해결할 수 있으며, 빨래는 세탁기가 처리하거나 빨래방에서 해결하며, 필요한 물품은 택배로 실시간 받을 수 있어서 혼자 살아도 충분한 각종 인프라와 시설이 갖추어진 것 역시 비혼, 미혼, 만혼에 영향을 주면서 굳이 결혼이나 연애를 할 필요성을 못 느끼며, 이혼에 대한 편견이 해소되고 여성의 경우 생활이 가능한 사회적 일자리들이 있으므로 이혼을 쉽게 결정할 수 있어, 1인가구를 증가시키는 요인으로 작용하고 있다.

### (6) 사회적 고립도의 증가(Gallup, Gallup World Poll, 2008-2018; 한준, 2019)

우리나라의 사회적 고립에 대한 정확한 통계는 없으나, 통계청의 사회조사 결과를 토대로 분석한 결과, 사회적 고립은 2019년에서 2021년 사이 증가하였다. 사회적 고립을 사회적 관계와 사회적 지지체계가 모두 없는 경우로 정의할 경우에 사회적 고립이 2019년에 4.7%에서 2021년 6.0%로 증가하였다.

통계청 사회조사 원자료(2019년, 2021년)를 활용, 사회적 고립의 조작적 정의를 적용하였다.

- 사회적 관계: 가족 또는 친척과 같이 살고 있는 사람은 제외, 가족 또는 친척 이외의 사람(단순 업무상 관계는 제외) 중에서 대면, 인터넷(SNS 등), 전화 등으로 교류하고 있는지에 대한 문항에 없다고 응답한 사람이다.
- 사회적 지지체계: 몸이 아파 집안일을 부탁해야 할 경우, 갑자기 큰돈을 빌려야 할 경우, 낙심하거나 우울해서 이야기 상대가 필요한 경우에 도움을 받을 수 있는 사람(함께 살지 않는 가족, 친척, 친구, 이웃, 직장 동료 등)이 없는 경우를 의미한다.

**사회적 고립 발생의 생애사적 특성 및 원인**

청소년기는 정서적 문제(ADHD, 심리정서 요인), 학교부적응(학교폭력, 학업스트레스), 가족문제(가정불화, 가정폭력). 청년기는 경제문제(가계부담, 빈곤, 미취업, 실업), 사회 부적응(대학입시 실패, 군대폭력, 친구불화, 직장따돌림), 가족돌봄(영케어, 돌봄)이며, 중·장년기는 경제활동 문제(생계유지부담, 부채), 이행 실패(취업 실패, 창업 실패), 가족 갈등(이혼, 사별, 관계 불화)이며, 노년기에는 경제적 문제(노인빈곤), 건강문제(만성 질환, 활동제한, 치매, 우울, 불안, 미충족 욕구), 지지체계 부재(은퇴 후 부적응, 자녀 및 배우자 갈등, 동료 지원 부재) 등이 원인이다.

사회적 고립 경험자는 노년층(65세 이상)과 장년층(50~64세)의 사회적 고립비중이 각각 9.2%, 6.6%로 높은 비중을 보인다.

### (7) 사회복지체계의 부실 및 복지 사각지대 발생

사회복지에 대한 법률지원의 미비나 복지 사각지대 발생 등의 제도적 문제가 고독사의 한 원인이 되고 있다. 취약계층은 사회복지제도의 지원을 받고, 도움도 필요하지만 법의 제한에 갇혀 사각지대의 고위험군의 경우 사회복지체계로 수렴되지 못해 혜택을 받지 못하고 사회적 연계가 소홀하게 되어 고독사에 이르게 되는 경우가 있다(송파 세 모녀 사건 등). 이는 형식적 행정제도와 편의주의적 지원 문제가 주요 원인으로 언급되고 있다.

## 4) 고독사의 사회학적 요인

인구구조 및 가족구조의 변화(이민홍 외, 2015; 조성숙, 2018), 특히 1인가구의 증가 및 가족관계의 단절이 주로 나타나고 있다. 전체 가구에서 1인가구가 차지하는 비중이 2015년부터 매년 지속적으로 증가하고 있는데, 2015년 27.2%, 2017년 28.6%, 2019년 30.2%, 2021년 33.4%, 2024년 41.8%이다(통계청, 「인구주택 총 조사」; 행정안전부, 2024).

전통적 대가족 중심에서 핵가족 중심으로 가족구성이 변화하며, 사별, 이혼, 비혼 등으로 가구 형태가 핵가족에서 1인가구로 다시 변화하게 된 것도 고독사의 원인으로 작용하여 응급상황 발생 시 이를 발견하고 도와줄 사람이 없어 죽음 이후 고독사로 연결될 개연성이 있다.

또한 평균 초혼 나이가 2023년 기준 남 34세, 여 31.5세로, 지속적으로 증가하는 추세(통계청, 2024)인데, 이는 비혼, 비출산 등 전통적인 결혼 가치관의 변화가 반영된 결과라고 볼 수 있다. 결혼 가치관의 변화는 고독사 위험군인 1인가구의 증가로 이어질 수 있다.

가족 및 사회관계망의 단절(정순둘 · 임효연, 2010; 송인주, 2016; 조성숙, 2018). 가족구조 변화로 부모-자녀 간의 관계, 형제 · 자매 간 가족관계망 단절, 또한 개인주의적 문화 심화, 공동체의식 부족 및 잦은 이주와 익명성이 강한 도시 아파트 생활환경으로 인해 이웃 사이의 관계가 단절되는 등 사회관계망이 붕괴하고 있다. 이런 상황은 1인가구주의 사회적 고립을 강화시켜 고독사 증가로 이어질 수 있으며(송인주, 2016), 또한 개인주의 심화는 공동체 의식을 상실하게 만든다(최지연, 2018).

### 5) 계층별 고독사 위험 요인

#### (1) 청년층 고독사 위험 요인

청년기에 경험하는 부정적 생애 사건들, 예를 들어 학교폭력, 입시 실패, 가족 간 불화, 직장 내 따돌림 등의 경제활동 참여나 사회적 관계 실패 경험이 누적되면서 관계 단절 및 고립이 고독사로 진행될 위험이 높다.

#### (2) 중·장년의 고독사 위험 요인

중 · 장년 남성 1인가구를 중심으로 여러 요인이 복합적으로 작용하여 결국 고립을 선택하거나 혹은 고립 상황에 놓임으로 인해 고독사로 이어진다. 중 · 장년의 경우 실직 및 은퇴로 인한 상실감과 생활고가 복합적으로 작용하여 관계 단절, 고립으로 이어져 고독사 발생 가능성이 높아진다.

중 · 장년의 고독사 위험 요인으로는 실직, 은퇴(조기퇴직, 파산), 실직 · 은퇴로 인한 생활고, 실직 · 은퇴 및 경제 관련 소외감 및 우울감, 이혼 등으로 인한 가족 단절, 간질환 · 당뇨 · 심장질환과 같은 만성질환, 관계 기피 및 거부, 알코올 의존 및 영양 불균형, 자살 관련 행동들이 있다.

### (3) 노년기 고독사 위험 요인

노년기에는 경제문제(노인 빈곤), 건강문제(만성질환, 활동 제한, 치매, 우울 및 불안, 미충족 의료), 사회지지체계 부재(은퇴 후 부적응, 사별, 자녀 및 배우자 갈등, 도움지원 부재) 등이 주요 원인으로 작용하고 있다.

## 6) 전 연령층 공통 요인

경제적 양극화로 인한 빈곤과 질병 만연 현상이다(이상명, 2016; 조윤득, 2017, 조성숙, 2018). 빈곤은 경제력 상실로 발생하는데, 이는 취약계층뿐만 아니라 중산층 가정의 와해로 이어지며, 고독사 위험군 중 중·장년 남성의 사회적 고립을 촉진하는 원인으로 지목된다(최지연, 2018). 1인가구는 신체와 심리·정서적 건강 수준이 낮고, 거주가 쪽방처럼 불안정하고 주거환경이 열악하며, 정규 일자리 접근이 어려워서 근로 빈곤율이 높으며, 사회활동 참여율이 낮다는 공통적인 특성이 존재하는데, 중년과 노년 1인가구는 소득수준 및 주택 소유율이 낮고 경제 상태는 열악하며, 국민연금 가입률도 낮아 노후 소득의 안정성이 낮은 것으로 나타났다(이민홍 외, 2015).

30~40대가 재취업에 실패하여 단순 육체노동직에 종사하거나 자영업에 뛰어드는 경우가 많으며, 50대 중반이 넘어가면 일자리를 구하기 힘들고 무직 상태에서 국민연금 수급은 65세이므로 5~10년 가까이 공백기가 발생한다. 2020년부터는 코로나바이러스 감염증-19사태가 터지면서 정규직은 물론이고, 비정규직과 아르바이트 자리조차 감소하고, 폐업하는 업체들이 많아서 정규직의 경우라도 구조조정 및 해고되는 경우가 증가하고 있다(현외성 외, 2024 참조).

# 제2절 고독사문제의 예방과 대응방안

## 1. 일본의 고독사 예방 및 대응방안

### 1) 고독사 용어의 등장

일본에서 고독사(孤獨死)란 말이 처음으로 등장한 것은 아사히신문에서 '고독의 죽음(孤獨の死)'이라는 기사를 다루면서부터이다. 이후 1988년 5월 요미우리신문을 통해 고독사 용어를 사용하였다. 이때까지는 간병이 필요한 노인이나 독거노인의 지원과 관련한 논의가 대부분이었으며 일부에서 발생하는 고독한 죽음을 다루기도 하였다.

1995년 한신·아와지 대지진((阪神·淡路大震災)으로 당시 가설주택에서 노인 고독사가 발생하면서 주목을 받게 되고, 이후 대도시 인근의 신도시 지역인 동경도 마쯔도시 대단지 아파트에서 50대 남성이 백골 상태로 발견되었으며, 이후에도 유명인 등 고급주택 거주자의 고독사가 계속해서 발생하였다. 이처럼 1995년 재해 발생 후 고독사문제가 사회문제로 관심을 끌게 되었다.

이런 배경에서 당시 고독사를 NHK 스페셜로 다루게 되었고, 기존에 발생했던 사고 및 재해 발생으로 인해 가족 및 직장의 상실, 기존 거주지역의 커뮤니티 와해 등과는 무관하게 대도시 지역의 대규모 아파트 단지 등 도시지역에서 백골 상태의 고독사가 발생했다는 점에서 일본 사회에 충격을 안겨주었다(정순둘 외, 2022).

### 2) 고독사 관련 정책의 변화

일본의 고독사와 관련된 정부 정책 변화를 살펴보면 다음과 같다. 일본은 1990년대 후반까지는 사고나 재해 발생 등 특수한 상황에서의 고독사 발생이 다수를 차지하고 있었으나, 이후 2000년대 들어서면서는 대도시나 대단지 아파트 지역에서 고령화로 인한 고독사가 일상적으로 발생하면서 보편적 상황으로 전환되었다는 특징을 보이고 있다.

이러한 배경에서 고독사에 대한 관심은 1990년대 후반 재해지역의 가설주택에서의 고독사 발생과 이후 지역에서 계속 발생하게 되는데, 고독사가 전 국민적 관심을 가지게 된 계기는 2000년 초반 대도시 지역의 대규모 아파트 단지에서 발생한 고독사가 언론을 통해 보도되면서부터이다.

이를 계기로 일본 후생노동성은 2007년부터 고독사 방지 추진사업(고독사 제로 정책)을 추진하게 되고, 전국 78개 시청촌(市町村)을 대상으로 시범사업을 추진하게 되며, 이후 2009년 안심생활창조사업(시범사업 확대)과 2009년 히키코모리 지역지원센터 설치 · 운영 등 사회적 고립 및 고독사 예방을 위한 정부 및 지자체 차원의 적극적인 정책을 펼치게 되었다.

일본은 고독사를 포함한 사회적 고립에 있어 기본적으로 시정촌을 중심으로 지원체계를 구축하고, 중앙정부는 필요한 정보를 수집하거나 정책적 · 제도적 행정지원의 역할을 주로 하고 있다(정순둘 외, 2022).

### 3) 일본 정부의 고독사 예방 및 대응

#### (1) 고립사 제로 목표 추진정책

① 취지

독신 고령자나 고령자 세대만의 세대가 증가하고 있는 가운데, 도시지역 등에서 지역에서 고립된 상태로 고령자가 사망하는 사례 등이 사회문제가 되고 있다. 독신 고령자 및 고령자만의 세대수는 향후에도 증가할 것으로 예상되는 한편, 지역 커뮤니티 의식의 희박화가 지적되고 있는 가운데 이러한 고령자 등이 지역으로부터 고립되지 않도록 대처를 추진할 필요가 있다.

이 때문에 고립사 제로를 목표로 하여 “고령자 등이 혼자서도 안심하고 살 수 있는 커뮤니티 조성 추진회의”(이하 “추진회의”라 한다)를 개최하고, 각 지역에서 실천되고 있는 특징적인 대응을 전국에 보급시키는 동시에 고령자 등이 혼자서도 안심하고 살 수 있는 커뮤니티 조성을 향해서 국민 등에게 제언하는 것으로 한다(차현숙 외, 2020).

② 정책내용

고령자가 혼자라도 안심하고 생활할 수 있는 커뮤니티 만들기(고독사 제로) 보고서 · 예방형 커뮤니티 만들기를 제안하고, 돌봄 네트워크와 지역지원 네트워크의 형성이 주요 과제로 제시되었다. 지역 단위 '새로운 협동' 목표로 주민과 행정의 협동에 의한 새로운 복지를 발표하고, 고독사, 학대 및 자살, 빈곤, 소비자 피해 등을 제시하였고, 사회적 고립 · 고독사와 관련한 대응에 있어 사전 · 사후 조치로 구분하고, 지역 연락망 구축, 응급 구조망 구축, 적절한 실태 파악 및 생활 지원 등의 예방적 조치는 물론, 사후의 유품 정리 등의 지원도 포함하고 있는 것이 특징적이다.

또한 고독사를 지원하는 주체를 공공, 민간(복지전문기관, 라이프라인 사업자 등 포함), 주민 등 지역 내 관계자들을 포함하고, 이를 ① 협력원 활용형, ② 사업자 등과의 협정체결형, ③ 네트워크 구축형 등 3가지 유형으로 지원 주체를 구체화하여 제시하였다. 사회적 고립 및 고독사 예방 대응책의 하나로서 2009년부터 '안심생활창조사업' 추진을 통해 전국 58개 지자체에서 고독사를 포함한 다양한 시범사업들이 시도되었다(정순둘 외, 2022).

### (2) 후생노동성의 안심생활창조사업

#### ① 의의

"안심생활창조사업"은 후생노동성이 선정하여 '지역복지추진 시정촌'이 실시하는 시범사업이다. 이 사업에서는 "비참한 고립사, 학대 등을 한 사례도 발생시키지 않는 지역 만들기"를 목표로 하고 있다. 각 '지역복지추진 시정촌'은 이 사업의 "3대 원칙"에 근거하여 대처한다. 3대 원칙이란 1원칙은 지역에서 기반 지원(지킴이나 쇼핑 지원)을 필요로 하는 사람들을 파악하고 그 사람들이 일상생활에서 어떤 것을 어려워하고 있으며, 어떤 것을 필요로 하고 있는지를 파악하는 것, 2원칙은 1원칙에서 파악한 기반 지원을 필요로 하는 사람들이 빠짐없이 커버되는 지역의 지원체제를 구축하는 것이다. 3원칙은 1원칙과 2원칙을 지탱하는 안정적인 지역의 자주재원 확보에 힘쓰는 것이다.

#### ② 사업 실시 범위

안심생활창조사업은 3대의 원칙을 달성하기 위한 목표이다. 그러나 특히 규모가 큰 시정촌 등 전역에서 단기간에 3대 원칙을 달성하는 것이 어렵다고 생각된다. 이 때문에 사업을 실시하는 지역은 시정촌의 실정에 따라 설정할 수 있다. 예를 들어 시내의 어느 1개 지역을 사업의 실시 지역으로 하는 것, 어떤 단지에서만 실시하는 것

등 다양하다. 또 복수의 지역에서 동시에 사업을 실시하는 것도 가능하다.

후생노동성에서는 전국 59개소의 시정촌에 협력하고 2009년도부터 3년간 모델사업으로서 안심생활창조사업을 실시했다(차현숙 외, 2020).

## 2. 우리나라 고독사 예방 및 대응방안

### 1) 우리나라 정부의 고독사 예방 및 대응

#### (1) 중앙정부

**① 「고독사 예방 및 관리에 관한 법률」(약칭: 고독사예방법) 제정과 시행**

대한민국 정부는 고독사문제가 개인과 가족의 문제로부터 사회적 쟁점으로 사회문제로 부각됨에 따라, 2020년 3월 「고독사 예방 및 관리에 관한 법률」(약칭: 고독사예방법)을 제정하고 2021년 4월부터 시행하였다. 이 법을 제정한 배경과 주요 내용을 살펴보면 다음과 같다(법체저, https://www.law.go.kr, 접속일 2025. 4. 14).

“최근 우리나라에서는 가족으로부터 단절되고 사회적으로도 고립된 채 홀로 임종을 맞이하는 고독사가 사회적인 문제로 부각되고 있는바, 고독사 예방을 위하여 고독사에 대한 정확한 실태조사 및 체계적인 조사 · 연구를 바탕으로 대상자의 특성에 맞는 지원체계를 마련하는 등 국가적 차원의 통합적이고 체계적인 정책 추진이 필요하다. 이에 고독사를 체계적으로 예방 · 관리할 수 있는 법적 근거를 마련함으로써 고독사로 인한 개인적 · 사회적 피해를 방지하고, 국민의 복지 증진에 기여하려는 것이다.”

이 법의 주요 내용은 다음과 같다.

가. 국가 및 지방자치단체는 고독사위험자를 고독사의 위험으로부터 적극 보호하기 위하여 필요한 정책을 수립하고, 고독사 예방 및 대응 등 각 단계에 필요한 정책을 수립 · 시행하여야 함(제4조).

나. 보건복지부장관은 5년마다 고독사 예방 기본계획을 수립하고, 보건복지부장관, 관계 중앙행정기관의 장 및 시 · 도지사는 기본계획에 따라 매년 연도별 고독사 예방 시행계획을 수립 · 시행하도록 함(제6조 및 제7조).

다. 보건복지부장관은 5년마다 고독사 실태조사를 실시하고, 그 결과를 발표하도록 함(제10조).

동법은 제정 이후 몇 차례의 개정을 거쳐 현재에 이르고 있다. 2025년 4월 현재 시행 중인 이 법의 목적은 고독사 예방 및 관리에 필요한 사항을 규정함으로써 고독사로 인한 개인적 · 사회적 피해를 방지하고 국민의 복지 증진에 기여함을 목적으로 한다.

고독사에 대한 개념 정의를 이 법에서 규정하고 있다. 즉, "이 법에서 "고독사"란 가족, 친척 등 주변 사람들과 단절된 채 사회적 고립 상태로 생활하던 사람이 자살 · 병사 등으로 임종하는 것을 말한다."〈개정 2023. 6. 13., 2024. 2. 6.〉

위 주요 내용 이외에, 고독사예방법에는 고독사 통계 분석 및 조사 · 연구, 고독사 위기대응시스템의 구축 · 운영, 고독사위험자 지원대책, 고독사 예방 협의회, 고독사 예방을 위한 교육 · 홍보, 고독사 예방을 위한 상담 · 교육, 전문인력의 양성 등이 포함되어 있다.

### ② 고독사 예방 기본 계획 수립

보건복지부는 관계부처 합동으로 「고독사 예방 및 관리에 관한 법률」에 따라 2023년 5월에 제1차 고독사 예방 기본 계획('23-'27)을 발표하였다. 기본 계획의 핵심내용은 고독사 예방정책의 추진목표 · 기본 방향, 실태조사, 고독사 위험군 발굴 및 지원체계 구축, 생애주기별 고독사 예방대책 및 지원방안, 고독사 예방 사회환경 조성 등이 포함되어 있다(관계부처 합동, 2023).

기본 계획은 고독사 대응뿐만 아니라 생전에 고독하지 않도록 지원하는 다양한 정책(지역사회보장, 자살예방, 건강가정, 국민취업지원, 인문정신문화진흥 등)과 광범위한 연계를 추진하고 정책 효과성 제고를 위해 지역별 여건과 특성을 반영한 지역 맞춤형 서비스 개발 등 접근 추진, 이러한 정책을 추진하면서도 개인의 사생활의 평온을 부당하게 침해하지 않도록 하는 세심한 고려를 기본 이념으로 하고 있다. 또한, 생애주기별 · 분야별 정책에 고독사 예방을 반영하도록 하면서, 신규 및 기존의 서비스를 고독사 위험군에게 연계하도록 하였다. 여기에서 고독사 위험군은 인적 안전망을 활용하거나 기존 복지 사각지대 발굴 체계의 역할을 확대하여 발굴하고, 고독사 위험 정도를 판단하는 도구를 개발할 것도 포함하였다. 생애주기별로 청년 위험군에 대해서는 정서 및 취업지원에 초점을 두었고, 중 · 장년 위험군은 고독사가 가장 많이 발생하는 연령대로서 주기적 건강관리와 일상생활 및 재취업을 지원하도록 하였고, 노인 위험군은 지역사회에서 의료, 건강관리, 돌봄에 대한 통합지원 및 지지체계 구축을 강조하였다(장민선, 2024).

③ 고독사 예방 및 관리 시범사업 추진

「고독사 예방 및 관리에 관한 법률」에 따라 '고독사 예방 및 관리 시범사업'을 실행하고 있는데, 2025년 4월 현재 전국 17개 시·도, 229개 시·군·구에서 이루어지고 있다. 시범사업은 고독사 위험자를 고독사 위험으로부터 보호할 수 있는 지원체계 마련함을 목표하고 있으며, 고독사 위험자를 조기에 발견하여 생애주기별(청년, 중·장년, 노인 등) 특성에 맞는 서비스를 제공·연계하도록 추진방향을 설정하고 있다.

또한 시범사업은 고독사 예방·관리를 위한 생애주기별 밀착형 고독사 지원체계 구축하고, 1인가구를 중심으로 지원하되, 사회적 연대 취약계층 추가 지원하도록 하며, AI, IoT 등 정보기술 활용 및 민간자원 연계 활성화로 효율성을 제고하는 것을 추진 원칙으로 하고 있다.

시범사업의 대상자는 '고독사 위험자'와 '고독사한 사람'이다. 고독사 위험자란 아래 고려 대상 포함하여 고독사 위험도 판단도구를 적용하여 고독사 위험자로 선별 및 관리되는 사람을 말한다. 이때 판단도구란 보건복지부 권고안, 자체 기준 또는 타 지자체(서울, 부산 등) 판단도구 등을 활용하는 것을 말한다. 그리고 여기서 말하는 고려대상이란, 지자체별 인구 구성(청년, 중·장년, 노인 등)을 고려하여 사업 대상을 선정하되, 기존 생애주기별 사업에 포함되지 않는 대상(청년 1인가구, 중장년 남성 1인가구 등)을 우선 고려함을 말한다. 물론 여기에 더하여 고려 대상에는 위기상황 대응이 어려워 사회적 고립 우려가 있는 다인 가구(노인 돌봄 가구, 장애인 돌봄 가구 등)도 사업대상에 포함시키는 것을 말한다.

다음으로 고독사한 사람(이하 고독사 사망자)이 대상일 경우에는 고독사로 판명난 사람을 말하며, 이들에 대해서는 사후 관리 지원에 한한다.

세부 사업내용은 크게 2가지로 대별할 수 있는데, 첫째는 고독사 위험자 발굴·관리사업과 둘째는 예방 및 관리 서비스이다. 고독사 위험자 발굴·관리사업의 경우 고독사 위험자 발굴을 위해 복지 사각지대 발굴시스템, 지자체 기획조사 등을 통한 고독사 위험자 발굴 조사를 실시한다. 고독사 위험자로 의심되는 경우 고독사 위험자 판단도구를 활용하여 대상자로 선별하고, 명단과 사례관리 연계내용 또는 시범사업 서비스 지원내용을 별도로 관리한다.

다음으로 예방 및 관리 서비스이다. 이 사업과 관련하여 시 · 군 · 구에서는 다음 4개 유형의 서비스 사업을 수행하는 것을 말한다. 4개 유형의 사업이란 안부 확인, 생활 개선 지원, 공동체 공간 및 사회적 관계망 형성 프로그램 운영, 사후 관리 등을 말한다(보건복지부, 2025).

### (2) 지방자치단체

#### ① 서울시 고독예방 및 대응

'고독사 예방 및 사회적 고립' 등과 관련된 지방자치단체의 조례는 2025년 4월 15일 현재 276건으로 검색되고 있다(법제처, https://www.law.go.kr, 검색일, 2025. 4. 15). 이는 중앙정부의 2020년 3월 「고독사 예방 및 관리에 관한 법률」(약칭: 고독사예방법)을 제정한 이후 지방자치단체로서 하위 법령에서 시행해야 할 의무사항으로서 당연한 결과이기도 하다.

사실 고독사문제에 대한 대응은 중앙정부 차원보다 몇몇 개별 지방자치단체에서 공적인 개입이 먼저 이루어졌다. 서울시의 고독사 예방과 대응이 2016년 서울복지재단을 통해, 고독사 실태 파악 및 지원방안에 대한 연구를 진행하면서 고독사에 대한 개념을 처음으로 정의하였다. 이 연구에 대한 결과를 바탕으로 고립 가구 관계 맺기 사업을 3개 동에서 시범사업으로 진행하였다. 2017년 9월에는 예방대책 T/F를 구성하였고 2018년 1월에 지원 조례를 제정하였다. 그해 4월에 1기 예방대책을 수립 · 발표하였으며 2018년 11월에서 2019년 3월 사이에 고독사 예방 T/F 2기를 구성, 몇 차례의 회의를 통해 4월 2기 추진 계획을 발표하였다. 2018년 5월부터 고독사, 무연고사를 대상으로 하는 공영장례 지원서비스를 시작하였다(박선희 외, 2019).

2019년부터는 IoT 활용 '홀몸어르신 고독사 예방 서비스' 5천 명으로 확대하여 독거노인에게 지원하였다. 독거어르신 안전 · 건강관리 솔루션(IoT) 사업은 노인 돌봄의 영역에도 4차 산업혁명시대의 첨단 IT 기술을 접목 · 활용하고자 하는 것으로 센서 감지를 통한 빅데이터를 활용, 실시간으로 1인가구 어르신들의 안전과 건강을 모니터링할 수 있는 스마트 운영체계다. 서울시는 독거어르신 가정에 움직임 및 온도 · 습도 · 조도 등을 감지하는 환경데이터 수집 센서 기기를 설치, 감지된 데이터를 각 수행기관의 상황판과 담당 생활관리사 휴대전화 앱을 이용하여 모니터링한다.

2023년에는 '우리동네돌봄단' 활동을 통해 더욱 촘촘하고 강화된 복지안전망을 구축하였다. 우리동네돌봄단은 2017년부터 시행된 제도로 지역을 잘 아는 주민으로 구성되며, 취약계층 및 복지 사각지대 주민 대상으로 정기적 안부 확인 및 복지서비스 연계 등 복지공무원 역할을 지원하는 활동을 수행한다. 우리동네돌봄단은 2017년 10개 자치구에서 시행된 이래, 2021년부터는 25개 전 자치구로 확대되었고, 독거노인 등 자치구에서 자체적으로 정한 돌봄 취약계층을 중점 관리해 오다가 2022년부터는 주요 돌봄 대상을 '고독사 위험가구'로 명시하여 활동 중이다.

2024년 7월 서울시가 외로움 고립 문제에 선제적 대응을 위해 전국 최초 고독고립 컨트롤타워 돌봄고독기획관/고독대응과를 신설하였다. 또한 2024년 10월 외로움 고립 · 은둔 종합대책 '외로움 없는 서울(Seoul, No More Loneliness Initaitive)'을 발표하였다. 이 계획은 기존 고독사 예방 중심에서 외로움 예방부터 재고립 · 재은둔 방지까지 정책 대상을 확대하며, 복지실 중심에서 전 실국 간 유기적 협력을 통해 생애주기별 분야별 종합적인 지원체계를 구축하여 정책과 사업을 실행하고 있다(서울시청, https://news.seoul.go.kr, 접속일, 2025. 4. 15).

### ② 광주시 서구

광주시는 2018년 '1인가구 복지 1촌 맺기' 사업을 진행, 취약가구에 대한 전수조사 후 사전 동의한 1,600여 명의 1인 가구를 대상으로 안부 전화 및 방문 등의 사업을 진행해 왔다. 이와 더불어 2019년에는 '위기 가구 발굴단'을 운영, 고독사 위험군을 포함한 지역 내 위기 가구의 발굴을 시 차원에서 진행하고 있다. 빌굴난에는 지역사회보장협의체 위원, 복지통장, 사회복지 분야 활동가 등(자치구별 자율선정 원칙)이 포함된다. 이들의 역할은 고위험가구 실태조사 및 1인 1촌 맺기 사업의 연계 추진이고 이렇게 발굴된 위기 가구에 대해 공공에서는 사회복지서비스를 지원한다.

발굴된 위기 가구 중 고독사 위험군 해당 시 개인의 동의를 거쳐 복지 1촌 맺기로 연계된다. 주목할 점은 거부자에 대해서 비공개 접근 및 별도 관리자를 지정하도록 하고 있다는 것이다.

광주시 서구는 별도의 고독사 예방사업 계획을 수립하여 해당 사업을 추진하고 있다. 서구의 고독사 예방사업 주요 추진내용을 살펴보면 2017년 1월부터 '사각지대 제로 희망발굴 프로젝트 희망배달 통(通)' 사업을 진행하고 있다. 이는 원룸 등의 주거 구조에 접근이 용이한 민간배달 인력을 통해 위기 가구를 발굴하는 것으로 취약계층에 대한 위기 상황을 미연에 방지하고 안전대책을 마련하고자 하는 사업이다. 배달 인력이 가정방문 시 위기 예상 가구를 신고하면 포상을 받게 된다. 또 신고·발굴된 대상자에 대해 지역 내 복지서비스 및 자원 연계와 방문을 통한 사후 관리를 진행한다. 이때 지원 주체는 지역 내 복지통장, 동복지협의체, 좋은 이웃들(일촌맺기참가자) 등의 민간단체(주민)와 협력하여 추진하고 있다.

2018년 9월에는 안심케어서비스 운영계획을 발표하였는데 이는 고독사 예방을 위한 지원인력의 한계를 모바일 시스템 활용을 통해 커버하는 것으로 먼저 시스템 개발 및 구축을 진행하고, 서비스는 2019년 3월 이후 시행한다는 것이다. 고독사 발굴을 위한 전수조사의 경우, 공동모금회 사업 지원 등을 통한 유급봉사자를 활용하고 있으며 조사는 1~8차로 구분하여 주 조사 대상을 선정하여 단계적으로 진행하고 있다.

2018년 12월에는 '고위험 1인가구 발굴 및 돌봄계획' 발표를 통해 고독사 위험군에 대한 종합관리체계를 수립하였다. 지원체계로 복지탐정단, SOS 희망기동대, 희망지킴이, 복지도우미, 독거노인관리사 등 다양한 민간인력(준전문가)을 활용하고 있으며 고위험군 정의를 통해 집중관리체계를 확립하였다. 또 전입세대에 대한 복지 욕구 파악 및 가정방문을 1, 2차 상담으로 구분하여 진행하고 있는데 1차의 경우가 스크리닝(Screening) 성격이라면 복지 욕구가 파악된 세대에 대해 2차 상담을 실시하여 세대 사정(assessment)을 진행하고 있다. 다른 시·도와 마찬가지로 고독사 예방 T/F를 운영하고 있으며 서구 내 관련 부서 및 유관 기관들과 연계 협력을 맺어 사업을 진행 중이다(박선희 외, 2019).

## 참고문헌

강대선 외, 성인기 연령집단별 외로움에 영향을 미치는 관련 요인연구: 부산시민을 대상으로, NGO연구 제16권 제2호, 2021.

강미화 외, 영국의 사회적 처방 도입과 운영 사례: 킬스턴 지역을 중심으로, 대한보건연구 47권 2호, 2021.

강민정 외, 경상북도민의 외로움 실태조사 및 외로움 척도 연구, 경북행복재단, 2022.

강영계, 청소년을 위한 철학 에세이, 해냄출판사, 2013.

강원대학교 인문과학연구소, 인문치료의 이해, 한국문화사, 2017.

경상남도 복지정책과, 2024년도 경상남도 고독사 예방 시행계획, 2024. 1.

고숙자 외, 고독사 실태조사 설계 연구, 보건복지부, 한국보건사회연구원, 2021.

광주광역시, 광주광역시 은둔형 외톨이 지원 기본계획('22 - '26), 2021.

광주광역시, 광주광역시 은둔형 외톨이 실태조사, 2020.

광주광역시 은둔형 외톨이지원센터 결과보고집, 오늘도 우리 이웃의 안녕을 묻습니다, 2022.

구효송 · 신승균(2019), 고독사에 대한 현황 및 문제점 분석, 한국융합과학학회지 8(3), 2019. 관계부처 합동(2023). 제1차 고독사 예방 기본계획('23-'27).

국가법령정보센터 현행자치법규, 2025.

국회도서관, 사회적연결정책실 설치, 사회적 연결에 관한 국가전략수립 및 그 밖의 목적을 위한 법률안(미국), 의회법률정보포털, 외국법률번역DB(1), 2025.

국회도서관, 고독 · 고립대책추진법(일본), 의회법률정보포털, 외국법률번역DB(1), 2025.

국회도서관, 사회 차원에서 다루어야 할 위험 고독 그리고 외로움, HHE 현안, 2024. 6.

군나르 시르베크 · 닐스 길리에 지음, 윤형식 옮김, 서양철학사1, 2019.

관계부처합동, 제1차 고독사 예방 기본계획('23-'27), 2023. 5.

관계부처합동, 고립 · 은둔 청년 지원방안, 2023. 12.

광주시, 광주광역시 은둔형외톨이 실태조사, 2020.

권석만, 성격심리학, 학지사, 2017.

권중돈, 고독사 예방을 위한 노인돌봄서비스 강화방안, 노인고독사 막을 수 없나 토론회 자료, 2010.

기욤 뮈소 저, 전미연, 옮김, 종이 여자, 밝은세상, 2010.

기시미 이치로 · 고가 후미타케 지음, 전경아 옮김, 미움받을 용기, 인플루앤셜, 2016.

김경아, 성 및 출생순위가 부모의 자녀 진로기대에 미치는 영향. 경기대학교 대학원 석사학위논문, 2005.

김교헌 · 김지환, 한국판 UCLA 고독척도, 충남대학교 학생생활연구 16, 1989.

김근곤, 국내 자존감 향상 프로그램 메타분석, 교육종합 연구 13(1), 2015.

김도형 · 박승규, 전라남도 은둔형 청장년 실태조사 및 지원방안 마련을 위한 기초연구, 한국지방행정연구원, 2021.

김만권 지음, 외로움의 습격, 혜다, 2013. 12.

김만권 지음, 새로운 가난이 온다, 혜다, 2021.

김만권, 한나 아렌트와 외로움, 그리고 '대화형' 인공지능, OUGHTOPIA 38, 2023.

김민기, 외로움 관련 연구 동향 분석: 2014-2023년 국내 학술논문을 중심으로, 상담교육연구 제7권 1호, 2024.

김민수 · 노희정, 4차 산업혁명 시대 인간소외와 기술권력에 대한 윤리학적 고찰, 윤리연구 제131호, 2020.

김성아, 고립의 사회적 비용과 사회정책에의 함의, 보건복지포럼, 2022. 3.

김성아 외, 취약계층 청년범위 및 지원에 관한 연구, 한국보건사회연구원, 2021.

김성아 외, 서울시 1인 가구 외로움 · 사회적 고립 실태와 대응전략, 서울연구원, 2021.

김성해, 아동기 외로움 관련 변인 연구, 한국가정관리학회지 제19권 6호, 2001.

김세연 지음, 애덤 스미스, 더불어 잘 사는 세상을 꿈꾸다, 글라이더, 2016.

김소연, 스마트폰 및 SNS 사용이 중학생의 소외감과 교우관계에 미치는 영향, 건국대학교 교육대학원 석사학위논문, 2013.

김수경 편저, 독서치료의 이론과 실제, 태일사, 2018.

김수행 지음, 자본론 공부, 돌베개, 2022.

김아래미, 외로움에 대한 영국의 제도적 대응: 연결된 사회, 국제사회보장리뷰 2023 겨울호 Vol.27, 2023.

김영욱, 인문학 교육이 중학생의 자아존중감에 미치는 영향, 고려대학교 교육대학원 석사학위논문, 2013.

김유숙 외, 은둔형 외톨이: 세상으로 나오기가 두려운 아이를 어떻게 도울 것인가?, 학지사, 2012.

김종성 · 이희숙, 아동복지시설 독서치료 프로그램의 효과증진 방안연구, 인문학 논총 14(2), 2009.

김주환 지음, 회복탄력성, 위즈덤하우스, 2018.

김주희 · 강성희, 외로움에 대한 이론적 고찰, 생활문화연구, 성신여자대학교 생활문화연구소, 1994.

김지영, 디지털 시대 청소년의 외로움, 스트레스, 스마트폰 중독의 영향관계, Journal of Digital Convergence, 2017.

김진희, 외로움과 사회적 고립: 정신건강 상태에 따른 유형분석, 한국과 세계 제6권 6호, 2024.

김혜성, 고독사와 건강불평등에 대한 탐색적 연구, 문화기술의 융합 5(1), 2019.

김혜원, 은둔형 외톨이 청년들의 특성 및 은둔 경험 분석, 청소년학연구 29(10), 2022.

김혜원 외, 은둔형 외톨이-가족, 사회, 자신을 위한 희망안내서, 학지사, 2021.

김혜원 외, 은둔형 외톨이 상담: 당사자와 부모상담 가이드북, 학지사, 2022.
김혜정 · 박혜림, 부산 시민 외로움 실태 및 예방을 위한 지원방안, 부산여성가족개발원, 2020.
남은우, COVID-19와 관련된 사회적 고립과 외로움 극복을 위한 사회적 처방제도, 보건교육건강증진학회지 제37권 제1호, 2020.
남해권 · 김마현 역, 사회적 처방백서, 사단법인 오렌지크로스, 2022.
노리나 허츠 지음, 홍정인 옮김, 고립의 시대: 초연결 세계에 격리된 우리들, 웅진지식하우스, 2021.
다이앤 엔스 지음, 박아람 옮김, 외로움의 책, 책사람집, 2025.
단테 지음, 박상진 옮김, 신곡, 민음사, 2019.
데릭 밀른 저, 윤영선 역, 은퇴의 심리학, 퇴직 후의 삶을 위한 행복 레시피, 눈출판그룹, 2016.
데보라 노빌 저, 김용남 역, 감사의 힘, 위즈덤하우스, 2008.
데이비드 구트만 지음, 강경아 편역, 돕는 전문직을 위한 로고테라피, 눈출판그룹, 2020.
도메 다쿠오 저, 우경봉 역, 지금 애덤 스미스를 다시 읽는다: 도덕감정론과 국부론의 세계, 동아시아, 2010.
동아출판사, 표준국어대사전, 2025.
라르스 스벤젠 지음, 이세진 옮김, 외로움의 철학, 청미, 2022.
로버트 D. 퍼트넘 지음, 정승현 옮김, 나홀로 볼링: 사회적 커뮤니티의 붕괴와 소생, 페이퍼로드. 2009.
루스 헤일리 바턴 지음, 윤종석 옮김, 고독과 침묵: 하나님을 경험하는 연습, SFC, 2021.
모세종, 광주광역시 의회에 보낸 소견서: 윤철경 · 서보람(2020)에서 재인용, 2020.
문상현, 플랫폼 사회, 커뮤니케이션북스, 2022.
문화관광부, 인문으로 삶과 공동체 위한 지혜와 통찰을 얻어요, 보도자료, 2025. 4.
미하이 칙센트미하이 저, 최인수 역, 몰입, FLOW: 미치도록 행복한 나를 만나다, 한울림, 2005.
민경배 · 남기숙, 의존성 성격장애와 회피성 성격장애, 학지사, 2019.
빈순녀, 비행청소년의 자아존중감 향상을 위한 인문학 교육 프로그램의 개발과 효과성 연구, 성공회대학교 대학원 시민사회복지대학원 석사학위논문, 2009.
박광배 외, 외로움—이차공통요인 척도의 개발과 타당화, 한국심리학회지: 사회 및 성격 vol.37, 2023.
박민선 외, 노인의 외로움 영향요인, 조사연구 24권 2호, 2023.
박민진 · 김성아, 1인가구의 외로움과 사회적 고립 및 정신건강 문제의 특성과 유형: 서울시 1인가구를 중심으로, 보건사회연구 42(4), 2022.
박애선, 은둔형 외톨이 어떻게 대응해야 하나?, 은둔형 외톨이 지원방안 도출을 위한 토론회, 2018.
박상진, 단테 신곡 작품해설, 민음사, 2019.
박선희 외, 고독사 및 사회적 고립 예방을 위한 지역사회안전망 강화 방안, 부산복지개발원,

2019.
박선희 외, 중장년 남성 고독사 고위험군의 사회적 고립에 대한 탐색적 사례연구, 비판사회정책 68, 2020.
박완규 지음, 리바이어던, 근대국가의 탄생, 사계절, 2017.
박은아, 경제적 어려움이 청소년의 외로움 및 사회적 고립에 미치는 영향, 생애학회지 제14권 제1호, 2024.
박주홍, 부산시 외로움 치유센터 설립 및 운영방안, 부산복지개발원, 2021.
박주홍, 부산 청년 고립 · 은둔의 증가 '사회적 연결'로 해법 찾아야, Bdi 정책포커스, 부산연구원, 2023. 8.
박현숙, 사회적 히끼코모리에 관한 일 연구: Bowen의 이론을 통해 본 히끼꼬모리 사례연구, 서울여자대학교 기독교대학원 석사학위논문, 2004.
법제처, 고독사 예방 및 관리에 관한 법률, 국가법령정보센터, 2025.
변금선 · 김정숙, 서울 청년의 외로움과 사회적 고립 유형이 정신건강에 미치는 영향, 2024 한국사회복지정책학회 춘추계학술대회, 2024.
백지혜 외, 노년기 사회적 고립과 외로움: 미국의 대응책과 시사점, 국제사회보장리뷰 봄호 vol. 28, 2024.
보건복지부, 2024 고독사 예방 및 관리 시범사업운영지침, 2024.
보건복지부, 고독사 예방 및 관리 시범사업, 2025.
비벡 H. 머시 지음, 이주영 옮김, 우리는 다시 연결되어야 한다, 한국경제신문, 2020.
빅터 프랭클 지음, 이시형 옮김, 죽음의 수용소에서, 청아출판사, 2017.
빅터 프랭클 지음, 이시형 옮김, 삶의 의미를 찾아서, 청아출판사, 2005.
빅토르 위고 저, 정기수 역, 레 미제라블, 민음사, 2012.
사단법인 오늘은, 2022 청년세대의 고립보고서(청년세대의 고립 경험과 문제 인식에 대한 조사보고서), 2020.
(사)한국심리학회, 외로움 및 사회적 고립감의 해결방안, 제1차 외로움 사회적 고립감 해소와 사회적 관계촉진을 위한 포럼, 2022. 8.
(사) 해피코리아 연구원 편, 행복한 마을 만들기, 쿰란출판사. 2021.
서영석 외, 한국인의 외로움(loneliness): 개념적 정의와 측정에 관한 고찰, 한국심리학회지 Vol. 39, No. 2, 2020.
서울시, 서울시 고립 · 은둔 청년 실태조사 결과보고서, 2022.
서울시, '외로움없는 서울' : 외로움 · 고립은둔 종합대책, 2024. 10.
서울특별시 은둔형 외톨이 지원에 관한 조례안, 2017.
서울특별시, 서울시 고립 · 은둔 청년 실태조사 결과 보고서, 2022
서울시공익활동지원센터, 외로움 지원책 대백과, 2024. 7.
서울시복지재단, 스마트돌봄서비스 사례집, 2024.

서울시복지재단, 사회연결처방 사업수행 가이드북, 2025.
서울신문, 초연결 시대, 당신은 외로운가요:고립이 불러올 사회 · 경제 · 정치적 대가, 2022. 1. 4.
서윤정 · 윤주영, 인천광역시 고독사 위험계층 실태조사 연구, 인천광역시사회서비스원, 2022.
소포클레스 지음, 천병의 옮김, 오이디푸스왕, 소포클레스 비극전집, 숲출판사, 2019.
소포클레스 지음, 천병의 옮김, 안티고네, 소포클레스 비극전집, 숲출판사, 2019
손은수, 청소년 은둔형 외톨이에 관한 연구(교회 공동체를 중심으로), 광운대학교 대학원 석사학위논문, 2005.
송인주, 서울시 고독사 실태파악 및 지원방안 연구, 서울시복지재단, 2016.
송인주 · 모은정, 서울시 고독사 위험계층 실태조사 연구, 서울시복지재단, 2021.
송인주 외, 고독사 위험 고립가구 특성과 지원모형 연구, 서울시복지재단, 2018.
신건화 · 남정순, 창원시 청년고립 경험과 개입방안, 창원복지재단, 2024.
신건화 외, 창원시 청년 고립 실태조사, 창원복지재단, 2023.
신인철 · 최지원, 외로움은 개인만의 문제 아닌 사회적 질병, 사회적 관계 고려 공동체 지원 다각화 필요, 서울연구원, 2019.
신현주, 한국사회의 변화하는 고독사 현상과 대책에 관한 연구, 한국범죄심리연구14(2), 2018.
신현희 · 임혜숙, 고립감에 관한 개념분석, 인문사회21 제13권2호, 2022.
신혜리 외, 코로나 팬더믹 사태의 고령자 일상생활 변화에 관한 탐색적 연구, 노인복지연구75(4), 2020.
신혜영 외, 사회적 고립에 영향을 미치는 요인, 사회복지정책 Vol. 50, No. 3, 2023.
신희선, 인문학 독서토론 수업을 통한 인성교육의 가능성 고찰, 윤리연구 제90호, 2013.
아리스토텔레스 지음, 천병희 옮김, 정치학, 숲출판사, 2017.
아우구스티누스 저, 김희보 · 강경애 옮김, 고백록, 동서문화사, 2016.
안미선박소연, 청소년의 외로움이 자살행동에 미치는 영향, 사회복지연구 vol. 55(3), 2024.
안수정 외, 한국인들이 경험하는 외로움(loneliness)에 대한 질적 연구, 한국심리학회지 vol.35, No,1, 2023.
안셀름 그륀 저, 윤선아 역, 황혼의 미학, 분도출판사, 2009.
안인숙 외, '50+세대 고독사 증가에 영향을 미치는 요인분석과 사회적 해법 방안 연구, 서울시50플러스재단, 2019.
알베르 카뮈 지음, 장계성 번역, 이방인, 다락원, 2007.
알베르 카뮈 지음, 최헵시바 옮김, 이방인, 더클래식, 2018.
얼 쇼리스, 이병곤 역, 희망의 인문학: 클레멘트코스 기적을 만들다, 이매진, 2010.
앙투안 드 생텍쥐페리 저, 김윤진 역, 인간의 대지, 시공사, 2014.
양현 외, 사회적 고립에 대한 연구 동향, 한국콘텐츠학회논문집 vol. 24, 2024.
여인중, 은둔형 외톨이-히키코모리, 지혜문학, 2005.
에리히 프롬 지음, 차경아 옮김, 소유냐 존재냐, 까치, 2022.

에릭 에릭슨 · 존앤 에릭슨, 송제훈 옮김, 인생의 아홉단계, 교양인, 2020.
엘리자베스 스코글런드 지음, IVP 옮김, 고독, 1986.
EMB브레인, 2022 외로움 관련 인식조사, 2022.
애덤 스미스 원저, 김수행 지음, 청소년을 위한 국부론, 두리미디어, 2014.
애덤 스미스 저, 안재욱 역, 한 권으로 읽는 국부론, 박영사, 2021.
앤서니 스토 지음, 이순영 옮김, 고독의 위로, 책읽는수요일, 2011.
오강남 저, 장자, 현암사, 2003.
오렌지크로스 저, 남해권 · 김미현 역, 사회적 처방 백서, 2022.
오오쿠사 미노루, 일본의 사회적 고립 청년 지원체계와 한국에의 함의: K2 인터내셔널 사례, 청년의 사회적 고립실태 및 대응방안. 한국청소년정책연구원, 2021.
오상빈, 은둔형 외톨이 가정방문 상담프로그램 개발과 효과, 목포대학교 대학원 박사학위논문, 2019.
오상빈, 고립하는 사람은 누구인가?: 은둔형 외톨이 치유와 예방, 솔학, 2020.
오상빈, 은둔형 외톨이 지원방안 마련을 위한 전문가 토론회, 2019.
요한 볼프강 폰 괴테 저, 정서웅 역, 파우스트, 민음사, 1999.
원시연, 초고령사회 대비 고독사 대응 현황과 과제, 이슈와 논점 1963, 2022.
원재훈 지음, 고독의 힘, 홍익출판사, 2015.
유민상 · 신동훈, 청년의 사회적 고립실태 및 지원방안 연구, 한국청소년정책연구원, 2021.
유발 하라리 지음, 조현욱 옮김, 사피엔스, 김영사, 2015.
윤철경 · 서보람, 은둔형 외톨이 현황과 제도적 지원의 정립, 서울시 은둔형 외톨이 현황과 지원방안 토론회, 2020.
윤철경 외, 은둔형 외톨이 청소년 가족 지원을 위한 입법과제, 국회입법조사처, 2021.
E. H. 카 저, 김택현 역, 역사란 무엇인가, 까치, 2015.
윌리엄 셰익스피어 저, 최종철 역, 리어왕, 민음사, 2005.
이근식, 아담 스미스 국부론, 쌤앤파커스, 2018.
이기동 저, 대학 중용 강설, 성균관대학교출판부, 2014.
이동임 외, 부산시 고독사 현황과 대책에 관한 연구, 항도부산 41, 2021.
이마미치 도모노부 지음, 이영미 옮김, 단테 신곡 강의, 2009.
이명희, 중년여성들의 자존감 향상을 위한 집단독서치료, 한국문헌정보학회지 51(3), 2017.
이몬 버틀러 지음, 이성규 옮김, 읽기 쉬운 국부론 요약, 율곡출판사, 2015.
이민홍 외, 1인가구 증가에 따른 신사회적 위험 대응전략, 보건복지부, 2015.
이영식, 최태영, 은둔형 외톨이 탈출기-우리 모두의 이야기, 학지사, 2022.
이상명, 고독사에 대한 법적 고찰-노인 고독사에 대한 법사회학적 논의를 중심으로-, 법과 정책연구 16(4), 2016.
이순성 · 박지선, 해외 은둔형 외톨이 지원체계 현황과 시사점, 서울시복지재단, 2022.

이승훈, 디지털 시대의 외로움, 인문정신으로 잇기, 공공사회연구 제14권 1호, 2024.
이시은, 한국 노인의 외로움 측정도구 개발, Korean Society of Nuring Science, 2019.
이시형, 외톨이 청소년의 심리사회적 특성과 부적응, 삼성생명공익재단 사회정신건강연구소, 2001.
이영철 외, 1인가구 특성 분석에 따른 중장년 고독사 해법방안. 2021년 50+당사자연구보고서, 2021.
이윤석 외, 사회조사를 위한 한국형 외로움 축약지표 개발, 조사연구 23권 4호, 2022.
이은경, 고령사회 영국의 사회적 처방에서의 보건복지협력에 대한 메타문화기술지 연구: 우리나라 커뮤니티케어에 주는 함의, 보건과 복지 제24권 제1호, 2022.
이은영, 외로움과 관계 단절로부터 야기되는 자살은 고독사로 지정될 수 있는가?: 고독사의 개념과 대상에 관한 새로운 정립을 중심으로, 인간 · 환경 · 미래 (21), 2018.
이정은, 외로움과 정치혐오: 한나 아렌트의 고독과 외로움의 의미변화에 기초하여, 시대와 철학 제35권 1호, 2024.
이종진, 인문학 교육을 수강한 사회적 약자의 '행복감'에 대한 연구: 일상속 '일고'과 '관계'가 지닌 의미를 중심으로, 경제 · 인문사회연구회, 2016.
이진오, 청소년 치유인문학 사례기반 교재 탐색, 철학논집 제46집, 2016.
임명성, 모바일 환경에서 관계의 양과 질이 외로움에 미치는 영향, 경영컨설팅연구 제21권 제3호, 2021.
임병철, 북한이탈주민의 외로움에 대한 탐색적 연구, 연세대학교 대학원 박사학위논문, 2024.
임영순, 한국 노인의 외로움 개념 분석, 중앙대학교 대학원 박사학위논문, 2024.
임윤서, AI시대 청년의 외로움 드러내기, 인간 · 환경 · 미래 제33호, 2024.
임채광, 소외개념에 대한 프롬과 마르쿠제의 정신분석학적 해명, 한국동서철학회논문집 동서 철학연구 제67호, 2013.
장민선, 사회적 고립 예방 및 대응을 위한 법제연구, 한국법제연구원, 2024.
장세길, 사회적 질병 '외로움'과 사회적 처방 '연결사회', 이슈브리핑 vol.286, 전북연구원.
장세길 · 신지원 · 윤소영, 사회적 질병으로서 외로움의 문화적 치유 정책구상, 전북연구원, 2025.
장혜진 · 김영근, 고독과 외로움: 단어의 친숙성 및 적절성에 관한 발달적 탐색, 감성과학 제27권 1호, 2024.
전근배, 국가의 거리: 코로나19와 장애인의 삶, 그 현황과 대책, 비판사회정책 68, 2020.
전용호 · 최경석, 외로움과 고립의 시대에 교회의 역할 모색, 기독교사회윤리 제61집, 2025.
정근하 · 노영희, 한국사회의 은둔형 외톨이 출현 배경연구, 한국비교정부학보 26(1), 2022.
정기성, 사회적 처방 프로그램으로 시민건강 증진, 세계도시동향, 서울 연구원, 2018.
정다은, 독일 연방정부의 외로움 대응 전략, 국제사회보장리뷰 겨울호 vol. 27, 2023.
정민아, 사회적 처방 제도에 관한 탐색적 연구, 연세대학교 대학원 박사학위논문, 2024. 12.
정보람 · 윤소영 · 이성우, 문화예술기반 사회적 치유 정책방안 연구: 외로움 · 사회적 고립감 완화를 중심으로, 현안연구, 한국문화관광연구원, 2022.
정약용 저, 다산연구회 편역, 정선 목민심서, 창비, 2025.
정순둘 외, 제1차 고독사 예방 기본계획 수립 연구. 이화여자대학교 산학협력단(이화여자대학교 연령통합고령사회연구소), 2022.
정순둘 · 임효연, 노인 고독사의 현황과 과제: 한국과 일본의 비교, 노인 고독사, 막을 수 없나, 토론회 자료집, 24-26, 2010.
정안숙 외, 외로움 척도 개발 및 사회적 연결 실태조사, 한국심리학회, 2023.
정재각, 왜 다시 자유여야 하는가?, 박영사, 2019.
정채윤, 한국판 De Jong Gierveld 외로움 척도(K-DJGLS)의 타당화 연구, 단국대학교 대학원 석사학위논문, 2023.
정한울, 한국인의 외로움 인식 보고서, 한국리서치, 2018. 5.
정혜경, 청소년의 외로움과 자살생각, Journal of Digital Convergence, 2021.
제라드 마크롱 지음, 정기헌 옮김, 고독의 심리학, 유진트리, 2010.
조근식, 외로움 담당관 제도에 관한 기초연구, 강원연구원, 2020.
조윤득, 독거노인의 고독사와 죽음 준비, 지역사회 77, 2017.
조성숙, 중년 고독사에 관한 시스템 사고적 고찰, 한국 시스템다이내믹스연구 19(2), 2018.
조재숙, 외로움에 관한 최근 연구 동향 분석: 2000-2020 학위논문을 대상으로, 수원대학교 교육대학원 석사학위논문, 2021.
조효숙 · 이진숙, 독서치료 프로그램이 저소득층 아동의 우울 · 자아존중감 · 정서조절 능력에 미치는 효과, 놀이치료연구 12(3), 2008.
존 스튜어트 밀 지음, 김현욱 옮김, 자유론, 동서출판사, 2016.
존 스튜어트 밀 지음, 서병훈 옮김, 자유론, 책세상, 2017.
존 카치오포윌리엄 · 패트릭 지음, 이원기 옮김, 인간은 왜 외로움을 느끼는가, 민음사, 2013.
주경미 · 윤정혜, 한국판 de Jong Gierveld 외로움 척도 (KDJGLS) 타당화 연구: 노인을 대상으로, 한국심리학회지 vol. 36, 2024.
㈜피엠아이, 서울시 고립은둔 청년 실태조사, 서울시, 2022. 12.
G. 스카 지음, 김요한 · 임정아 옮김, 밀의 '자유론' 입문, 서광사, 2014.
지역문화진흥원, 2023년 국민 사회적 연결성 실태조사, 2024.
지역문화진흥원, 2024 문화로 사회연대 지역거점센터 안내, 뉴스레터, 2024.
진보래, 초기 청소년의 외로움과 게임중독의 종단적 관계, 한국콘텐츠학회논문지 19, 2019.
진은주, UCLA 외로움 척도 3판의 타당화 및 외로움이 대학생의 신경인지기능에 미치는 영형, 전남대학교 대학원 석사학위논문, 2017.
진은주 · 황석현, 한국판 UCLA 외로움 척도 3판의 타당화, 청소년학연구 제26권 제10호, 2019.
Jim Rendon 저, 김유미 · 엄별비 공역, 아픔에서 선물을 찾다, 학지사, 2018.
차현숙 외, 고독사 예방 및 관리에 관한 법률 하위법령 수립지원 연구, 한국법제연구원, 2020.

찰스 디킨스 저, 이인규 옮김, 올리버 트위스트, 민음사, 2018.
창원복지재단, 창원시 청년 고립 실태조사, 2023.
천명주, 한나 아렌트의 고속 속의 도덕적 치유적정치적 기능에 대한 연구: 청소년의 정신건강 고양을 위한 인문치료를 중심으로, 인문과학연구, 2013.
청년재단, 고립청년(은둔형 외톨이) 실태조사, 2020.
청소년위원회, 은둔형 외톨이 등 사회부적응 청소년 지원방안, 2005.
청주복지재단, 청주시 장년청 1인가구 고독사 고위험군 심층조사 연구, 2022.
최보연, 고독해결을 위한 '예술기반 사회적 처방' 정책 확산과 문화정책적 함의: 영국 사례를 중심으로, 문화와 정치 제6권 제1호, 2019.
최선아, 외로움 실태조사-누가, 얼마나 외로운가?, 한국리서치 주간리포트 269-1호, 2024. 2. 21.
최영준 외, 청년고립의 사회적 비용 연구, 청년재단, 2023. 9.
최은실 · 변호승, 그림책을 활용한 독서치료 프로그램이 중학생의 자아존중감 향상에 미치는 영향, 한국교육논총 41(1), 2020.
최지연, 고독사예방 정책방안 연구, 연세대학교 대학원 석사학위논문, 2018.
최진환 · 박정윤, 청년 1인가구의 외로움에 영향을 미치는 변인에 관한 연구, 한국가족관계학회지 제29권 1호, 2024.
최현수 · 오미애, 4차 산업혁명 및 지능정보사회의 사회적 위험과 복지 패러다임 전환 필요성, Issue & Focus 제333호, 2017.
최현수 외, 고독사위험 고립가구 특성과 지원모형 연구, 한국보건사회연구원, 2019.
최현영, '홀로 있음'에서 고독과 외로움간의 차이탐색, 건국대학교 대학원 박사학위논문, 2014.
최현영 · 이동혁, '홀로 있음'에서 고독과 외로움간의 차이탐색, 청소년학연구 제23권 제12호, 2016.
최예린 외, 기업 내 리더의 외로움에 대한 체계적 문헌고찰, 혁신기업연구, June 2024.
카를 마르크스 저, 김수행 역, 자본론, 비봉출판사 2015.
칼 비데 지음, 김락준 옮김, 칼 비테의 자녀교육법, 베이직북스, 2008.
칼 비테 원저, 김일형 옮김, 칼 비테 교육법, 차이정원, 2017.
칼 비테 지음, 남은숙 옮김, 칼 비테의 공부의 즐거움, 베이직북스, 2008.
클라우스 슈밥 지음, 송경진 옮김, 제4차 산업혁명, 새로운 현재, 2016.
파울로 코엘료 저, 박영순 역, 순례자, 문학동네, 2011.
파이(PIE)교육그룹, 고립청년(은둔형외톨이) 실태조사 최종보고서, 청년재단, 2020.
토마스 홉즈 지음, 최공웅 · 최진원 옮김, 리바이어던, 동서문화사, 2020.
틸 스완 지음, 김지연 옮김, 외로움의 해부학, 사일런스북, 2019.
퍼트넘 지음, 정승현 옮김, 나홀로 볼링, 2009.
페이 바운드 알베르타 지음, 서진희 옮김, 우리가 외로움이라고 부르는 것에 대하여, 미래의 창, 2022.

플라톤 지음, 천병희 옮김, 국가, 숲출판사, 2019.

플라톤 저, 천병희 역, 소크라테스의 변론ㅣ크리톤ㅣ파이돈ㅣ향연, 숲출판사, 2019.

한나 아렌트 지음, 이진우 · 박미애 옮김, 전체주의의 기원2, 한길사, 2006.

허경운, 은둔형 외톨이의 사회문제와 분석에 관한 연구: 전화상담, 사이버 상담사례 중심으로, 동국대학교 대학원 석사학위논문, 2005.

허정화 · 김진숙, 청소년 외로움 척도 개빌과 타탕화, 상담학연구 vol. 15, 2014.

현외성, 현대 자원봉사론, 창지사, 2017.

현외성, 현대 사회보장론, 동문사, 2018.

현외성, 인문학 산책, 어가, 2021.

현외성, 그리스 비극 '오이디푸스왕' 발제, 평화생명발전소(인문학독서클럽), 2022.

현외성, 인문학과 사회복지, 어가, 2023.

현외성, 외로움의 인문학: 진단, 대응과 시민의 역할, 창원시 주민자치위원회 특강자료집, 2024. 2.

현외성, 고립의 시대 발제문, 열린인문학 강좌, 2024.

현외성 · 김용환 · 박해경, 경상남도 은둔형 외톨이의 실태파악과 정책적 지원방안, 경상남도의회, 2023. 11.

현외성 · 이성진 · 강성도 · 김용환, 거제시 중장년 1인가구 고독사 예방 및 대응방안, 거제시 희망복지재단, 2024. 8.

현외성 외, 현대 사회문제론, 창지사, 2017.

헤르만 헤세 저, 전영애 역, 데미안, 민음사, 2009.

헤밍웨이 지음, 노인과 바다, 다락원, 2007.

헤밍웨이 지음, 베스트트랜스 옮김, 노인과 바다, 더클래식, 2018.

헤밍웨이 지음, 김욱동 옮김, 노인과 바다, 민음사, 2020.

호메로스 지음, 천병희 옮김, 오뒷세이아, 숲출판사, 2020.

호메로스 지음, 천병희 옮김, 일리아스, 숲출판사, 2015.

황수진 외, 외로움과 사회적 고립 척도의 개발 및 타당화 연구, J Korean Neuropsychiatr Assoc 60(4), 2021.

황순길 외, 은둔형 외톨이등 사회부적응 청소년 지원방안, 국가청소년위원회, 2005.

厚生労働省, 高齢者等が一人でも安心して暮らせるコミュニティづくり推進会議 (「孤立死」 ゼロを目指して)—報告書—, ゼロを目指して) 報告書, 厚生労働省, 2008.

厚生労働問題研究会, 社会的に孤立し十分なケアがないまま看取る人が無く死亡, 2004.

Solitude and Loneliness in Korea Society: Cognitive Exploration and understanding, 한국심리학회지: 인지 및 생물, Vol. 36, No.3, 2024.

Alexander Langenkamp, The issue of Loneliness for Democracies: Alienation, Demobilisation, Polaeisation?, 2022.

Ami Rokah ed., Loneliness Updated: Recent Research on Loneliness and How it Affects Our Lives,

Routledge, London, 2013.

Ami Sha'ked & Ami Rokach, ed., Addressing Loneliness: Coping, Prevention and Clinical Interventions, Routledge, London, 2015.

Andrea Wigfield, Loneliness for Dummies, John Wiley & Sons, Inc., New Jersey, 2024.

Andrew schaap, Inequality, Loneliness, and Political Appearance: Picturing Radical Democracy with Hannah Arent and Jacques Rancière, Politicl Theory Vol.49(1), 2021.

Angel Marqués, Disconnected: The Loneliness Crisis, Angel Marqués Sánchez, 2024.

Anne Bower et al., Loneliness influences avoidable absenteeism and turnover intention reported by adult workers in the United States, Journal of Organozational Effectiveness Vol. 9, 2022.

Arts Council England, Impact of Creative & Cultural Activity During thePandemic On Loneliness, Isolation & Wellbeing, 2021.

Beller & Wagner, Loneliness, Social Isolation, their Synergistic Interaction, and Mortality, Health Psychology 37(9), 2018.

Ben Lazare Mijuskovic, Loneliness In Philosophy, Psychology, And Literature, iUniverse, Inc., Bloomington, 2012.

Bianca Fox ed., Emotions and Loneliness in a Networked Society, Palgrave Macmillan, Switzerland, 2019.

Bill Howatt, The Cure for Loneliness, PAGE TWO BOOKS, Canada, 12021.

Brad Stulberg, Extended Loneliness Can Make You More Vulnerable to Extremist View, TIME, 2025.

Bruno Casal et al., The Societal cost of 'unwanted' loneliness in Spain, The Europen Journal of Health Economics, 2024.

Caleb Burnett, The Historical Roots of Loneliness, Vulcan Historical Review voume 27, 2023.

Campaign to End Loneliness, The Psychology of Loneliness, 2020.

Campaign to End Loneliness, The State of Loneliness 2023, 2023.

Campaign to End Loneliness, Measuring Your Impact on Loneliness in Later Life, 2025.

Cathrine Mihalopoulos et al., The Economic Costs of Loneliness: a review of cost-of-illness and economic evaluation studies, Social Psychiatric Epidemiology 55, 2020.

Christina Victor et al., The social World of Older People, Open University Press, 2009.

Claryn S. J. Kung et al., Economic Aspects of Loneliness in Australia, The Australia Economic Review vol. 54, 2021.

CREATE, Impact Report 2023/24.

Cuccu Liliana & Stepanova Elena, Loneliness & social and cicic behaviours, European commission, 2021.

Cyril Lakes, Overcoming Loneliness, USA, 2024.

Dan Russell et al., Developing a Measure of Loneliness, University of California, Los Angeles, 1978.

Delaney Peterson et al., Loneliness is Positively Associated with Populist Radical Right Support, Social Science & Medicine 366, 2025

DDCMS, A Connected society: A Stratigy for tackling loneliness, 2018.

DDCMS, Tackling Loneliness annual report March 2020: the first year, 2020.

DDCMS, Tackling Loneliness annual report March 2022: the third year, 2022.

DDCMS, Tackling Loneliness annual report March 2023: the fourth year, 2023.

DDCMS, Emerging Together: the Tackling Loneliness Network Action Plan, 2021.

DHHS, Let's Plant the Seeds of Ghange, 2025

Dianne A. Allen, The Loneliness Cure, Balboa Press, 2014.

Earl Shorris, Riches for the Poor: The Clemente Course in the Humanities, 2000.

Elearning for Healthcare, Social Prescibing—Learning for Link Workers, 2025.

Gallup, Gallup world poll, 2008-2018.

Giada Scarpetti et al., A Comparision of Social Prescibing Approaches Across Twelve High-Income Countries, Health Policy 142, 2024.

Imogen Blood et al., Impact of Creative & Cultureal Activity During the Pandemic on Loneliness, Isolation & Wellbeing, Arts Council England, 2021.

Ingrid Bolmsjö et al., Existential loneliness: An attempt at an analysis of the concept and the phenomenon, Nursing Ethics 26(5), 2019.

Isabelle Lanser & Naomi I. Eisenberger, Prosocial Behavior Reliably Reduces Loneliness: An Investigation Across Two Studies, Emotion vol.23, No.6, 2023.

Jack Eason, The Loneliness Solution, Baker Publishing Group, USA, 2020.

Jean M. Twenge et al., Worldwide increase a in adolescent loneliness, Journal of adolescence Vol. 93, 2021.

Jennifer Graffney, Political Loneliness: Modern Liberal Subjects in Hiding, Rowman & Littlefield, London, 2020.

Jenny de Jong Gierveld & Frans Kamphuis, The Development of a Rasch-Type Loneliness Scale, Free University, Amsterdam, 1985.

Jenny de Jong Gierveld & Theo van Tilburg, Manual of the Loneliness Scale, Vrije Universiteit, Amsterdam, 1999.

Jill Stauffer, Ethical Loneliness: the injustice of not being heard, Columbia University Press, New York, 2016.

Jo Cox Commission on Loneliness, Combatting Loneliness One Conversation at a Time, 2025

K. D. M. Snell, The rise of living alone and loneliness in history, Social History vol.42, 2017.

Karen Jeffrey et al., The Cost of Loneliness to UK Employers, New Economics Foundation, 2017.

Katie Barclay et al., ed., The Routledge History of Loneliness, Loulledge, London, 2023.

Keming Yang, Loneliness: A Social Problem, Routledge, London, 2019.

Kendra Cherry, Loneliness: Causes and Health Consequences, Verywell mind, 2023.

Kimberley J. Smith & Christina Victor, Typologies of Loneliness, Living Alone and Social Isolation, and Their Associations with Psysical and Mental Health, Cambridge University Press, 2018.

Kory Floyd, Loneliness Corresponds with Politcal Conservative Thought, Research in Psychology and behavioral Science 5(1), 2017.

Lars Christian Sonderby & Brady Wagoner, Loneliness: An Integrated Approach, Journal of Integrated Social Scinces 3(1), 2013.

Lawrence S. Scott, Loneliness, USA, 2022.

Lazar Rudolf ed., Psychology of Loneliness, New Research, nova, New York, 2024.

Leo Chambers, Loneliness and Social Isolation, USA, 2024.

Local Government Association, Reaching Out: Guide to helping principal and local councils tackle loneliness, 2019.

Louise C. Hawkley & John Cacioppo, Loneliness Matters: A Theortical and Empirical Review of Consequence and Mechanisms, The Society of Behavioral Medicine, 2010.

Louise C. Hawkley et al., Loneliness from young adulthood to old age: Explaining age differences in loneliness, International Journal of BehavioralDevelopment Vol.46(1), 2022.

Louise Mansfield et al., A conceptual review of loneliness across the adult life course(16+ years), July 2019.

Margherita Musella et al.. Loneliness intervention across the life-course: A rapid systematic review, 2018.

Mattew Shaer, Why Is the Loneliness Edidemic So Hard to Cure?, The New York Times Magazine, August 2024.

Milena Batanova et al., Loneliness in America: Just the Tip of the Iceberg?, Havard College, 2024.

National Association for Social Prescibing, Social Prescibing Link Worker Training, 2025.

National Association of Link Workers, Education Standars For Social Prescribing Link Workers, 2022.

NHS, Personalised Care: Social Prescribing and Community-based Support, June 2020.

Nina Goldman et al., Addressing loneliness and social isolation in 52 countries: a scoping review of National policies, BMC Public Health 24, 2024.

Olivia Sagan & Eric D. Miller ed., Narratives of Loneliness, Routledge, London, 2018.

Office of National Statistics, Loneliness—What charactereristics and circumstances are associated with feeling linely?, April 2018.

Office of the U.S. Surgeon General, Our Epidemic of Loneliness and Isolation, 2023.

Olivia Sagan & Eric D. Miller ed., Narratives of Loneliness: Multidisciplinary Perspectives from the 21st Century, Routledge, London, 2018.

Pamela Quaiter et al., Loneliness Across the Life Span, Perspectives on Psychological Science Vol. 10(2), 2015.

Personalised Care Institute Accredited, Level 3 Qualification in Social Prescibing, Summer 2024.

P. M. Murphy & G. A. Kupshik, Loneliness, Stress And Well-being, Tavistock, London, 2006.

Richard Weissbourd et al., Loneliness in America: How the Pandemic Has Deepened an Epidemic of Loneliness and What We Can Do About it, Havard Press, 2021.

R. Lee Moore, Loneliness, Abandonment & Depression, One Creative Mind, LLC, publisher, 2024.

Royal Society for Public Health Vision, Voice and Practice, RSPH Level3 Certificate in Social Prescribing, January 2021.

Saah Mcnicol & Liz Brewster ed., Bibliotherapy, facet publishing, London, 2018.

Sebastien Peytrignet et al., Loneliness Monetisation Report, 2020.

Sha'ked and Rokach, Addressing Loneliness: Coping, Prevention and Clinical Interventions, Routsledge, UK, 2015.

Statistia Research Department, Loneliness in the U.S.--Statistics & Facts Nov 18, 2024.

Susan Mettes, The Loneliness Epidemic, Brazos Press, Michigan, 2021.

Susan Reynolds, The Loneliness Problem, Chartwell Books, USA, 2024.

Sylke V. Schnepf et al., ed., Loneliness in Europe: Determinants, Risks and Intervention, Springer, 2024.

The Reader, Impact Report 2023-2024.

University of Westminster, Making Sense of Social Prescribing, 2017.

U.S. Department of Health and Human Sevices, Let's Plant the Seed of Change, 2025.

Vasiliki Tzouvara et al., A narrative review of the theoretical foundations of loneliness, British Journal of Community Nursing, July 2015.

Vivek H. Murthy, My Parting Presciption for America, January 2025.

WHO, Social isolation and loneliness among older people, 2021.

WHO, What is the evidence on the role of the arts in improving health and wellbeing?, 2019

WHO, A Toolkit on How to Implement Social Prescibing, 2022.

WHO, Social Prescribing Around the World, 2024.

https://www.gov.uk/government/statistics/ community-life-survey 2023-annual - pubication

https://www.gov.uk/government/publications/loneliness-annual-report-the-fourth-year/tackling-loneliness-annual-report-march-2023-the-fourth-year

https://www.gov.uk/government/publications/a-connected-society-a-strategy-for-tackling-loneliness

https://www.ons.gov.uk/peoplepopulationandcommunity/wellbeing/articles/lonelinesswhatcharacteristicsandcircumstancesareassociatedwithfeelinglonely

https://www.verywellmind.com/loneliness-causes-effects-and-treatments

https://stdict.korean.go.kr/main/main.do
https://blog.naver.com/jinohng
https://www.clementecourse.org/history
https://www.thereader.org.uk
https://createarts.org.uk/about-us
https://createarts.org.uk
https://www.theschooloflife.com
https://lapidus.org.uk
https://www.thehorsfall.org.uk
https://news.seoul.go.kr/welfare/archives
https://opengov.seoul.go.kr/press
구본권, 초연결시대의 철학적 과제, 2020. (https://inmun360.culture.go.kr/content)
국가법령정보센터, https://www.law.go.kr
(사)씨즈, 두더지땅굴 https://dudug.kr
오디세우스 stock illustrations, https://www.istockphoto.com/kr/
우리말 샘 https://opendict.korean.go.kr/main
은둔형 외톨이 지원법, https://likms.assembly.go.kr/bill
은둔형 외톨이 지원법안 검토보고서 https://likms.assembly.go.kr/bill
푸른고래 리커버리센터 https://www.the-recoverycenter.org
한국은둔형외톨이부모협회 https://cafe.naver.com/koreahikikomori
K2인터네셔널 코리아 https://k2-kr.com
PIE나다운청년들 https://www.pie-edu.com/_files/ugd

# 찾아보기


**<인명>**

**ㄱ**

강미화 … 192
강민정 … 26
고가 후미타케 … 237
고선규 … 362
고숙자 … 359
공자 … 284
구효송 … 363
군나르 시르베크 … 63
권석만 … 336
기민수 … 26
기시미 이찌로 … 237
김경아 … 337
김교헌 … 113
김근곤 … 292
김도형 … 350
김마형 … 179
김성아 … 339
김소연 … 338
김수경 … 286
김수행 … 82
김신아 … 337
김종성 … 292
김지환 … 113
김진숙 … 116
김해성 … 362
김혜원 … 27, 330, 336
김혜정 … 23, 25, 127
김화정 … 336

**ㄴ**

남기숙 … 337
남해권 … 179
노리나 허츠 … 24
노영희 … 338, 339
노희정 … 26
닐스 길리에 … 63

**ㄷ**

단테 … 72
데보라 노빌 … 316
도메 다쿠오 … 78
디킨스 … 61

**ㄹ**

레오 워너 … 285
로버트 퍼트넘 … 94

**ㅁ**

마놀린 … 101
마르크스 … 79, 82
마리우스 … 87
모세종 … 331
뫼르소(Meursault) … 97, 99
민경배 … 337
민순덕 … 292
밀즈 … 167

**ㅂ**

박문섭 … 159
박미애 … 159
박상진 … 72
박선영 … 362
박선희 … 361
박승규 … 350
박애선 … 351
박완규 … 75
박지선 … 350
박현숙 … 337
박혜림 … 23, 25, 127
베스트트랜스 … 101
베아트리체 … 72
변호승 … 292
빅터 프랭클 … 233, 285
빅토르 위고 … 86

**ㅅ**

사이토 다마키 … 329
서보람 … 331, 333
서영석 … 22, 28, 46, 55
셰익스피어 … 324
소크라테스 … 62, 284
소포클레스 … 68
소피스트 … 62
송경진 … 89
송인주 … 362
신동훈 … 350
신승균 … 363
신인철 … 24, 133
신현주 … 362
신혜리 … 363
신희선 … 293

**ㅇ**

아담 스미스 … 78
아리스토텔레스 … 64
아우구스티누스 … 71
아킬레스 … 65
안인숙 … 362
안재웅 … 80
알랭 드 보통 … 307
얼 쇼리스 … 282
에리히 프롬 … 91
에릭슨 … 238
에테오클레스 … 70
엥겔스 … 82
여인중 … 330, 350
오디세우스 … 65
오상빈 … 27, 337

오오쿠사 미노루 … 350
원재훈 … 22
유민상 … 333, 350
윤여원 … 337
윤일규 … 335
윤정혜 … 115
윤철경 … 331, 333
윤형식 … 63
이명희 … 292
이민홍 … 365
이상명 … 367
이선영 … 357
이순성 … 350
이스메네 … 70
이승우 … 111
이시은 … 116
이영식 … 341
이영철 … 358
이은영 … 362
이진숙 … 292
이진우 … 159
이희숙 … 292
임효연 … 357, 366

**ㅈ**

장 발장 … 86
장민선 … 203
전근배 … 363
정구하 … 338, 339
정기성 … 194
정기헌 … 22
정민아 … 270
정순둘 … 357, 366
정안숙 … 48
정채윤 … 112, 114
제라드 마크롱 … 22
조성숙 … 365
조윤득 … 367
조현주 … 337
조효숙 … 292
주경미 … 115
진은주 … 114

**ㅊ**

차현숙 … 369
천병희 … 63
최선아 … 125
최영준 … 158
최영화 … 361
최윤성 … 112
최은실 … 292
최지연 … 364, 366
최지원 … 24, 133
최태영 … 341
최헵시바 … 99
최현수 … 361
최현영 … 24

**ㅋ**

카뮈 … 97
코제트 … 86
크레온 … 70
클라우스 슈밥 … 89

**ㅌ**

텔레마코스 … 65

**ㅍ**

페넬로페 … 65
폴뤼네이케스 … 70
플라톤 … 62, 316

**ㅎ**

하석철 … 357
허경운 … 337
허정화 … 116
헤밍웨이 … 101
현명호 … 159
현외성 … 27, 68, 169, 194, 237, 291, 336
호메로스 … 65, 285
홉즈 … 75
홍정인 … 24
황석현 … 114
황수진 … 116
황순길 … 337, 350

**A**

Alberti … 59, 60
Allen … 226
Ami Rokach … 23
Ami Sha'ked … 23
Andrew Schaap … 159
Angel Marques … 42
Asher … 54

**B**

Bauman … 160
Bernard … 25, 26
Bowlby … 40, 46
Breithart … 51

**C**

Cacioppo … 44, 49
Carl Roger … 50
Carl Rogers … 38
Christie Hartman … 120
Christina Victor … 37

**D**

Dahlberg … 43
Dalkeith … 288
de Jong-Gierveld … 110
Detrixhe … 21
Donaldson … 44, 45

**E**

Emile Durkheim … 42
Ernst … 49
Ettema … 51

**F**

Fancourt … 296, 297

Finn … 296, 297
Fromm … 52
Fromm-Reichmann … 44

G

Golden … 44

H

Hannah Arendt … 158
Hartup … 336
Hawkley … 44
Hojat … 53
Holmen … 44
Homans … 176
Howatt … 232
Husserl … 38
Hynes … 286
Hynes-Berry … 286

I

Ickes … 47

J

J. S. 밀 … 84
Jeffrey … 152, 156
Josselson … 52
Julianne Holt-Lunstad … 149

K

Kamphuis … 110
Keming Yang … 173
Kiran … 43, 44
Kraus … 23

L

Langenkamp … 160

M

Mahon … 39
Marangoni … 47
Mark Twain … 48
MarQues … 134
Matangoni … 39
Mckee … 43
Meenaghan … 168
Mijuskovic … 59
Mikulincer … 49
Moustakas … 47

N

Nesdale … 51

P

Parker … 54
Peniculk … 288
Pepau … 40
Peplau … 23, 49
Perlman … 23, 49
Pinel … 51

R

Reynolds … 55, 219
Riesman … 173
Roe … 337
Rogers … 38
Rokach … 53
Russell … 107

S

Scarpetti … 272
Sha'ked … 53
Shorris … 282
Singh … 43, 44
Sullivan … 44

T

Thomopoulou … 44
Tomova … 50
Tzouvara … 42

V

Vogiatzoglou … 43

W

Wang … 44
Washington … 168
Watson … 44, 45, 51
Weiss … 23, 43, 49
Wheeler … 54
Whitehorn … 50
Wigfield … 145, 146, 149, 215

Y

Yalom … 49, 52, 56

Z

Zysberg … 54, 131

<내용>

ㄱ

가구 취약성 … 361
가족과 사회시스템의 병리 … 338
감사의 힘 … 316
감정노동(emotional labor) … 84
감정의 소외 … 84
강원대학교 인문과학연구소 … 281
개별성(individuality) … 85
개인 간 고립(interpersonal isolation) … 48, 50
개인 내 고립(intrapersonal isolaton) … 48
개인문제(private troubles) … 168
개인문제 … 168
개인의 병리 … 338
개인의 자유 … 84
개인적 요인 … 133
개인적 특성 … 143
개인적인 영향 요인 … 145
건강쇠약 … 134
게마인샤프트 … 15
게젤샤프트 … 15

결속형 사회적 자본 … 95
결정론적(deterministic) … 38
경제적 불평등 … 134, 140
경제적 양극화 … 367
경험적 연구 … 109
계몽주의 … 75
고독(solitude) … 19, 21
고독 · 고립 담당대신 … 203
고독 · 고립 대책 담당 부서 … 203
고독 · 고립 대책 추진본부 … 204
고독 · 고립대책중점계획 … 203
고독 · 고립대책지역협의회 … 204
고독 · 고립대책추진법 … 204, 251
고독사 실태조사 … 372
고독사 예방 및 관리 시범사업 … 373
고독사 예방 및 관리에 관한 법률 … 204, 247, 357, 371
고독사 위험군 … 372
고독사 위험자 … 373
고독사 … 18, 357
고독사한 사람 … 373
고독의 죽음 … 357
고독한 군중(The Lonely Crowd) … 173
고립(isolation) … 20, 174
고립 · 은둔청년 지원방안 … 341
고립 · 은둔청년 … 18
고립 … 18
고립고위험군 청년 … 343
고립사 제로 … 369
고립사 … 18, 357
고립의 시대 … 16
고립청년 … 331
고백록 … 71
고용 없는 성장 … 342
고용노동부 … 257
공감능력 … 177
공공문제(public issue) … 168
공동독서, 혹은 함께 읽기운동 … 298
공동독서모임(Shared Reading Group) … 299
공동체 감각 … 237
공영장례 지원서비스 … 374
공중보건서비스국 … 197
공평한 구경꾼(impartial spectator) … 79
과도한 경계 상태 … 159
과정적 · 누적적 특성(processing, cumulative) … 227
과학기술정보통신부 … 338
관계 불만족 … 29
관계 욕구 결핍 … 47
관계(relationship) … 197
관계의 미스매치 … 143
광역외로움대응센터 … 259
광역자치단체 … 258
광주광역시 은둔형 외톨이 지원 기본계획 … 346
광주광역시 은둔형 외톨이 지원센터 … 346
광주광역시 은둔형외톨이지원 센터 … 291
교육부 … 341
구빈법 … 78
구빈정책 … 78
구성된 자기(conscious self) … 50
구조조정 … 367
구직활동 … 332
국가 공동체를 이루는 동물 (zoion politikon) … 64
국가 차원의 외로움 … 183
국가 … 62
국무총리 … 341
국무총리실 … 258
국부론 … 78
그리스 비극 … 67
근대사회 … 75
근대사회의 형성 … 77
근대화 … 134, 135
글쓰기 프로그램 … 287
기본적인 욕구의 결핍 … 43
기술과 연결성 … 134
기존 체제의 변혁 … 159
기초자치단체 … 258
긱 노동(gig work) … 139
긱서비스 … 23
길 위의 인문학 … 257
깨어 있는 인간 … 100

**ㄴ**

나홀로 볼링 … 94
낙인 경감(Reduceing stigma) … 191
낙인(stigma) … 28, 176
내부적 고립 … 335
내적인 외로움(internal loneliness) … 55
네트워크 의사소통 … 137
노동력 … 82
노동생산성 … 147
노동시장의 이중 구조 … 342
노동자의 소외 … 83
노인과 바다 … 102
노화 … 134

**ㄷ**

다학문적인 연구(interdisciplinary science research) … 173
단일요인 접근 … 110
단절 … 174
대가족 … 135
대응체계 … 45
도덕감정론 … 79
도시화 … 134, 135
독거노인 … 331
독거사 … 357
독서모임 … 237
독서치료서비스 … 286
독일 온라인 통계 전문회사 Statista … 122
독일 … 202
돌봄계획(care plan) … 274
돌봄고독기획관 … 206, 375
두더지땅굴 … 349

등가교환의 원칙 … 82
디지털 강박(증)(digital obsession) … 219
디지털 기술 … 136
디지털 디바이스(digital divices) … 138
디지털 플랫폼 … 90
디지털공간의 개혁 … 198
디플로마(diploma) … 273
또래상담 … 350

ㄹ

레 미제라블(Les Misérables) … 86
렌트어프렌드(rent-a-Friend) … 24
로고테라피 … 232, 285
로봇공학 … 17
르네상스 … 75
리바이어던(Leviathan) … 76
리바이어던 … 75
리어왕 … 324
리커버리 프로그램 … 349
링크워커(Link Worker) … 192
링크워커 … 272
링크워커를 위한 교육기준 … 273
링크워커의 주요 역할 … 273
링크워커전국협회(National Association of Link Workers, NALW) … 273

ㅁ

만성적인 외로움 … 148
무연사 … 357
무인 운송수단 … 17
문명(civilization) … 176
문제 … 167
문화 … 131
문화적 가치와 규범 … 143
문화적(culture) 측면 … 131
문화체육관광부 … 257
미국 갤럽여론조사 … 119
미국 공중위생국 … 119
미국 노인 사회고립 및 외로움방지법 … 198
미국 연방의 보건과휴먼 서비스부(DHHS: Department of Health & Human Services) … 197
미국 연방의 의무총감 … 197
미국 연방정부의 의무총감(The U.S. Surgeon General) … 213
미국 … 197
미움받을 용기 … 236
밀레니엄 세대 … 121

ㅂ

박탈감(deprivation) … 112
발달상의 외로움(developmental loneliness) … 55
발생과정 모형(emerging model) … 132
방문상담 … 265
방어체계 … 45
법률제정토론회 … 255
법무부 … 341
베이비붐 세대 … 96
변화하는 가족구조 … 134, 135
보건복지부 … 258
보건사회복지부 … 191
보다 안전한 지역사회법 … 198
보이지 않는 손(invisible hand) … 81
복지 사각지대 발굴시스템 … 373
복지 사각지대 … 372
복지국가 … 96
본질적 외로움(essential loneliness) … 53
봉사학습 … 237
부등교 문제 … 339
부산시민 외로움 치유와 행복 증진을 위한 조례 … 205
부산시민의 외로움 실태 … 126
부산여성가족개발원 … 126
부수적 피해 … 160
부조리 인간 … 100
분리(disconnection) … 174
분업 … 82
불안 외로움 … 45
불안하고-양가감정적 (anxious-ambivalent) … 40
비극 … 67
비용손실 … 154
비존엄사 … 357
빅데이터 … 17

ㅅ

사단법인 오늘 … 333
사례관리 서비스 … 267
사물인터넷 … 15, 17
사유재산 … 79
사피엔스 … 16
사회 욕구이론 … 46, 47
사회과학적 연구의 지평 … 177
사회과학적 측면 … 178
사회관계적 요인 … 134
사회문제 … 77, 167, 169
사회문제로서 외로움문제 … 174
사회문제의 선택성 … 172
사회문제의 유동성 … 170
사회문제의 정치성 … 172
사회문화적 환경 … 134
사회발달 접근책(social developmental approaches) … 40
사회복지 방법론 … 283
사회복지 … 62, 282
사회복지법 … 77
사회복지정책 … 77, 172
사회복지체계 … 365
사회분열 … 163
사회성 … 59
사회심리학적 관점 … 49
사회연결과 지역사회의 치료효과 … 213
사회운동가 … 172
사회적 고립 비용 … 146
사회적 고립(social isolation) … 19
사회적 고립 … 148

사회적 고립도 … 361
사회적 고립자 … 331
사회적 관계(망) … 175
사회적 구성주의적 관점(social constructionist perspective) … 38
사회적 기술(social skills) … 221
사회적 돌봄(social care) … 272
사회적 서클(social circle) … 219
사회적 연결 증진을 위한 지역사회 기반 접근책 … 198
사회적 연결(social connection) … 20
사회적 연결을 위한 국가전략법 … 198, 202, 251
사회적 연결을 증진시키기 위한 6개의 기둥 … 200
사회적 연결증진을 위한 국가 전략법 … 198
사회적 연대 취약계층 … 373
사회적 외로움(social loneliness) … 49
사회적 외로움 … 23, 53, 174
사회적 욕구 관점 … 47
사회적 자본 … 95
사회적 지지접근책(social support approaches) … 40
사회적 처방 네트워크(the Social Prescribing Netwok) … 195
사회적 처방 서비스 … 270
사회적 처방 활용방식 … 271
사회적 처방(social prescribing) … 180, 192
사회적 처방 … 194, 270
사회적 처방사 … 268, 272
사회적 파급 효과 … 161
사회적 · 문화적 영향 요인 … 134
사회적 · 문화적 요인 … 144
사회적-대인관계적(social-interpersonal) 측면 … 131
사회적-대인관계적 … 144
사회적인 맥락 … 39
사회적인 웰빙 … 151
사회정책 … 172
사회학적 관점 … 134
사회학적 접근책 … 41
사후 관리(follow up) 서비스 … 269
산업혁명 … 78
산업화 … 61
산티아고 … 101
살인(meurtre) … 99
삶의 주기(life cycle) … 147
삶의 학교(School of Life) … 307, 308
상품의 가격 … 82
상호영향론적 접근 … 48
상호작용적 접근법 … 42
상호작용적 · 상황적 영향 요인 … 144
상황적 외로움(situational loneliness) … 55
상황적 외로움 … 229
상황적 특성 … 143
생산수단 … 83
생애주기별 고독사 예방대책 … 372
생애주기별 사업 … 373
서울마이칼리지 … 209
서울복지재단 … 30, 374
서울사회복지공동모금회 … 349
서울시 고립 … 346
서울시 … 206
서울시고립예방센터 … 207
서울시민 옴니버스 조사 … 125
서울시민의 외로움 실태 … 125
서울시평생교육진흥원 … 209
서울연구원 … 125
성격이론(personality theories) … 38
성적 성향(sexual orientation) … 145
소외(alienation) … 174
소외(alination) … 26
소유양식(to have) … 92
소크라테스의 변론 … 316
속성(특성)이론(attribution theory) … 45
숙박형 공동주거생활 지원 … 350
시 처방약국 … 311
시를 통한 치유와 문제해결을 하는 단체(Poetry Pharmacy) … 311
시치료(poetry therapy) … 309
신곡 … 72
신국론 … 71
신뢰도 … 110
신사회문제 … 329
신사회적 위험 … 338
신자유주의 … 338
실재(reality) … 47
실존적 고립(existential isolation) … 48
실존적 고민(existential concern) … 51
실존적 접근법 … 42
실존적-현상학적 접근 … 47
실존주의자 … 39
실존주의적 접근법(existentialist approach) … 39
실체로서의 자기(experiencing organism) … 50
심리적 함정(mental trap) … 232
심리적인 웰빙 … 150

ㅇ

아노미(anomie) … 174
아레테(aretē) … 62
안심생활창조사업 … 369, 370
안전망 부족 … 342
안정적(secure) … 40
안티고네 … 68, 69
알고리즘 … 138
애착 경험 … 25
애착이론 … 40
양심(conscience) … 79
엘리자베스 구빈법 … 77
엠브레인 외로움 인식 조사 … 124
엠피레오 … 73
여론형성가 … 172
여성가족부 … 341
역사 사회적 산물 … 59
역사성 … 59
연결(connection) … 197
연결된 사회: 외로움 대응 전략 … 184

연계(connections) … 95
연계형 사회적 자본 … 95
연옥편 … 72
열린 철학모임(Philosophy in Pubs) … 311
영국 … 116, 197
영국예술협회 … 294
영국의 문화예술 프로젝트 … 294
영성(spirituality) … 235
영성 … 323
영향 요인 … 131
오디세이아 … 65, 285
오이디푸스왕 … 68
옥스퍼드 영어사전 … 27
온라인 상담 … 265
올리버 트위스트 … 61
외로운 죽음 … 358
외로운(lonely) … 60
외로움 고립은둔 종합대책 … 206, 207
외로움 근원 프로젝트 … 120
외로움 대응 연결망(TLN: The Tackling Loneliness Network) … 189
외로움 대응 챔피온(Tackling Loneliness Champions) … 190
외로움 대응 허브(Tackling Loneliness Hub) … 190
외로움 발생 영향 요인 모형 … 178
외로움 없는 서울 … 206, 375
외로움 정책 종합보고서 … 243
외로움 정책 … 180
외로움 척도 … 110
외로움 치유 … 226
외로움(loneliness) … 19, 39
외로움대응 범정부정책협의회 … 258
외로움대응민관협의체 … 258
외로움대응센터 … 258, 259
외로움문제 대응 법안 … 247
외로움문제 예방과 해결 … 283
외로움문제 전담인력 … 247
외로움문제 … 167, 219
외로움문제의 대응전략 측면 … 178
외로움문제의 해결방안 … 178
외로움비용보고서(Loneliness monetisation report) … 157
외로움에 대한 연례보고서 … 184
외로움의 발생 원인 … 133
외로움의 세기 … 16
외로움의 시대 … 16
외로움의 영향 요인 … 131
외로움의 추적(The Pursuit of Loneliness) … 173
외로움의 측정 … 107
외로움의 확산 … 179
외로움장관(Minister for Loneliness) … 184
외로움종결캠페인(Campagn to End Loneliness) … 143
외부적 고립 … 335
외상(trauma) … 233
외상치료 … 233
욕구 … 171
용기 … 236
우리동네돌봄단 … 375
우리들의 전염병, 외로움과 고립 … 213
우리의 유행병, 외로움과 고립 (Our Epidemic of Loneliness and Isolation) … 197
원격근무 … 136
웰다잉 … 323
웰빙(well-being) … 147
위기상황 대응 … 373
유럽연합 … 122
융합(fusion) … 56
융합에서의 외로움 … 55
은둔문제 … 329
은둔청년문제 … 329
은둔형 외톨이 … 27, 329
은퇴쇼크 … 323
의료사회사업가 … 276
의료적 관점 … 177
의미요법 … 232, 285
이론적 연구 … 109
이방인 … 97, 99
이상국가 … 63
이신론 … 79
이익사회 … 15
이해능력 … 177
익명성 … 366
인간노동 일반의 양 … 82
인간성(humanity) … 281
인간의 노동 … 82
인공인간(artificial man) … 76
인공지능 … 15
인구총조사 … 342
인문 독서치료 … 283
인문교양 교육 프로그램 … 350
인문교양 학습 프로그램 … 266
인문정신문화진흥 … 372
인문치료 … 281, 282
인문치료학 … 281
인문학 고전 독서치료 … 283, 289
인문학 독서토론 … 320
인문학 학습 … 210, 265
인문학(humanities) … 281
인문학 … 61
인문학과 사회복지 융합 프로그램 … 289
인문학과 사회복지 … 312
인생의 아홉 단계 … 238
인적 네트워크 … 344
인지과정(cognitive processes) … 40
인지적 관점 … 47
인지적 접근 … 47
인지적 접근법 … 42, 45
일리아드 … 285
일리아스 … 65
일반의(General Psysician, GP) … 192
일본 … 203
일시적 외로움 … 229

일시적 혹은 반응적 외로움(transient or reactive loneliness) … 53
임상사례발표 … 255
입법토론회 … 255
잉여가치 … 82

**ㅈ**

자격 요건 … 273
자기 반성(self-reflection) … 25
자기 반추(self-rumination) … 25
자기 정체성 … 66
자기 중심적 슬픔 … 160
자기 혐오 … 160
자본 … 82
자본가에 의한 노동자의 착취 … 83
자본론 … 82
자본주의 사회 … 82
자살생각 … 362
자아불일치 이론 (self-discrepancy theory) … 40
자아이론(self theory) … 38
자연신학 … 79
자유론 … 84
자조모임 … 265
자조활동 … 351
자치구별 고립예방협의체 운영 … 208
전인적 모형(Holistic Model, Comprehensive Model) … 227
전체주의의 기원 … 158
절대무(the nothing) … 51
절대주권국가 … 75
정부연석회의 … 258
정서적 고립감 … 337
정서적 기질 … 132
정서적 외로움(emotional loneliness) … 49
정서적 외로움 … 23, 53, 174
정서적인 웰빙 … 151
정서적인(emotional) 측면 … 131
정서조절 … 132
정서지능 … 132
정신 내부(intra-psychic) … 38
정신역동이론 … 37
정신역동적 이론 … 44
정신역동적 접근법 … 42
정신역동적, 성격 및 행위론적 관점 … 37
정신의료사회사업가 … 276
정의 … 64
정책결정권자 … 172
정치적 동물 … 64
정치적 파급 효과 … 158
정치철학 … 159
정치학 … 64
제1차 고독사 예방 기본 계획 … 372
제3의 인생 … 257
제4차 산업혁명 … 89
조 콕스 외로움 대책위원회 … 183
조 콕스 외로움문제 보고서(Jo Cox Loneliness: Start a Conversation) … 183
조기퇴직 … 366
조사연구 … 107
존재론적 외로움 … 66
존재론적 조건 … 45
존재양식(to be) … 92
존재적 실존양식 … 93
종교개혁 … 75
주관성(subjectivity) … 39
주관적 평가 … 47
죽음의 수용소에서 … 285
중범위적 영향 요인 … 145
지구촌의 초연결 … 137
지방자치단체의 조례 … 374
지방정부 … 258
지옥편 … 72
지자체 기획조사 … 373
지혜학교 … 257
직업생활과 사회적 균형 … 134
진정한 외로움 … 45
진화론적인 관점 … 54
집단에 대한 외로움 … 55

**ㅊ**

참여(participation) … 197
천국편 … 72
철학상담 … 231, 265
철학적 사고훈련기관(The Philosophy Foundation) … 311
청년고립의 사회적 비용연구 … 157
청년기본법 … 247
청년무업자 … 332
청년인문실험 … 257
청년재단 … 330
청년정책조정실 … 341
청소년복지지원법 … 247
청소년위원회 … 330
초연결시대 … 15
초월 … 238, 323
촉발적 요인 … 144, 145
촉발적인 사건 … 143
최대다수의 최대행복 … 91
취업/고용유발계수 … 342

**ㅋ**

카타르시스 … 67
칼 비테의 자녀교육법 … 284
캘리포니아 대학교(UCLA) … 107
코먼웰스(Commonwealth) … 76
코호트(cohort) … 96
클레멘트 코스 … 209, 282

**ㅌ**

타당도 … 110
타인지향적 외로움 … 55
태양(soleil) … 99
텅 빈 존재(empty existence) … 50
통계청 … 332
통합성 … 163
통합적 관점(Integrated Perspective) … 227

퇴직 … 141
퇴직자 … 141
트로이 목마 작전 … 65

ㅍ

파산 … 366
파이교육그룹 … 331
파이상담연구소 … 349
페르소나(persona) … 38, 137
편안함의 수준(comfort level) … 220
편집증(paranoia) … 159
포퓰리스트 … 159
푸른고래 리커버리센터 … 348
프로이드학파 … 37
프롤레타리아계급 … 83
프리랜서 … 16
플랫폼 노동자 … 16
플랫폼 산업 … 16

ㅎ

하나됨 … 19
학술토론회 … 255
한국 … 204
한국리서치 외로움 실태조사 … 125
한국보건사회연구원 … 333
한국청소년정책연구원 … 333
한국판 de Jong-Gierveld 외로움 척도 … 114
한국판 UCLA 외로움 척도 … 113
한신 · 아와지 대지진 … 368
핵가족 … 17
핵심적인 트리거 포인트 (trigger point) … 186
현상학적 관점 … 50
호혜성(reciprocity) … 95
홀로 있음(being alone) … 39
홀로 있음(loneliness) … 60
홀로됨(aloneness) … 174
확대가족 … 135
회복탄력성(resilience) … 20
회복탄력성 … 216, 234
회피적(avoidant) … 40
후생노동성 … 340
희망e음 … 346
히키코모리 지역지원센터 … 340

0-9

1인 1촌 맺기 사업 … 375
1인가구 … 363
1인가족 … 17, 135
42nd 스트리트 … 309

A-Z

Community Link 프로그램 … 270
CREATE … 302
e-mentor … 265
hikikomori … 27
Hikikomori … 330
JSTOR … 173
K2 인터내셔널 코리아 … 348
Lapidus International … 309
Let's Talk Loneliness 캠페인 … 191
MBTI … 349
Midlothian 도서관 독서치료 서비스 … 286
MZ세대 … 338
NEET … 332
Not in Education, Employment or Training … 332
OECD … 332
Office of the U.S. Surgeon Genera … 162
PIE 나다운청년들 … 349
PIE교육그룹 … 333
Tackling Loneliness Hub … 190
The Horsfall … 309
The Reader … 298
UCLA 외로움 척도 … 107
Uni. of Westminster … 195
WHO … 180
WHO의 문화예술활동 … 295
X세대 … 96, 121
Z세대 … 121

## 저자 소개

부산대학교 법정대학 사회복지학과 졸업(행정학사)
서울대학교 대학원 사회복지학과 졸업(문학석사, 문학박사)
미국 University of South Carolina의 객원교수

〈경력〉
보사부 사회복지장기발전위원회 위원
총무처 행정고등고시 출제 및 채점위원
경남신문 논설위원
경남대학교 행정대학원장
한국노인복지학회 회장
한국사회복지교육협의회 회장
경남대학교 사회복지학과 교수
창신대학교 사회복지학과 석좌교수 역임

〈현재〉
사) 경남복지정책연구원(경남사회복지회) 설립자 및 이사
사) 한국미래융합연구원 연구위원
평화생명발전소(인문학 독서모임) 설립자 및 고문
경남평생교육연구원 원장

〈저서 및 역서〉
인문학과 사회복지(저서), 어가, 2024.
인문학 산책(저서), 어가, 2022.
현대 사회보장론(저서), 동문사, 2018.
현대 자원봉사론(저서), 창지사, 2017.
노인복지학 신론(저서), 양서원, 2010, 2016.(개정판)
사회복지운동론(저서), 집문당, 2006.
한국사회복지법제론(저서), 양서원, 2001, 2016.(8판)
사회복지정책강론(저서), 양서원, 2000, 2019.(6판)
위 저작들 포함 전체 역저서 53권과 논문 142편 집필

# 외로움의 인문학과 사회복지

– 21세기 신사회문제의 발생, 현황, 분석과 대응 –

초판 1쇄 인쇄 / 2026년 1월 10일
초판 1쇄 발행 / 2026년 1월 15일

●

저 자 / 현 외 성
발행인 / 이 중 수
발행처 / **동 문 사**

●

서울특별시 서대문구 홍제원 1길 12
(홍제동 137-8)
Tel: 02)736-3718(대), 736-3710, 3720
Fax: 02)736-3719
등록번호: 1974.04.27. 제9-17호
가격: 28,000원

●

ISBN: 979-11-6328-727-8 (93330)
E-mail: dong736@naver.com
www.dongmunsa.com